www.kyohak.co.kr

Ok! Click 시리즈 42

엑셀 2021로 숫자 계산하기

ok! click

본 교재는 컴퓨터를 쉽고 재미있게
배울 수 있도록 쉬운 예문과
큰 글자체, 큰 화면 그림으로
구성하였습니다.

이은정

JN391294

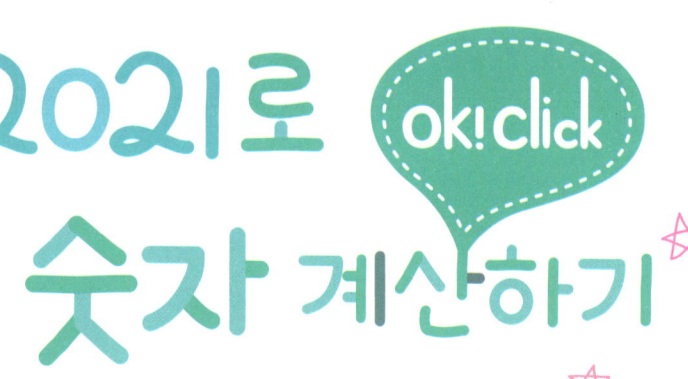

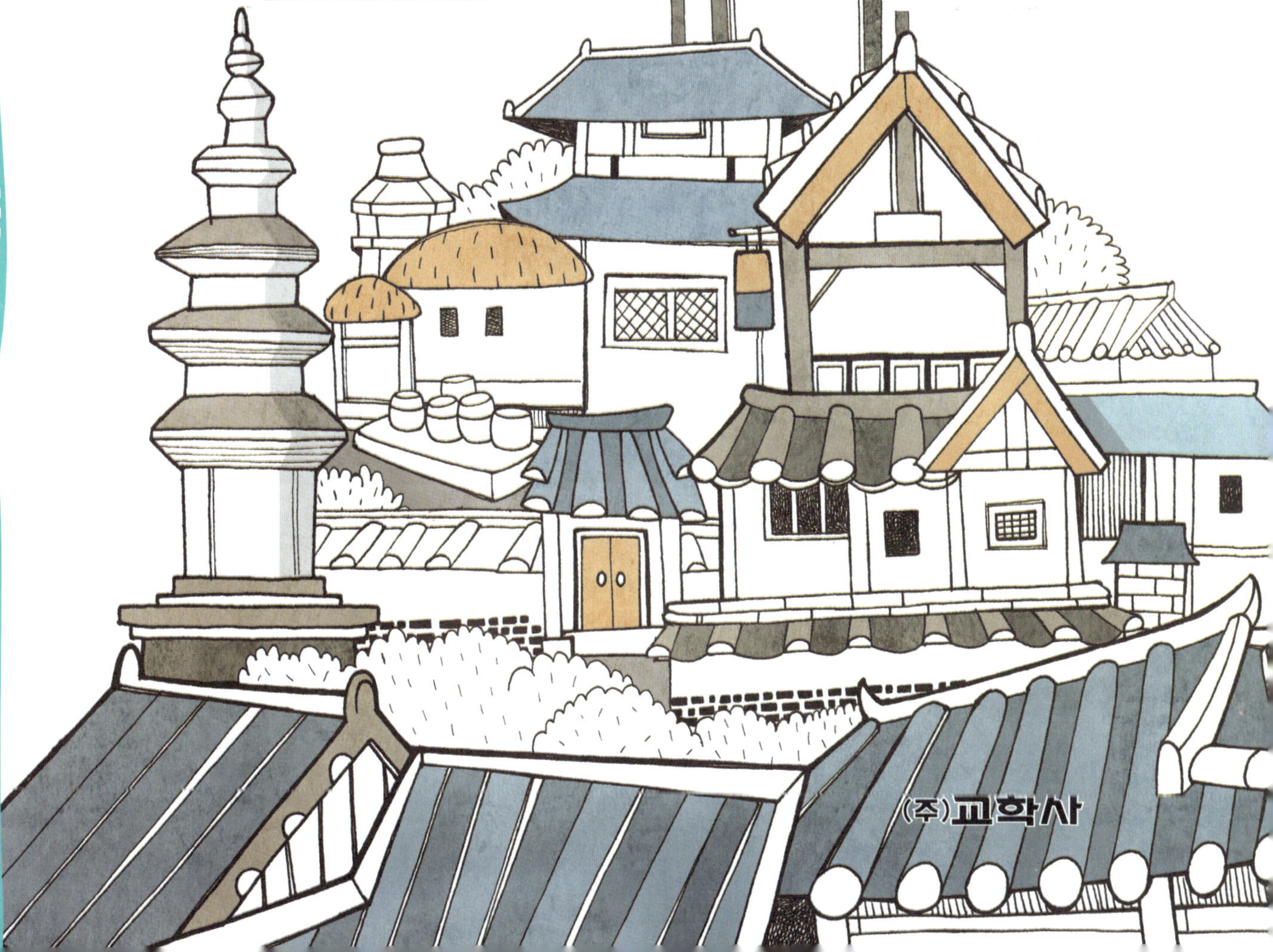

(주)교학사

저자 이은정

IT 관련 도서의 국내 출간뿐 아니라 미국 Sybex(Wiley) 사와 10여 종의 IT 전문서적 공동출판에 참여한 바 있습니다.
현재는 IT 전문 번역 및 IT 관련 서적의 편집 활동을 하고 있습니다.
번역서로는 ≪How Computers Work≫, ≪GITHUB 사용설명서≫, ≪빅데이터≫가 있으며
2022 개정교육과정 중학교 정보, 고등학교 정보, 고등학교 소프트웨어 생활,
2022 개정교육과정 충북교육청에서 개발한 인공지능 생활탐구, 인공지능 교과탐구 출판에 참여하여 편집을 진행했습니다.

COPYRIGHT

Ok Click 엑셀 2021로 문서 꾸미기

2025년 6월 20일 초판 1쇄 인쇄
2025년 6월 30일 초판 1쇄 발행

저 자	이은정
펴낸이	양진오
펴낸곳	(주)교학사
주 소	(공장)서울특별시 금천구 가산디지털1로 42 (가산동)
	(사무소)서울특별시 마포구 마포대로14길 4 (공덕동)
전 화	02-707-5310(문의), 02-707-5147(영업)
등 록	1962년 6월 26일 〈18-7〉
홈페이지	http://www.kyohak.co.kr
교 정	전경숙
디자인	송지선
기 획	정보산업부

PREFACE

Ok! Click 시리즈는 컴퓨터의 OA 기반을 다질 수 있도록 야심차게 준비한 교재입니다.

인터넷이 일반화되고 컴퓨터가 기본이 되어 버린 현실에서 컴퓨터를 보다 쉽고 재미있게 배울 수 있도록 어렵지 않은 예문과 큰 글자체, 큰 화면 그림으로 여러 독자층이 누구나 부담없이 책을 펼쳐 배울 수 있도록 만들었습니다.

내용면에서는 초보자가 컴퓨터를 이해하고, 쉽게 활용할 수 있도록 쉬운 예제와 타이핑이 빠르지 않은 독자를 위해 많은 분량의 타이핑 예문은 배제하였습니다.

편집면에서는 깔끔하고 시원스러운 편집으로 눈에 부담을 줄이도록 구성하였습니다.

교재는 다음과 같이 구성되었습니다.

1 | [배울 내용 미리 보기]를 통해 학습할 내용이 무엇인지 이해시키고 학습 동기를 유발하도록 구성하였습니다.

2 | 전체 교재는 20강으로 구성하고 매 강마다 소제목을 두어 수업의 지루함을 없애고, 단계별로 수업 및 학습할 수 있도록 구성하였습니다.

3 | [참고하세요]를 이용하여 교재 본문의 따라하기 설명 외에 추가 보충 설명을 수록하여 고급 기능 및 유사 기능을 학습할 수 있도록 구성하였습니다.

4 | 매 강의 마지막 부분에 [도전-혼자 풀어 보세요]를 수록하여 혼자 예제를 풀어 보면서 학습 내용을 얼마나 이해했는지 알아볼 수 있도록 구성하였습니다.

5 | [도전-혼자 풀어 보세요]의 예문에 대한 문의는 교학사 홈페이지(www.kyohak.co.kr)의 게시판에 남겨주시면 답변해 드립니다.

이 교재를 접하게 된 모든 독자분들이 어렵게만 느껴졌던 컴퓨터를 친숙하게 활용할 수 있게 되기를 바랍니다.

편집진 일동

예제파일 다운로드 방법

1 웹 브라우저의 주소 입력 창에 "www.kyohak.co.kr"를 입력한 후 Enter를 누릅니다. 교학사 홈페이지에서 상단 메뉴의 [자료실]을 클릭합니다.

2 [출판] - [단행본] 탭을 클릭하고 검색에 "엑셀 2021로 숫자 계산하기"를 입력한 다음 [검색]을 클릭합니다.

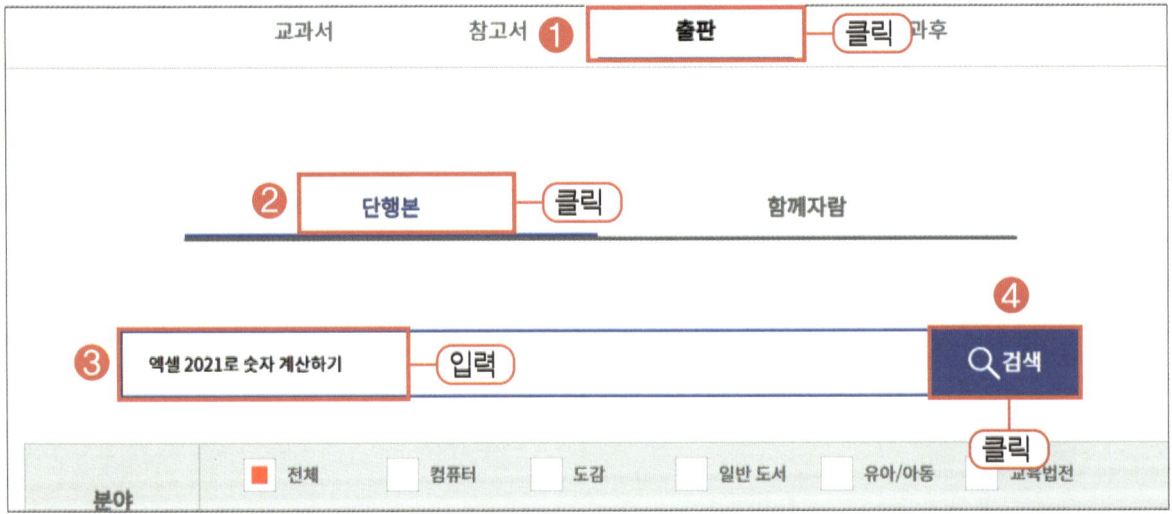

3 홈페이지 하단에 다운로드 본 교재의 예제파일이 검색되면 검색 결과를 클릭합니다.

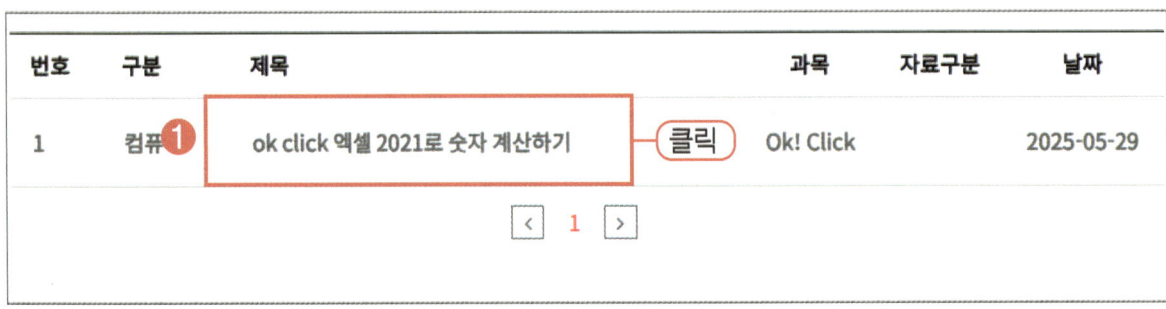

④ [다운로드] 버튼을 클릭하여 [다른 이름으로 저장] 대화상자가 나타나면 [저장]을 클릭합니다.

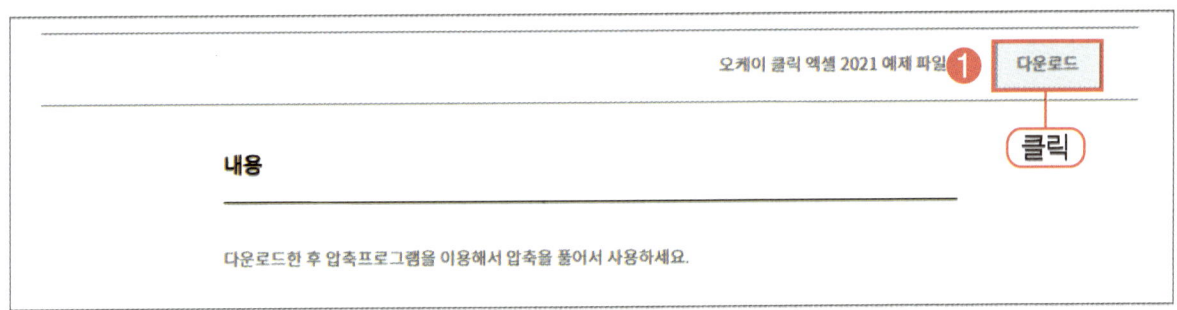

⑤ 다운로드 폴더에 예제파일이 다운로드되었습니다. 압축 프로그램을 실행하여 다운받은 예제파일의 압축을 바탕화면에 풀어줍니다(여기서는 '반디집'이라는 프로그램을 사용하였습니다.).

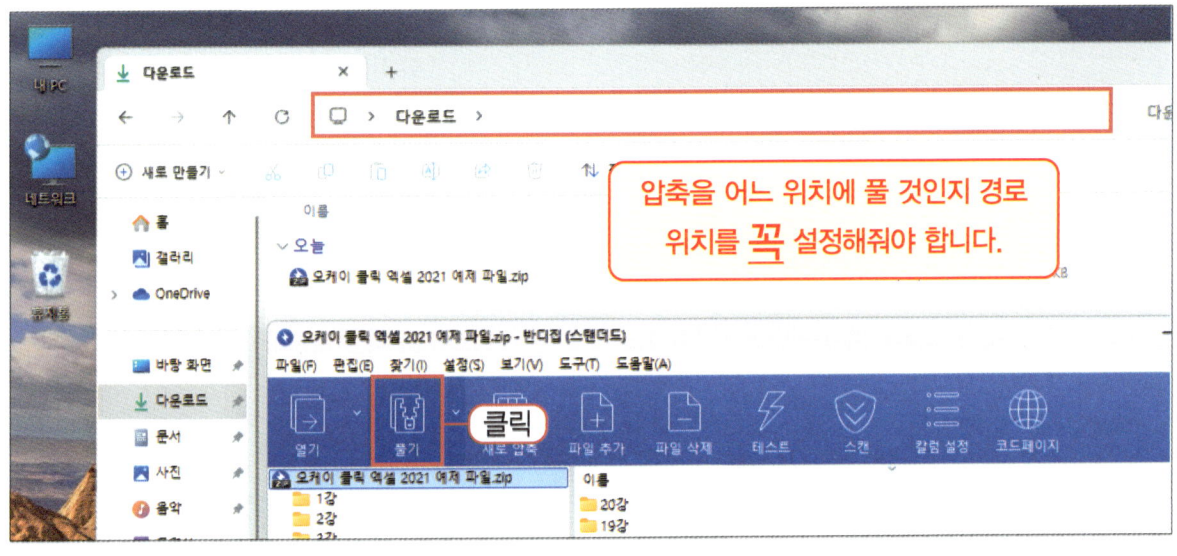

— NOTE —
압축 프로그램이 설치되어있지 않다면 압축 프로그램을 설치해야 합니다. 압축 프로그램은 인터넷 포털사이트에서 '압축 프로그램'으로 검색하여 설치할 수 있습니다(대표 프로그램 : 알집, 빵집).

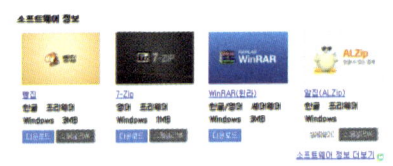

⑥ 바탕화면에 예제파일의 압축이 풀렸습니다. 이제 엑셀 2021을 실행하고 해당 폴더의 파일을 불러와 사용하면 됩니다.

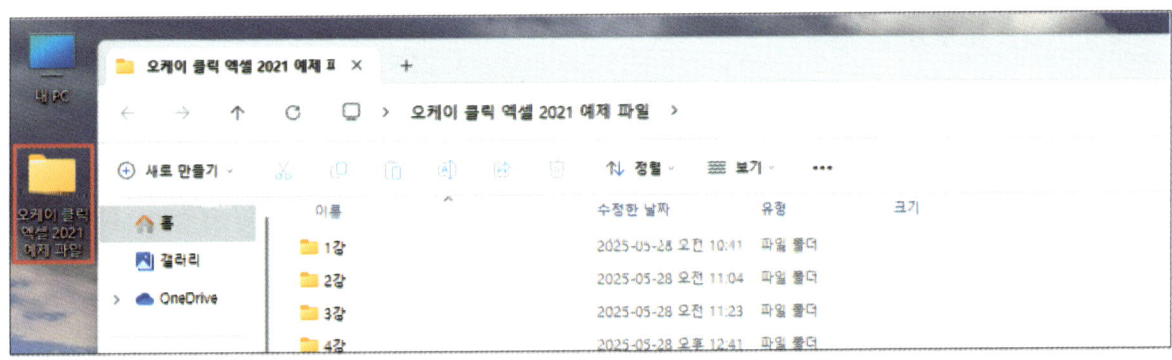

CONTENTS

제 4 강 ● 표시 형식 지정하기	32
01 숫자 표시 형식	33
02 백분율과 날짜 표시 형식	35
03 사용자 지정 표시 형식	36
도전! 혼자 풀어 보세요!	39

제 5 강 ● 자동으로 데이터 채우기	40
01 자동 채우기 핸들	41
02 사용자 지정 목록 채우기	45
도전! 혼자 풀어 보세요!	47

제 6 강 ● 워크시트 편집하기	48
01 행/열 편집하기	49
02 셀 복사/이동하기	52
03 행/열 숨기기	54
도전! 혼자 풀어 보세요!	55

제 1 강 ● 엑셀 2021 이해하기	8
01 엑셀 2021 시작과 종료하기	9
02 엑셀 2021 화면 구성 살펴보기	11
03 문서 작성과 저장하기	12
도전! 혼자 풀어 보세요!	15

제 2 강 ● 통합 문서/서식 파일 불러오기	16
01 통합 문서 불러오기	17
02 서식 파일 불러오기	18
03 텍스트 문서를 엑셀로 불러오기	21
도전! 혼자 풀어 보세요!	23

제 7강 ● 셀 서식으로 문서 꾸미기	56
01 글꼴 꾸미기	57
02 테두리 선과 배경색 설정하기	59
03 맞춤 서식으로 꾸미기	62
도전! 혼자 풀어 보세요!	65

제 8 강 ● 워크시트 관리와 인쇄하기	66
01 워크시트 이름 바꾸기와 삽입/삭제	67
02 워크시트 이동/복사하기	68
03 워크시트 숨기기와 시트 탭 색상 지정하기	70
04 인쇄 미리 보기와 페이지 설정	71
05 머리글/바닥글 삽입하기	72
도전! 혼자 풀어 보세요!	73

제 3 강 ● 데이터 입력과 수정	24
01 텍스트와 숫자 입력하기	25
02 날짜와 시간 입력하기	26
03 기호 입력하기	28
도전! 혼자 풀어 보세요!	31

제 9 강 ● 사칙 연산과 셀 참조 연산	74
01 사칙 연산 알아보기	75

02 참조 형식 연산하기	80
도전! 혼자 풀어 보세요!	83

제 10 강 ● 자동 함수를 이용한 계산　84
01 합계와 평균 구하기	85
02 최댓값/최솟값 구하기	88
03 숫자 개수 구하기	90
도전! 혼자 풀어 보세요!	91

제 11 강 ● 통계 함수 활용　92
01 COUNTA / COUNTBLANK 함수	93
02 SMALL / LARGE 함수	97
도전! 혼자 풀어 보세요!	99

제 12 강 ● 순위 함수 활용　100
01 높은 점수순으로 순위 구하기	101
02 낮은 점수순으로 순위 구하기	104
도전! 혼자 풀어 보세요!	107

제 13 강 ● 논리 함수 활용　108
01 조건과 일치하는 값 구하기 - IF 함수	109
02 조건에 맞는 개수 구하기 - COUNTIF 함수	113
03 조건에 맞는 셀 값의 합 구하기 - SUMIF 함수	115
도전! 혼자 풀어 보세요!	117

제 14 강 ● 데이터 유효성 검사　118
01 목록 유효성 검사	119
02 한/영 자동 입력 유효성 검사	121
03 숫자 입력 유효성 검사	122
도전! 혼자 풀어 보세요!	125

제 15 강 ● 차트 삽입과 편집　126
01 차트 삽입하기	127

02 차트 요소 필터링 및 스타일 변경하기	131
03 혼합 차트 만들기	132
도전! 혼자 풀어 보세요!	133

제 16 강 ● 스파크라인과 조건부 서식　134
01 스파크라인으로 추세 읽기	135
02 조건부 서식으로 데이터 강조하기	138
도전! 혼자 풀어 보세요!	141

제 17 강 ● 개체 삽입과 하이퍼링크 추가하기　142
01 개체 삽입하기	143
02 하이퍼링크 추가하기	147
03 워드아트 삽입하기	150
도전! 혼자 풀어 보세요!	153

제 18 강 ● 데이터 정렬하기　154
01 순서대로 정렬하기	155
02 이중 정렬하기	157
03 사용자 정의 정렬하기	159
04 자동 필터 기능으로 데이터 추출하기	161
도전! 혼자 풀어 보세요!	163

제 19 강 ● 피벗 테이블/피벗 차트로 데이터 분석하기　164
01 피벗 테이블 삽입하기	165
02 피벗 차트 삽입하기	169
도전! 혼자 풀어 보세요!	171

제 20 강 ● 챗GPT 활용하기　172
01 챗GPT로 엑셀 함수 생성하기	173
02 챗GPT로 엑셀 문서 만들기	176
도전! 혼자 풀어 보세요!	180

엑셀 2021 이해하기

스프레드시트는 행과 열로 이루어진 표 형식의 문서를 말합니다. 엑셀은 대표적인 스프레드시트 프로그램으로 문서 작성, 수치 계산, 데이터 관리 및 분석, 시각화 등을 쉽게 할 수 있습니다.

- 엑셀 2021의 시작과 종료 방법을 알아봅니다.
- 엑셀 2021의 화면 구성을 알아봅니다.
- 문서를 작성하고 저장하는 방법을 알아봅니다.

배울 내용 미리 보기

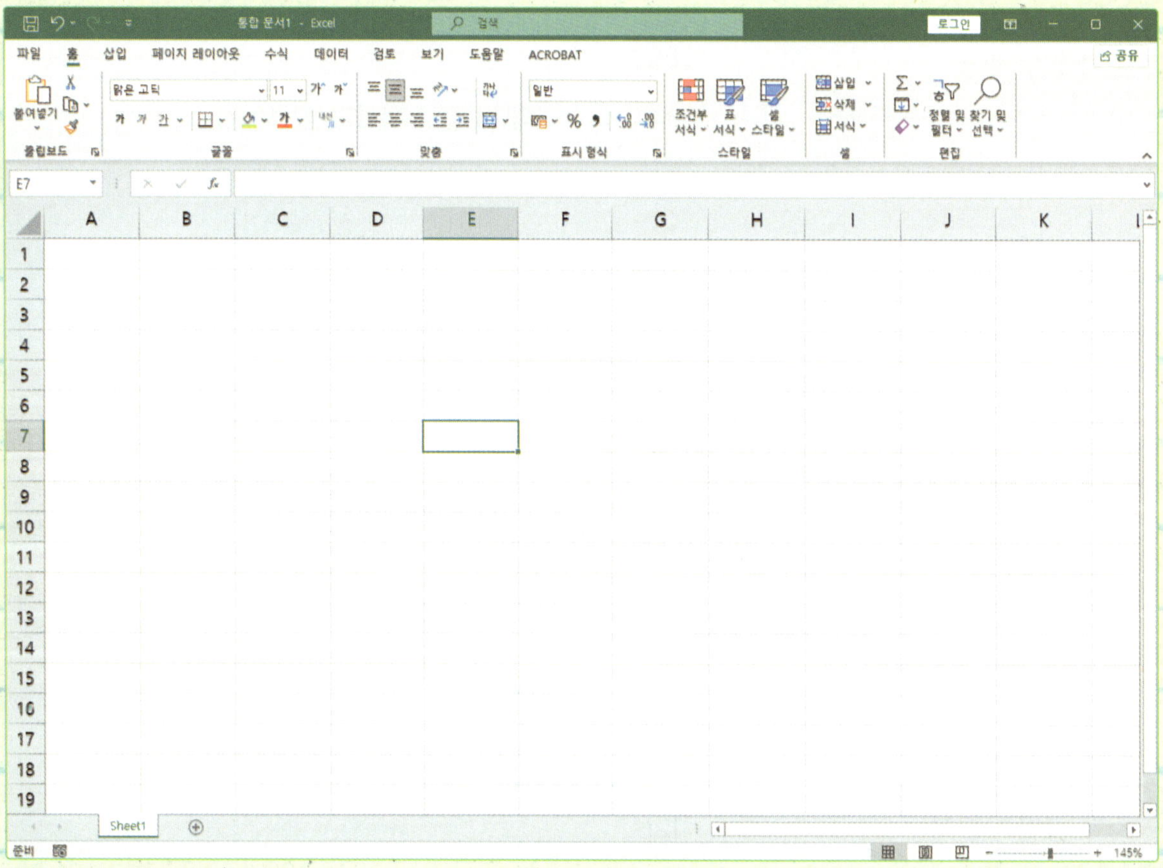

엑셀 2021의 기능을 살펴본 다음, 직접 문서를 작성하고 저장해 봅니다.

엑셀 2021 시작과 종료하기

1 바탕화면에 있는 'Excel'을 더블클릭하면 [엑셀 빠르게 시작하기] 화면이 나타납니다. 새 문서를 만들기 위해 ❶ [새 통합 문서]를 클릭합니다.

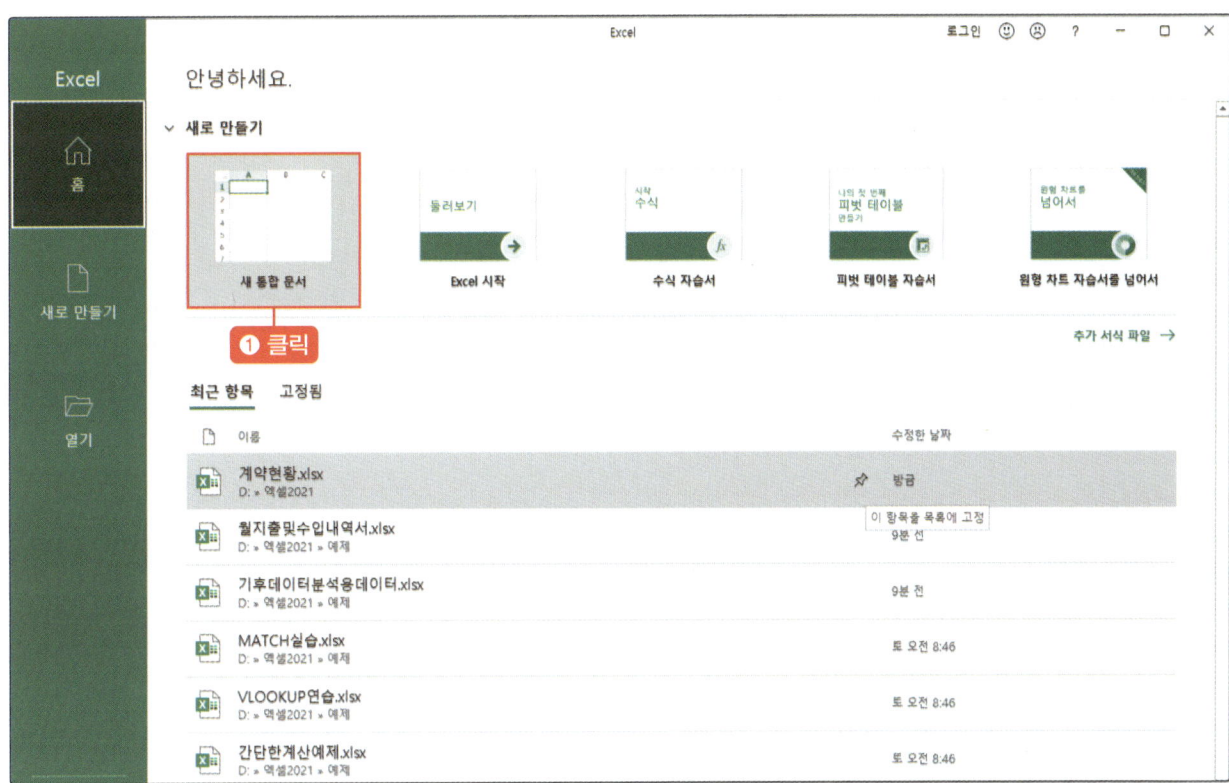

참고하세요

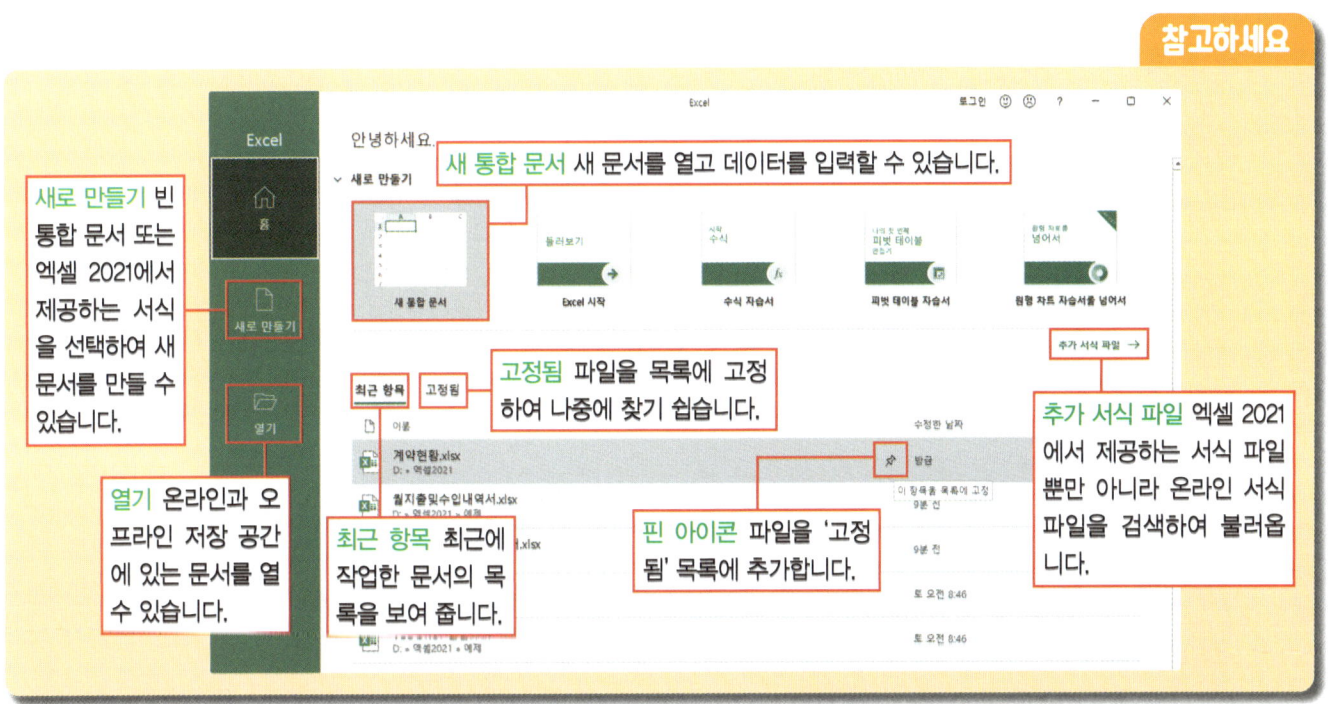

- **새로 만들기** 빈 통합 문서 또는 엑셀 2021에서 제공하는 서식을 선택하여 새 문서를 만들 수 있습니다.
- **열기** 온라인과 오프라인 저장 공간에 있는 문서를 열 수 있습니다.
- **새 통합 문서** 새 문서를 열고 데이터를 입력할 수 있습니다.
- **고정됨** 파일을 목록에 고정하여 나중에 찾기 쉽습니다.
- **최근 항목** 최근에 작업한 문서의 목록을 보여 줍니다.
- **핀 아이콘** 파일을 '고정됨' 목록에 추가합니다.
- **추가 서식 파일** 엑셀 2021에서 제공하는 서식 파일뿐만 아니라 온라인 서식 파일을 검색하여 불러옵니다.

2 [새 통합 문서]를 실행하면 엑셀 2021 기본 화면이 나타납니다. 작은 칸 하나를 '셀'이라고 하며, 셀의 집합을 '워크시트'라고 합니다.

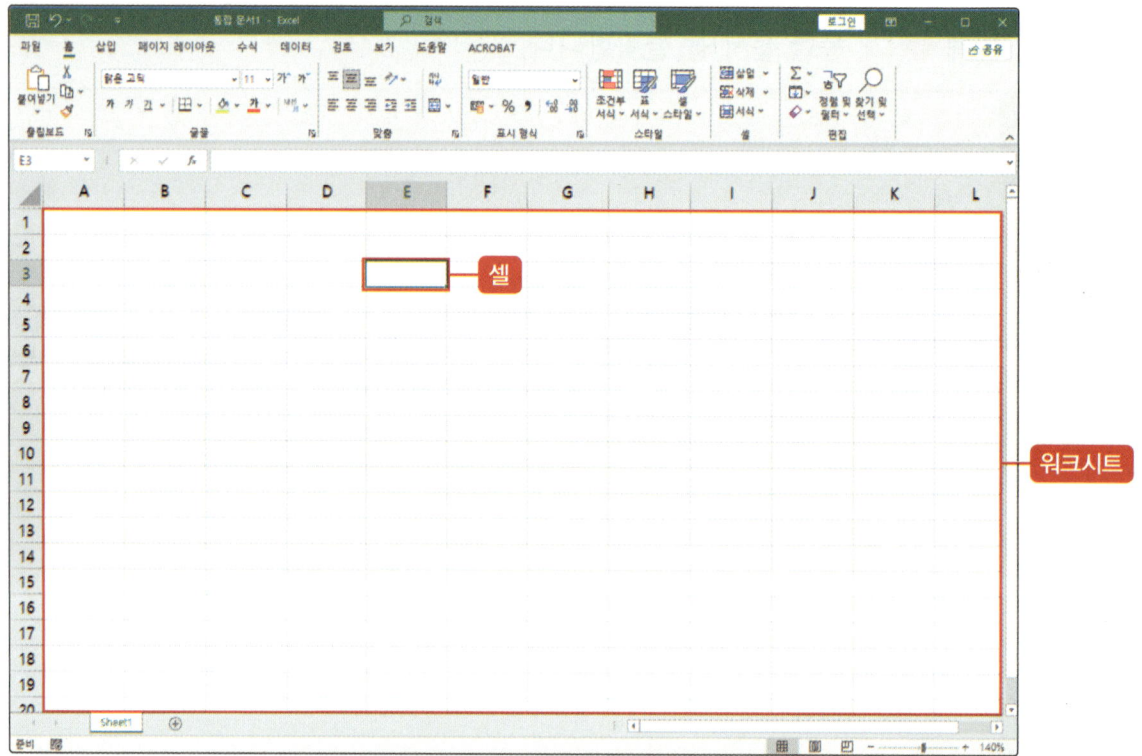

3 현재 문서를 완전히 닫고 엑셀을 종료하려면 오른쪽 위에 있는 ❶ [닫기]를 클릭합니다.

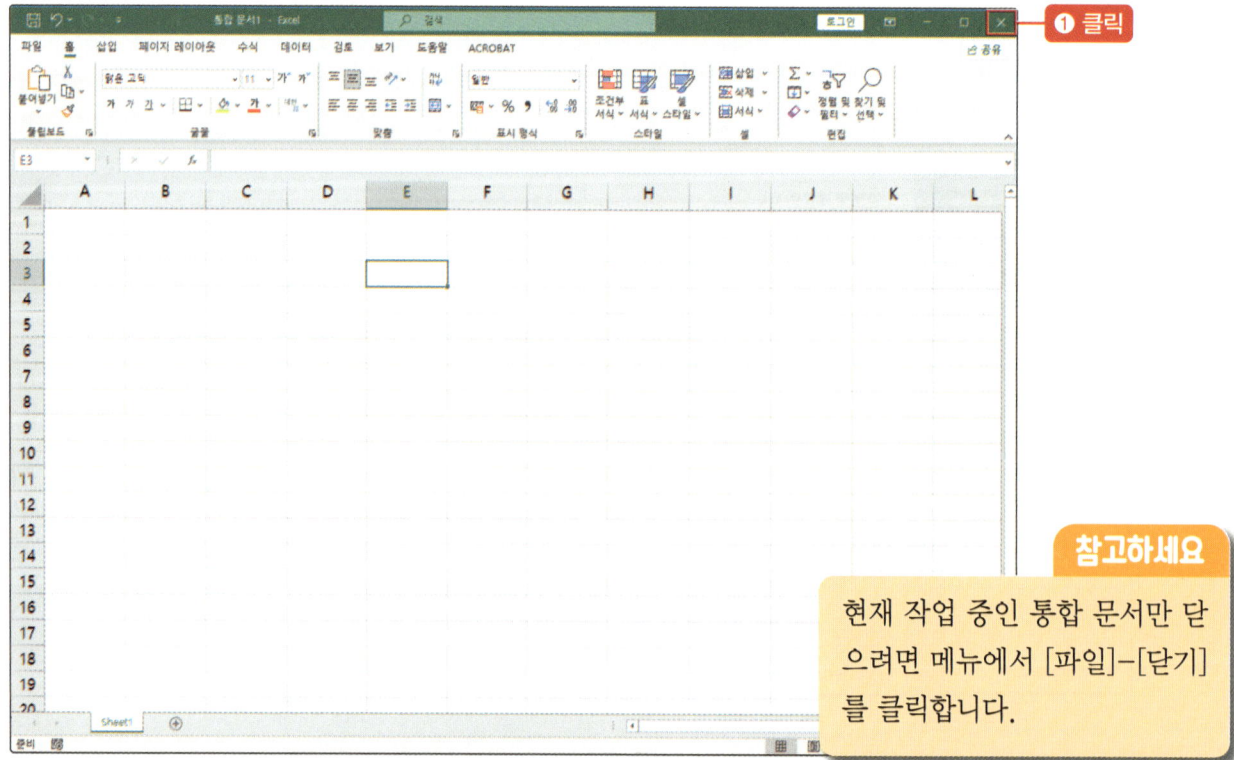

참고하세요

현재 작업 중인 통합 문서만 닫으려면 메뉴에서 [파일]-[닫기]를 클릭합니다.

엑셀 2021 화면 구성 살펴보기

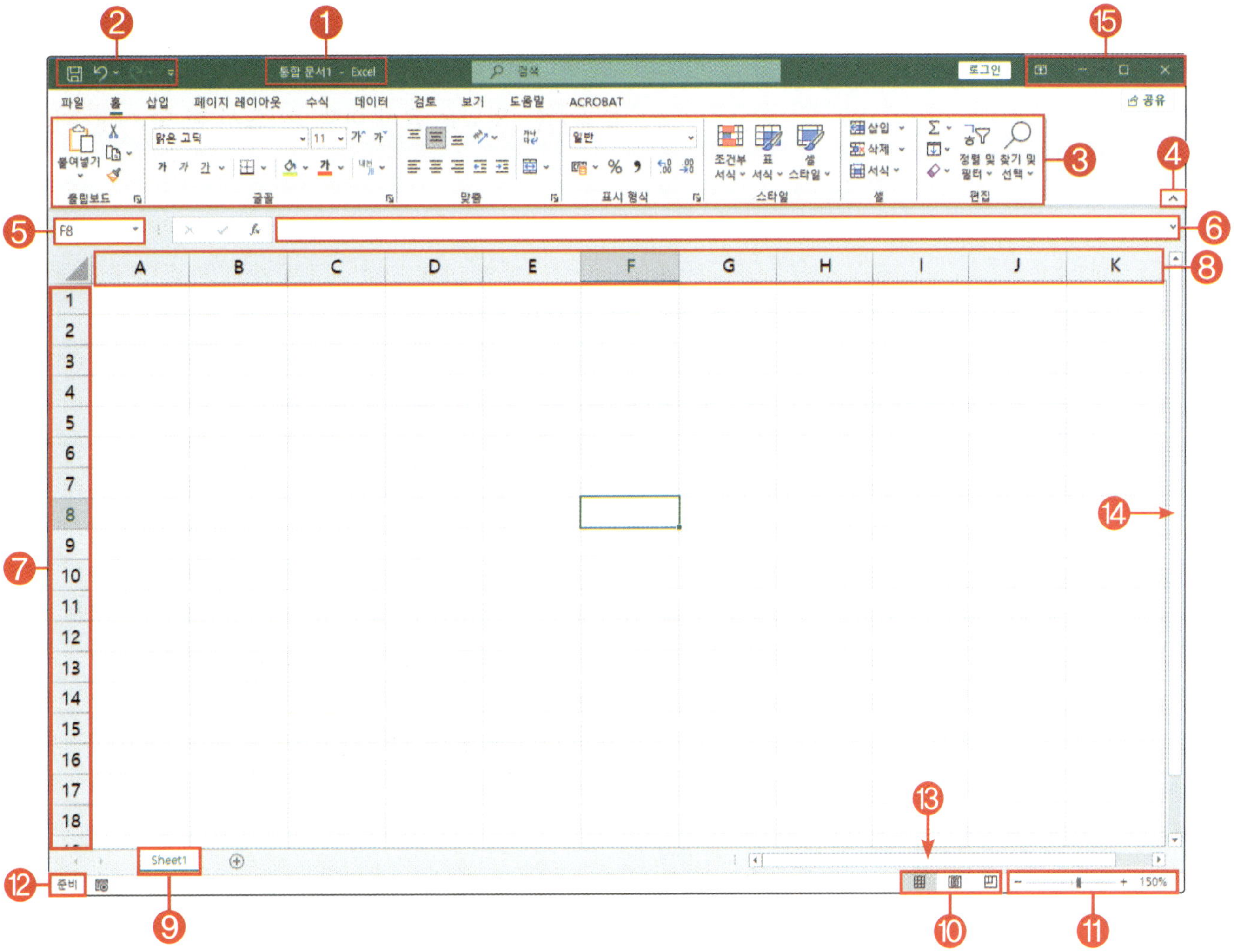

❶ **제목 표시줄** 현재 작업 중인 통합 문서의 파일명을 나타냅니다.

❷ **빠른 실행 도구 모음** 자주 사용하는 명령을 한곳에 모아둔 것입니다. 사용자가 추가, 삭제할 수 있습니다.

❸ **리본 메뉴** [메뉴] 탭을 누르면 해당 탭에서 자주 사용되는 명령이 그룹별로 표시됩니다.

❹ **리본 메뉴 축소 버튼** 리본 메뉴를 닫고 명령 탭만 표시합니다. [메뉴] 탭을 더블클릭하여 축소/확대할 수 있습니다.

❺ **이름 상자** 선택한 셀의 위치 또는 셀의 범위 이름이 표시됩니다.

❻ **수식 입력줄** 셀에 입력된 데이터나 함수식이 표시됩니다. 데이터를 입력줄에서 직접 입력할 수 있습니다.

❼ **행 머리글** 행 이름을 1, 2, 3… 숫자로 표시합니다.

❽ **열 머리글** 열 이름을 A, B, C, D… 알파벳으로 표시합니다.

❾ **시트 탭** 워크시트의 이름을 나타냅니다.

❿ **통합 문서 보기** 기본 보기, 페이지 레이아웃, 페이지 나누어 미리 보기 등 보기 상태를 전환합니다.

⓫ **확대/축소 슬라이드 막대** 슬라이드 막대를 좌우로 움직이면 엑셀의 워크시트 창이 확대/축소됩니다.

⓬ **준비** 현재 작업 상태를 표시합니다.

⓭ **수평 이동줄** 작업 창에서 워크시트를 좌우로 이동할 수 있습니다.

⓮ **수직 이동줄** 작업 창에서 워크시트를 상하로 이동할 수 있습니다.

⓯ **창 조절** 리본 메뉴 확대, 현재 창의 최소화/최대화, 종료를 할 수 있습니다.

3 문서 작성과 저장하기

1 엑셀 2021을 실행하고 [새 통합 문서]를 엽니다. ❶ [B2] 셀을 클릭한 후 ❷ "맛있는 음식 여행, 한 도시 한 맛"을 입력하고 Enter 키를 누릅니다.

2 마우스 또는 방향키 ←→↑↓를 이용하여 ❶ [B4] 셀로 이동하고 "수원 왕갈비"를 입력합니다.

> **참고하세요**
> 입력 도중 데이터를 수정하려면 Back Space 키를 눌러 지우고 다시 입력합니다.

3 나머지 데이터를 모두 입력합니다.

> **참고하세요**
> 입력을 마친 데이터는 '셀'을 더블 클릭하거나, 셀을 선택하고 '수식 입력줄'을 클릭하여 수정할 수 있습니다.

4 문서를 저장하려면 [파일] 탭에서 ❶ [다른 이름으로 저장]을 클릭한 후 ❷ [이 PC]를 선택합니다.

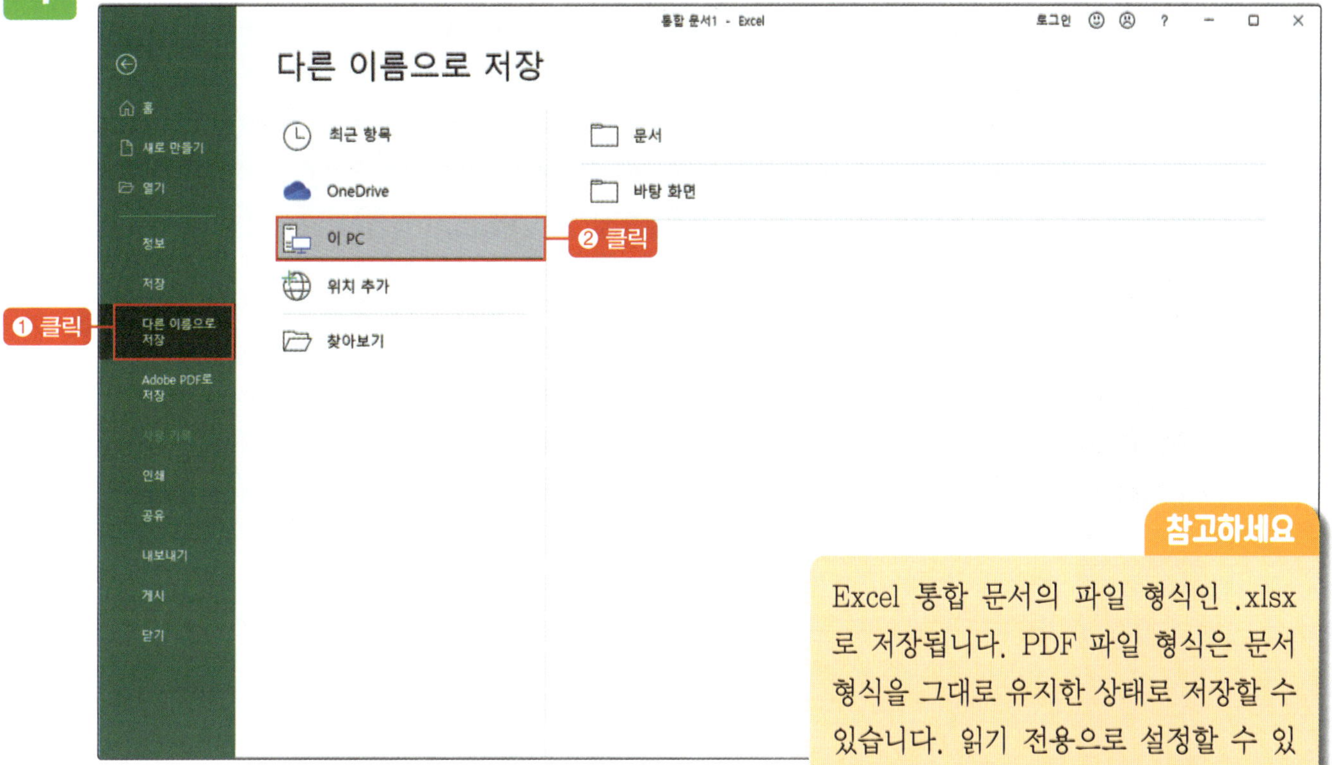

> **참고하세요**
> Excel 통합 문서의 파일 형식인 .xlsx로 저장됩니다. PDF 파일 형식은 문서 형식을 그대로 유지한 상태로 저장할 수 있습니다. 읽기 전용으로 설정할 수 있어 계약서 등을 전송할 때 유용합니다.

5 [다른 이름으로 저장하기] 대화상자가 열리면 ❶ [내 PC]의 [문서]를 클릭합니다. ❷ [파일 이름]은 "맛있는 여행"으로 입력한 후 ❸ [저장]을 누릅니다.

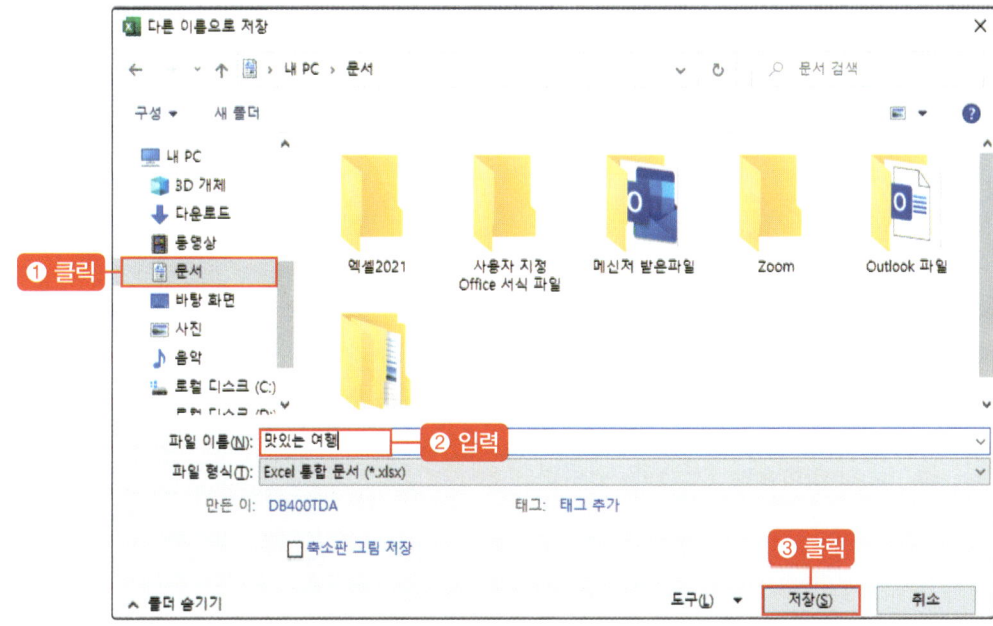

참고하세요

암호 설정하여 저장하기

1 통합 문서를 보호하기 위해 현재 문서에 암호를 설정할 수 있습니다. [파일] 탭을 클릭한 후 ❶ [정보]를 누릅니다. ❷ [통합 문서 보호] 목록에서 ❸ [암호 설정]을 클릭합니다.

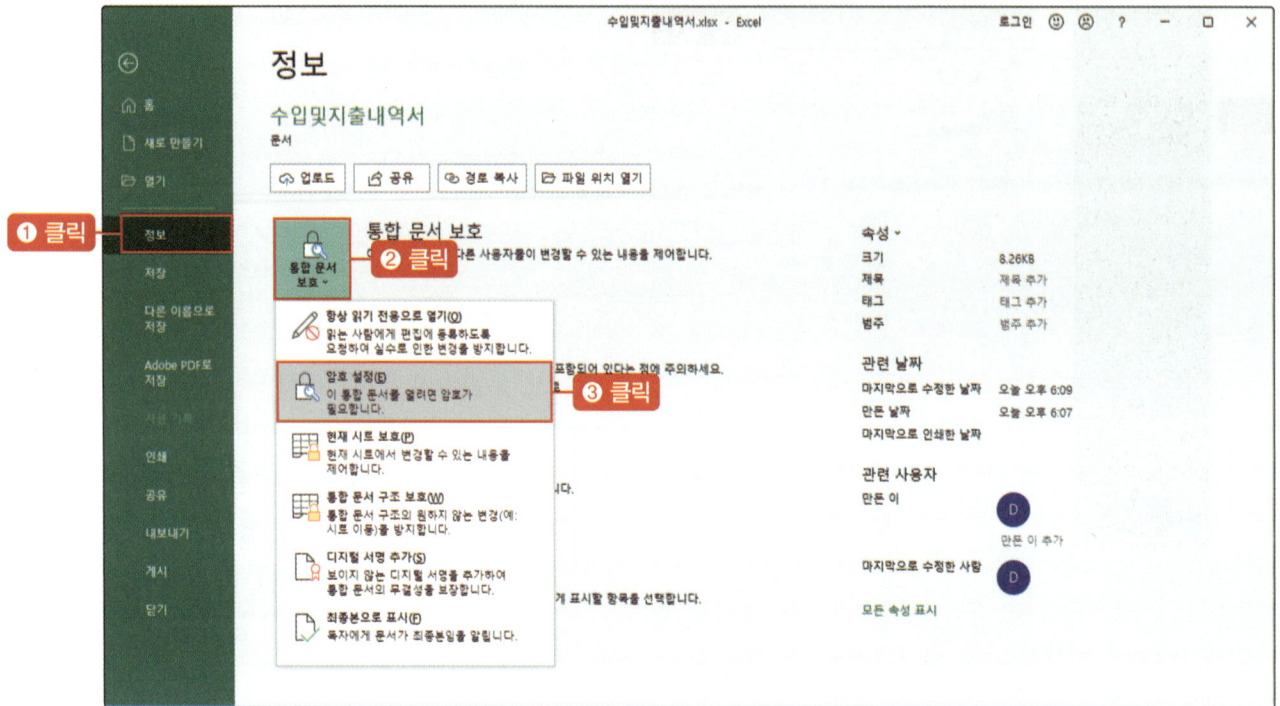

2 [문서 암호화] 대화상자가 열리면 ❶ [암호] 입력란에 "1234"를 암호로 입력한 후 ❷ [확인]을 클릭합니다. [암호 확인] 대화상자에서 ❸ [암호 다시 입력]란에 동일한 암호인 "1234"를 입력한 후 ❹ [확인]을 클릭합니다.

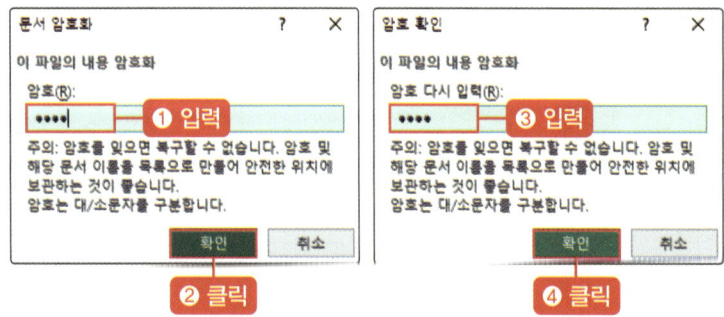

3 문서를 저장한 후 종료합니다. 암호가 저장된 문서를 다시 열면 암호를 묻는 대화상자가 나타납니다. ❶ [암호] 입력란에 "1234"을 입력하고 ❷ [확인]을 누르면 파일이 열립니다.

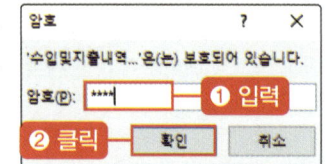

도전! 혼자 풀어 보세요!

① [새 통합 문서]를 열고 리본 메뉴를 축소하고 워크시트를 200%로 확대한 뒤 [B2] 셀로 이동해 보세요.

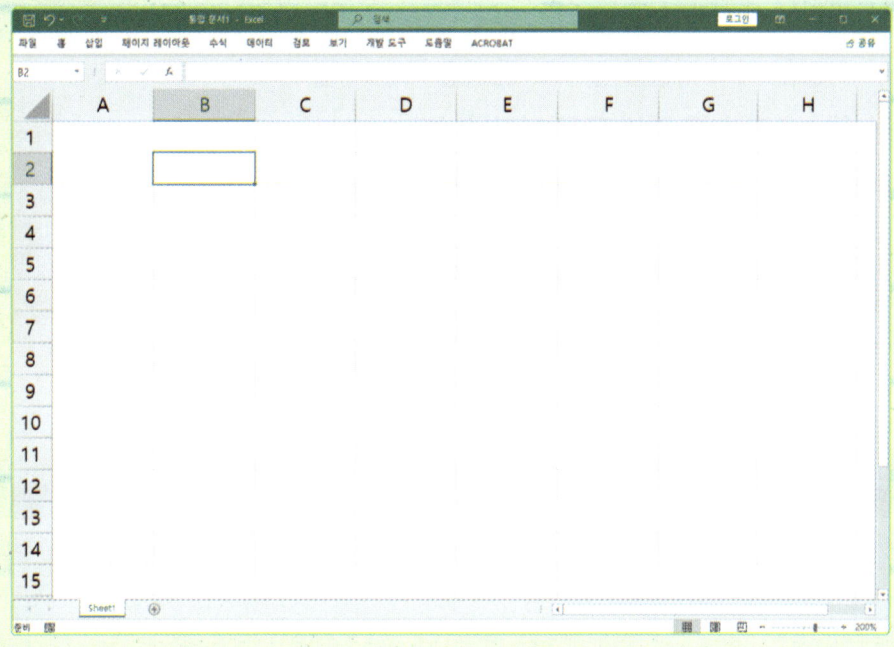

② 워크시트에 다음과 같이 입력한 후 파일 이름을 '오늘의 할 일'로 저장해 보세요.

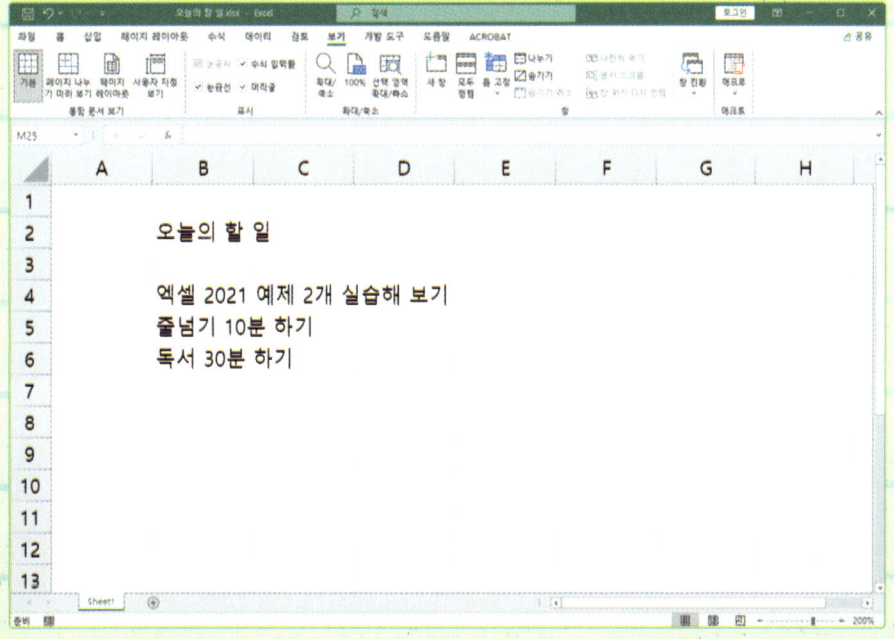

통합 문서/서식 파일 불러오기

엑셀을 실행하여 저장된 통합 문서를 불러옵니다. 엑셀에서 제공하는 서식 파일을 이용하여 다양한 문서를 간편하게 작성할 수 있습니다.

➡➡ 저장된 통합 문서를 불러옵니다.
➡➡ 다양한 서식 파일을 불러와 문서를 작성해 봅니다.
➡➡ 텍스트 문서를 엑셀 표로 불러옵니다.

배울 내용 미리 보기

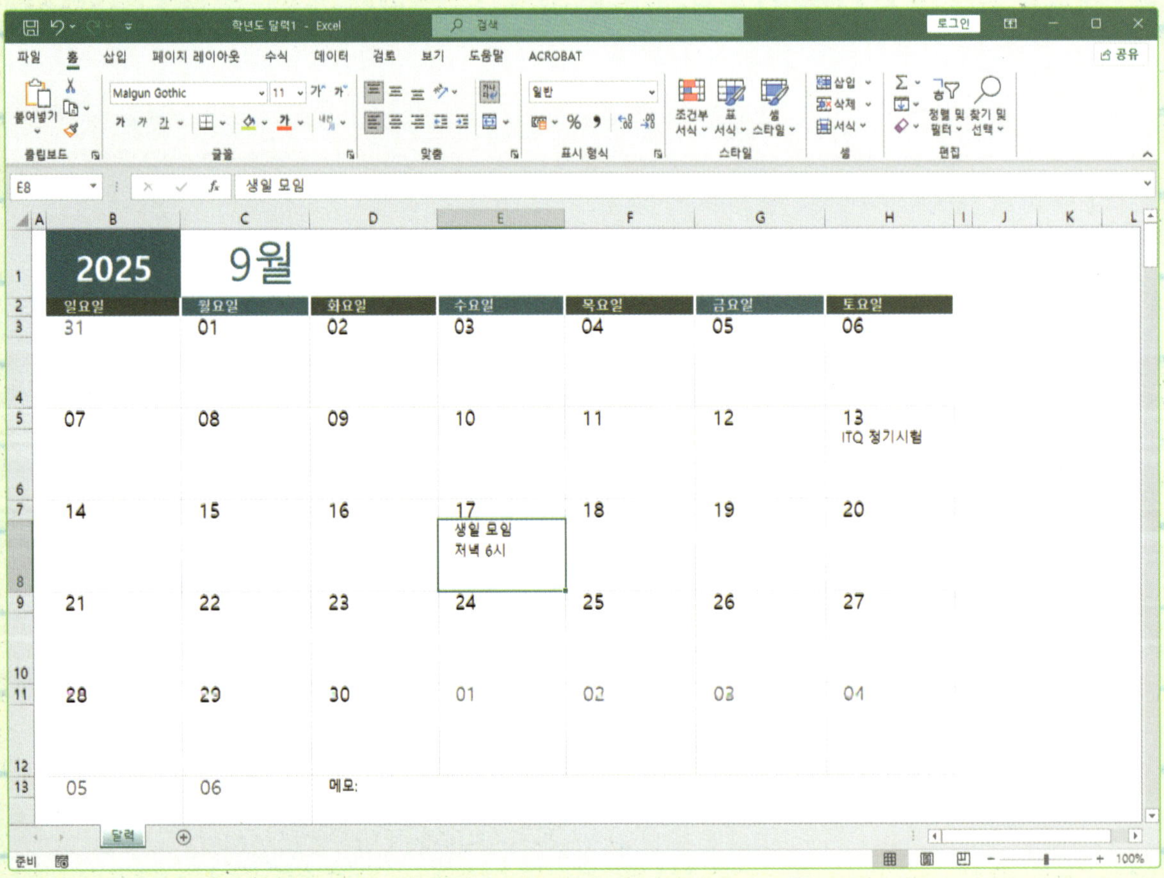

▲ 파일명 2025년도 달력.xlsx

1 통합 문서 불러오기

1 엑셀 2021을 실행하고 [엑셀 빠르게 시작하기] 화면이 나타나면 화면 왼쪽의 ❶ [열기]를 클릭합니다.

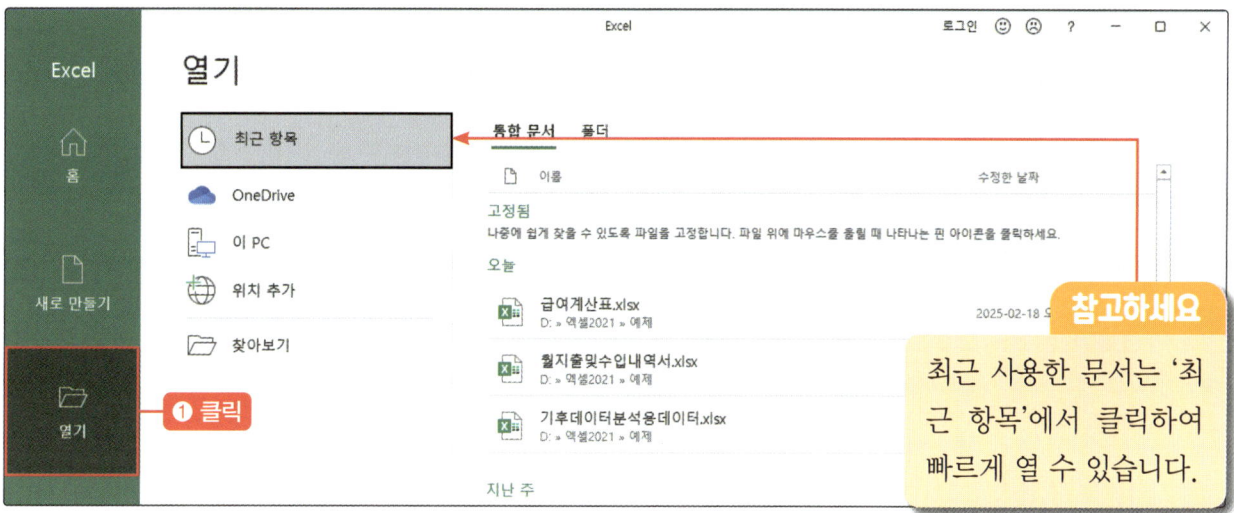

> **참고하세요**
> 최근 사용한 문서는 '최근 항목'에서 클릭하여 빠르게 열 수 있습니다.

2 PC에 저장된 문서를 불러오기 위해 ❶ [이 PC]를 더블클릭합니다. [열기] 대화상자에서 ❷ [문서] 폴더를 클릭한 후 ❸ 1강에서 저장했던 '맛있는 여행.xlsx'를 선택하고 ❹ [열기]를 클릭합니다.

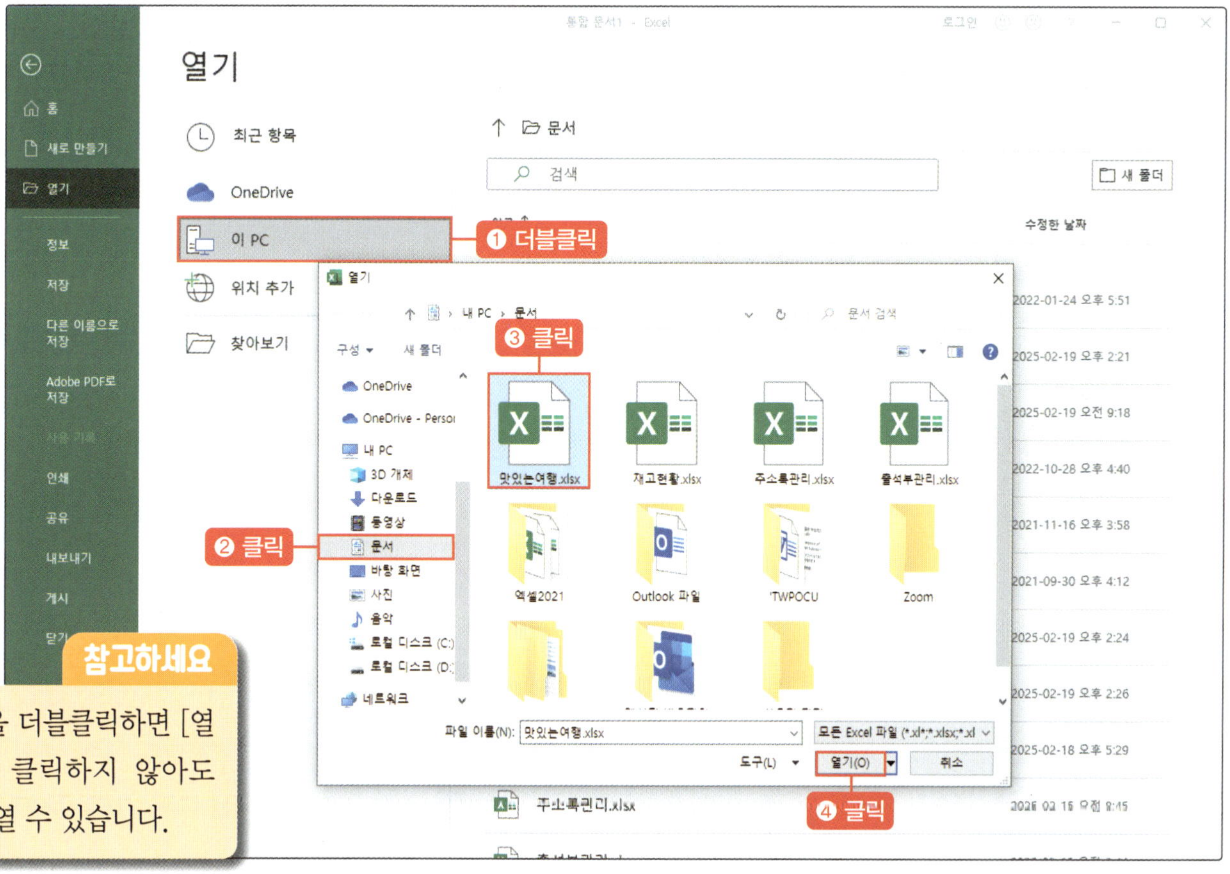

> **참고하세요**
> 파일을 더블클릭하면 [열기]를 클릭하지 않아도 바로 열 수 있습니다.

서식 파일 불러오기

1 '서식 파일'을 불러오기 위해 메뉴에서 ❶ [파일]-[새로 만들기]를 클릭합니다.

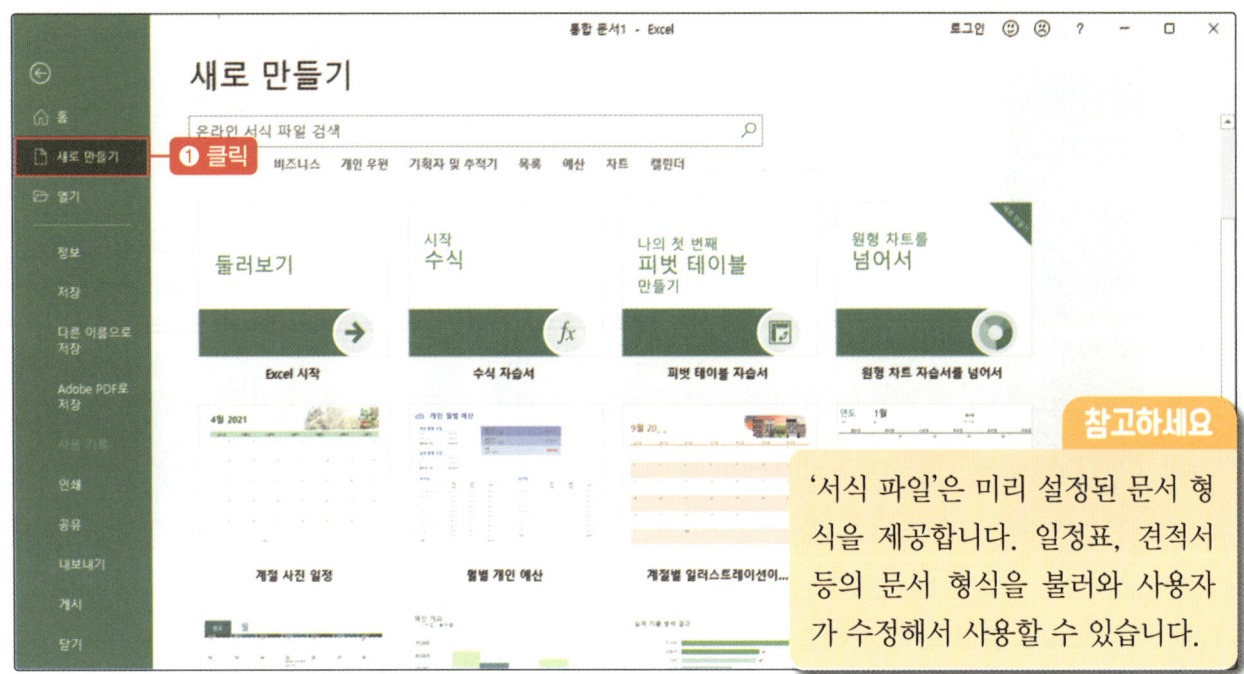

참고하세요
'서식 파일'은 미리 설정된 문서 형식을 제공합니다. 일정표, 견적서 등의 문서 형식을 불러와 사용자가 수정해서 사용할 수 있습니다.

2 월별 일정표를 만들기 위해 ❶ [온라인 서식 파일 검색] 부분에 "달력"을 입력하고 Enter 키를 누릅니다. 검색된 서식 파일 목록에서 ❷ [학년도 달력]을 클릭합니다.

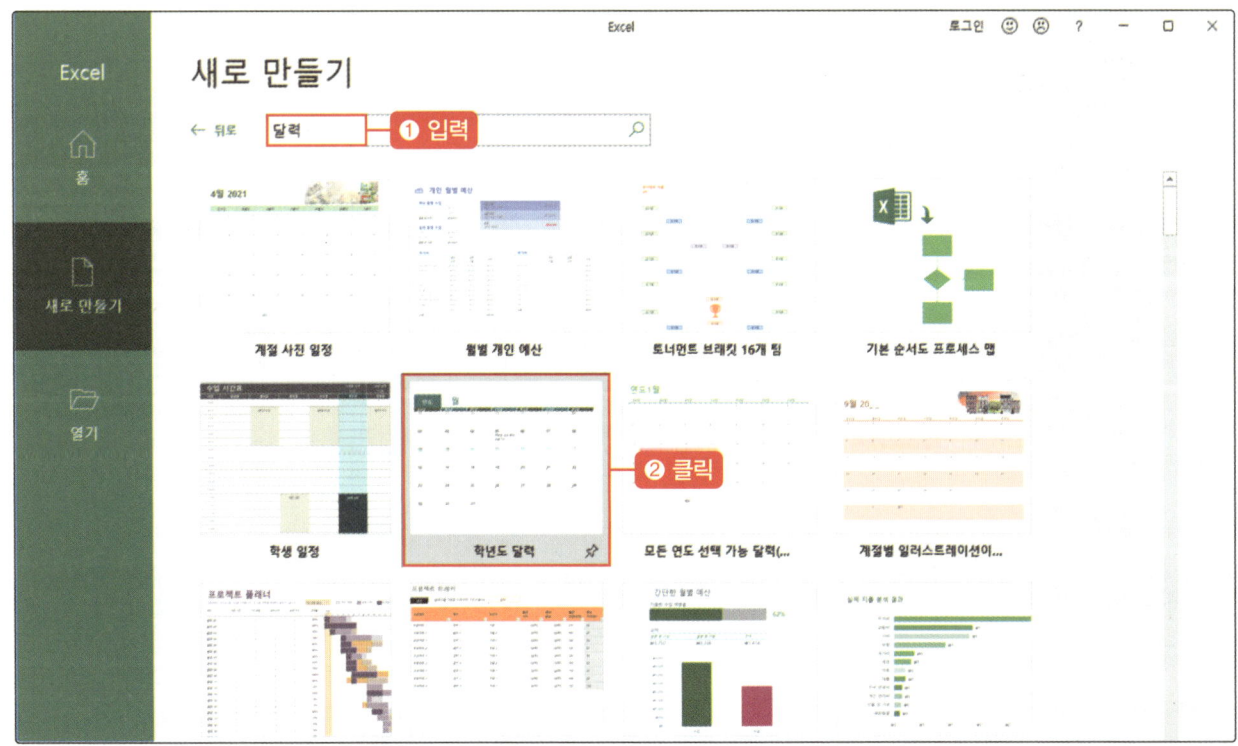

3 미리 보기 창이 열리면 ❶ [만들기]를 클릭합니다.

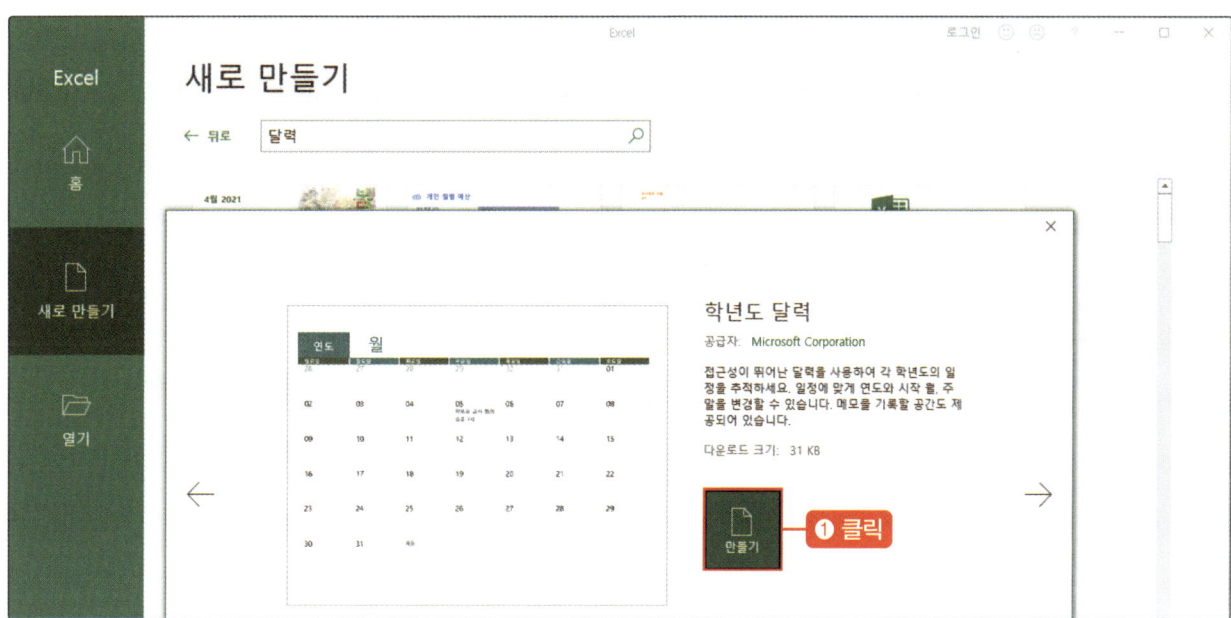

4 달력이 생성됩니다. ❶ '월'의 목록을 클릭한 후 ❷ '9월'을 선택합니다.

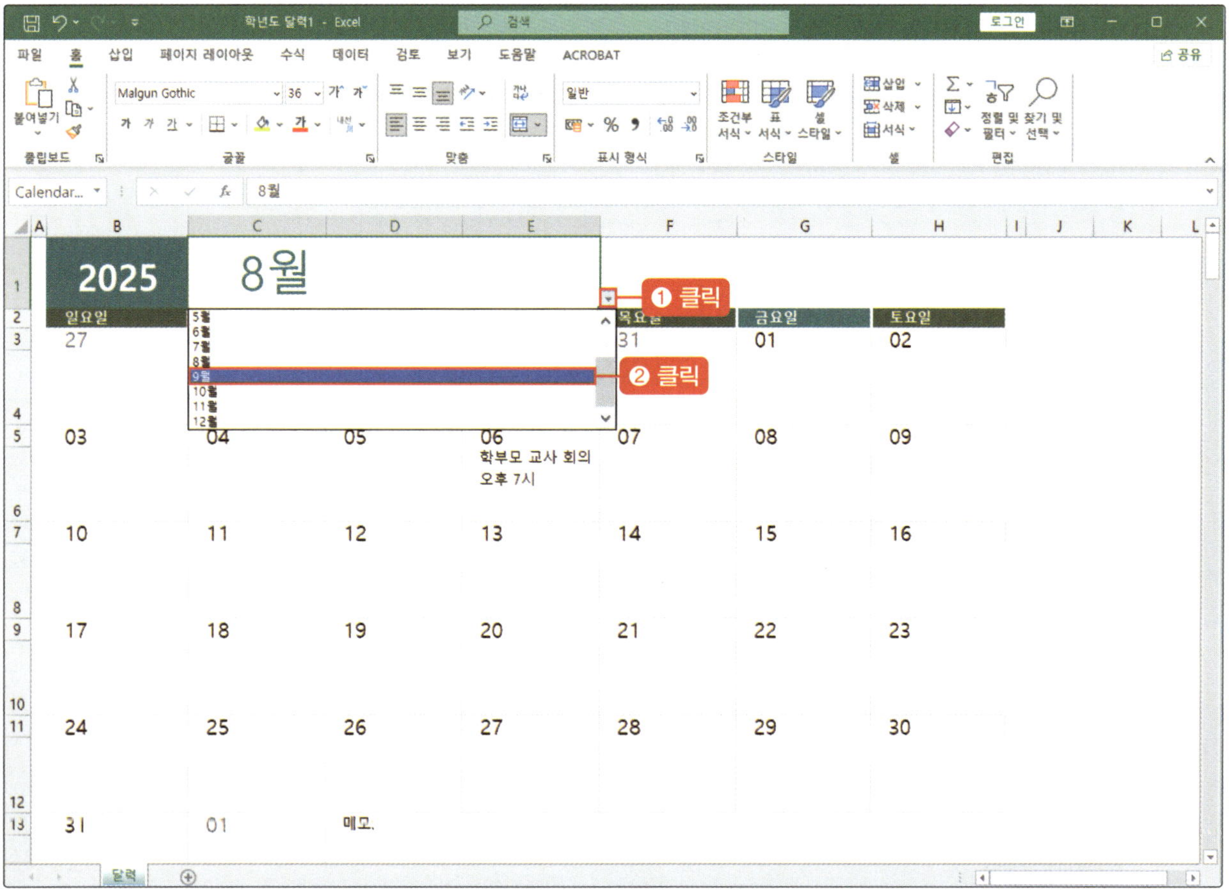

5 ❶ [H6] 셀을 클릭하여 "ITQ 정기시험"을 입력하고, ❷ [E8] 셀을 클릭하여 "생일 모임 저녁 6시"를 입력합니다.

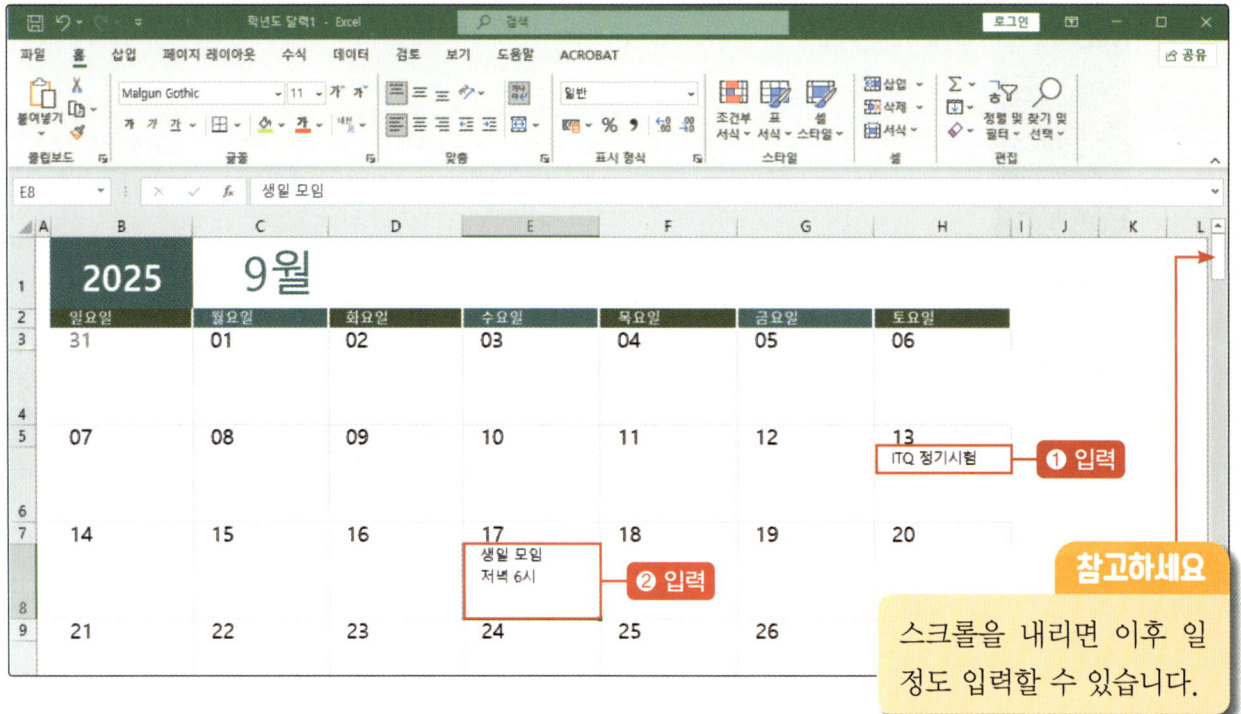

6 수정한 문서를 저장하기 위해 ❶ [파일]-[다른 이름으로 저장]을 선택하고 ❷ [이 PC]를 더블클릭합니다. [다른 이름으로 저장] 대화상자가 열리면 ❸ 저장할 폴더를 [문서]로 선택한 후 ❹ 파일 이름을 "2025년도 달력"으로 입력하고 ❺ [저장]을 누릅니다.

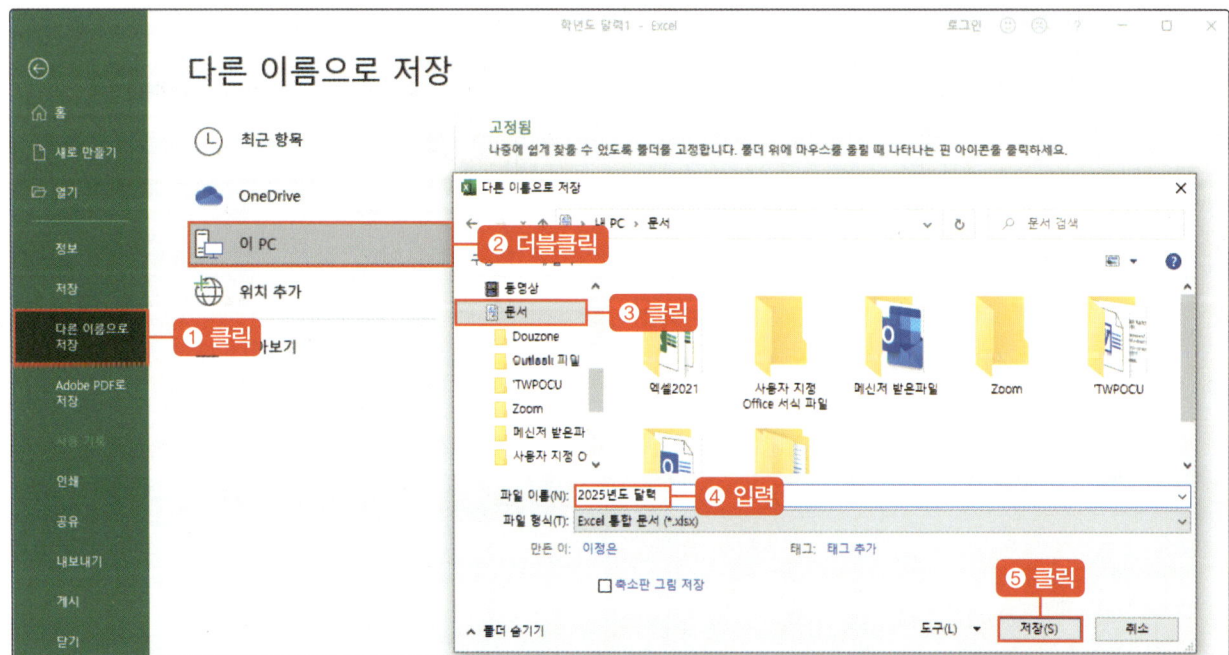

텍스트 문서를 엑셀로 불러오기

1 구분 표시가 있는 텍스트 파일은 엑셀로 만들기가 매우 쉽습니다. 텍스트(.txt) 파일을 불러오기 위해 ❶ [파일]-[열기]를 클릭합니다. ❷ [이 PC]를 더블클릭한 후 ❸ [문서] 폴더를 선택합니다.

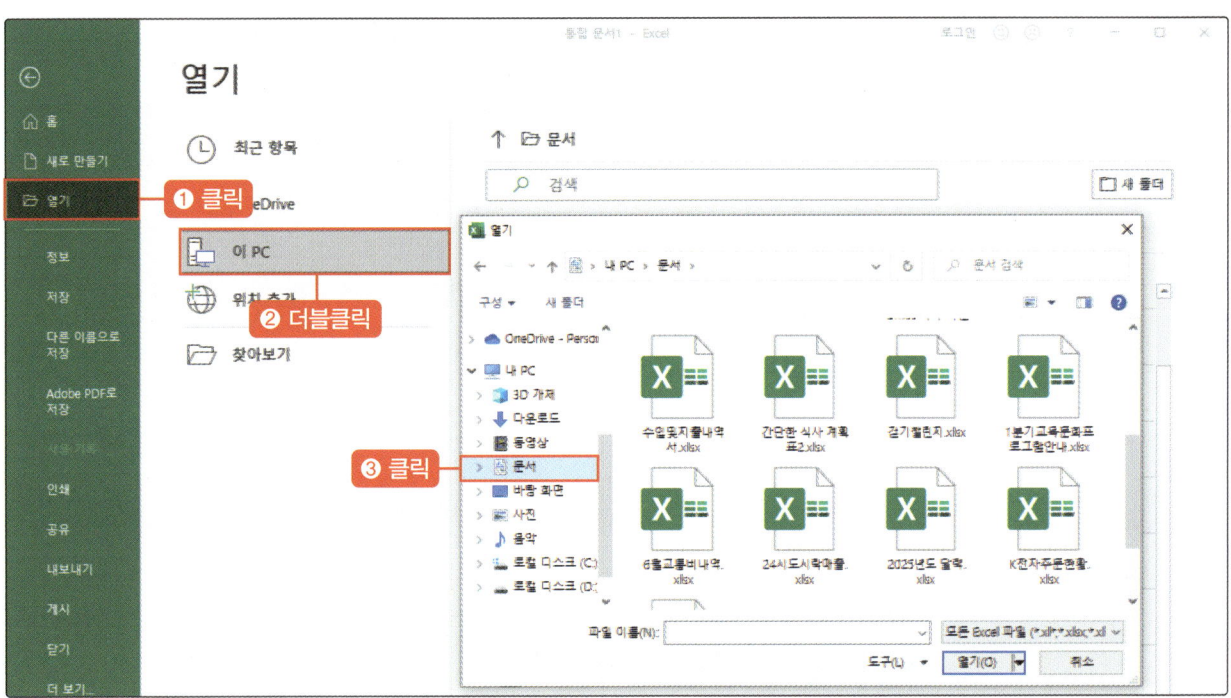

2 파일 속성에서 ❶ '모든 파일(*.*)'을 클릭하고 ❷ '직업.txt' 파일을 더블클릭하여 불러옵니다.

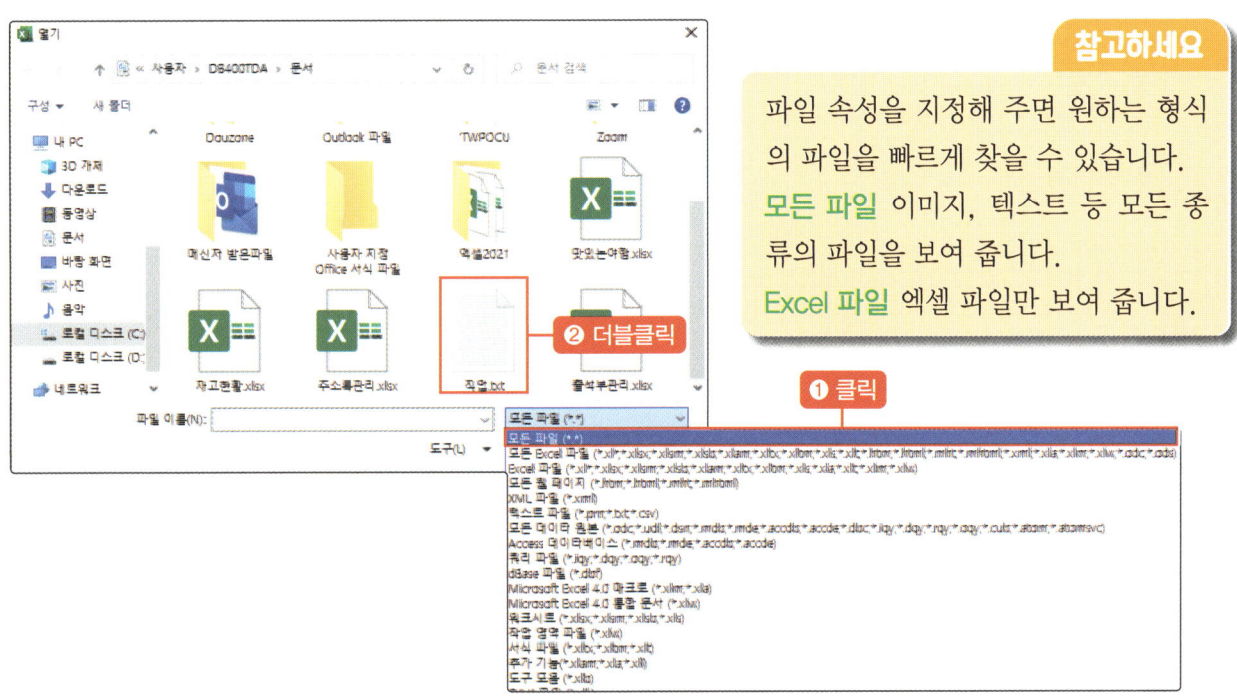

> **참고하세요**
>
> 파일 속성을 지정해 주면 원하는 형식의 파일을 빠르게 찾을 수 있습니다.
> **모든 파일** 이미지, 텍스트 등 모든 종류의 파일을 보여 줍니다.
> **Excel 파일** 엑셀 파일만 보여 줍니다.

3 3단계의 텍스트 마법사 창이 나타납니다.

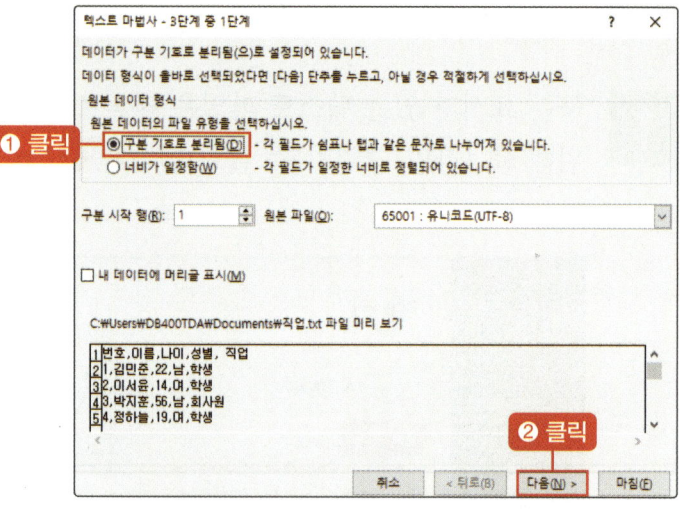

1단계 ❶ '구분 기호로 분리됨'을 체크하고 ❷ [다음]을 클릭합니다.

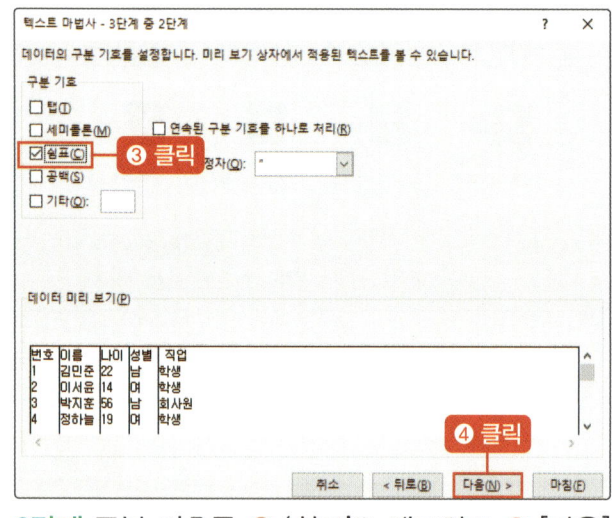

2단계 구분 기호를 ❸ '쉼표'로 체크하고 ❹ [다음]을 클릭합니다.

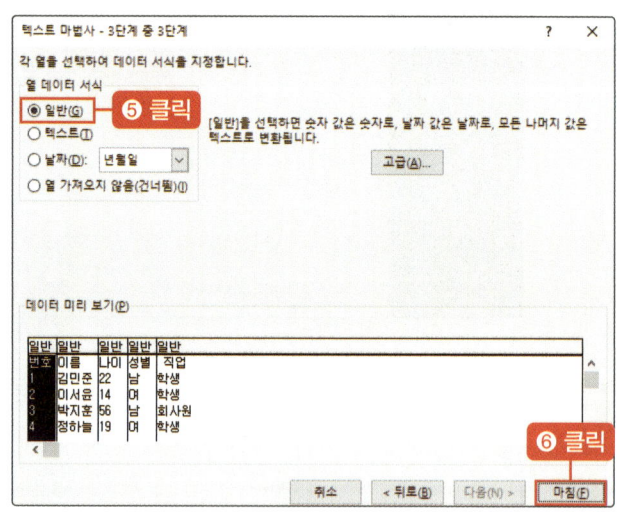

3단계 열 데이터 서식을 ❺ '일반'으로 선택하고 ❻ [마침]을 클릭합니다.

4 데이터가 쉼표를 기준으로 구분되어 간단하게 정리됩니다.

	A	B	C	D	E	F
1	번호	이름	나이	성별	직업	
2	1	김민준	22	남	학생	
3	2	이서윤	14	여	학생	
4	3	박지훈	56	남	회사원	
5	4	정하늘	19	여	학생	
6	5	최예린	63	여	엔지니어	
7	6	한도윤	45	남	디자이너	
8	7	유수민	27	여	개발자	
9	8	오지호	38	남	마케터	
10	9	장혜진	41	여	교수	
11	10	신태우	30	남	프리랜서	

도전! 혼자 풀어 보세요!

1 '해외여행 준비물.xlsx' 파일을 불러와서 다음의 내용을 추가로 입력한 후 '해외여행 준비물 완성.xlsx'로 저장해 보세요.

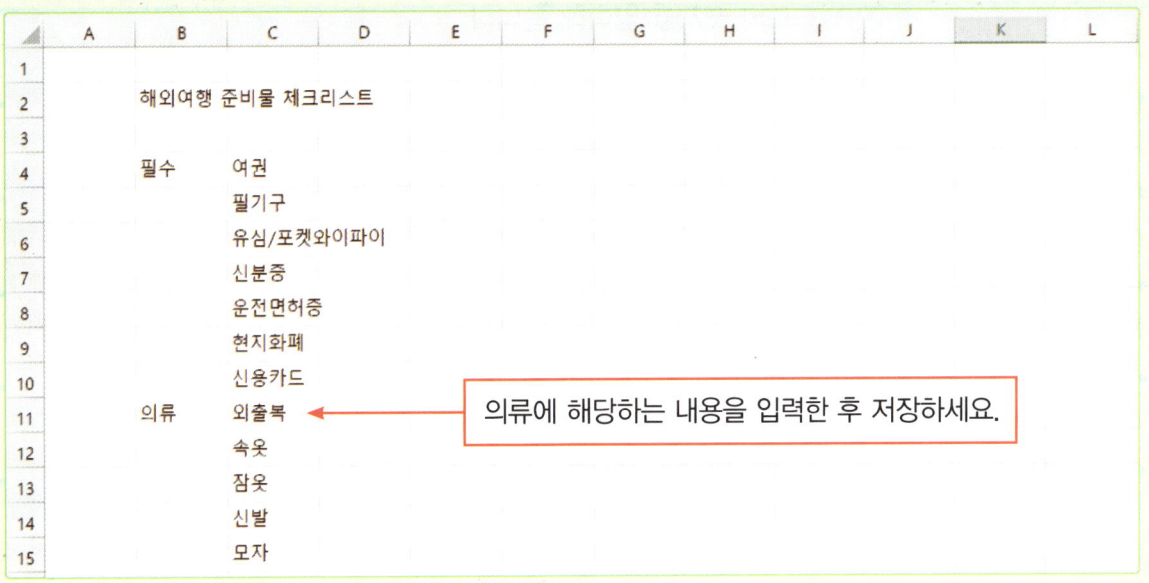

의류에 해당하는 내용을 입력한 후 저장하세요.

2 '간단한 식사 계획표' 서식을 이용하여 다음 조건을 참고하여 워크시트를 작성해 보세요.

[파일]-[새로 만들기]를 클릭한 후 [온라인 서식 파일 검색] 부분에 "간단한 식사 계획"을 입력하여 검색하세요. '간단한 식사 계획표' 서식 파일을 불러와서 두 번째 시트에 작성하세요.

데이터 입력과 수정

엑셀에서 가장 중요한 것은 데이터입니다. 텍스트, 숫자, 시간 등 각각의 데이터 속성에 맞게 입력해야 오류를 줄일 수 있습니다.

- 텍스트와 숫자를 입력해 봅니다.
- 날짜와 시간을 입력해 봅니다.
- 기호를 입력해 봅니다.

배울 내용 미리 보기

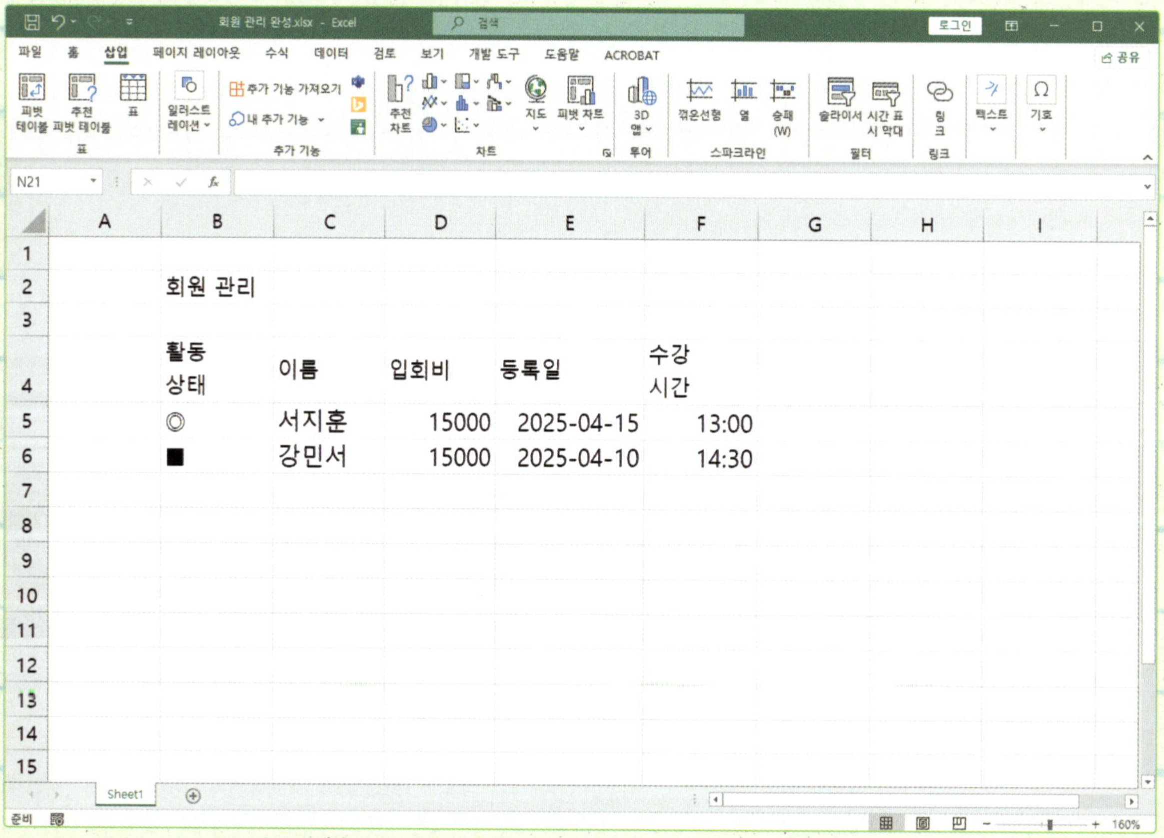

▲ 파일명 회원 관리 완성.xlsx

텍스트와 숫자 입력하기

1 '회원 관리.xlsx' 파일을 연 후 ❶ [F4] 셀에 "수강 시간"을 입력합니다.

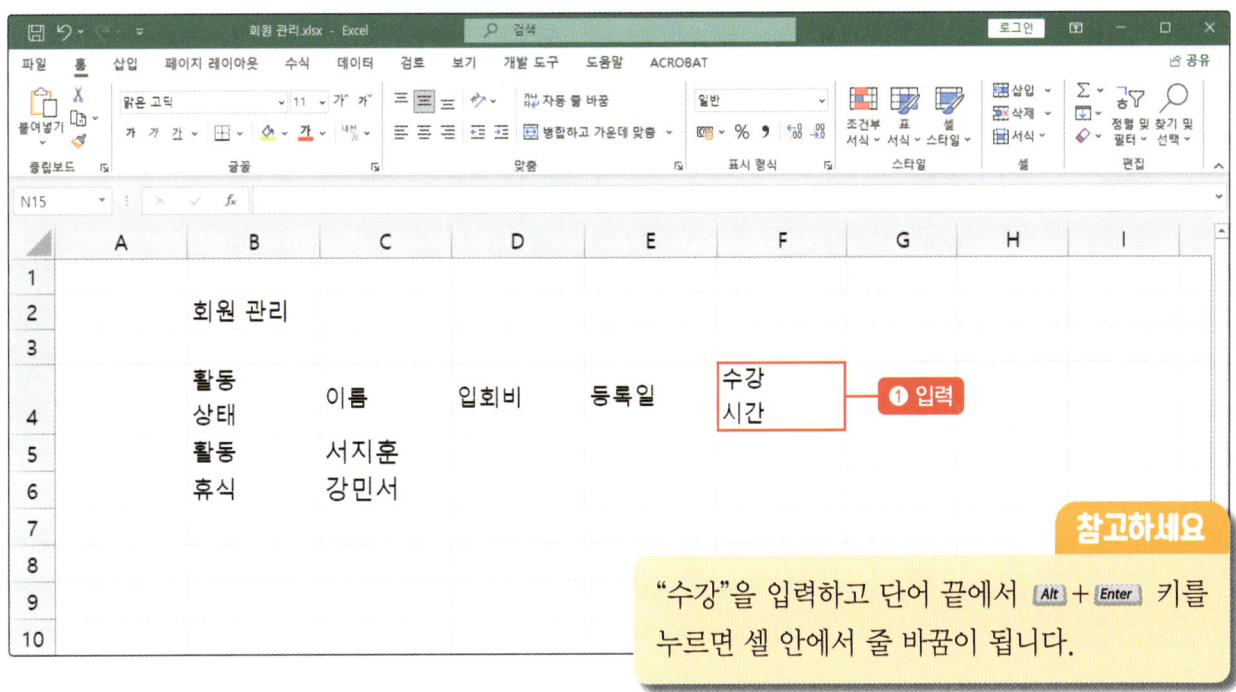

> **참고하세요**
> "수강"을 입력하고 단어 끝에서 Alt + Enter 키를 누르면 셀 안에서 줄 바꿈이 됩니다.

2 ❶ [D5], [D6] 셀에 "15000"을 입력합니다. 숫자는 기본적으로 오른쪽 정렬이 됩니다.

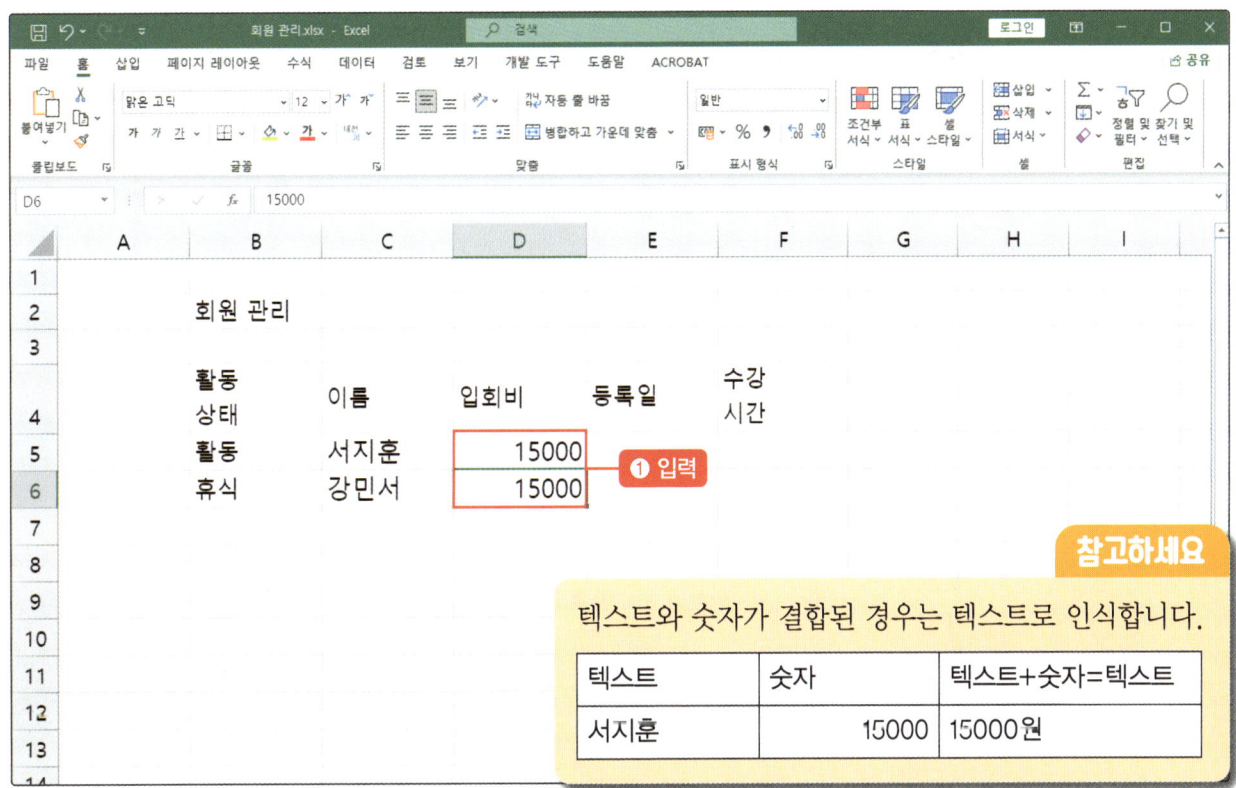

> **참고하세요**
> 텍스트와 숫자가 결합된 경우는 텍스트로 인식합니다.
>
> | 텍스트 | 숫자 | 텍스트+숫자=텍스트 |
> |---|---|---|
> | 서지훈 | 15000 | 15000원 |

 날짜와 시간 입력하기

1 ❶ [E5] 셀을 클릭한 후 "2025년 4월 15일"을 입력하고 Enter 키를 누릅니다.

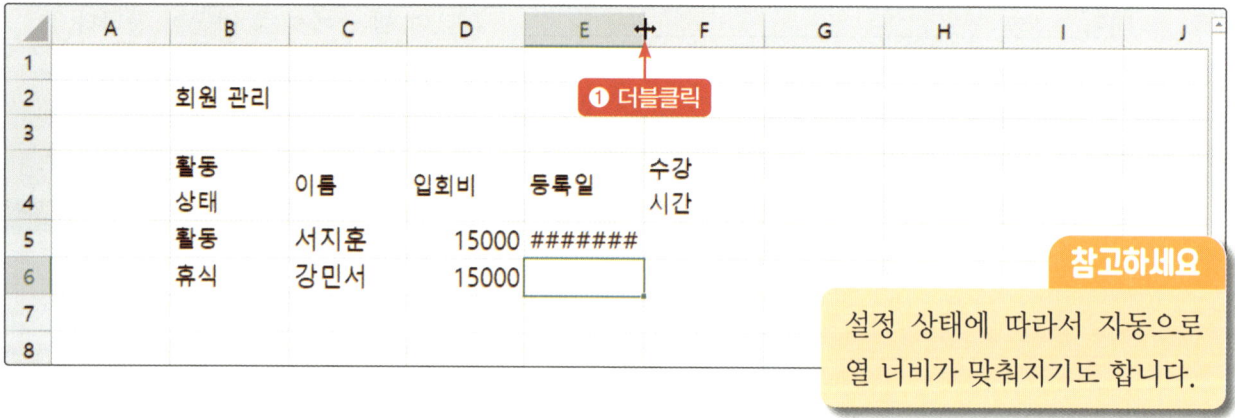

참고하세요
'2025년4월15일'처럼 붙여 쓰면 날짜가 아닌 텍스트 형식으로 인식됩니다.

2 열의 너비가 좁아서 '######'으로 표시됩니다. 'E'열과 'F'열 사이에 마우스를 올려놓으면 '✥' 가 나타납니다. ❶ 이 상태에서 더블클릭하여 열 너비를 자동으로 조절합니다.

참고하세요
설정 상태에 따라서 자동으로 열 너비가 맞춰지기도 합니다.

3 날짜 형식에 맞춰 입력할 때는 '연/월/일' 또는 '연-월-일' 형식으로 입력합니다. [E6] 셀을 클릭한 후 ❶ "2025-4-10"을 입력하고 Enter 키를 누릅니다.

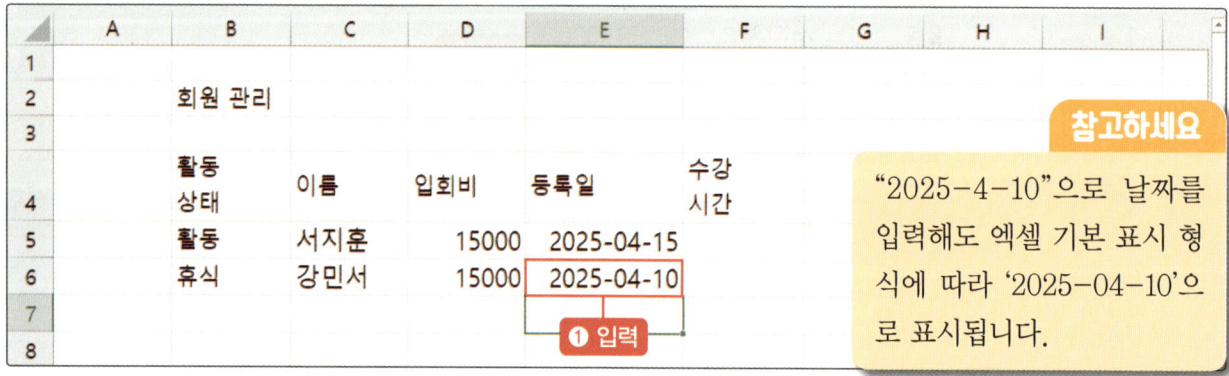

참고하세요
"2025-4-10"으로 날짜를 입력해도 엑셀 기본 표시 형식에 따라 '2025-04-10'으로 표시됩니다.

4 시간을 입력하기 위해 [F5] 셀을 클릭합니다. ❶ "13:00"을 입력하고 Enter 키를 누릅니다.

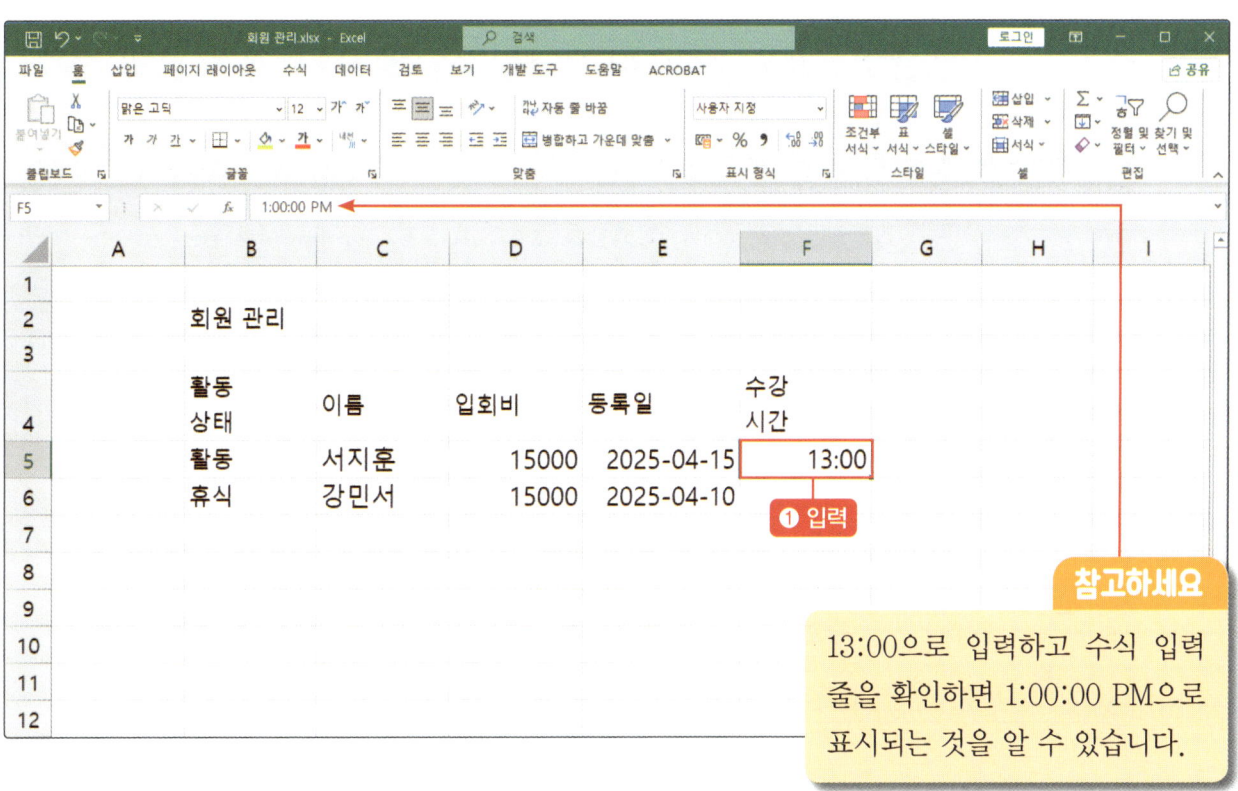

참고하세요
13:00으로 입력하고 수식 입력 줄을 확인하면 1:00:00 PM으로 표시되는 것을 알 수 있습니다.

5 [F6] 셀을 클릭하고 ❶ "14:30"을 입력한 후 Enter 키를 누릅니다.

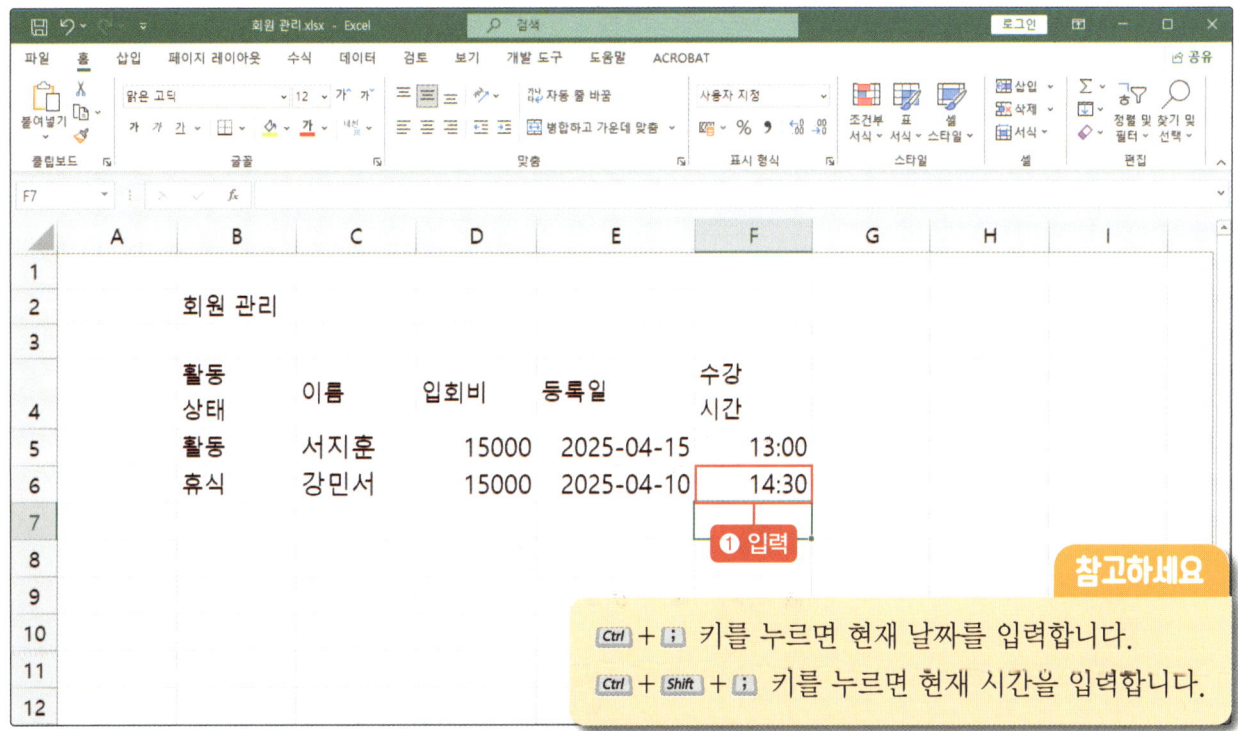

참고하세요
Ctrl + ; 키를 누르면 현재 날짜를 입력합니다.
Ctrl + Shift + ; 키를 누르면 현재 시간을 입력합니다.

3 기호 입력하기

1 문자 대신 기호로 활동 상태를 나타내 봅니다. ❶ [B5] 셀을 클릭한 후 ❷ [삽입] 탭의 [기호] 그룹에서 ❸ [기호]를 클릭합니다.

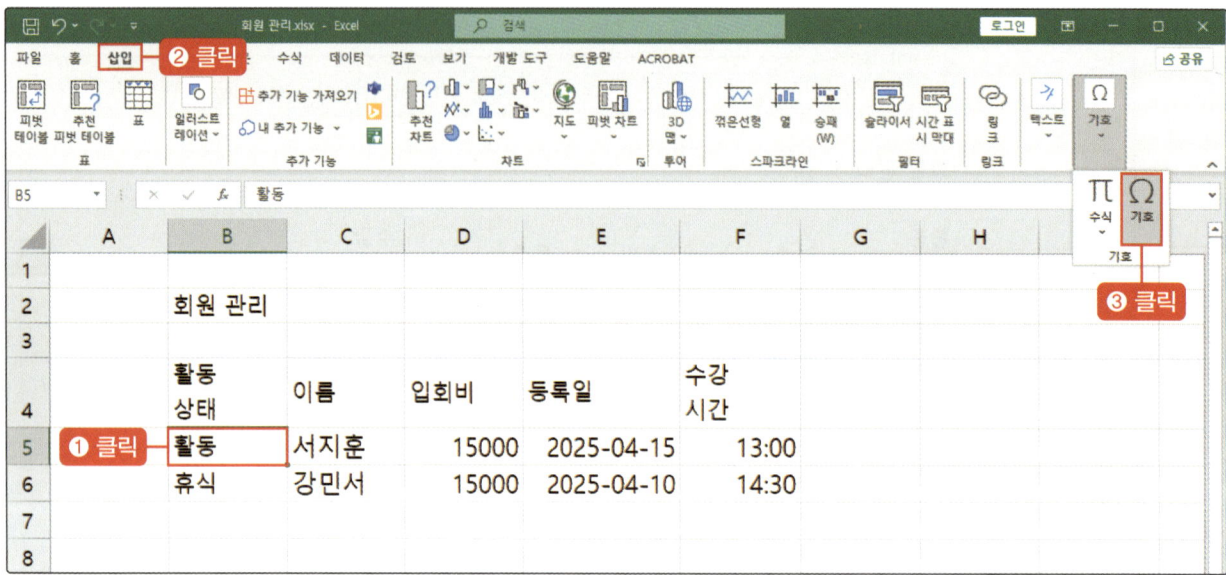

2 [기호] 대화상자가 열리면 [기호] 탭의 ❶ '글꼴'은 '현재 글꼴', ❷ '하위 집합'의 '도형 기호'를 선택합니다. ❸ 기호 '◎'를 선택한 후 ❹ [삽입]과 ❺ [닫기]를 순서대로 클릭합니다.

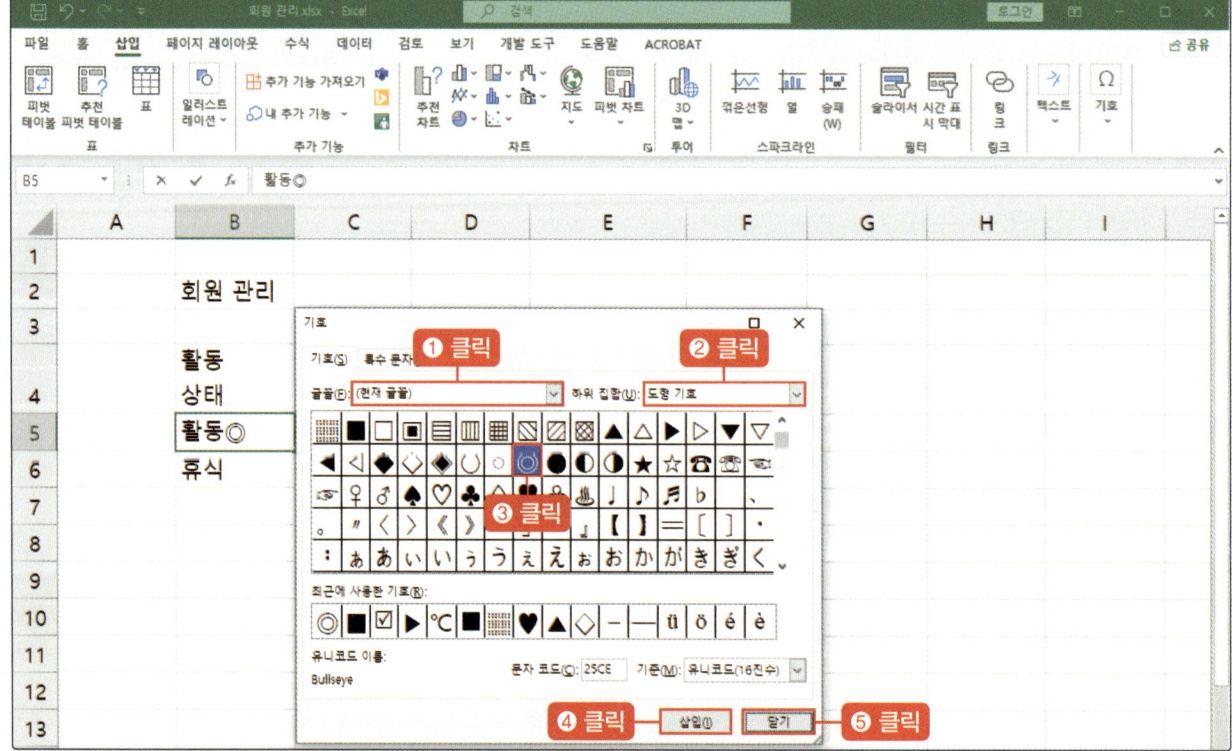

3 ❶ [B6] 셀을 클릭한 후 ❷ [삽입] 탭의 [기호] 그룹에서 ❸ [기호]를 클릭합니다.

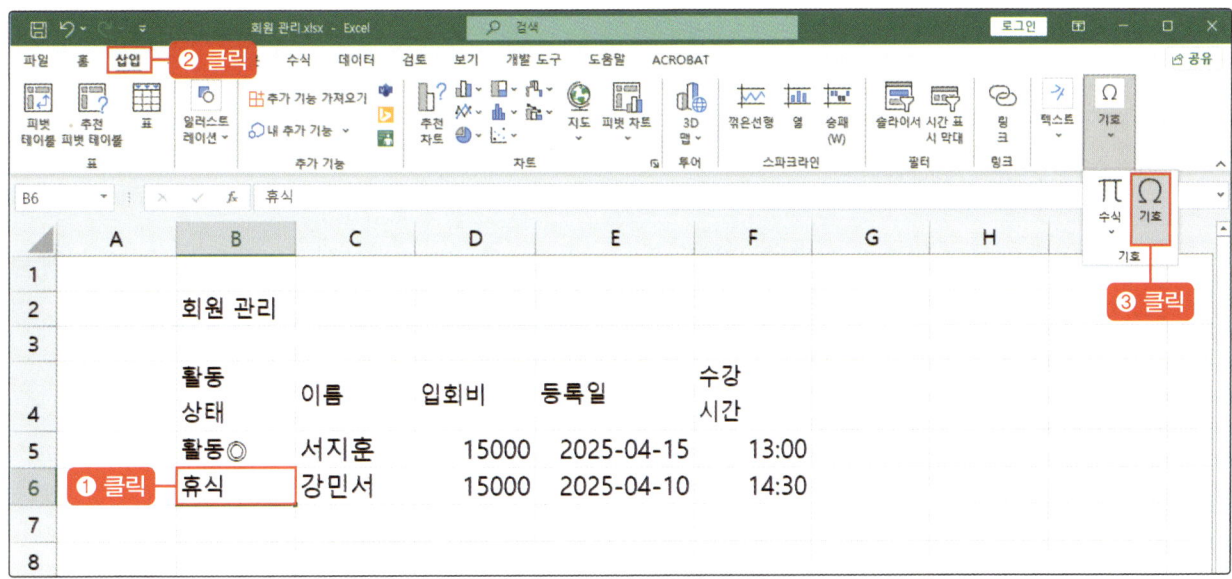

4 [기호] 대화상자가 열리면 [기호] 탭의 ❶ 글꼴은 '현재 글꼴', ❷ '하위 집합'의 도형 기호를 선택합니다. ❸ 기호 '■'를 선택한 후 ❹ [삽입]과 ❺ [닫기]를 순서대로 클릭합니다. '활동'과 '휴식' 텍스트는 삭제하고 기호만 남겨둡니다.

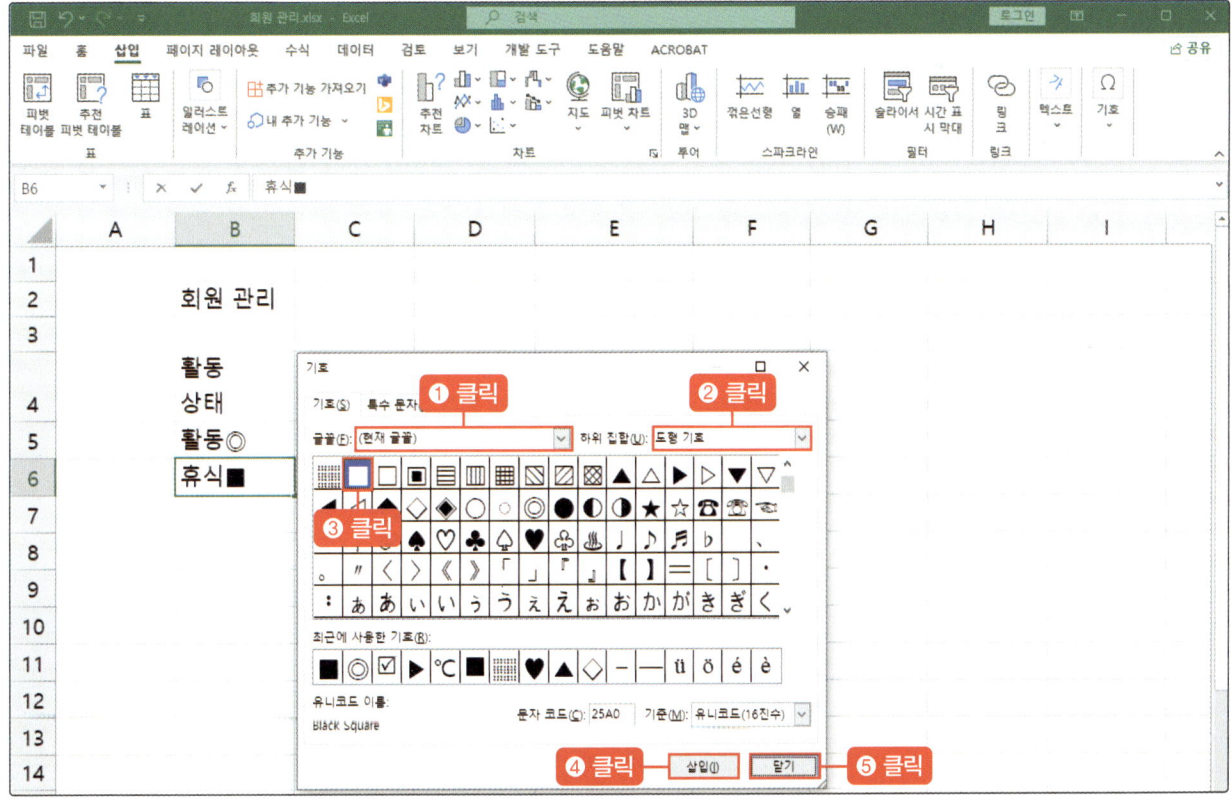

한자 입력하기

단어 끝에서 키보드의 [한자] 키를 누르면 한자를 입력할 수 있습니다. 키보드에서 [한자] 키는 대부분 [Space Bar] 또는 [Alt] 키 오른쪽에 있습니다.

1 '회원'을 한자로 바꾸기 위해 ❶ '회원' 단어 뒤를 클릭한 후 키보드의 [한자] 키를 누릅니다. [한글/한자 변환] 대화상자가 열리면 해당하는 ❷ 한자와 ❸ 입력 형태의 '한글(漢字)'을 선택한 후 ❹ [변환]을 클릭합니다.

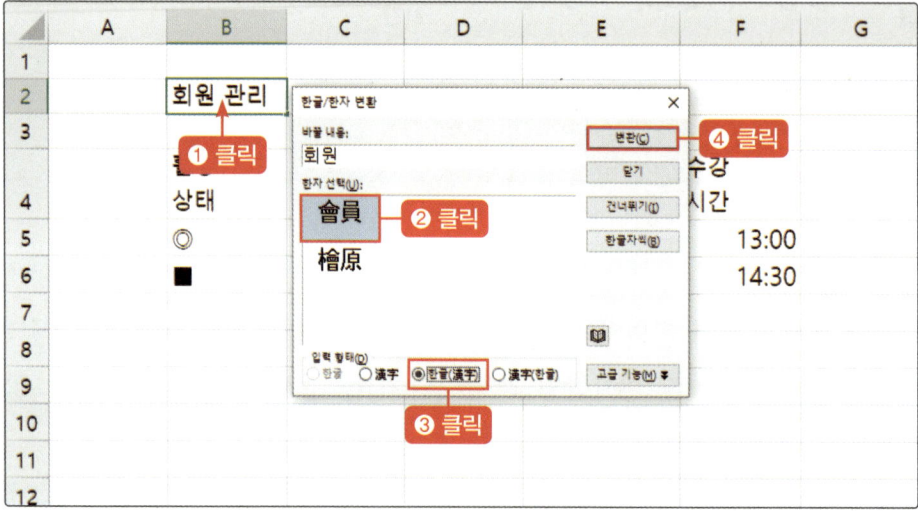

2 '관리'를 한자로 바꿔 봅니다. 이번에는 입력 형태를 '漢字'로 선택해 봅니다. ❶ '관리' 단어 뒤를 클릭한 후 키보드의 [한자] 키를 누릅니다. [한글/한자 변환] 대화상자가 열리면 해당하는 ❷ 한자와 ❸ 입력 형태를 '漢字'로 선택한 후 ❹ [변환]을 클릭합니다.

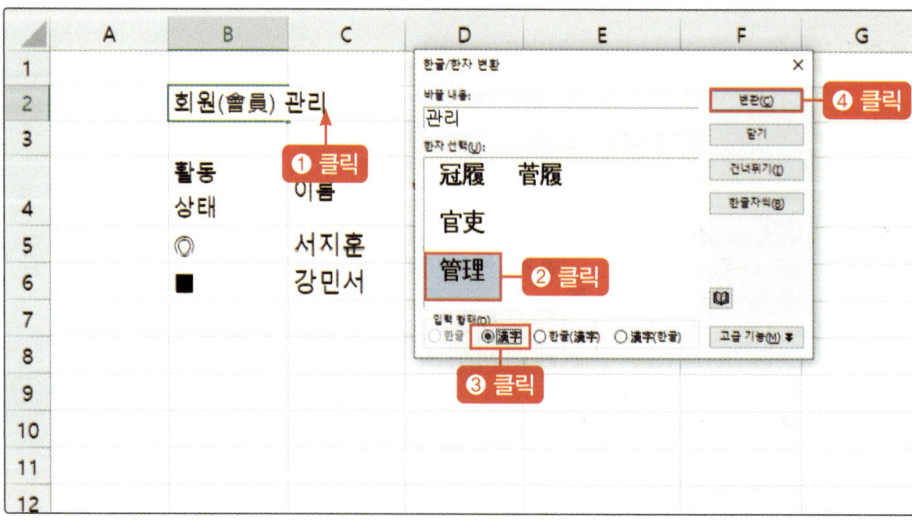

도전! 혼자 풀어 보세요!

1 엑셀 2021을 실행하고 [새 통합 문서]를 열어서 다음과 같이 텍스트, 날짜, 시간을 입력해 보세요.

	A	B	C	D	E
1					
2		출퇴근 기록표			
3					
4		이름	출근 날짜	출근 시간	퇴근 시간
5		이도현	2025-04-14	9:00	18:00
6		정하늘	2025-04-14	8:50	18:10

2 엑셀 2021을 실행하고 [새 통합 문서]를 열어서 다음과 같이 텍스트, 숫자, 기호를 입력해 보세요.

	A	B	C	D
1				
2		◼ K전자 온라인 주문 현황		
3				
4		주문번호	고객명	상품명	배송 여부
5		1001	이서연	충전기	○
6		1002	박중훈	휴대폰	

[삽입]-[기호] 탭의 '글꼴'은 '현재 글꼴', '하위 집합'은 '도형 기호'를 선택한 후 기호 '◼', '○'를 선택하세요.

04 표시 형식 지정하기

셀에 입력된 데이터가 표시되는 형식을 지정할 수 있습니다. 숫자, 백분율, 날짜 등을 필요한 형식에 맞게 조정하여 가독성을 높일 수 있습니다.

- 숫자 표시 형식을 알아봅니다.
- 백분율과 날짜 표시 형식을 알아봅니다.
- 사용자 정의 설정에 대해 알아봅니다.

배울 내용 미리 보기

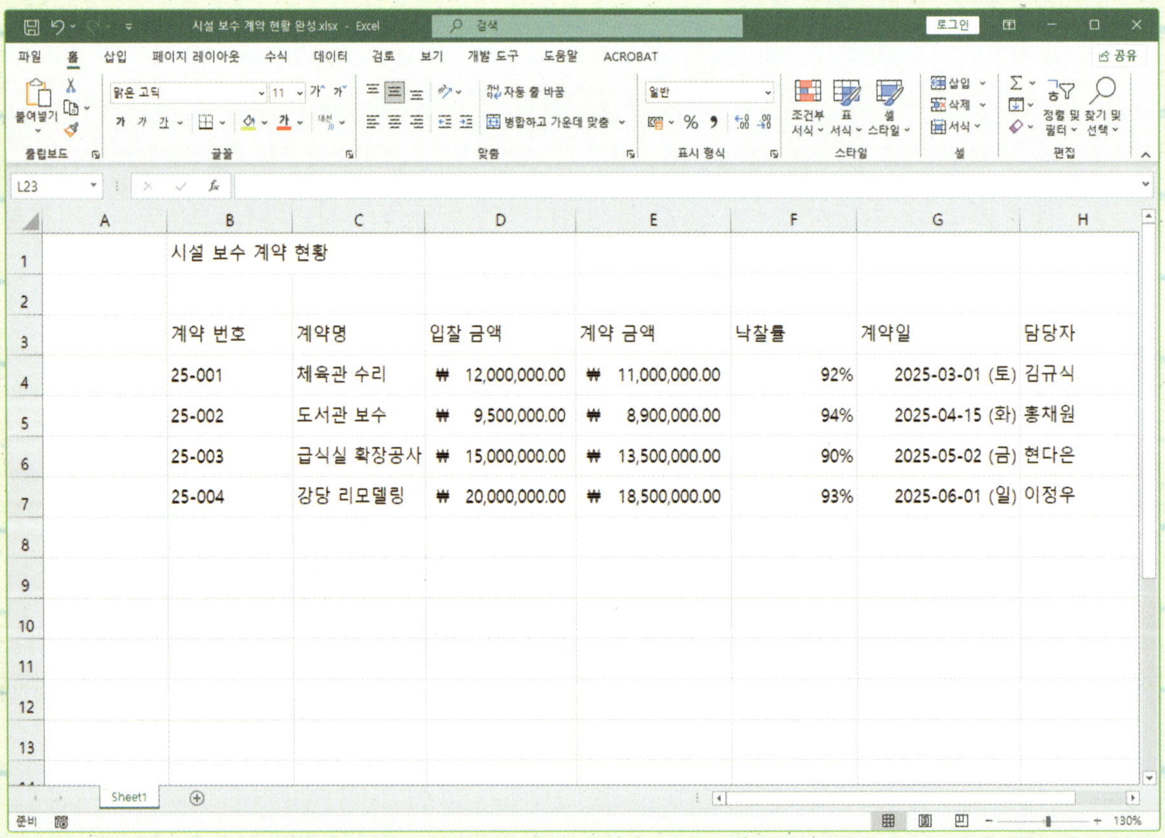

	A	B	C	D	E	F	G	H
1		시설 보수 계약 현황						
2								
3		계약 번호	계약명	입찰 금액	계약 금액	낙찰률	계약일	담당자
4		25-001	체육관 수리	₩ 12,000,000.00	₩ 11,000,000.00	92%	2025-03-01 (토)	김규식
5		25-002	도서관 보수	₩ 9,500,000.00	₩ 8,900,000.00	94%	2025-04-15 (화)	홍채원
6		25-003	급식실 확장공사	₩ 15,000,000.00	₩ 13,500,000.00	90%	2025-05-02 (금)	현다은
7		25-004	강당 리모델링	₩ 20,000,000.00	₩ 18,500,000.00	93%	2025-06-01 (일)	이정우

▲ 파일명 시설 보수 계약 현황 완성.xlsx

1 숫자 표시 형식

1 다음 워크시트와 같이 작성합니다.

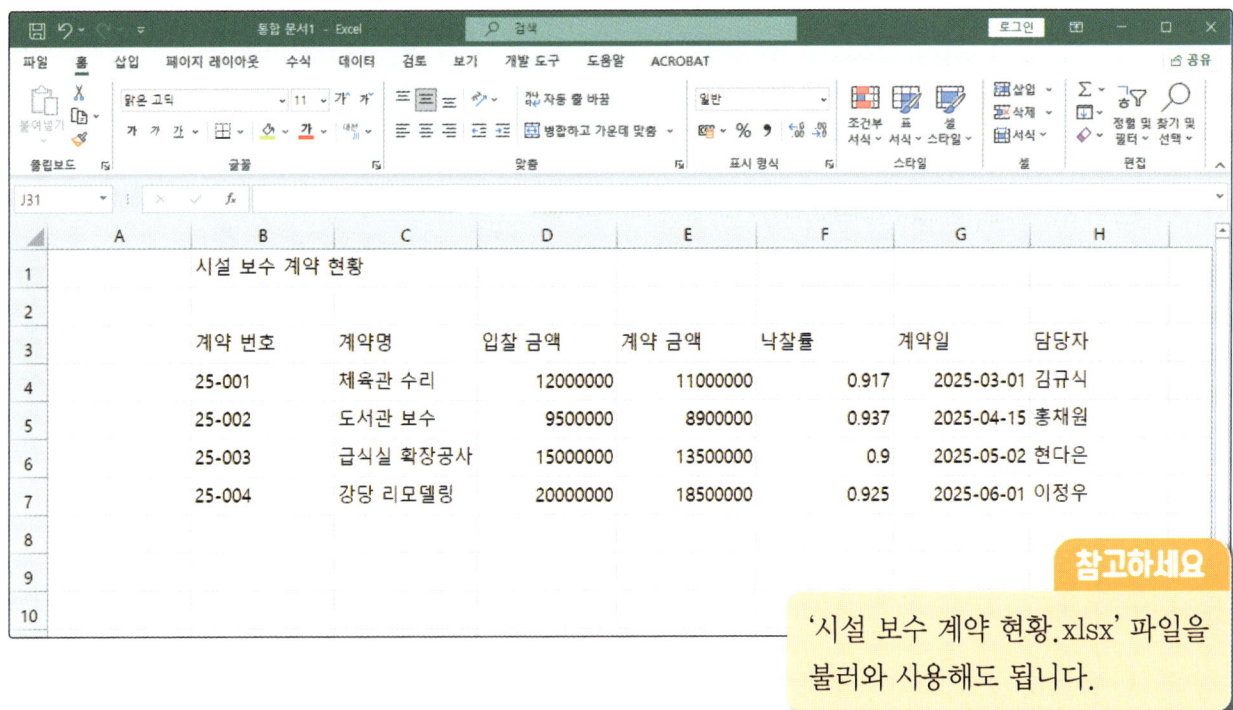

> **참고하세요**
> '시설 보수 계약 현황.xlsx' 파일을 불러와 사용해도 됩니다.

2 금액을 나타내는 숫자에 쉼표를 넣기 위해 ❶ [D4:E7] 셀을 드래그하여 선택합니다. ❷ [홈] 탭의 [표시 형식] 그룹에서 ❸ '쉼표 스타일(,)'을 클릭합니다.

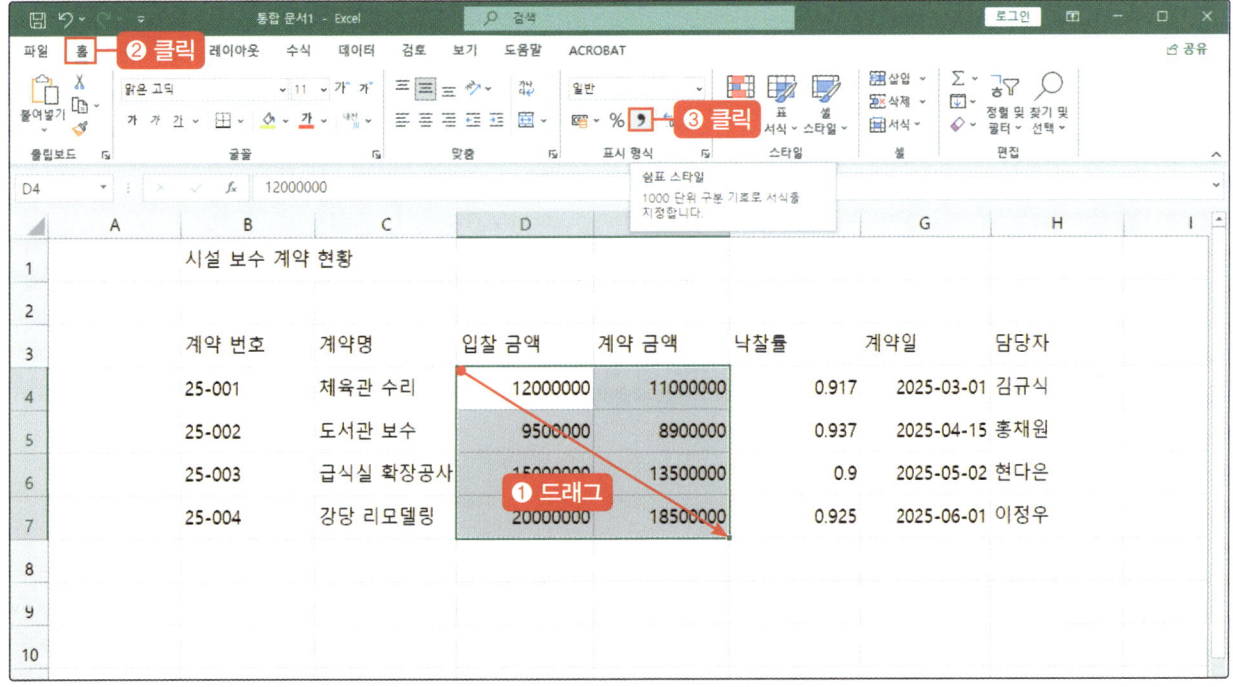

3 금액에 통화를 표시해 주면 숫자가 나타내는 의미가 좀 더 명확해집니다. ❶ [D4:E7] 셀을 드래그하여 선택하고 ❷ [홈] 탭의 [표시 형식] 그룹에서 ❸ '회계 표시 형식'의 목록을 누른 후 ❹ '₩ 한국어'를 클릭합니다.

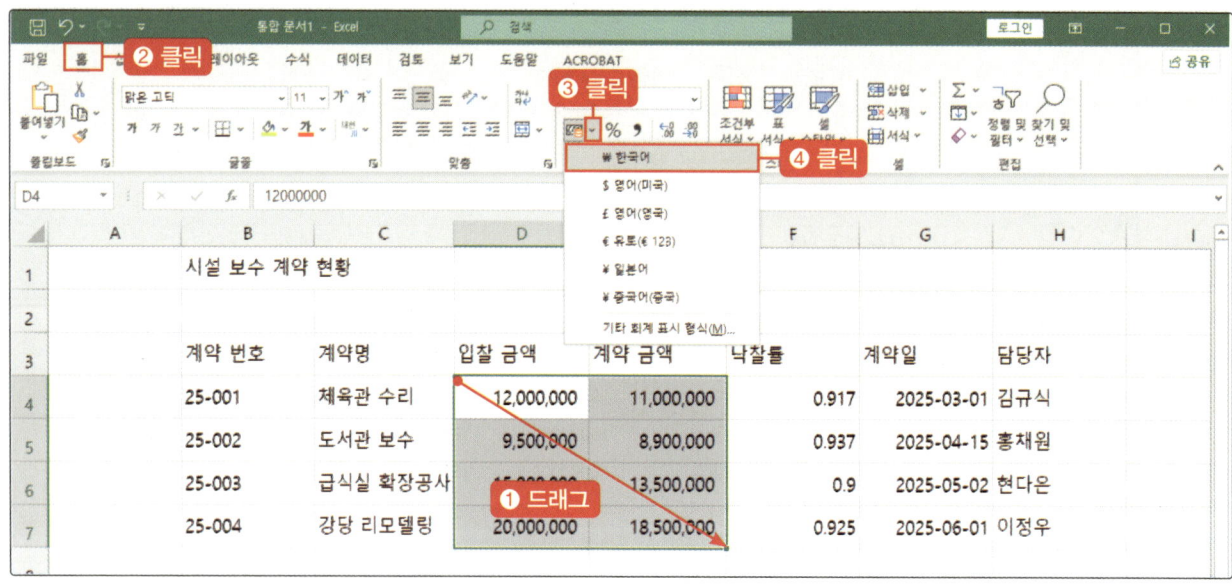

4 낙찰률의 소수 자릿수를 조절하기 위해 ❶ [F4:F7] 셀을 드래그하여 선택합니다. ❷ [홈] 탭의 [표시 형식] 그룹에서 ❸ '자릿수 줄임'을 클릭합니다.

> **참고하세요**
>
> [홈] 탭의 [표시 형식] 그룹에서 '자릿수 늘림'과 '자릿수 줄임'을 클릭하면 소수 자릿수를 늘이거나 줄인 값으로 표시할 수 있습니다.

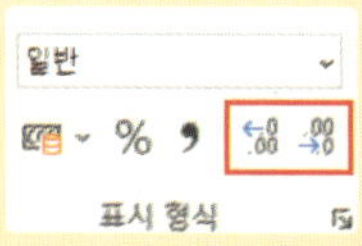

백분율과 날짜 표시 형식

1 낙찰률을 백분율로 표시해 주기 위해 ❶ [F4:F7] 셀을 드래그하여 선택합니다. ❷ [홈] 탭의 [표시 형식] 그룹에서 ❸ '백분율 스타일'을 클릭합니다.

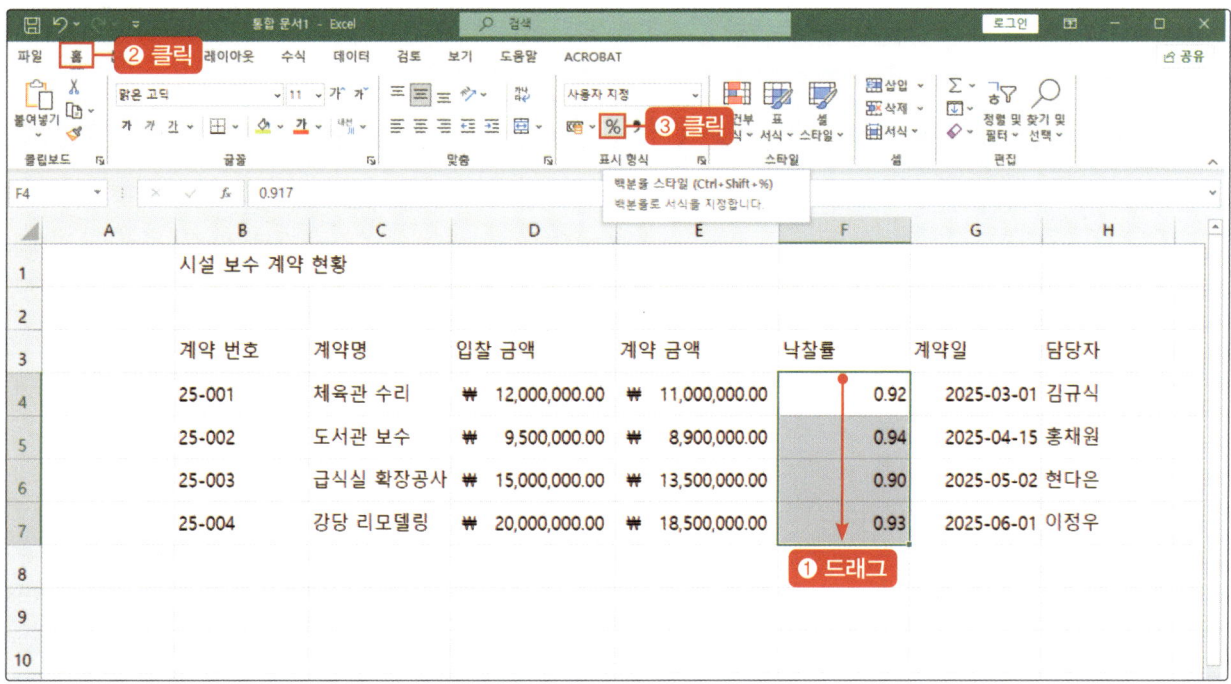

2 날짜를 자세하게 나타내 주기 위해 표시 형식을 지정합니다. ❶ [G4:G7] 셀을 드래그하여 선택한 후 ❷ [홈] 탭의 [표시 형식] 그룹에서 ❸ [표시 형식] 목록을 눌러 ❹ '자세한 날짜'를 클릭합니다.

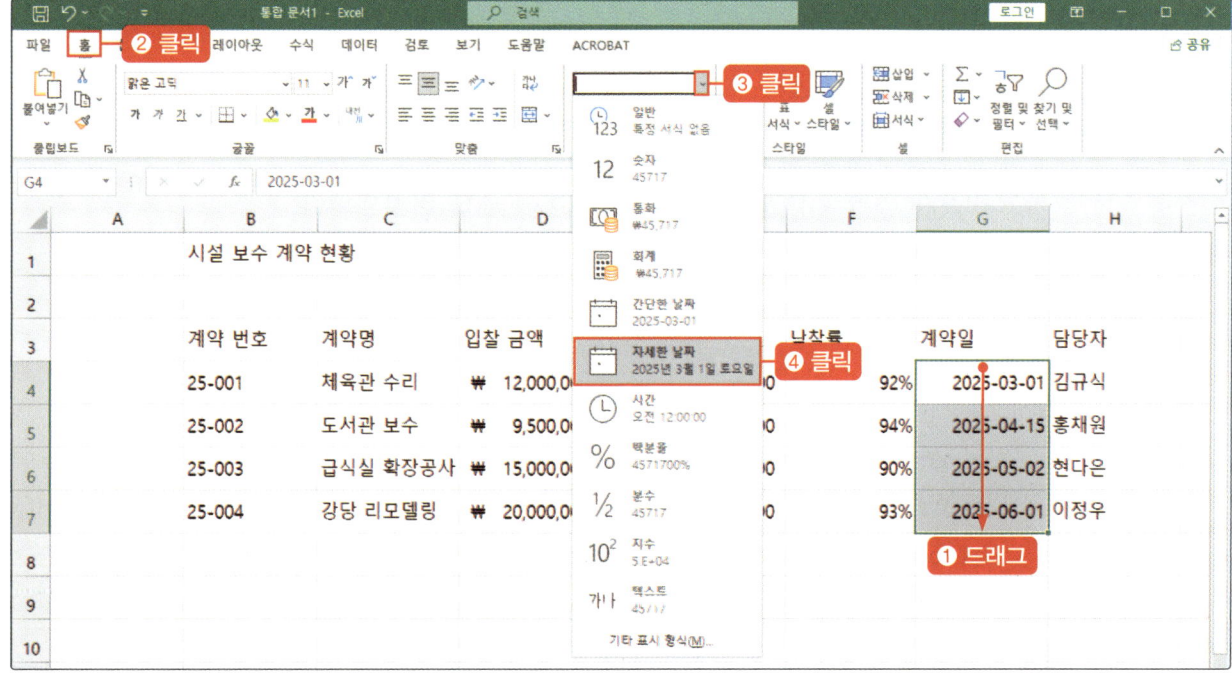

사용자 지정 표시 형식

1 날짜 표시 형식을 사용자가 원하는 대로 지정할 수 있습니다. ❶ [G4:G7] 셀을 드래그하여 선택하고 ❷ [홈] 탭의 [표시 형식] 그룹에서 ❸ [확장]을 클릭합니다. [셀 서식] 대화상자가 열리면 [표시 형식] 탭에서 ❹ '사용자 지정' 목록을 선택하고 ❺ 형식 입력란에 "yyyy-mm-dd (aaa)"을 입력한 뒤 ❻ [확인]을 클릭합니다.

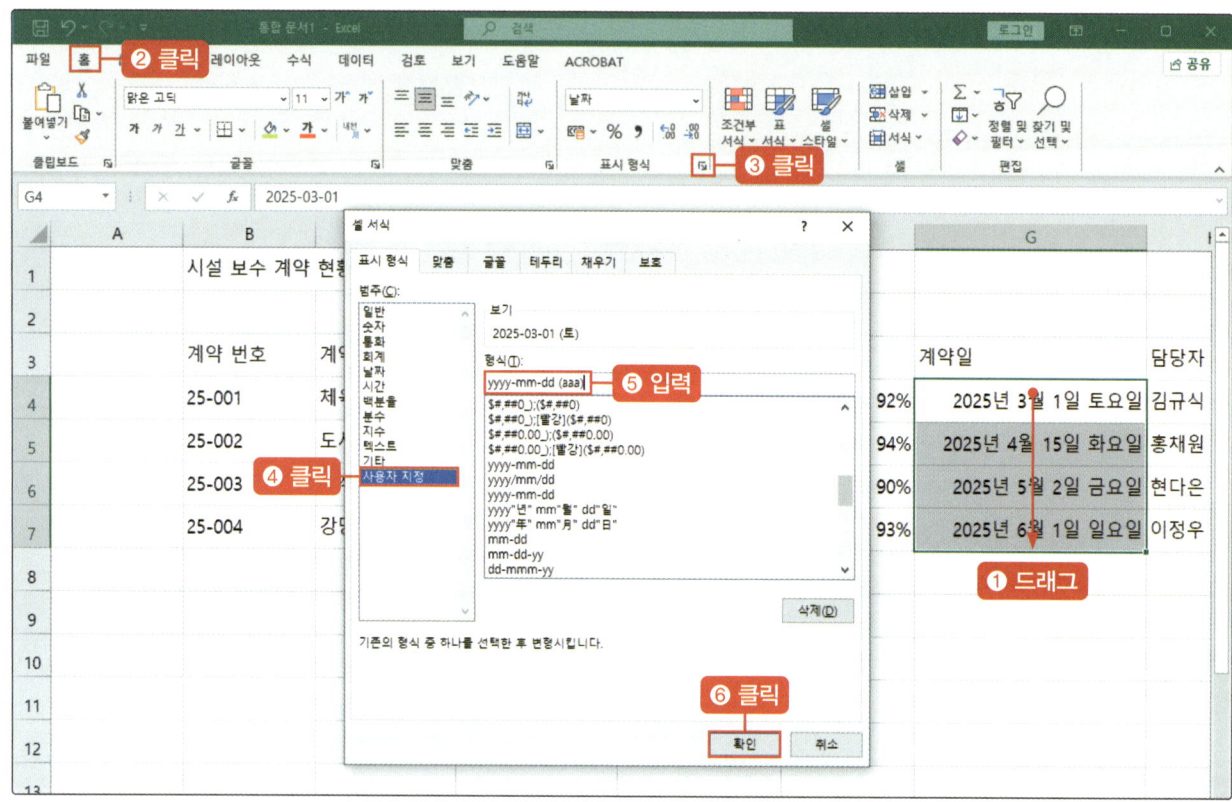

2 날짜 형식이 '2025-03-01 (토)'와 같은 형식으로 모두 변경됩니다.

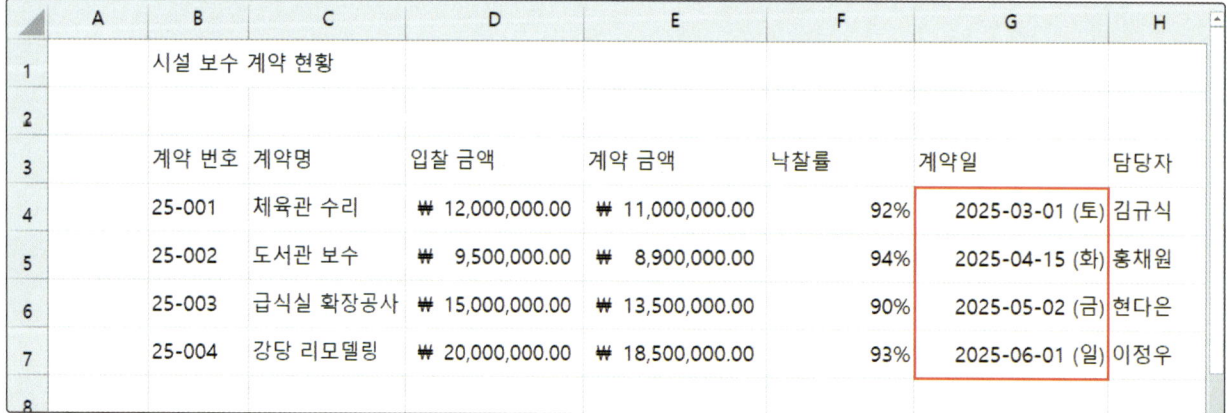

통화 표시 형식과 회계 표시 형식 설정하기

통화 표시 형식을 선택하면 단위 문자가 숫자의 바로 앞에, 회계 표시 형식을 선택하면 단위 문자가 셀의 왼쪽에 고정됩니다.

통화 표시 형식	회계 표시 형식
₩12,000	₩ 12,000
₩9,500	₩ 9,500
₩15,000	₩ 15,000
₩20,000	₩ 20,000

숫자를 한글과 한자로 변환하여 표시하기

숫자를 한글과 한자로 변환할 수 있습니다. 변환하고자 하는 숫자 셀을 선택하고 마우스 오른쪽 버튼을 누른 후 [셀 서식]을 클릭합니다. [셀 서식] 대화상자가 열리면 [표시 형식] 탭의 [기타] - [숫자(한글)] 또는 [숫자(한자)]를 선택하고 [확인]을 클릭합니다.

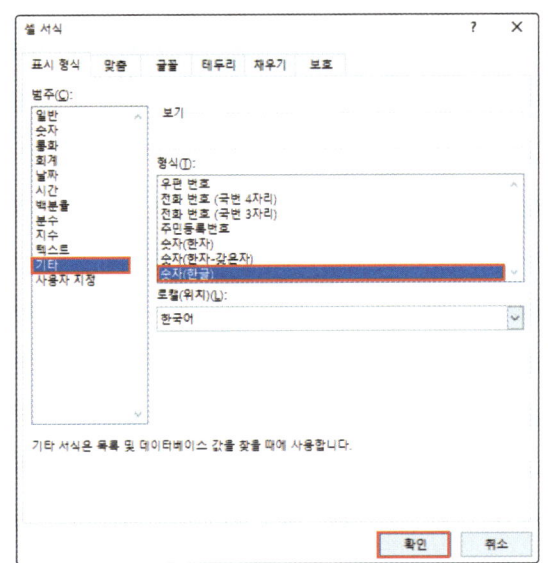

숫자	숫자(한글)	숫자(한자)
89	팔십구	八十九
236	이백삼십육	二百三十六
45	사십오	四十五

세 자리마다 숫자에 쉼표(,) 찍고 '원' 입력하기

입력된 숫자에 세 자리마다 쉼표(,)를 찍고 숫자 뒤에 '원'을 입력할 수 있습니다. 해당 숫자 셀을 선택하고 마우스 오른쪽 버튼을 눌러 [셀 서식]을 클릭합니다. [셀 서식] 대화상자가 열리면 [사용자 지정]에서 '#,##0'을 선택한 후 '"원"'을 추가로 입력하고 [확인]을 클릭합니다.

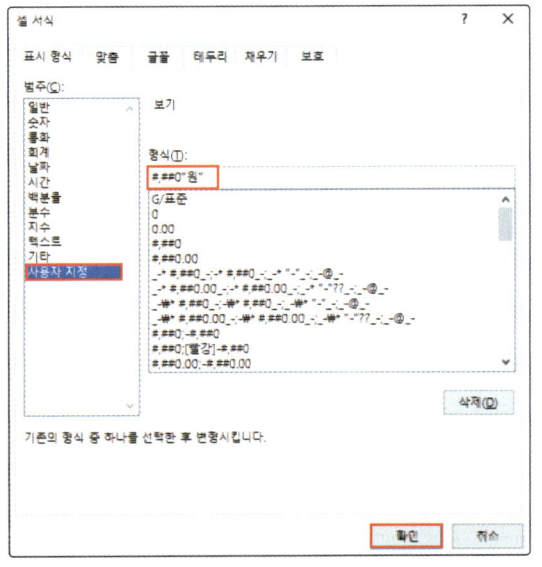

참고하세요

분수 표시하기

빈 셀에 분수 '3/4'를 입력하면 날짜 형식으로 자동 변환되어 '03월 04일'로 표시됩니다. 분수 형태로 나타내려면 0과 함께 입력하거나 셀 서식을 분수로 지정해 줍니다.

1 0과 함께 입력하기

❶ 빈 셀에 "0"을 입력하고 한 칸 띄운 후 "3/4"를 입력하고 Enter 키를 누릅니다. ❷ 분수 '3/4'가 표시됩니다.

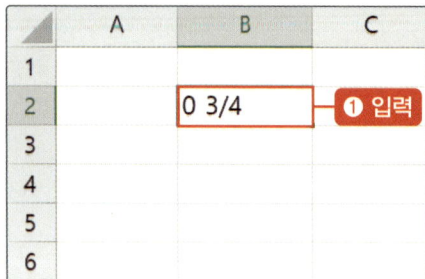

2 셀 서식 지정하기

❶ 분수를 입력하고자 하는 셀을 클릭한 후 마우스 오른쪽 버튼을 눌러 [셀 서식]을 선택합니다. [셀 서식] 대화상자가 열리면 ❷ 표시 형식을 [분수]로 클릭합니다. ❸ '한 자릿수 분모', '두 자릿수 분모' 등 원하는 형식을 선택하고 ❹ [확인]을 클릭합니다.

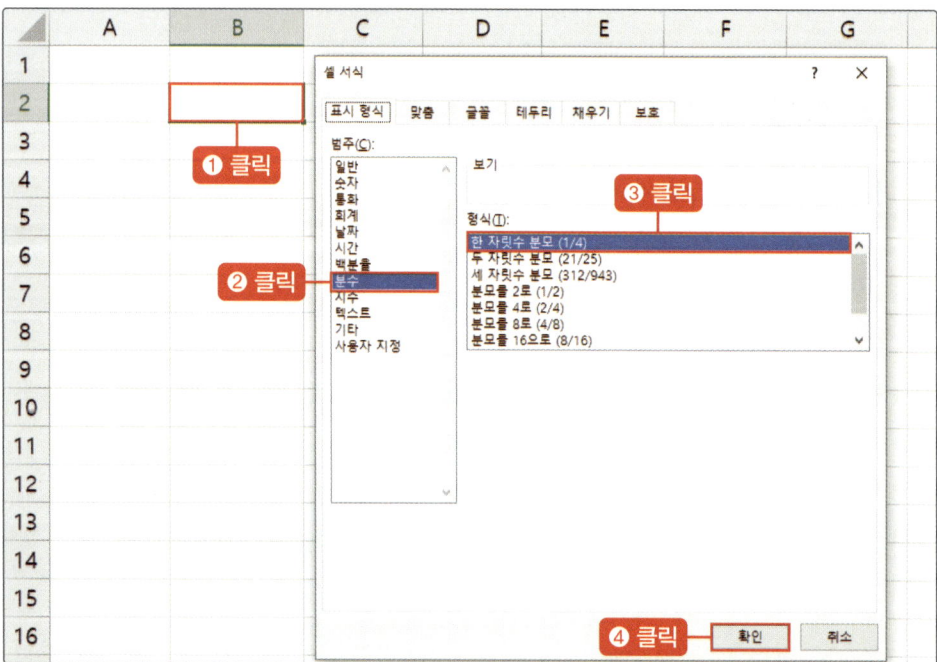

도전! 혼자 풀어 보세요!

1 '달빛쿠키 주문량.xlsx' 파일을 열고 다음 조건을 참고하여 워크시트를 작성해 보세요.

	A	B	C	D	E	F	G	H
1		달빛쿠키 주문량						
2								
3		주문번호	거래처명	주문일자	할인율	판매가	판매량	합계
4		1001	제과유통	2025-05-30	10%	900	1452	1306800
5		1002	빵의 정석	2025-05-30	15%	850	2145	1823250
6		1003	가나베이커리	2025-06-01	15%	850	6541	5559850
7		1004	골든베이크	2025-06-02	10%	900	3214	2892600
8		1005	소프트드림	2025-06-03	15%	850	8547	7264950
9		1006	우리밀	2025-06-04	10%	900	3514	3162600
10		1007	아이비쿠키	2025-06-05	10%	900	2578	2320200
11								

할인율을 백분율(%) 형식으로 표시하세요.

2 ①에서 작성한 워크시트를 다음과 같이 수정해 보세요.

	A	B	C	D	E	F	G	H
1		달빛쿠키 주문량						
2								
3		주문번호	거래처명	주문일자	할인율	판매가	판매량	합계
4		1001	제과유통	2025-05-30	10%	900	1,452	₩ 1,306,800
5		1002	빵의 정석	2025-05-30	15%	850	2,145	₩ 1,823,250
6		1003	가나베이커리	2025-06-01	15%	850	6,541	₩ 5,559,850
7		1004	골든베이크	2025-06-02	10%	900	3,214	₩ 2,892,600
8		1005	소프트드림	2025-06-03	15%	850	8,547	₩ 7,264,950
9		1006	우리밀	2025-06-04	10%	900	3,514	₩ 3,162,600
10		1007	아이비쿠키	2025-06-05	10%	900	2,578	₩ 2,320,200
11								

판매량을 나타내는 숫자에 '쉼표 스타일'을 지정하세요.
합계 금액은 '회계 표시 형식'으로 지정하세요.

자동으로 데이터 채우기

데이터를 입력하는 방법으로 자동 채우기가 있습니다. 동일한 데이터를 반복적으로 입력하거나 연속적으로 증가 또는 감소하는 순으로 입력할 수 있습니다.

▶▶ 자동 채우기 핸들 방법을 알아봅니다.
▶▶ 사용자 지정 목록으로 채우기 핸들 방법을 알아봅니다.

배울 내용 미리 보기

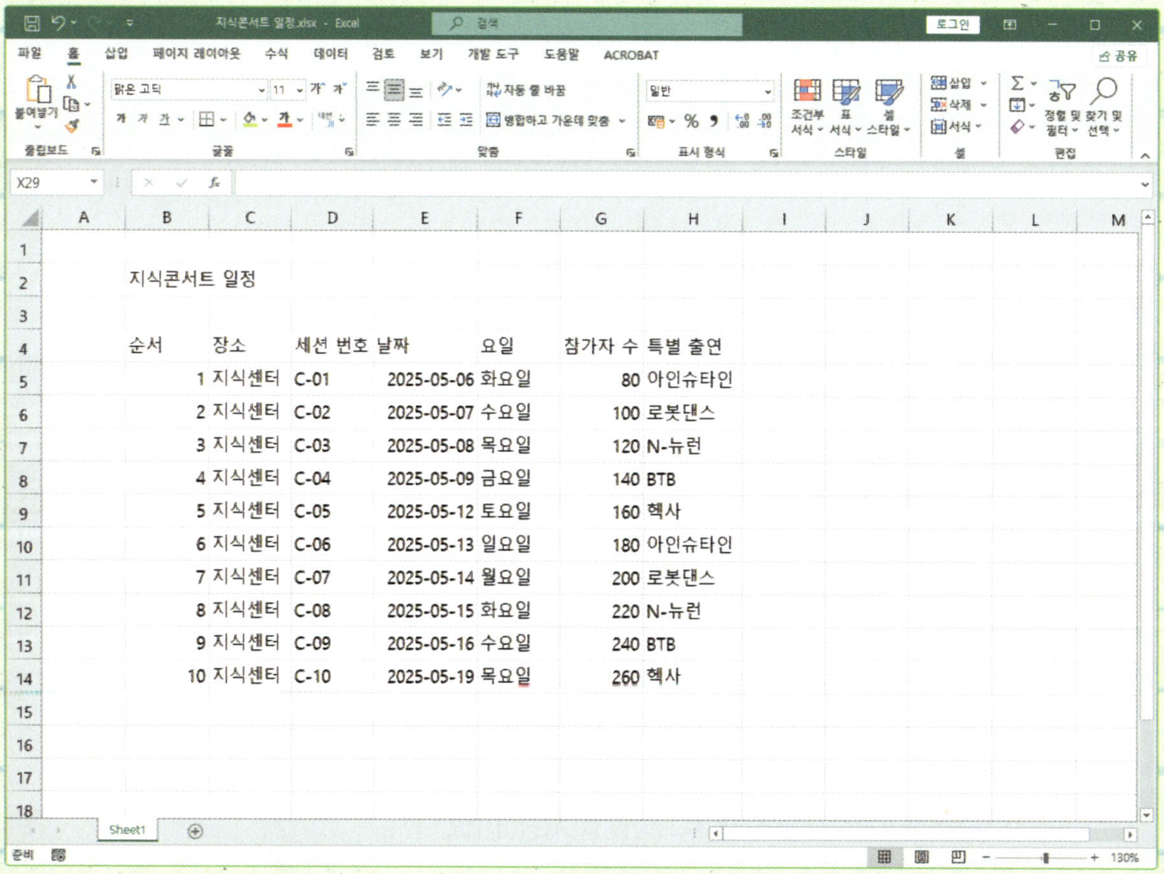

▲ **파일명** 지식콘서트 일정.xlsx

1 자동 채우기 핸들

1 엑셀 2021을 실행하고 [새 통합 문서]를 엽니다. 다음과 같이 텍스트를 입력합니다. ❶ [B5] 셀에서 오른쪽 아래의 자동 채우기 핸들(+) 위에 마우스를 올려놓습니다.

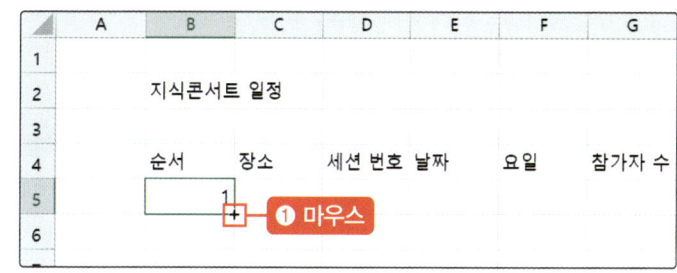

2 ❶ 마우스 포인터가 '+' 모양일 때 [B14] 셀까지 채우기 핸들을 드래그합니다. 같은 숫자가 복사됩니다. ❷ [자동 채우기 옵션]을 클릭합니다.

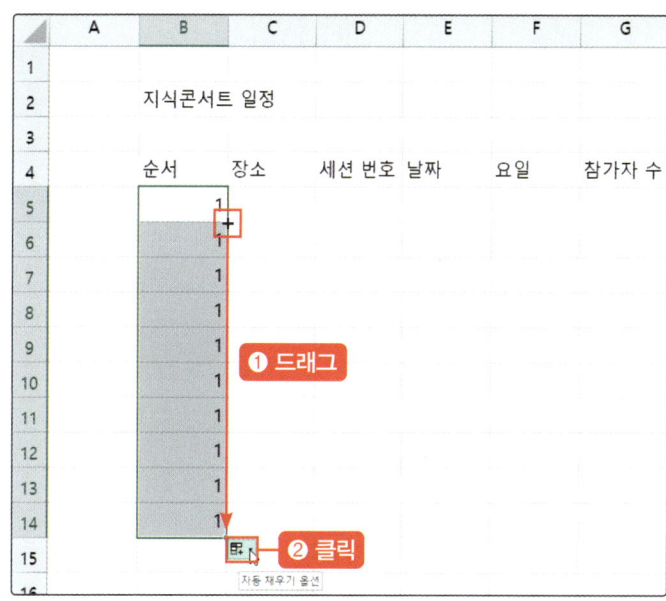

3 ❶ [연속 데이터 채우기]를 선택합니다. 데이터가 '1, 2, 3, 4…'로 변경됩니다.

> **참고하세요**
> Ctrl 키를 누르고 자동 채우기를 하면 데이터가 1씩 증가하면서 채워집니다.

4 ① [C5] 셀에 "지식센터"을 입력한 후 ② [C14] 셀까지 자동 채우기 핸들을 드래그합니다.

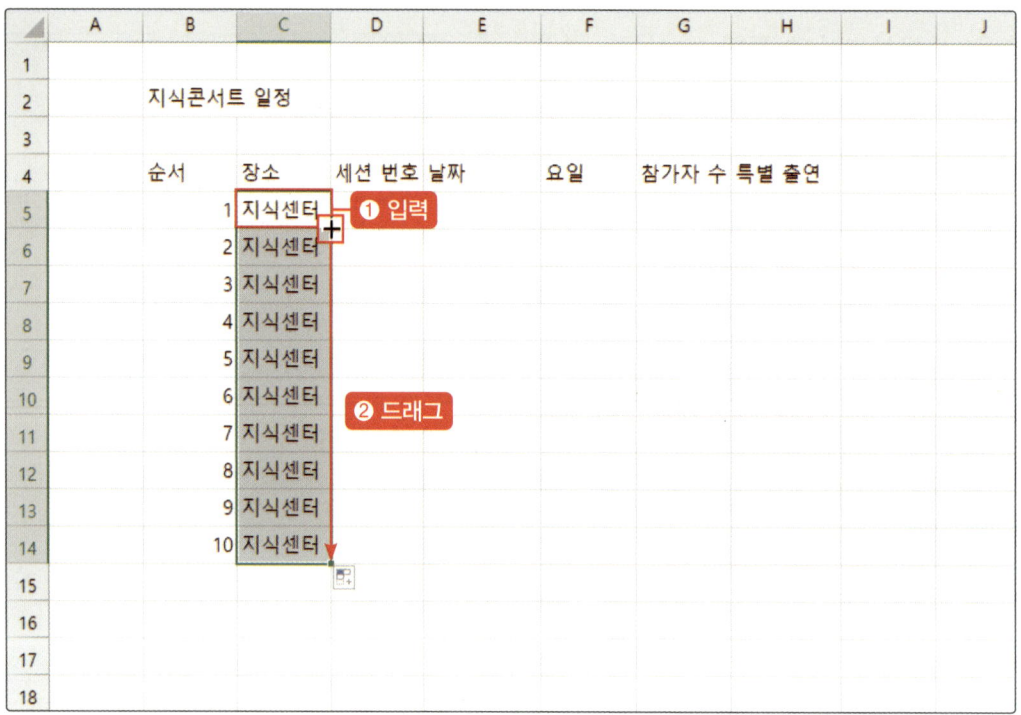

5 [D5] 셀에 ① "C-01"을 입력한 후 ② [D14] 셀까지 자동 채우기 핸들을 드래그합니다. 텍스트와 숫자가 결합되면 텍스트는 복사되고 숫자는 증가하면서 채워집니다.

6 날짜를 자동으로 채워 봅니다. ❶ [E5] 셀에 "2025-05-06"을 입력한 후 ❷ [E14] 셀까지 채우기 핸들을 드래그합니다. ❸ [자동 채우기 옵션]을 클릭하고 ❹ [평일 단위 채우기]를 선택합니다. 주말을 제외하고 평일 날짜로만 자동으로 채워집니다.

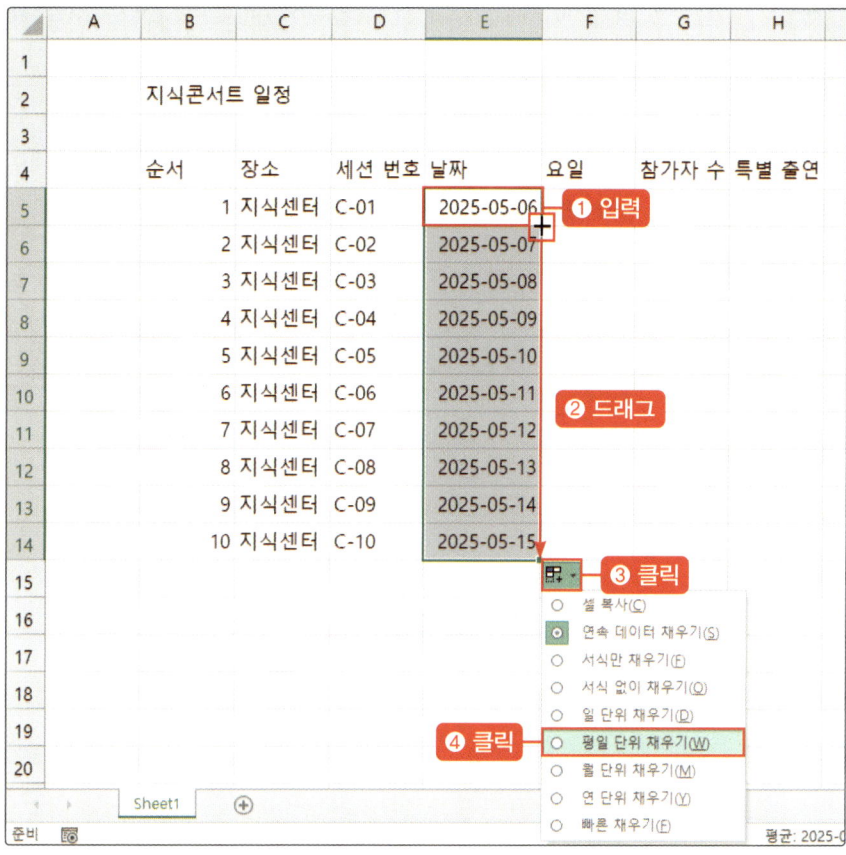

7 ❶ [F5] 셀에 "화요일"을 입력하고 ❷ [F14] 셀까지 채우기 핸들을 드래그합니다. ❸ [자동 채우기] 옵션에서 ❹ '평일 단위 채우기'를 선택합니다. 요일이 자동으로 채워집니다.

8 ❶ [G5] 셀에 "80"을 입력하고 [G6] 셀에 "100"을 입력합니다. ❷ 두 셀을 드래그하여 선택한 후 ❸ 채우기 핸들(+) 위에 마우스를 올려놓습니다.

9 ❶ [G14] 셀까지 채우기 핸들을 드래그합니다. 처음에 입력한 '80'과 '100'의 값 차이인 '20'만큼씩 증가하면서 숫자가 자동으로 채워집니다.

사용자 지정 목록 채우기

1 자주 사용하는 목록은 사용자 지정 목록에 추가하여 입력할 수 있습니다. [파일] 탭에서 ❶ [옵션]을 선택합니다. [Excel 옵션] 대화상자가 열리면 ❷ [고급] 탭의 [일반] 항목에서 ❸ [사용자 지정 목록 편집]을 클릭합니다.

2 [사용자 지정 목록] 대화상자가 열리면 ❶ [목록 항목]에 "아인슈타인, 로봇댄스, N-뉴런, BTB, 헥사"를 입력하고 ❷ [추가]를 클릭합니다. [사용자 지정 목록]에 추가되면 ❸ [확인]을 클릭합니다.

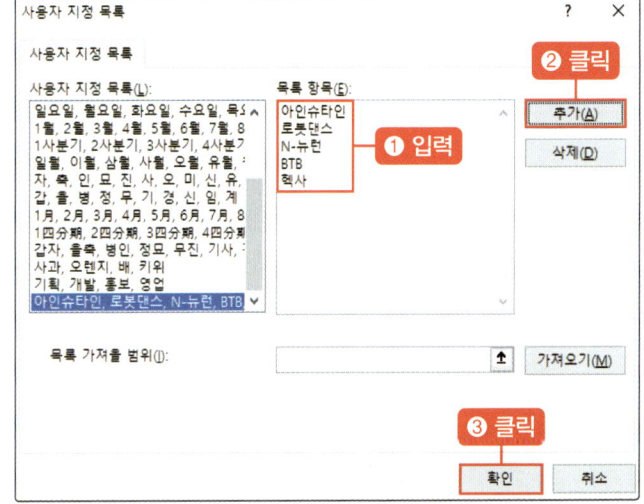

3 [Excel 옵션] 창으로 돌아오면 ❶ [확인]을 클릭합니다.

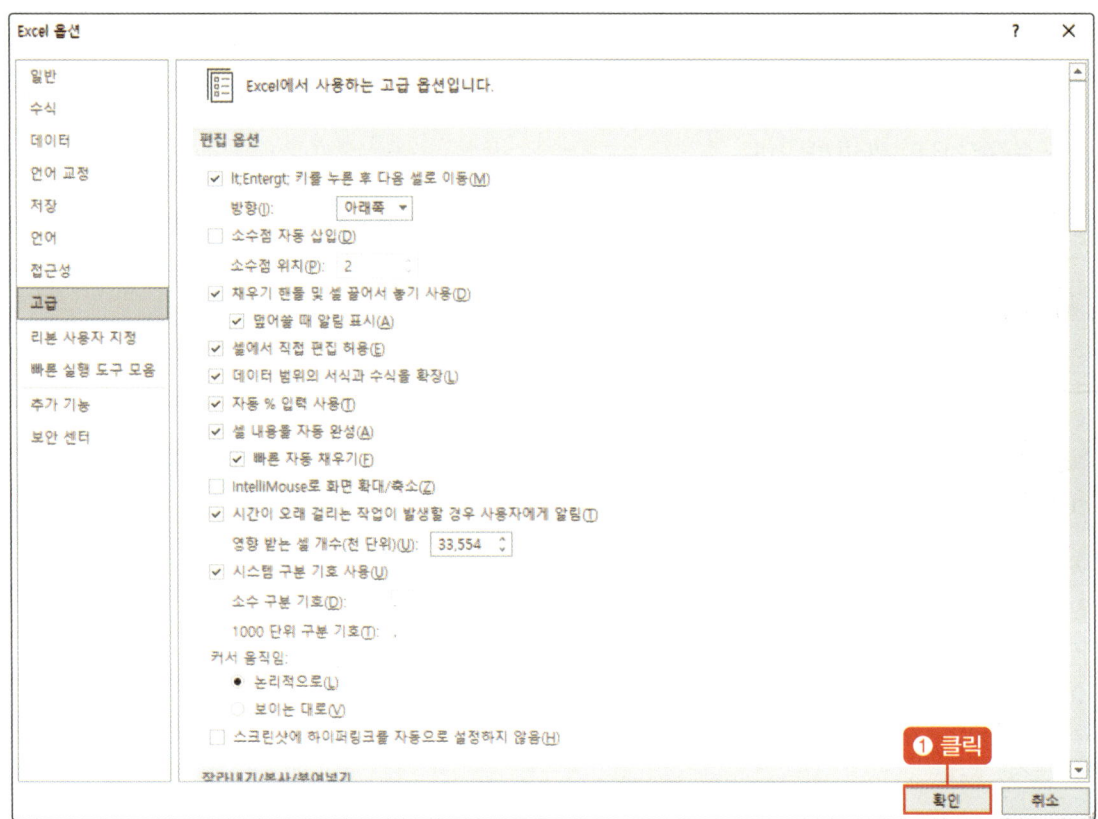

4 사용자 지정 목록에 추가된 데이터를 입력하기 위해 ❶ [H5] 셀에 "아인슈타인"을 입력합니다. ❷ [H14] 셀까지 채우기 핸들을 드래그하면 사용자 목록에 추가했던 목록이 자동으로 채워집니다.

도전! 혼자 풀어 보세요!

1 '체력 검사 일정표.xlsx' 파일을 열고 다음 조건을 참고하여 워크시트를 작성해 보세요.

	A	B	C	D	E	F	G
1							
2		체력 검사 일정표					
3							
4		순서	검정 코드	종목	시간		
5		1	H001	50M 달리기	13:00		
6		2	H003	윗몸 일으키기	14:00		
7		3	H005	제자리 멀리뛰기	15:00		
8		4	H007	앉아 윗몸 앞으로 굽히기	16:00		
9		5	H009	오래 달리기	17:00		

'순서', '검정 코드', '시간' 항목을 '자동 채우기 핸들' 기능을 활용하여 구하세요.

2 '싱싱청과 월별 판매량.xlsx' 파일을 열고 다음 조건을 참고하여 워크시트를 작성해 보세요.

	A	B	C	D	E	F
1						
2		싱싱청과 월별 판매량				
3						
4		월	종류	주문량	단가	
5		1월	사과	50	1500	
6		2월	오렌지	100	1000	
7		3월	배	150	2000	
8		4월	키위	200	500	
9		5월	사과	250	1500	
10		6월	오렌지	300	1000	
11		7월	배	350	2000	
12		8월	키위	400	500	
13		9월	사과	50	1500	
14		10월	오렌지	100	1000	

'월', '주문량' 항목을 '자동 채우기 핸들' 기능을 활용하여 구하세요.
'종류' 항목은 [Excel 옵션]-[고급]-[일반]의 [사용자 지정 목록 편집]에서 "사과, 오렌지, 배, 키위"를 추가 입력하고 [C5] 셀에 "사과" 입력 후 '자동 채우기 핸들' 기능을 활용해서 구하세요.

워크시트 편집하기

셀이 모여 하나의 워크시트를 이룹니다. 워크시트에서는 셀의 복사와 이동, 행과 열의 삽입과 삭제, 너비 조정 및 숨기기 등의 편집을 할 수 있습니다.

- 행과 열의 삽입과 삭제 및 너비 조정을 알아봅니다.
- 셀의 복사와 이동을 알아봅니다.
- 행과 열의 숨기기 기능을 알아봅니다.

배울 내용 미리 보기

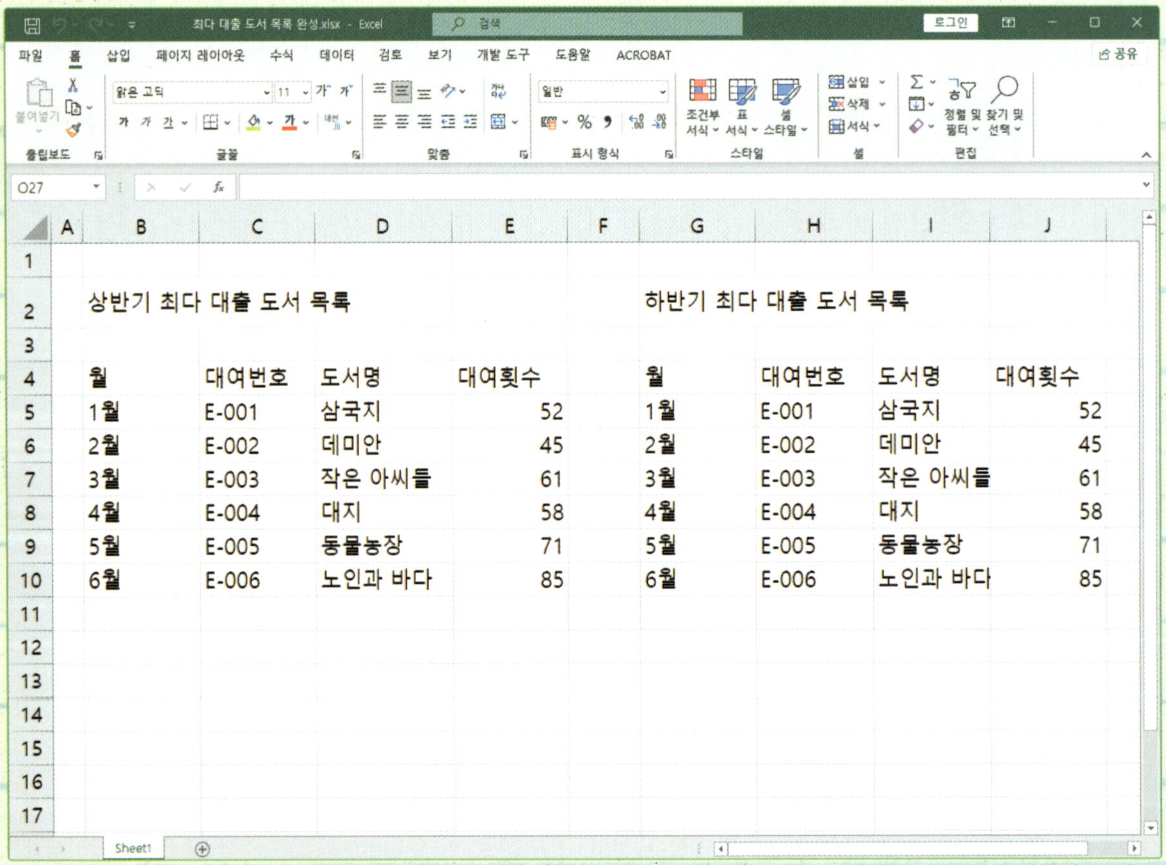

▲ 파일명 최다 대출 도서 목록 완성.xlsx

1 행/열 편집하기

1 '최다 대출 도서 목록.xlsx' 파일을 엽니다. 제목 줄 위에 행을 삽입하기 위해 ❶ 1행 머리글을 클릭한 후 마우스 오른쪽 버튼을 눌러 ❷ [삽입]을 선택합니다.

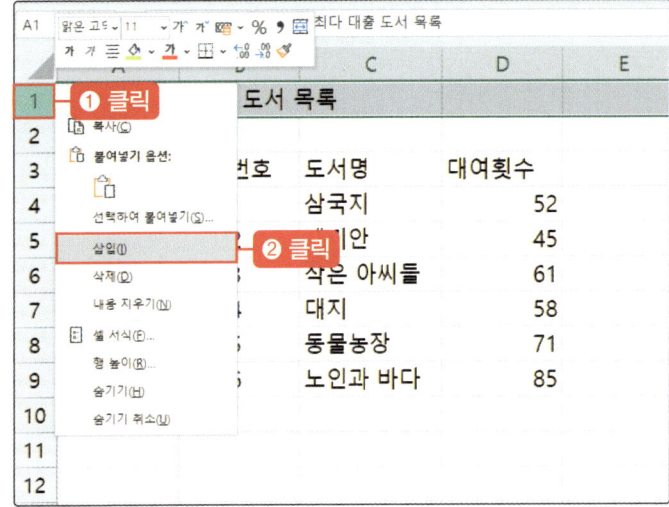

2 제목 줄 위에 하나의 행이 삽입되었습니다.

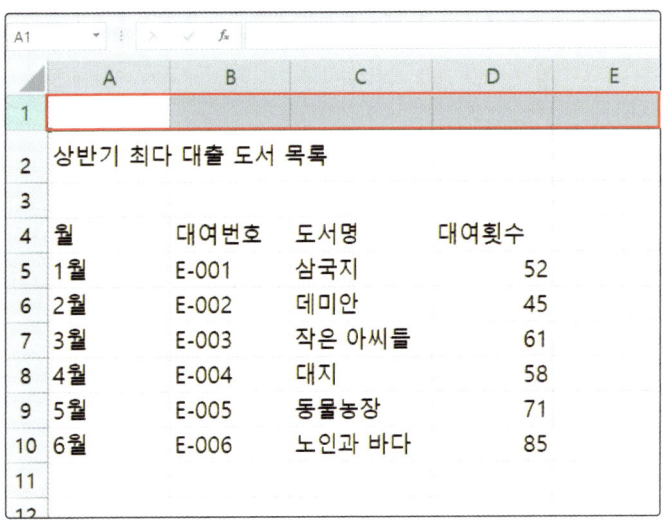

3 'A'열 왼쪽에 두 개의 열을 한꺼번에 삽입할 수 있습니다. ❶ 'A'열과 'B'열의 머리글을 드래그하여 선택한 후 마우스 오른쪽 버튼을 눌러 ❷ [삽입]을 클릭합니다.

> **참고하세요**
> 행 또는 열을 선택하고 Ctrl + + 키를 눌러도 행 또는 열이 삽입됩니다.

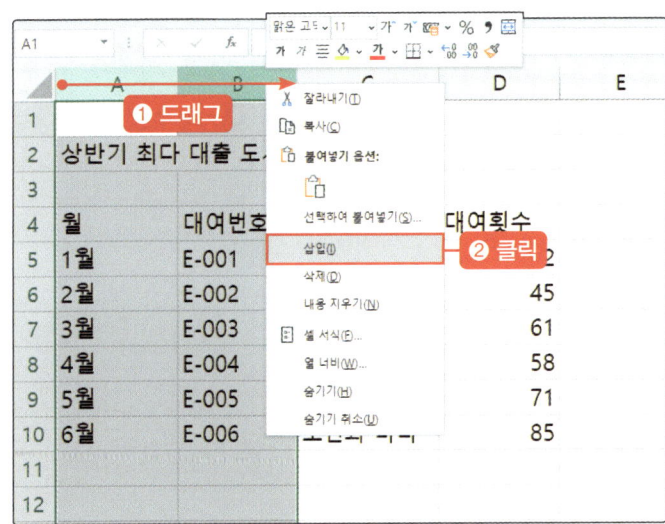

4 두 개의 열이 삽입되었습니다. 'B'열을 삭제하기 위해 ❶ 'B'열 머리글을 클릭한 후 마우스 오른쪽 버튼을 눌러 ❷ [삭제]를 선택합니다.

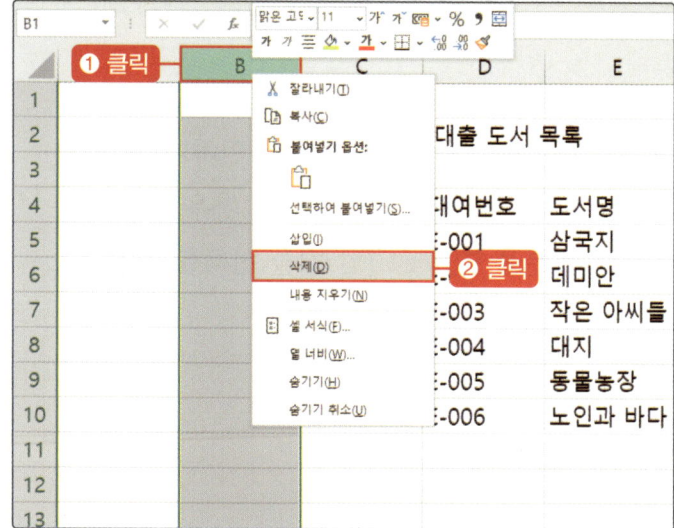

> **참고하세요**
> 행 또는 열을 선택하고 Ctrl + - 키를 눌러도 행 또는 열이 삭제됩니다.

5 행의 높이를 조절하기 위해 2행과 3행 사이에 마우스를 올려놓고 마우스 모양이 '✢'일 때 ❶ 위아래로 드래그하여 높이를 조절합니다.

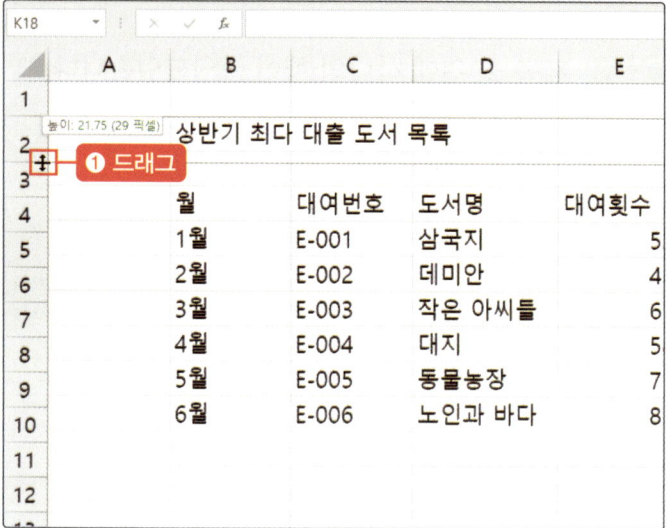

> **참고하세요**
> 여러 행과 열을 한꺼번에 선택하여 너비와 높이를 한 번에 조절할 수 있습니다. 마우스 오른쪽 버튼을 눌러 나오는 메뉴에서 '열 너비'와 '행 높이'에서 값을 직접 입력하는 방법도 있습니다.

6 같은 방법으로 열의 너비를 조절합니다. 'A'열과 'B'열 사이에 마우스를 올려놓고 마우스 모양이 '✢'일 때 ❶ 좌우로 드래그하여 너비를 조절합니다.

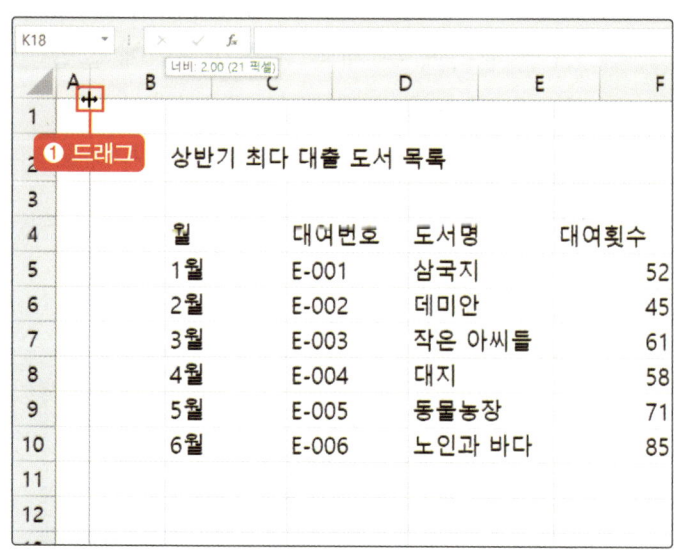

> **참고하세요**
> 열과 열 사이의 경계선을 더블클릭하면 가장 긴 너비에 맞게 자동 조절할 수 있습니다.

셀 선택하여 범위 지정하기

	A	B	C	D	E
1					
2		상반기 최다 대출 도서 목록			
3					
4		월	대여번호	도서명	대여횟수
5		1월	E-001 ❶ 클릭	삼국지	52
6		2월	E-002	데미안	45
7		3월	E-003	작은 아씨들	61
8		4월	E-004	대지	58
9		5월	E-005	동물농장	71
10		6월	❷ Shift+클릭 바다		85
11					

연속적인 셀을 선택하려면 ❶ [B5] 셀을 클릭한 후 ❷ Shift 키를 누른 채 마지막 셀을 클릭합니다.

	A	B	C	D	E
1					
2		상반기 최다 대출 도서 목록			
3					
4		월	대여번호	도서명	대여횟수
5		1월	E-001	삼국지	52
6		2월	E-002	데미안	45
7		3월	E-003	작은 아씨들	61
8		4월	E-004	대지	58
9		5월	E-005	동물농장	71
10		6월	E-006	노인과 바다	85
11		❸ 드래그		❹ Ctrl+드래그	

비연속적인 셀을 선택하려면 ❸ [B5:B10] 셀을 드래그하여 선택한 다음, ❹ Ctrl 키를 누른 상태에서 [D5:D10] 영역을 드래그합니다.

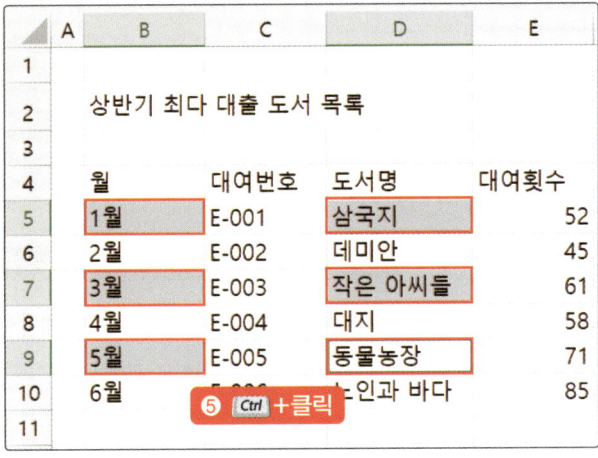

떨어져 있는 셀을 선택하려면 ❺ Ctrl 키를 누른 상태에서 원하는 셀을 차례대로 클릭하면 선택할 수 있습니다.

자주 사용하는 엑셀 단축키 알아보기

단축키	설명
Ctrl + Home	시작 지점으로 이동
Ctrl + End	끝 지점으로 이동
F2	셀 내용 편집
F4	이전 작업 반복
F12	다른 이름으로 저장
Ctrl + S	통합 문서 저장
Ctrl + N	새 통합 문서 만들기
Alt + Enter	셀 안에서 줄 바꾸기
Ctrl + Z	실행 취소하기
Ctrl + Y	다시 실행
Shift + Space Bar	행 전체 선택
Ctrl + Space Bar	열 전체 선택
Ctrl + X	선택 영역 잘라내기
Ctrl + V	선택 영역 붙여넣기

2 셀 복사/이동하기

1 셀을 복사하기 위해 ❶ [B2:E10] 셀을 드래그하여 영역을 선택한 후 마우스 오른쪽 버튼을 눌러 ❷ [복사]를 클릭합니다.

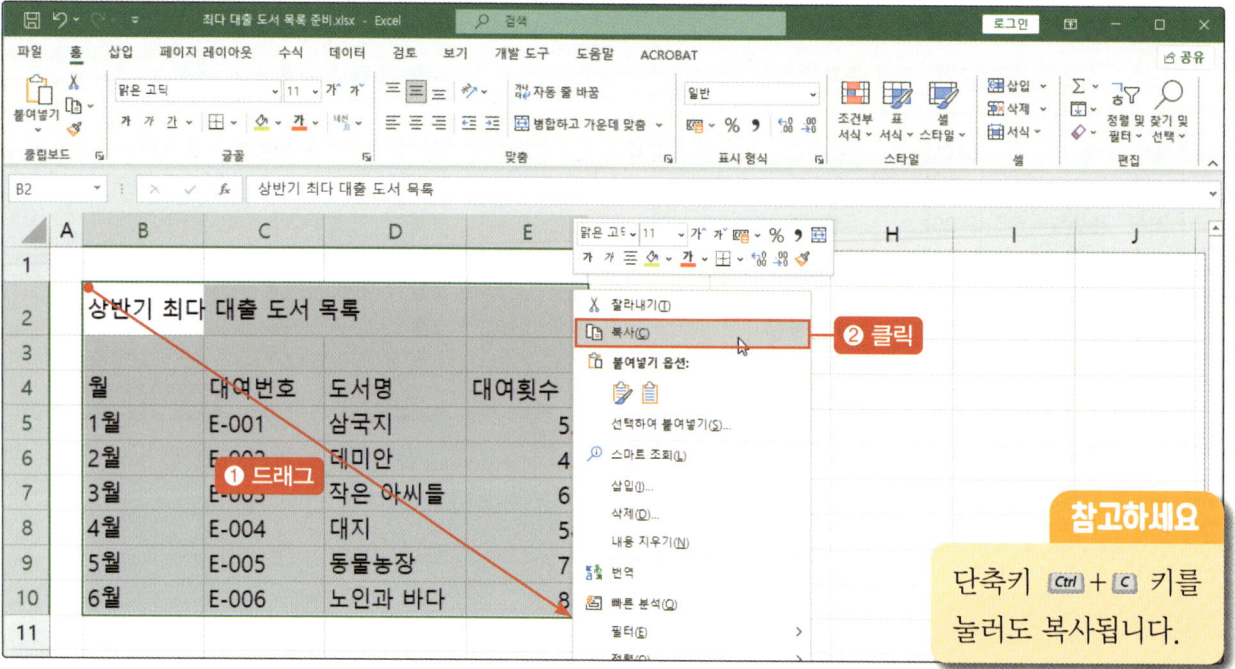

2 복사한 영역이 점선으로 표시됩니다. ❶ 붙여넣을 위치인 [G2] 셀을 클릭합니다. 마우스 오른쪽 버튼을 누른 후 ❷ [붙여넣기 옵션]-[붙여넣기]를 클릭합니다.

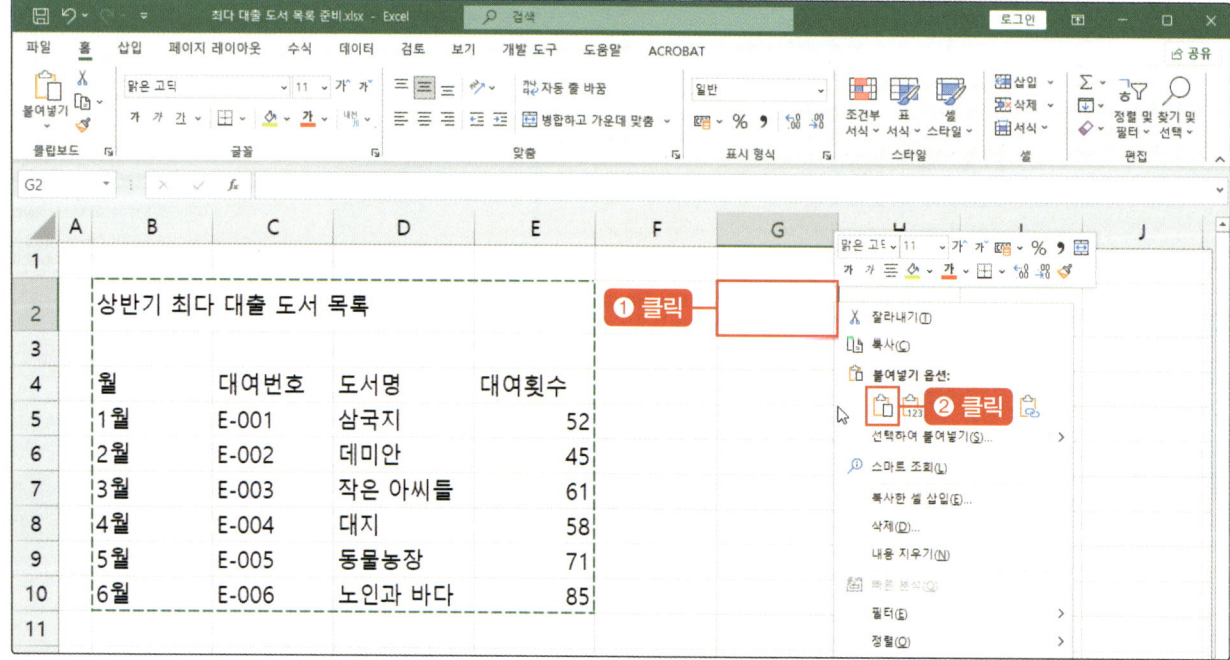

3 셀 내용이 복사되었습니다. 열의 너비도 원본과 같은 상태로 복사하기 위해서 ❶ [붙여넣기] 옵션의 ❷ '원본 열 너비 유지'를 선택합니다. 붙여넣은 셀의 일부를 수정하여 '하반기 최다 대출 도서 목록'으로 사용할 수 있습니다.

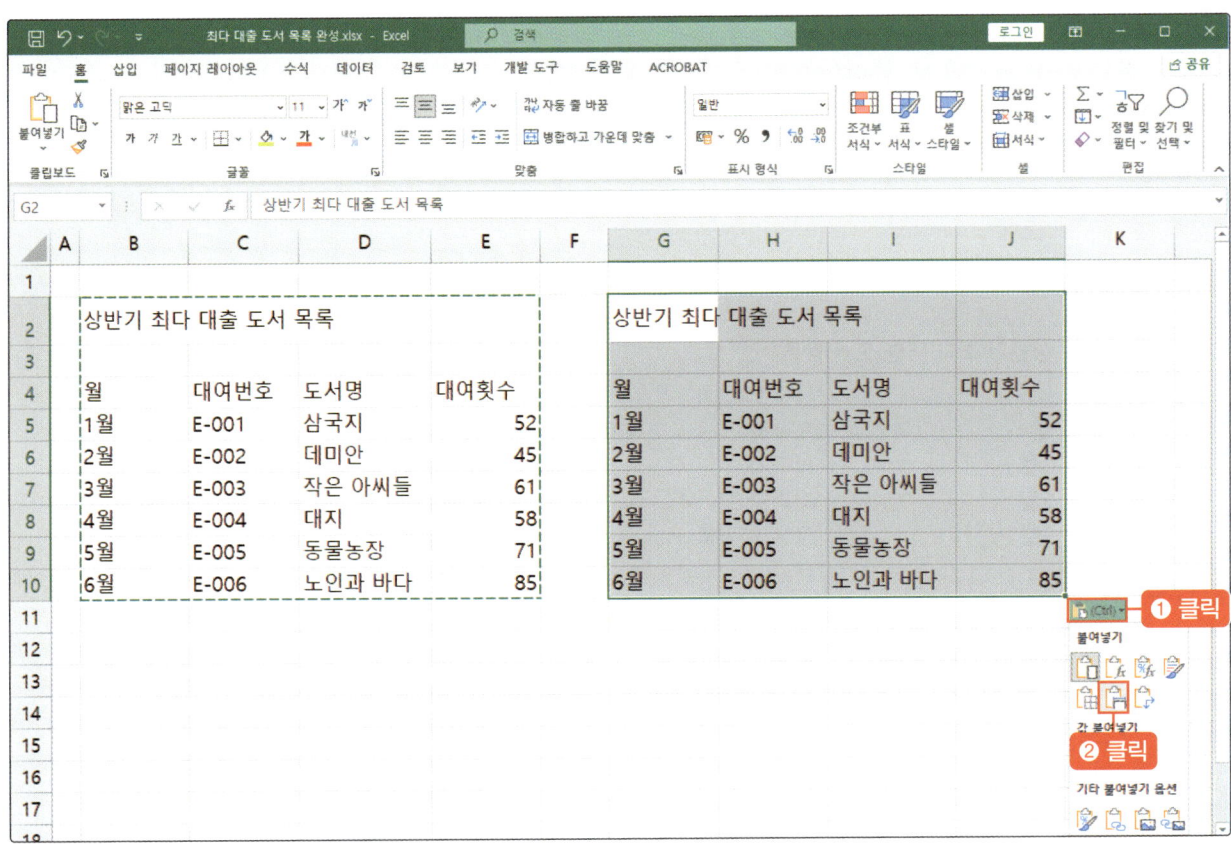

4 [G2]에 복사된 셀의 제목을 ❶ "하반기 최다 대출 도서 목록"으로 수정합니다.

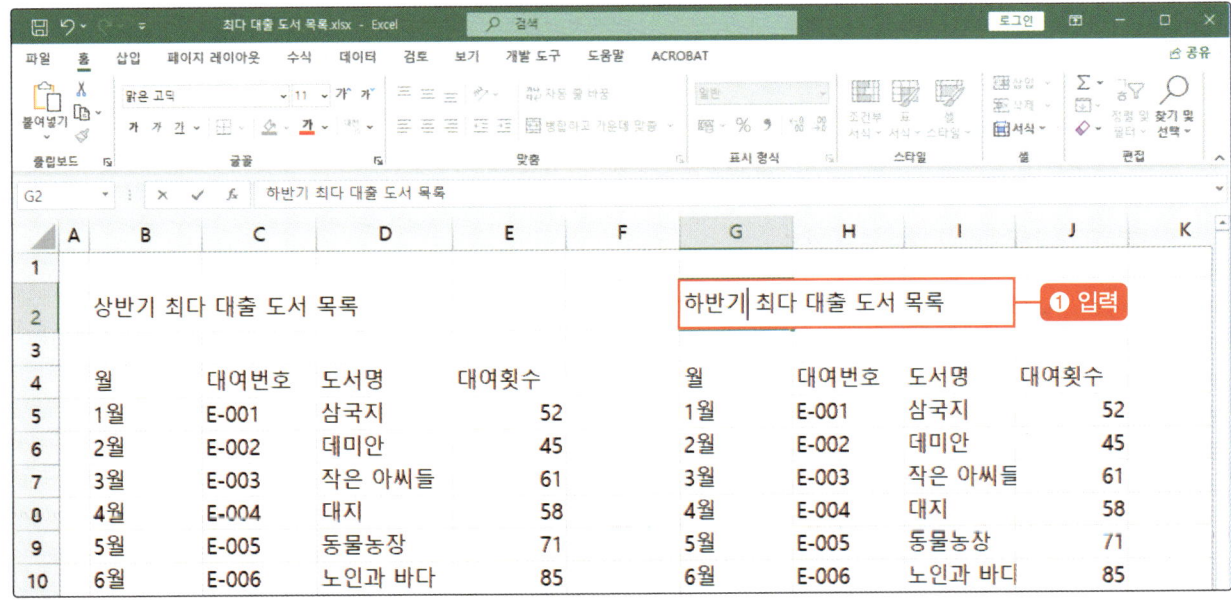

3 행/열 숨기기

1 열을 숨기기 위해 ❶ G열~J열의 머리글을 드래그하여 선택한 후 마우스 오른쪽 버튼을 눌러 ❷ [숨기기]를 클릭합니다.

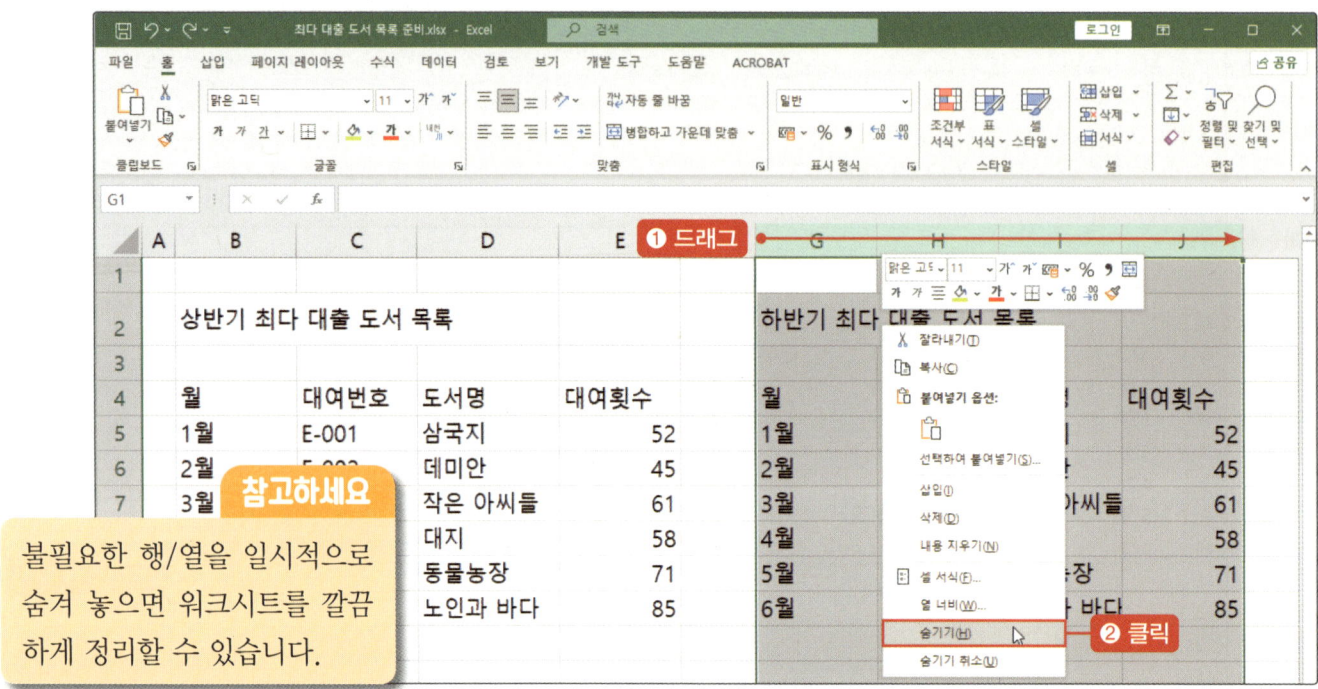

> **참고하세요**
> 불필요한 행/열을 일시적으로 숨겨 놓으면 워크시트를 깔끔하게 정리할 수 있습니다.

2 숨긴 열을 다시 표시할 수 있습니다. ❶ 'F'열과 'K'열 머리글 사이에서 마우스 오른쪽 버튼을 클릭한 후 ❷ '숨기기 취소'를 클릭합니다.

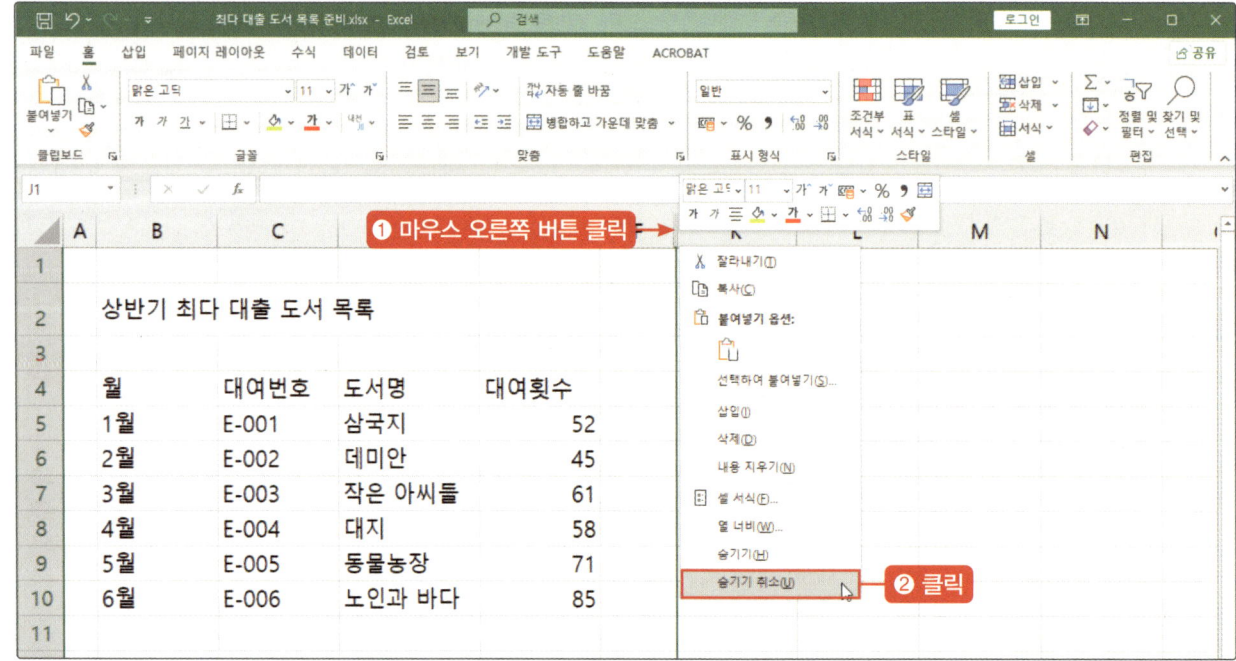

도전! 혼자 풀어 보세요!

1 조건을 참고하여 다음과 같은 워크시트를 작성해 보세요.

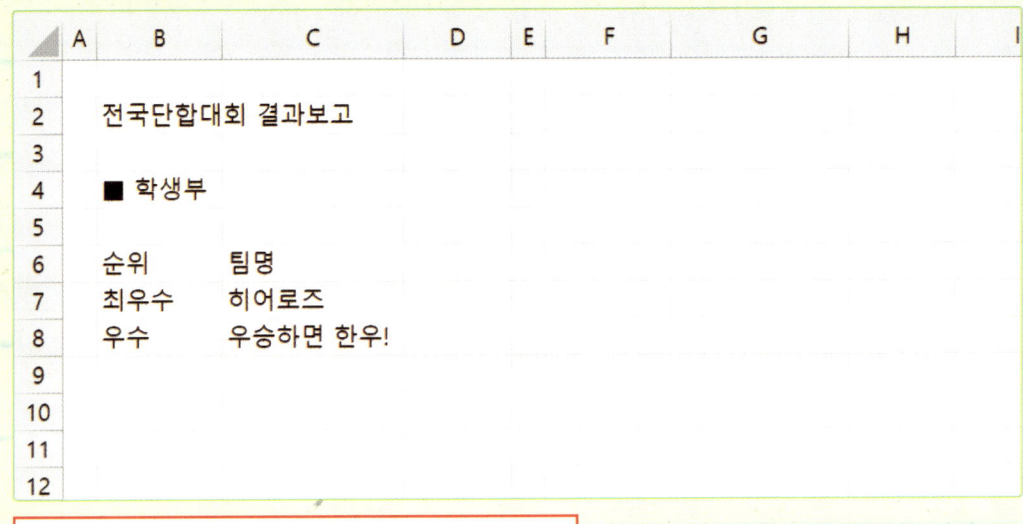

A열과 E열의 너비를 '2'로 조절하세요.
C열의 너비를 내용에 맞게 적절히 조절하세요.

2 ①에서 작성한 워크시트를 다음과 같이 수정해 보세요.

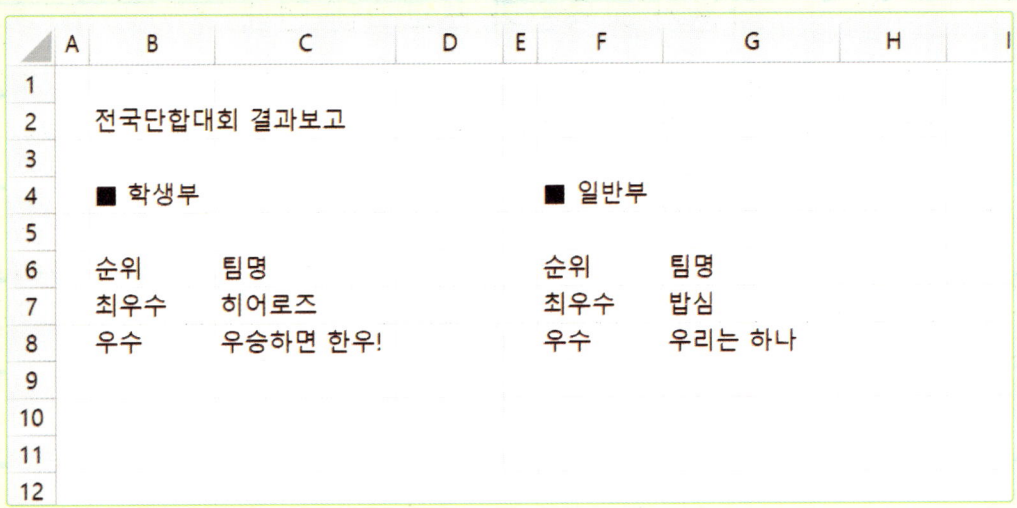

[B4:C8] 셀을 복사하여 [F4] 셀에 붙여넣은 후 '원본 열 너비 유지'를 설정하세요.
[F4] 셀을 "일반부"로 바꾸고 최우수, 우수 팀명을 수정하세요.

셀 서식으로 문서 꾸미기

셀 서식을 지정하여 사용자가 원하는 스타일로 문서를 꾸밉니다. 글꼴, 글자 크기, 테두리, 채우기 등의 서식을 지정할 수 있으며, 맞춤 서식을 이용하여 데이터를 정렬할 수 있습니다.

- 글꼴을 꾸며 봅니다.
- 표의 테두리와 채우기 서식을 알아봅니다.
- 맞춤 서식으로 문서를 꾸며 봅니다.

배울 내용 미리 보기

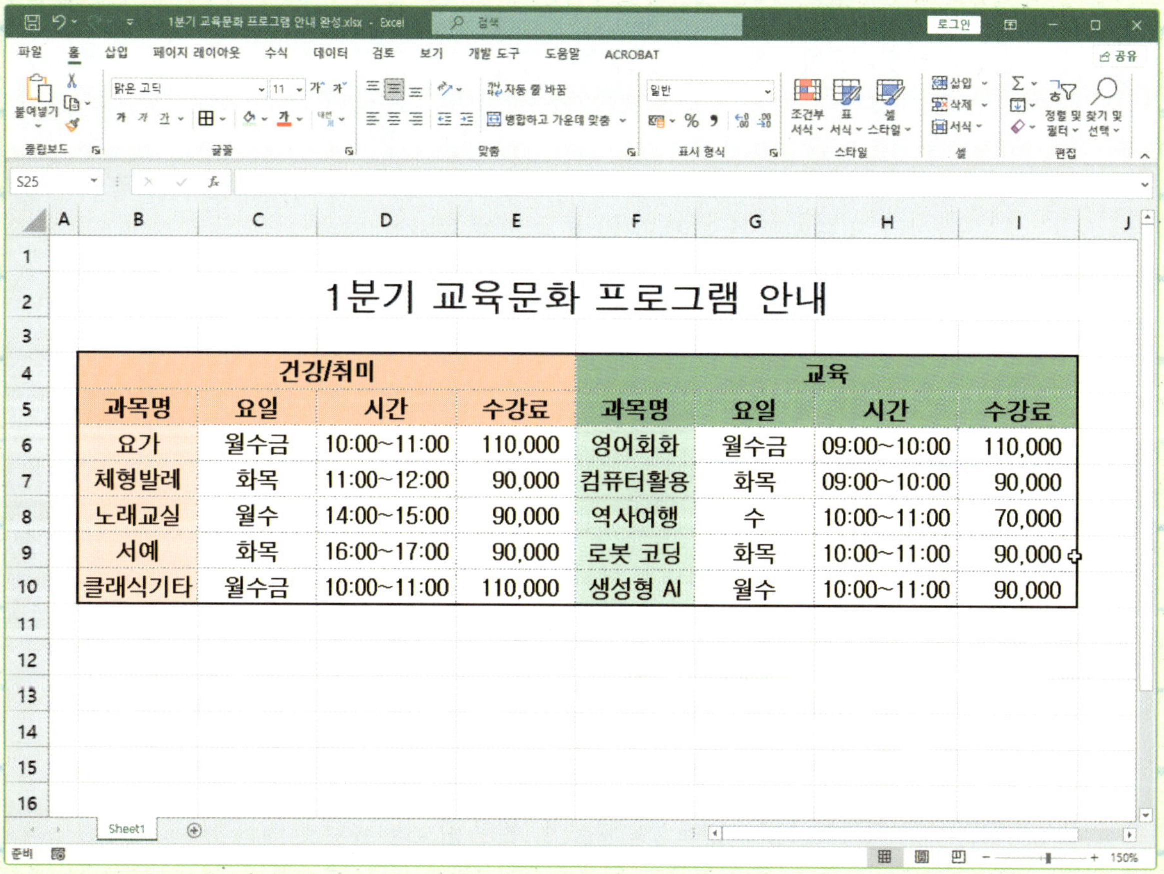

▲ **파일명** 1분기 교육문화 프로그램 안내 완성.xlsx

1 글꼴 꾸미기

1 '1분기 교육문화 프로그램 안내.xlsx' 파일을 엽니다.

	A	B	C	D	E	F	G	H	I	J
1										
2		1분기 교육문화 프로그램 안내								
3										
4		건강/취미				교육				
5		과목명	요일	시간	수강료	과목명	요일	시간	수강료	
6		요가	월수금	10:00~11:00	110000	영어회화	월수금	09:00~10:00	110000	
7		체형발레	화목	11:00~12:00	90000	컴퓨터활용	화목	09:00~10:00	90000	
8		노래교실	월수	14:00~15:00	90000	역사여행	수	10:00~11:00	70000	
9		서예	화목	16:00~17:00	90000	로봇 코딩	화목	10:00~11:00	90000	
10		클래식기타	월수금	10:00~11:00	110000	생성형 AI	월수	10:00~11:00	90000	
11										

2 ❶ [B2] 셀을 클릭하고 ❷ [홈] 탭의 [글꼴] 그룹에서 ❸ 글꼴은 '돋움', 크기는 '20pt', ❹ '굵게'를 선택합니다.

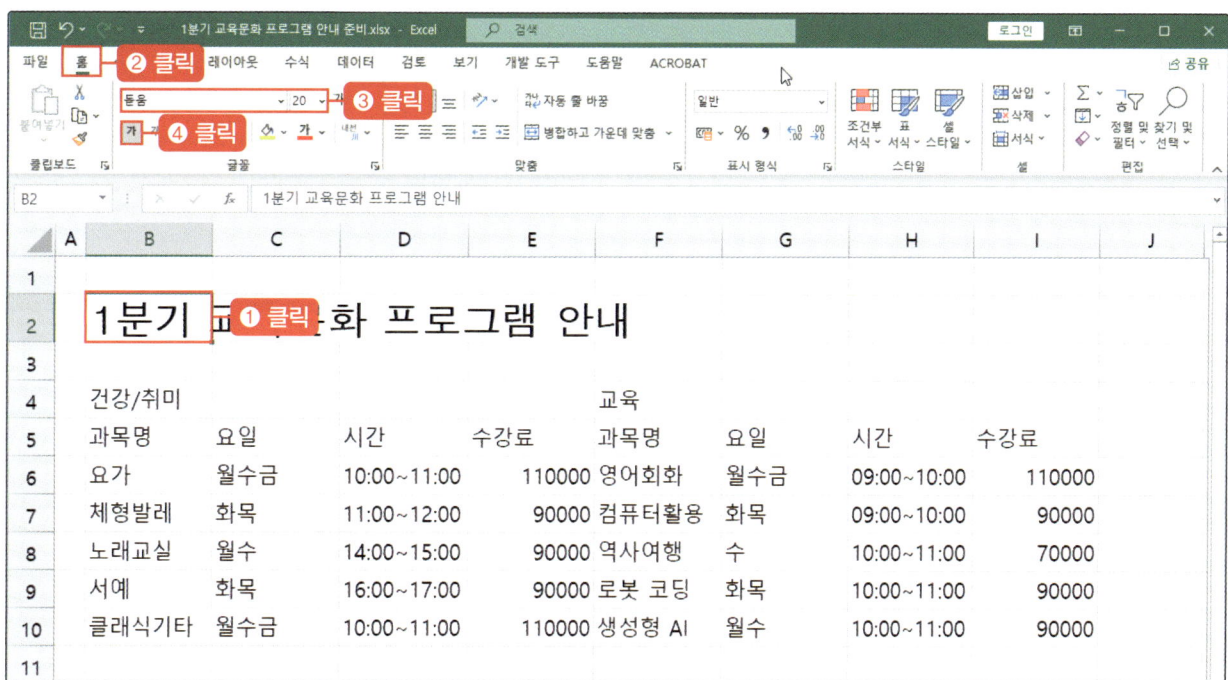

참고하세요

셀을 클릭하고 마우스 오른쪽 버튼을 누르면 빠른 메뉴가 나타납니다. 빠른 메뉴에서 글꼴을 설정할 수 있습니다.
글꼴은 운영체제에 따라 다를 수 있습니다.

3 ❶ [B4:I10] 셀을 드래그하여 선택하고 ❷ [홈] 탭의 [글꼴] 그룹에서 ❸ 글꼴은 '돋움', 크기는 '12'를 클릭합니다.

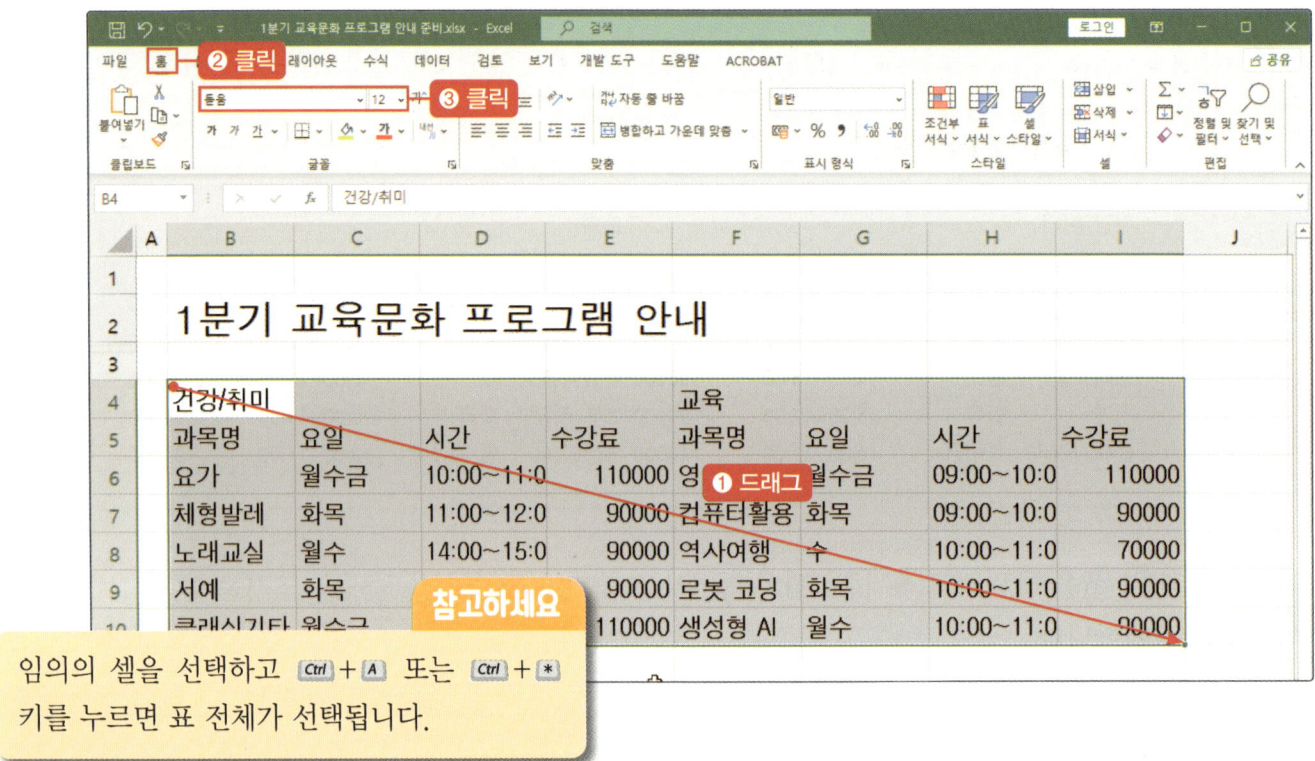

> **참고하세요**
> 임의의 셀을 선택하고 Ctrl + A 또는 Ctrl + * 키를 누르면 표 전체가 선택됩니다.

4 ❶ 제목이 되는 [B4:I5] 셀을 드래그하여 선택하고 ❷ [홈] 탭의 [글꼴] 그룹에서 ❸ '굵게'를 클릭합니다.

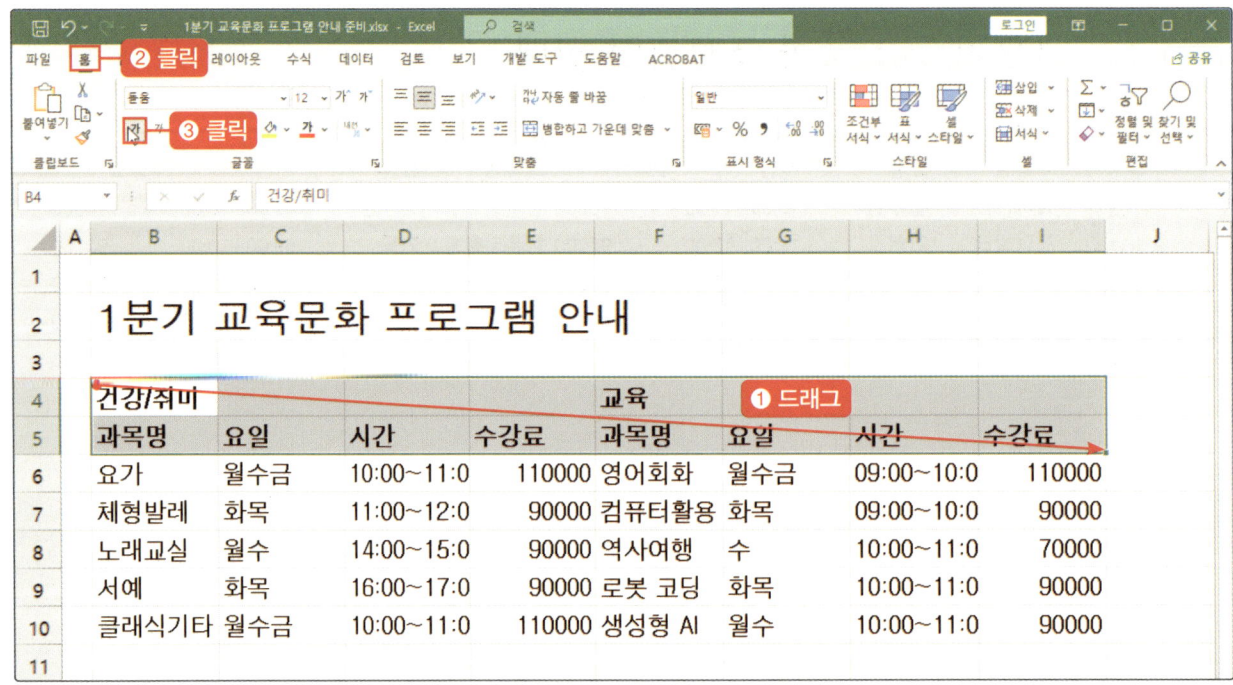

테두리 선과 배경색 설정하기

1 ① [B4:I10] 셀을 드래그하여 선택하고 ② [홈] 탭의 [글꼴] 그룹에서 ③ '테두리' 목록을 클릭한 후 ④ [모든 테두리]를 선택합니다.

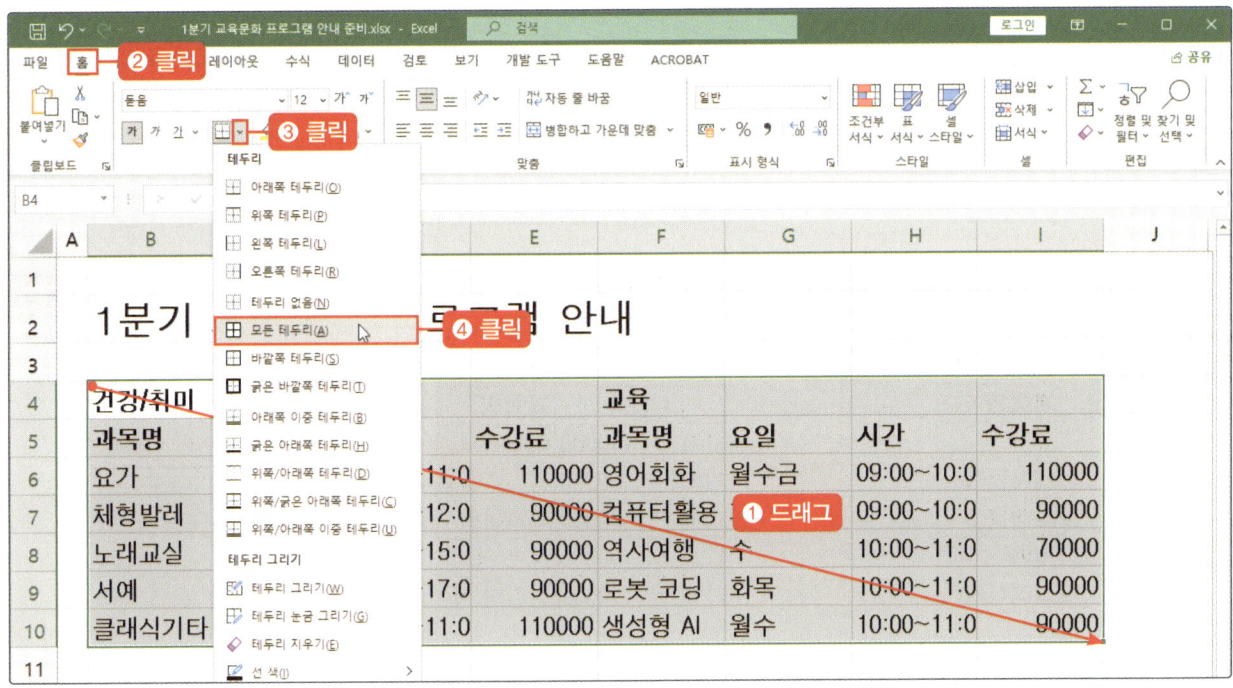

2 [B4:I10] 셀이 선택된 상태에서 ① [홈] 탭의 [글꼴] 그룹에서 ② '테두리' 목록을 클릭한 후 ③ [굵은 바깥쪽 테두리]를 선택합니다.

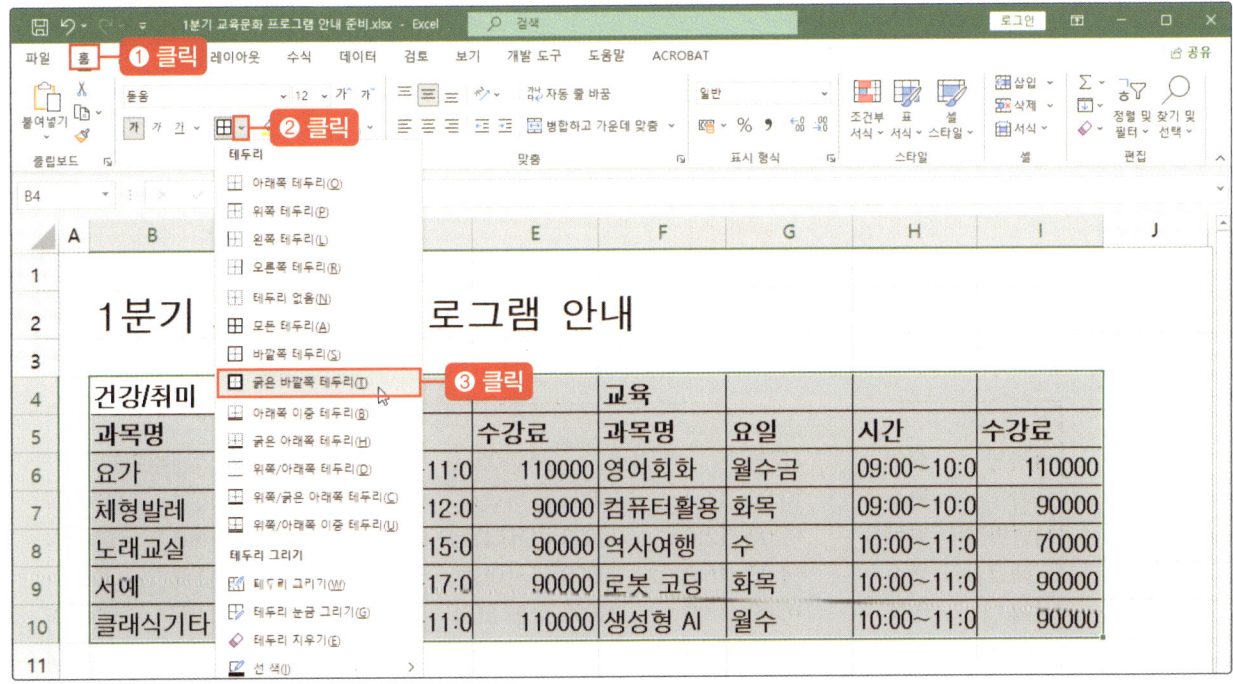

3 안쪽 테두리 스타일을 바꾸기 위해 셀이 선택된 상태에서 ❶ [홈] 탭의 [글꼴] 그룹에서 ❷ [테두리] 목록의 ❸ [다른 테두리]를 클릭합니다. [셀 서식] 대화상자가 열리면 ❹ [테두리] 탭에서 ❺ 선 스타일은 '점선', ❻ 색은 '회색' ❼ 미리 설정에서 '안쪽'을 선택한 후 ❽ [확인]을 클릭합니다.

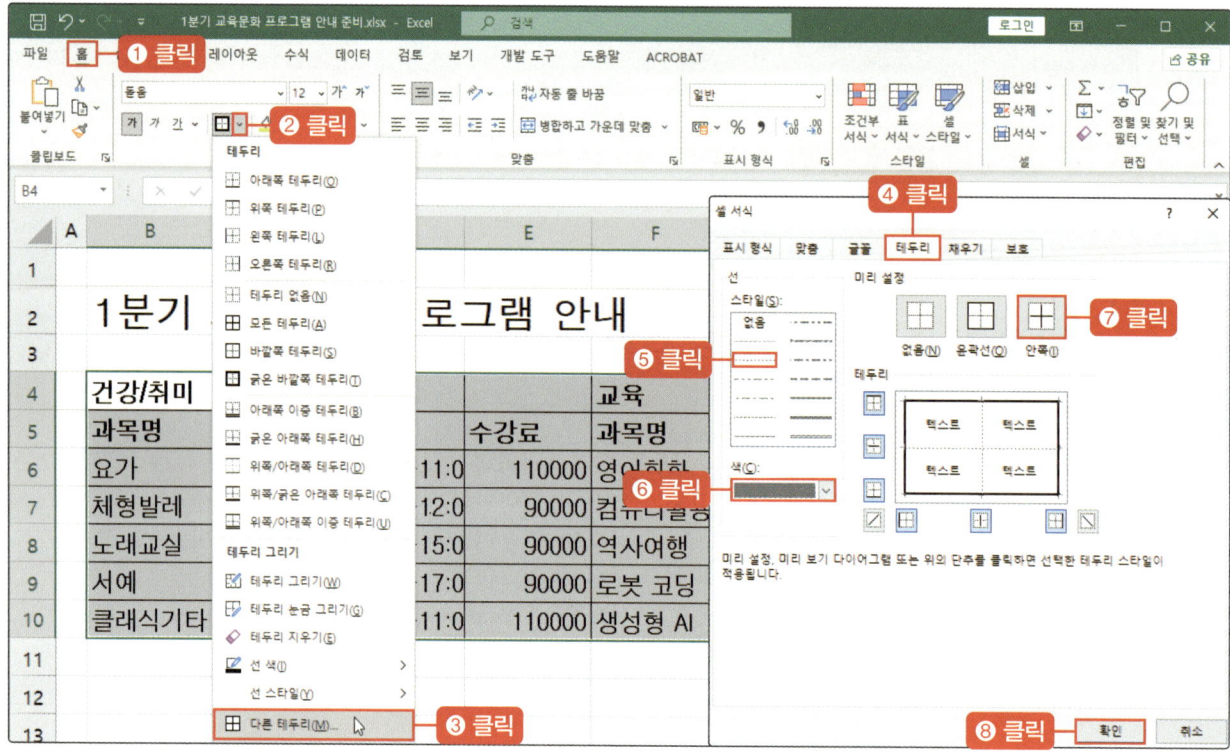

4 ❶ [B4:E5] 셀을 드래그하여 선택하고 ❷ [홈] 탭의 [글꼴] 그룹에서 ❸ [채우기 색]의 목록을 클릭한 후 ❹ '주황, 강조 2, 60% 더 밝게'를 선택하여 셀에 색을 채웁니다.

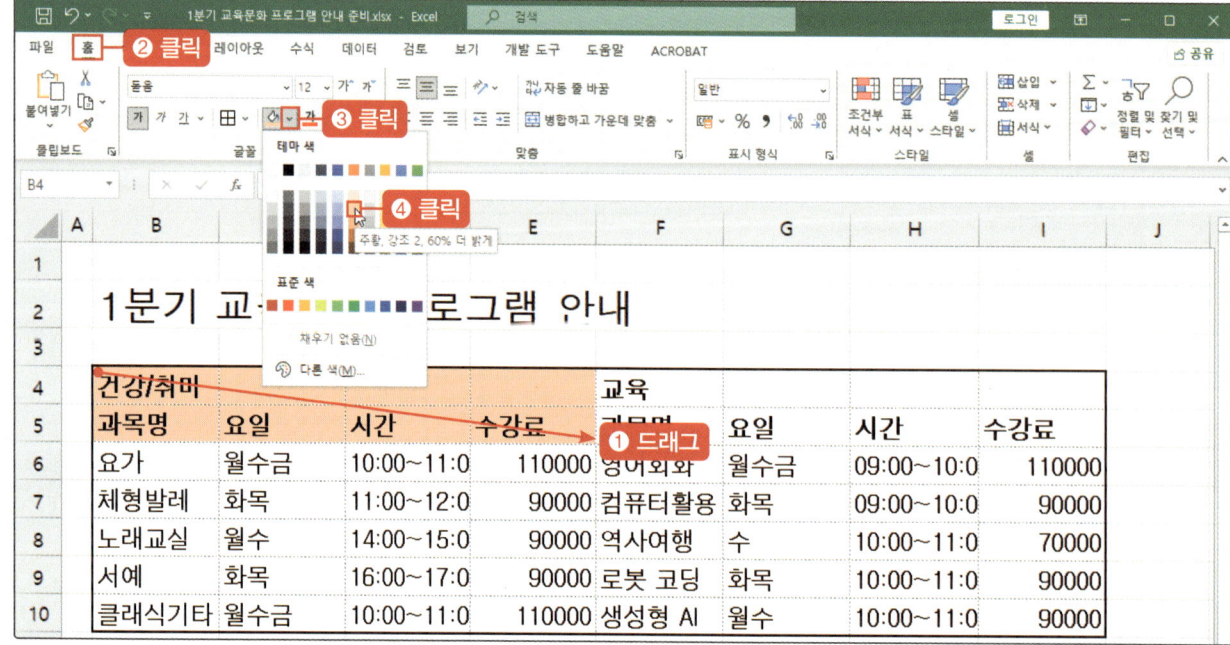

5 ① [F4:I5] 셀을 드래그하여 선택합니다. 마찬가지로 ② [홈] 탭의 [글꼴] 그룹에서 ③ [채우기 색]의 목록을 클릭한 후 ④ '녹색, 강조 6, 40% 더 밝게'를 선택합니다.

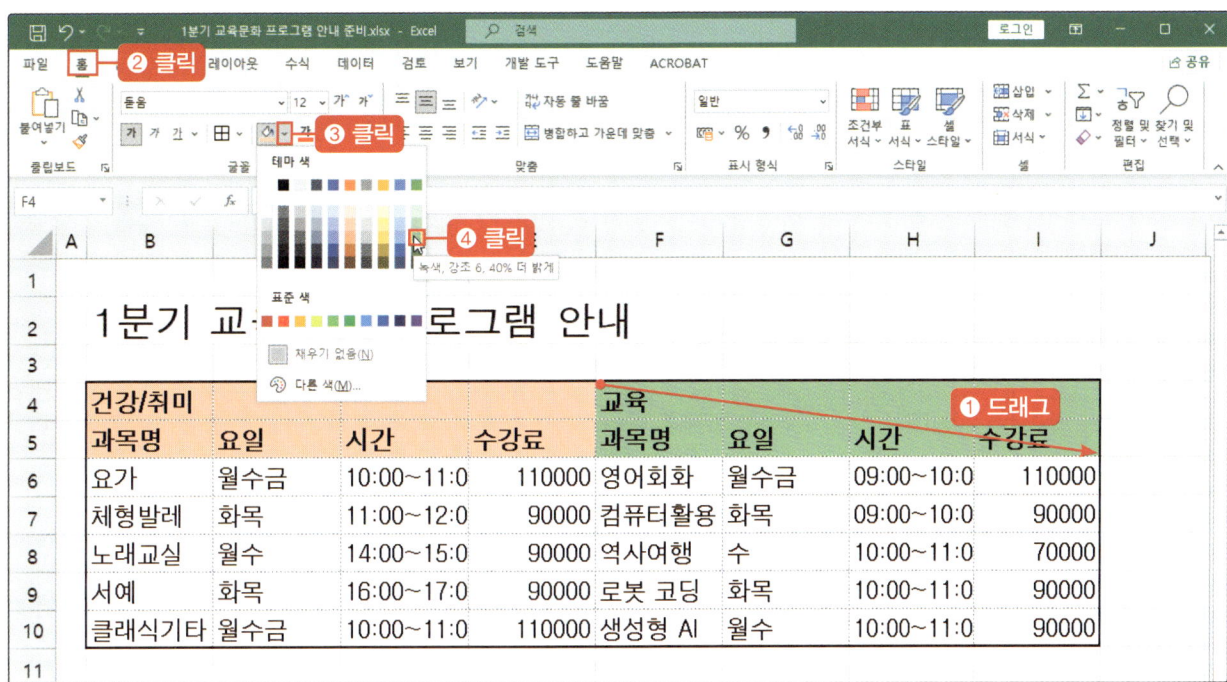

6 같은 방법으로 과목명을 나타내는 셀의 색을 지정합니다.

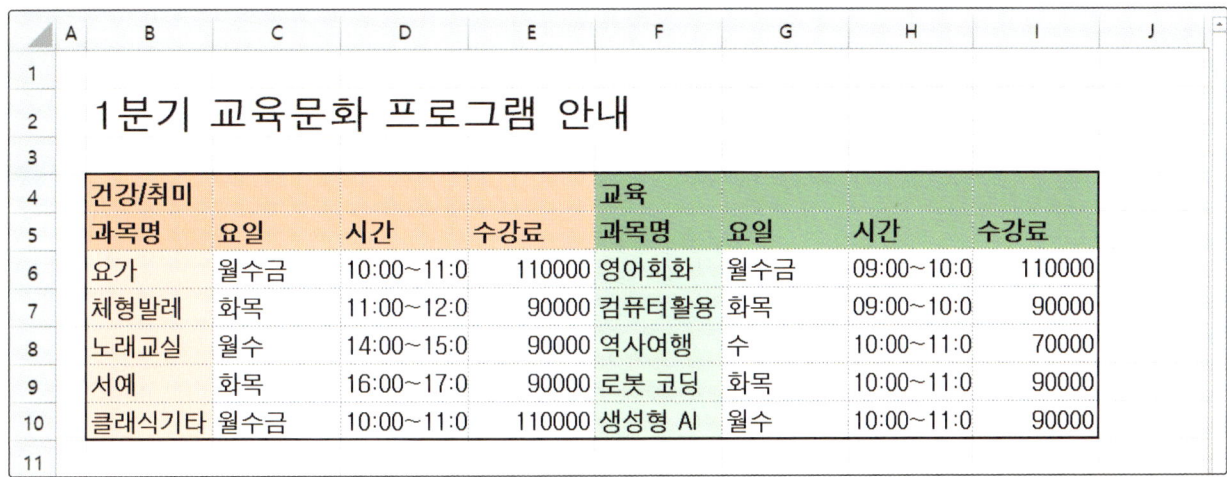

> **참고하세요**
>
> 좀 더 다양한 색을 원할 때는 [채우기 색]의 목록에서 ① [다른 색]을 클릭합니다. ② [표준] 또는 [사용자 지정] 탭에서 원하는 색을 조합하여 사용할 수 있습니다.

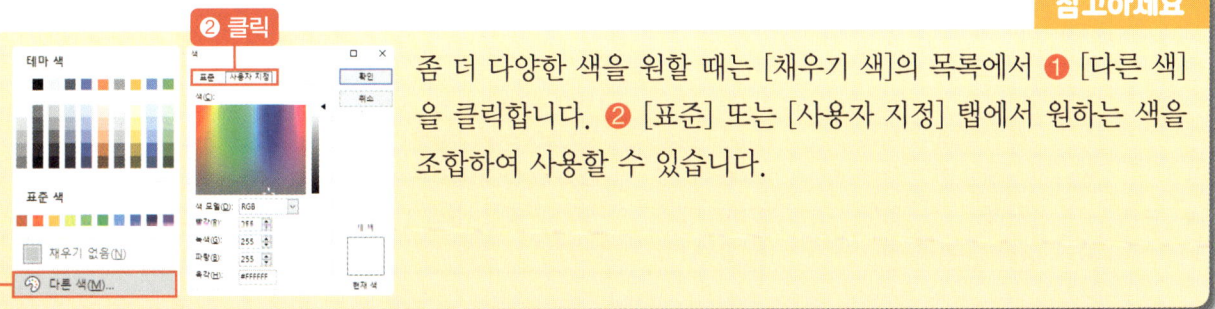

3 맞춤 서식으로 꾸미기

1 제목 열을 병합하고 가운데로 정렬하기 위해 ❶ [B2:I2] 셀을 드래그하여 선택한 후 ❷ [홈] 탭의 [맞춤] 그룹에서 ❸ '병합하고 가운데 맞춤'을 클릭합니다.

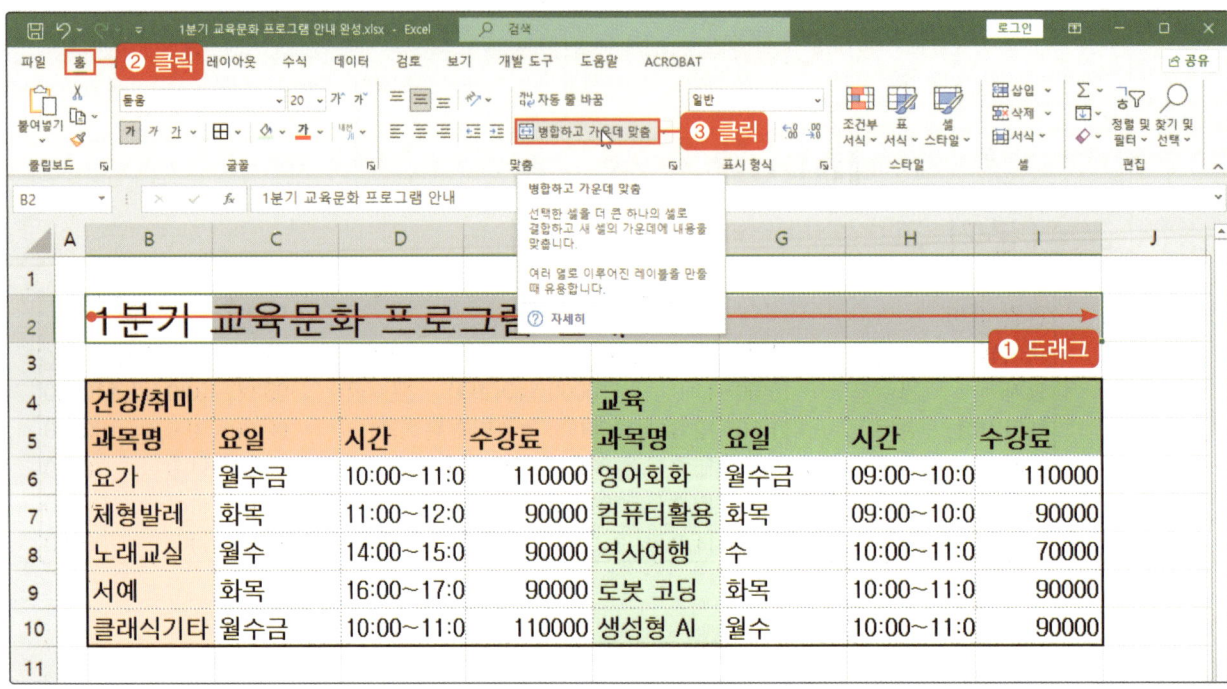

2 ❶ [B4:E4] 셀을 드래그하여 선택한 후 ❷ Ctrl 키를 누른 상태에서 [F4:I4] 셀을 드래그하여 선택합니다. ❸ [홈] 탭의 [맞춤] 그룹에서 ❹ '병합하고 가운데 맞춤'을 클릭합니다.

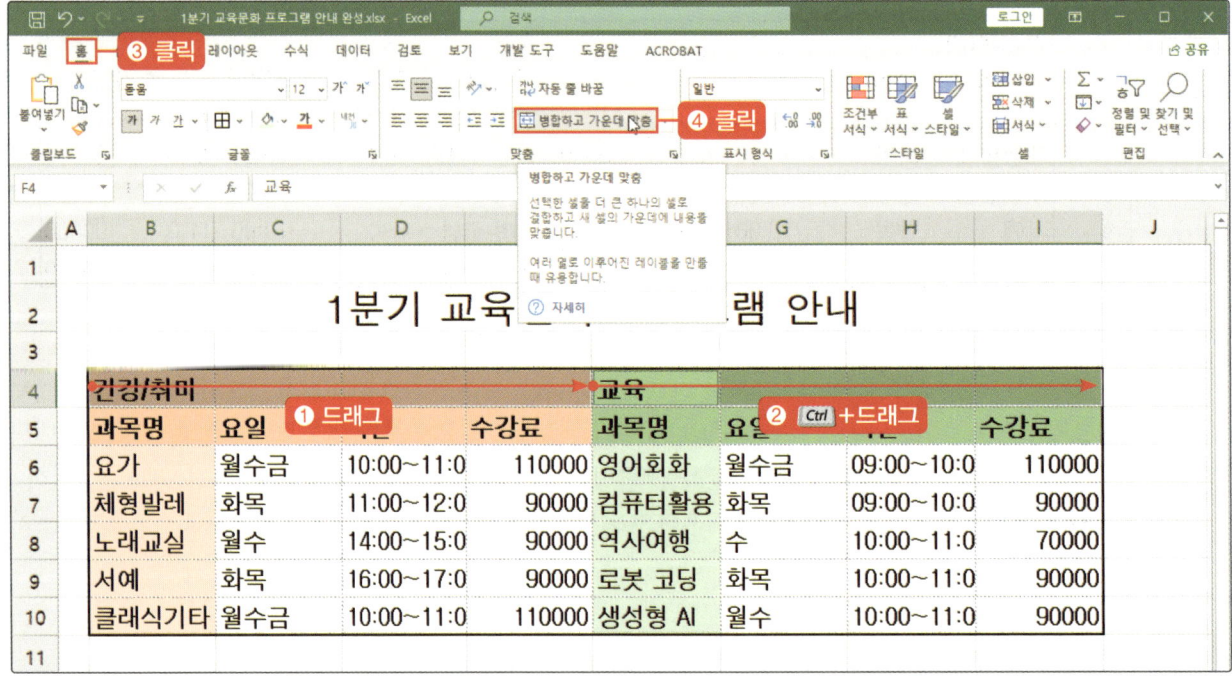

3 표 안의 데이터를 정렬해 줍니다. ❶ [B5:I10] 셀을 드래그하여 선택하고 ❷ [홈] 탭의 [맞춤] 그룹에서 셀의 ❸ 세로는 '가운데 맞춤', ❹ 가로는 '가운데 맞춤'을 클릭합니다.

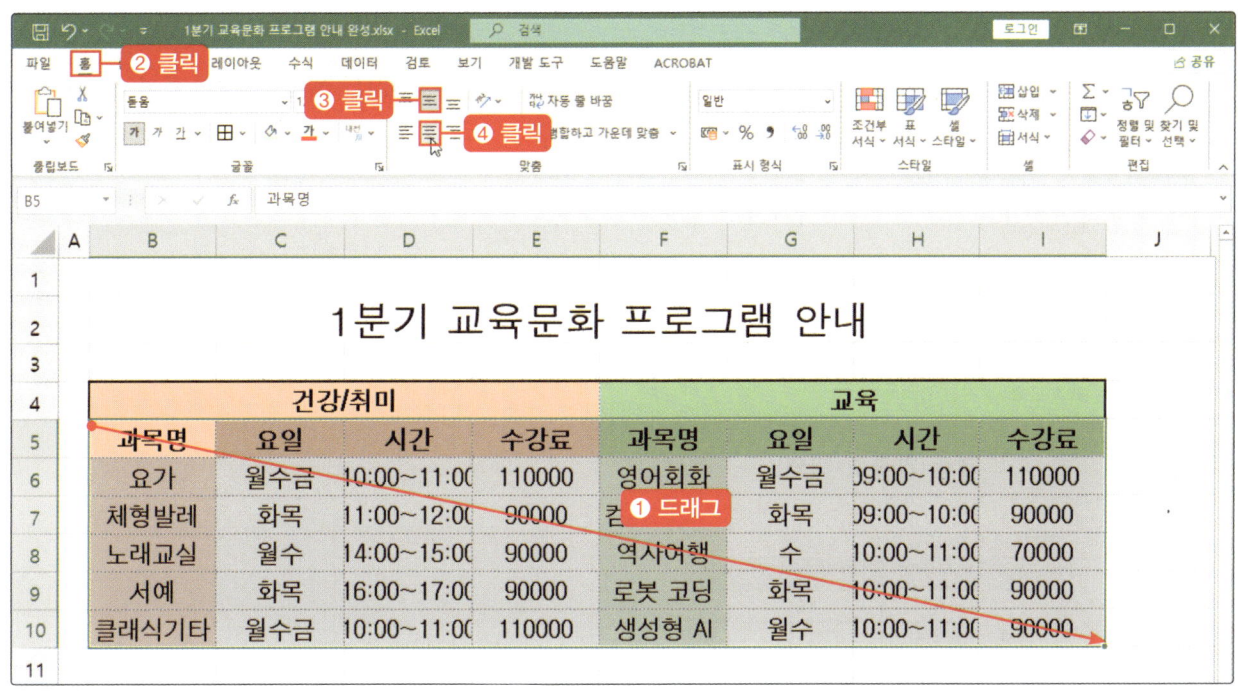

4 열 너비를 적절하게 조절합니다. ❶ [E6:E10] 셀을 드래그하여 선택한 후 ❷ Ctrl 키를 누른 상태에서 [I6:I10] 셀을 드래그하여 선택합니다. ❸ [홈] 탭의 [표시 형식] 그룹에서 ❹ '쉼표 스타일'을 적용합니다.

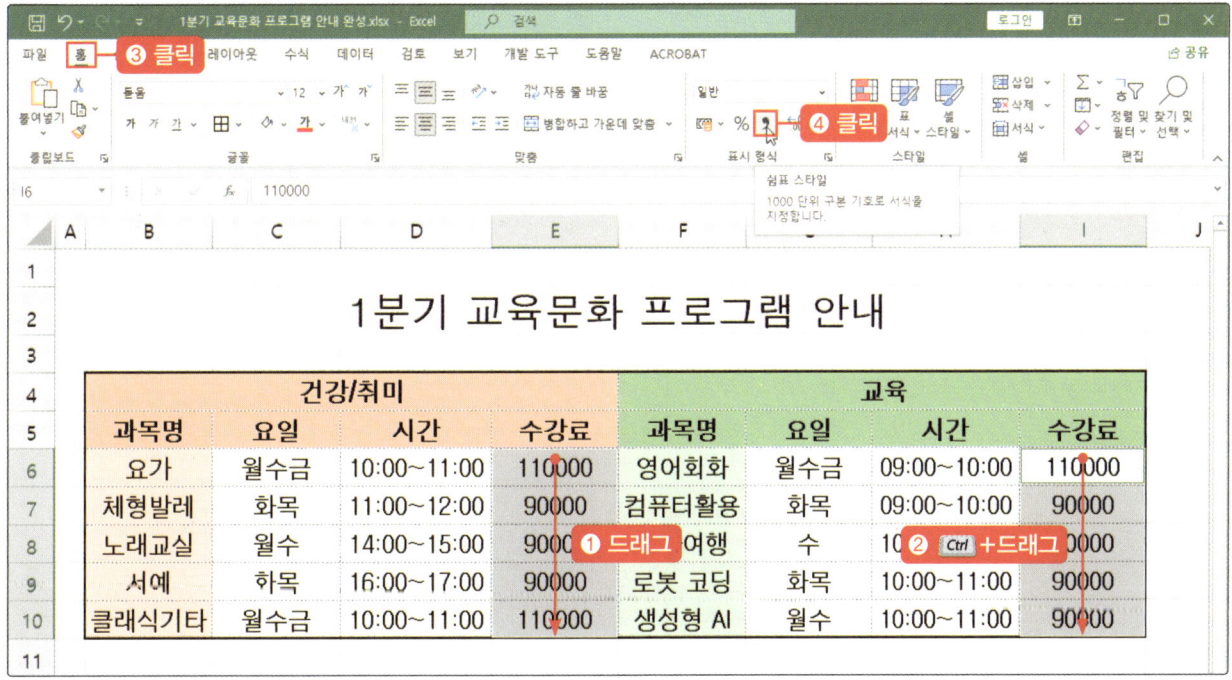

참고하세요

글꼴 크기를 셀 크기에 자동 맞추기

셀 너비에 따라 글꼴 크기를 자동으로 조절할 수 있습니다. ❶ [C6:C11] 셀을 드래그하여 선택한 후 ❷ [홈] 탭의 [맞춤] 그룹에서 ❸ [맞춤 설정]을 클릭합니다.

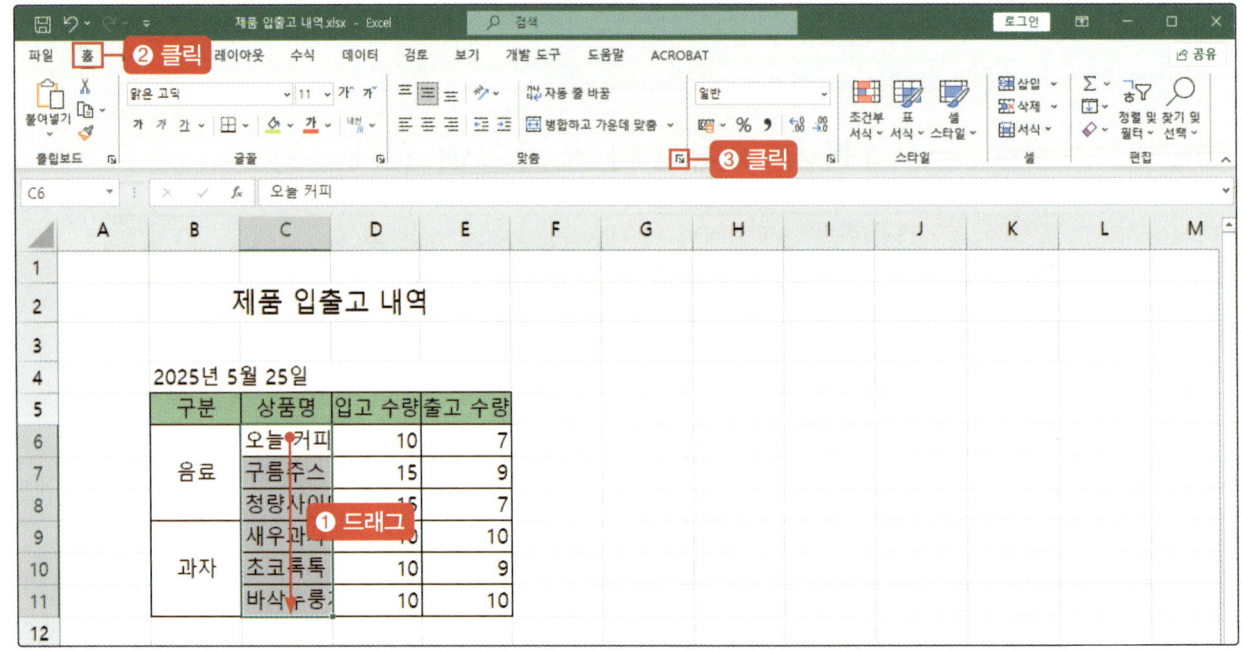

[셀 서식] 대화상자가 열리면 ❹ [맞춤] 탭의 [텍스트 조정]에서 ❺ '셀에 맞춤'을 선택하고 ❻ [확인]을 클릭합니다.

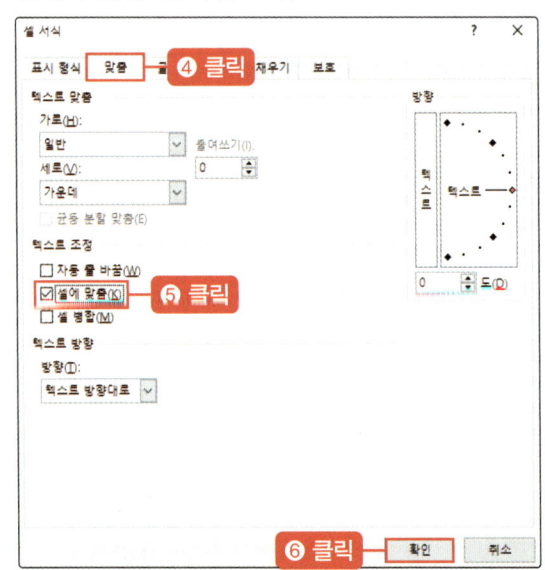

글꼴 크기가 셀 크기에 맞춰 자동으로 조절됩니다.

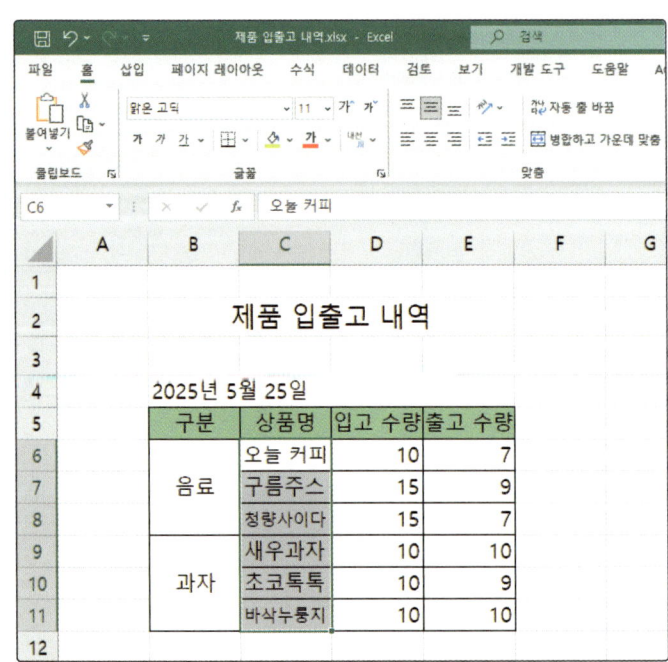

도전! 혼자 풀어 보세요!

① '부품 검사 결과.xlsx' 파일을 열고 다음 조건을 참고하여 워크시트를 작성해 보세요.

구분	부품명	품번	수량	검사 날짜	검사자	검사 결과
전원	배터리 모듈	BT-101	1	2025-04-02	이수민	○
전원	전원 스위치	PW-211	1	2025-04-02	이수민	○
센서	센서 칩	SR-305	1	2025-04-02	김 철	×
냉각	냉각 팬	CL-315	1	2025-04-02	최호성	○
디스플레이	터치 패널	DP-421	1	2025-04-02	진유재	×
디스플레이	LED	LP-532	1	2025-04-02	진유재	○
음향	마이크 모듈	MS-891	1	2025-04-02	은지형	○
음향	스피커 유닛	MS-901	1	2025-04-02	은지형	○

표에 테두리를 적용하세요.
[B2:H2] 셀은 '병합하고 가운데 맞춤'으로 지정하세요.

② ①에서 작성한 워크시트를 다음과 같이 수정해 보세요.

[B4:H4] 셀에 '녹색, 강조 6, 40% 더 밝게'로 채우고, 글꼴은 '굵게'를 적용하세요.
[C7:H7], [C9:H9] 셀에 '흰색, 배경 1, 25% 어둡게'로 채우세요.

워크시트 관리와 인쇄하기

엑셀에서는 워크시트를 삽입/삭제하거나 워크시트의 이름을 지정할 수 있습니다. 또한 다른 통합 문서로 워크시트를 복사하거나 이동하여 관리할 수 있습니다.

▶▶ 워크시트의 이름 바꾸기와 삽입/삭제, 이동/복사 방법을 알아봅니다.
▶▶ 워크시트를 숨기는 방법과 시트 색상을 지정하는 방법을 알아봅니다.
▶▶ 인쇄하는 방법과 머리글/꼬리글을 삽입하는 방법을 알아봅니다.

배울 내용 미리 보기

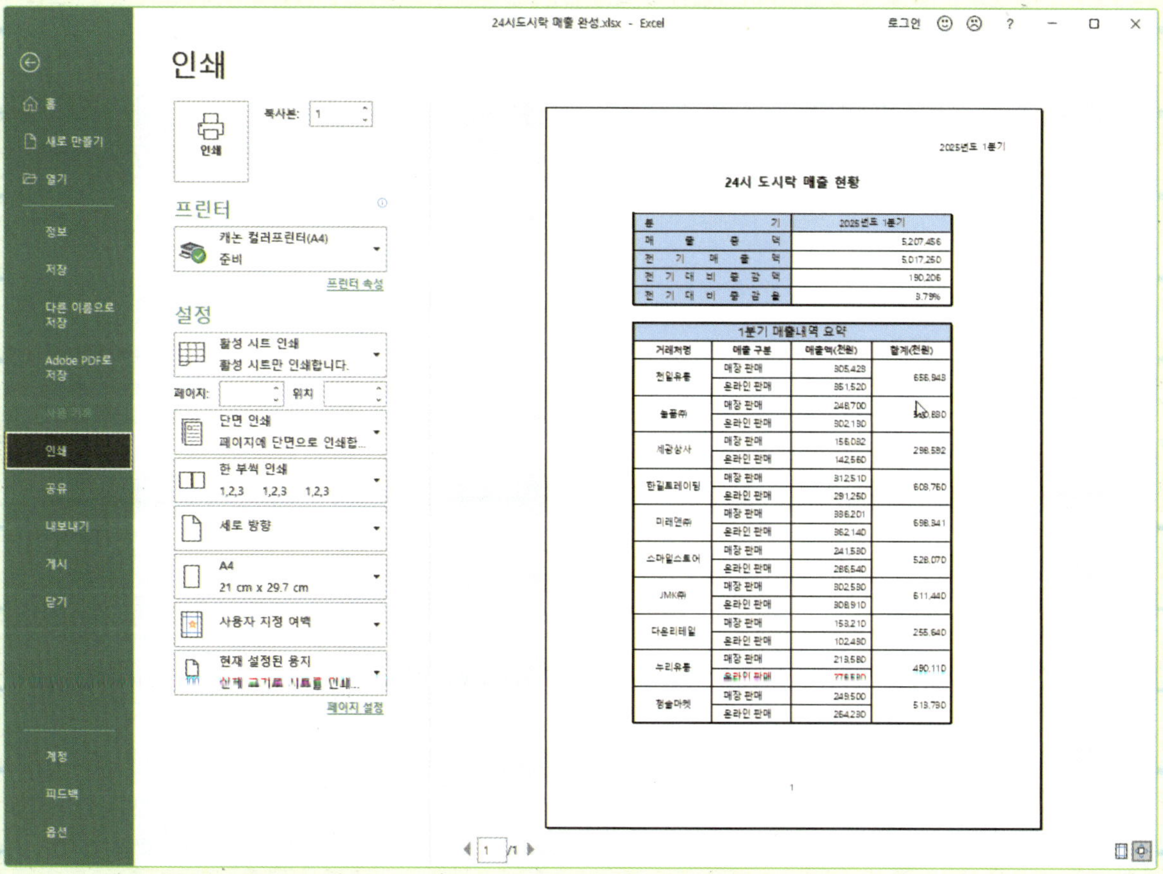

▲ 파일명 24시도시락 매출 완성.xlsx

워크시트 이름 바꾸기와 삽입/삭제

1 '24시도시락 매출.xlsx' 파일을 불러옵니다. 워크시트의 이름을 바꾸기 위해 왼쪽 아래의 ❶ 'Sheet1' 위에서 마우스 오른쪽 버튼을 누른 후 빠른 메뉴가 열리면 ❷ [이름 바꾸기]를 클릭합니다. ❸ 워크시트의 이름을 "1분기"로 입력하고 Enter 키를 누릅니다.

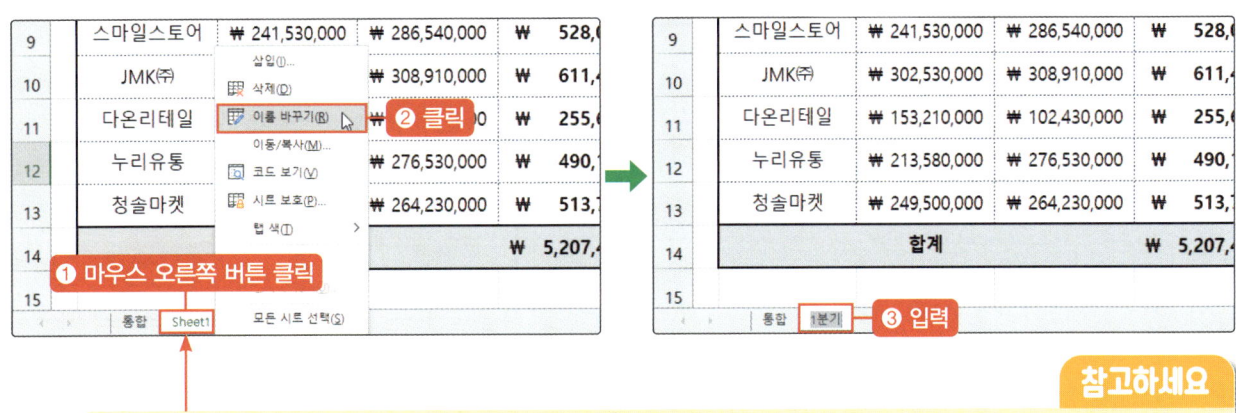

> **참고하세요**
> 워크시트의 이름이 표기된 시트 위에서 마우스를 더블클릭하여 이름을 변경할 수도 있습니다.

2 워크시트 이름 옆의 ❶ ⊕를 클릭하면 새 워크시트가 삽입됩니다.

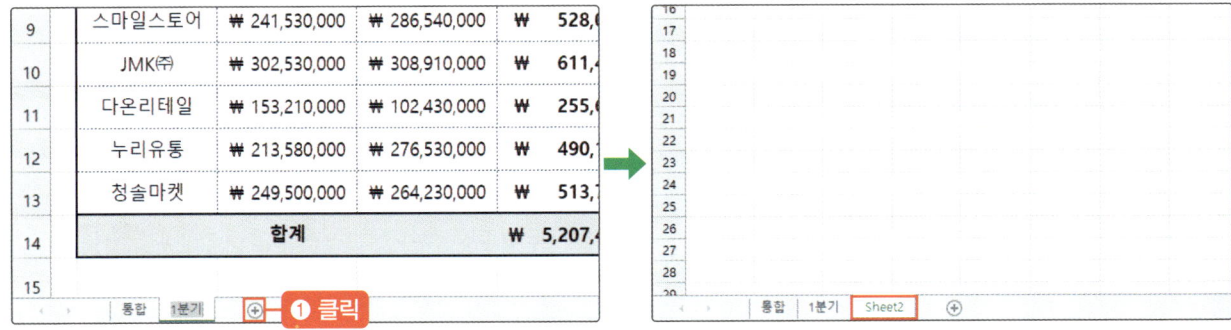

3 워크시트를 삭제하려면 시트 위에서 ❶ 마우스 오른쪽 버튼을 누른 후 빠른 메뉴가 열리면 ❷ [삭제]를 클릭합니다.

> **참고하세요**
>
> 내용이 있는 워크시트를 삭제할 때는 '이 시트가 Microsoft Excel에서 영구적으로 삭제됩니다. 계속 하시겠습니까?'라는 메시지가 나타납니다. 삭제한 워크시트는 복원되지 않으니 신중하게 합니다.

2 워크시트 이동/복사하기

1 '1분기' 워크시트 이름 위에서 ❶ 마우스 오른쪽 버튼을 클릭하고 빠른 메뉴가 열리면 ❷ [이동/복사]를 선택합니다.

2 [이동/복사] 대화상자가 열리면 '다음 시트의 앞에' 목록의 ❶ (끝으로 이동)을 선택한 후 ❷ '복사본 만들기'에 체크하고 ❸ [확인]을 클릭합니다.

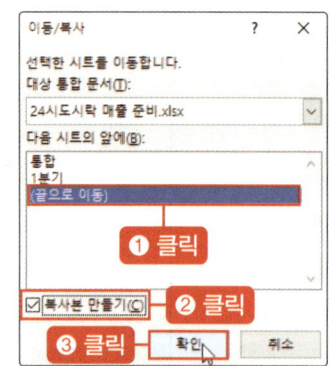

3 워크시트가 복사됩니다. ❶ 복사된 워크시트의 이름을 더블클릭한 후 ❷ "2분기"로 수정합니다.

4 같은 방법으로 워크시트를 복사하여 ❶ "3분기", "4분기"로 이름을 수정합니다.

5 워크시트를 마우스로 드래그하여 이동할 수 있습니다. ❶ '1분기' 워크시트를 드래그한 다음 ❷ '2분기' 뒤로 갖다 놓습니다.

6 워크시트가 이동되었습니다. ❶ '1분기' 워크시트를 다시 드래그하여 ❷ '2분기' 앞으로 갖다 놓습니다.

3 워크시트 숨기기와 시트 탭 색상 지정하기

1 워크시트 이름 탭에 색을 지정할 수 있습니다. ❶ '1분기' 워크시트 이름 위에서 마우스 오른쪽 버튼을 누른 후 빠른 메뉴가 열리면 ❷ [탭 색]에서 ❸ '주황, 강조 2, 25% 더 어둡게'를 선택합니다.

2 비슷한 유형의 워크시트끼리 같은 색으로 지정하여 구분해 줄 수 있습니다.

3 워크시트를 삭제하면 복구할 수 없으므로 워크시트를 삭제하는 것보다 '숨기기' 기능을 활용하는 것이 좋습니다. ❶ '4분기' 시트 위에 마우스 오른쪽 버튼을 누른 후 빠른 메뉴가 열리면 ❷ [숨기기]를 클릭합니다.

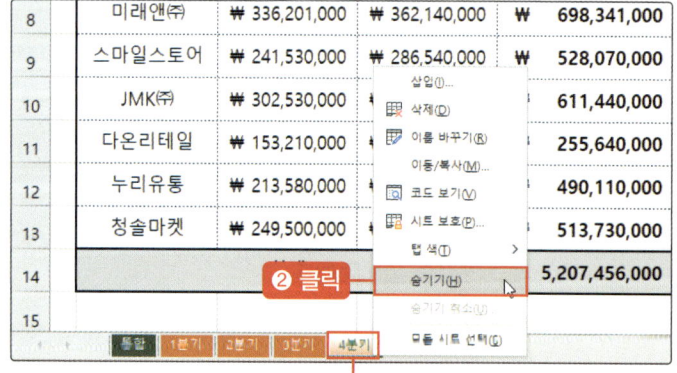

참고하세요

숨기기한 시트를 다시 표시하려면 시트 위에서 마우스 오른쪽 버튼을 누른 후 빠른 메뉴가 열리면 [숨기기 취소]를 클릭합니다. [숨기기 취소] 대화상자가 열리면 표시할 시트를 선택합니다.

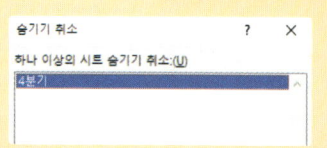

인쇄 미리 보기와 페이지 설정

1 '24시도시락 매출.xlsx' 파일에서 첫 번째 워크시트인 '통합'을 선택합니다. 인쇄 미리 보기를 하기 위해 [파일] 탭에서 ❶ [인쇄]를 클릭합니다. ❷ 오른쪽 아래의 '여백 표시'를 클릭하여 문서의 여백을 확인합니다.

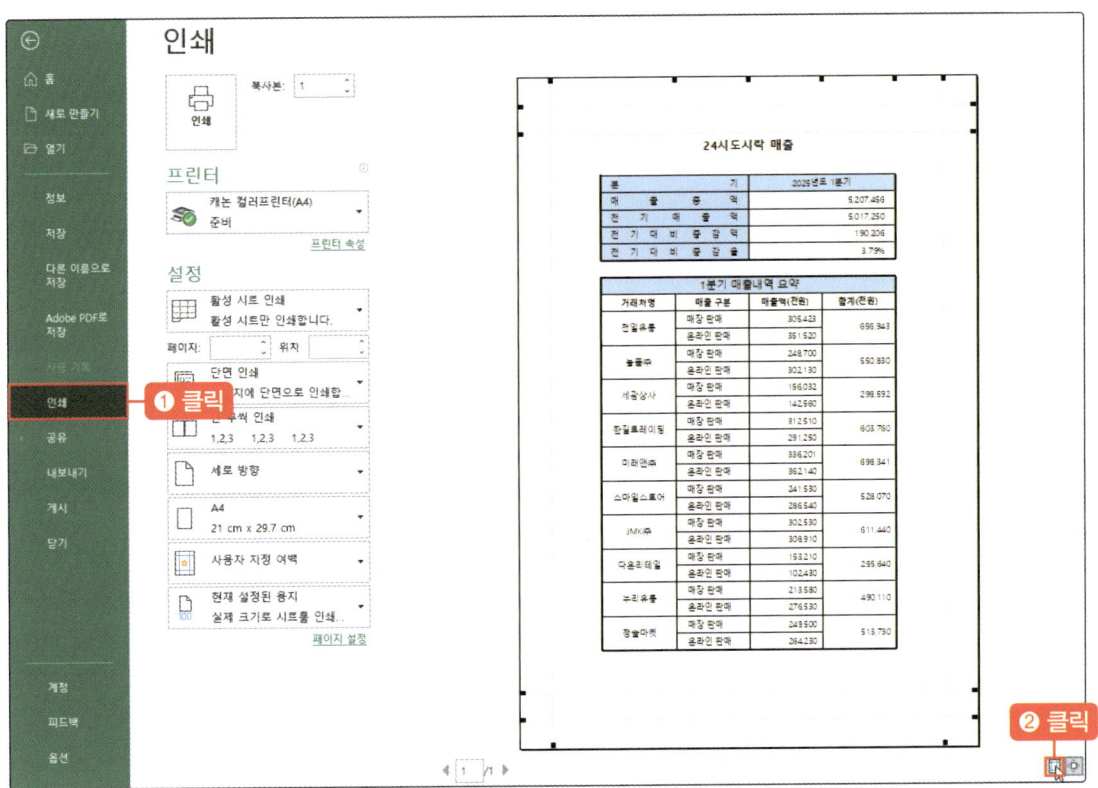

2 인쇄 미리 보기 창의 ❶ '페이지 설정'을 클릭합니다. ❷ [페이지] 탭의 ❸ 용지 방향을 '세로'로 선택합니다. ❹ [여백] 탭에서 ❺ 왼쪽과 오른쪽 여백을 '1.5'로 입력하고, ❻ 페이지 가운데 맞춤은 '가로'를 선택한 후 ❼ [확인]을 클릭합니다.

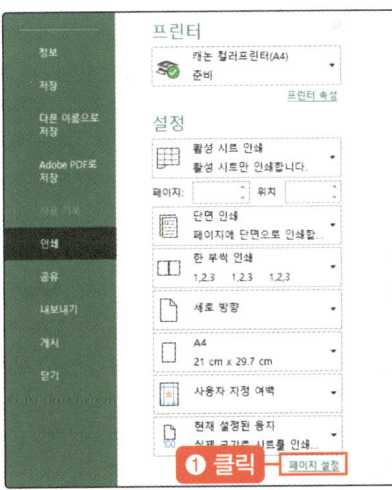 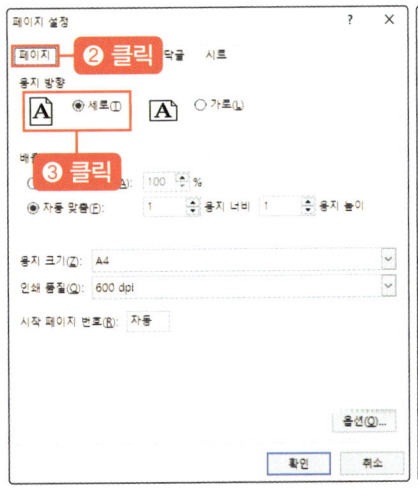 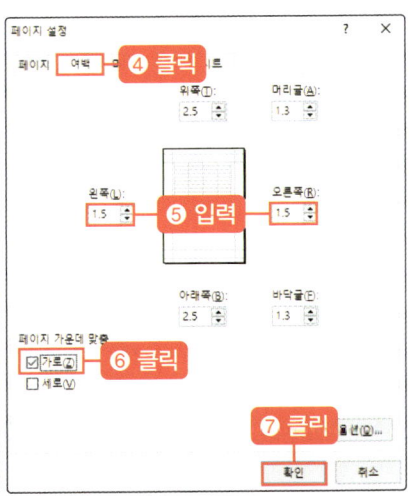

5 머리글/바닥글 삽입하기

1 머리글과 바닥글을 삽입하기 위해 ❶ [보기] 탭의 [통합 문서 보기] 그룹에서 ❷ [페이지 레이아웃]을 클릭합니다.

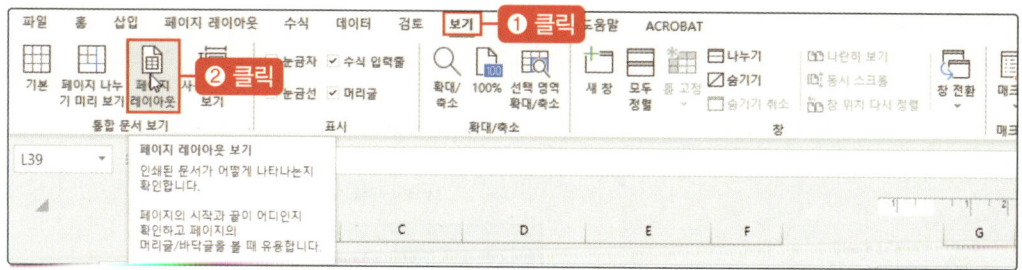

2 ❶ 머리글의 오른쪽 영역을 클릭하여 "2025년도 1분기"를 입력합니다.

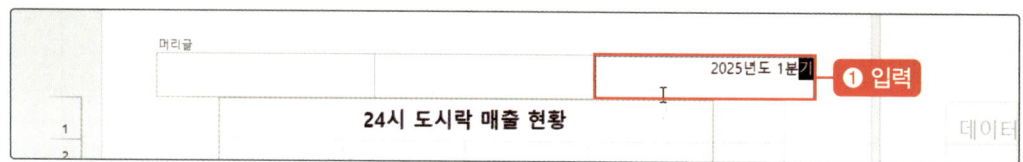

3 바닥글에는 페이지 번호를 삽입하기 위해 ❶ 바닥글의 중간 영역을 클릭합니다. ❷ [머리글/바닥글] 탭의 [머리글/바닥글] 그룹에서 ❸ [페이지 번호]를 클릭합니다.

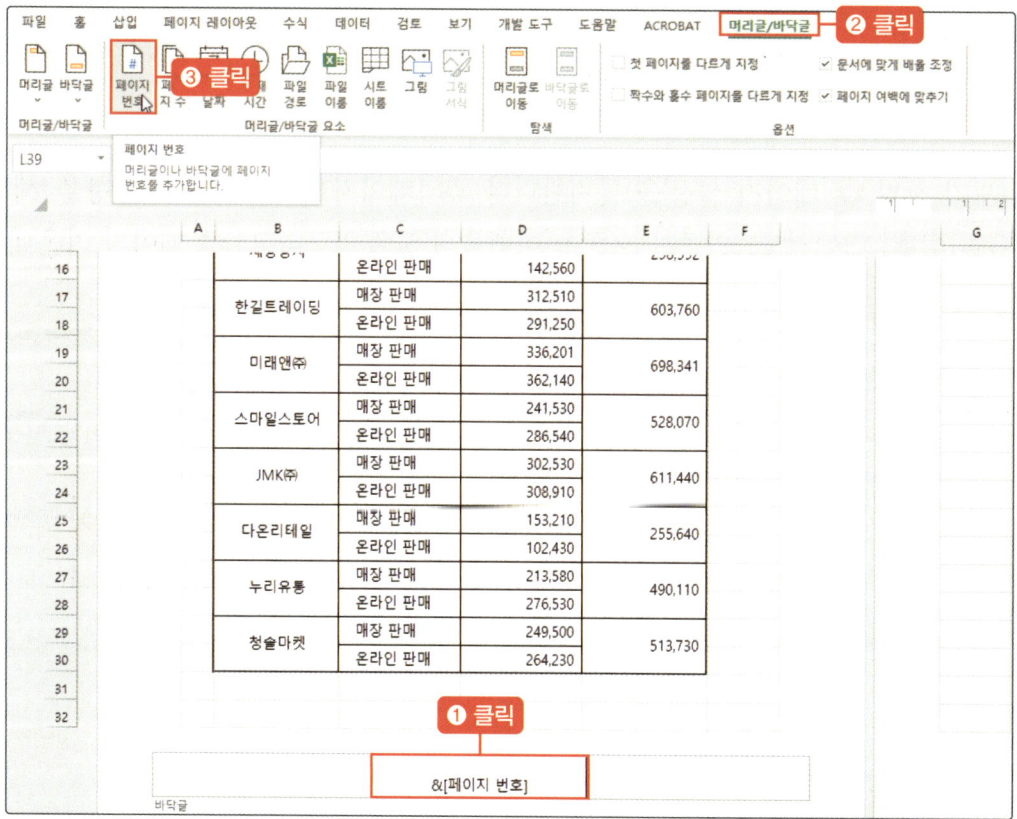

도전! 혼자 풀어 보세요!

① '견적서.xlsx' 파일을 열고 다음 조건을 참고하여 워크시트를 작성해 보세요.

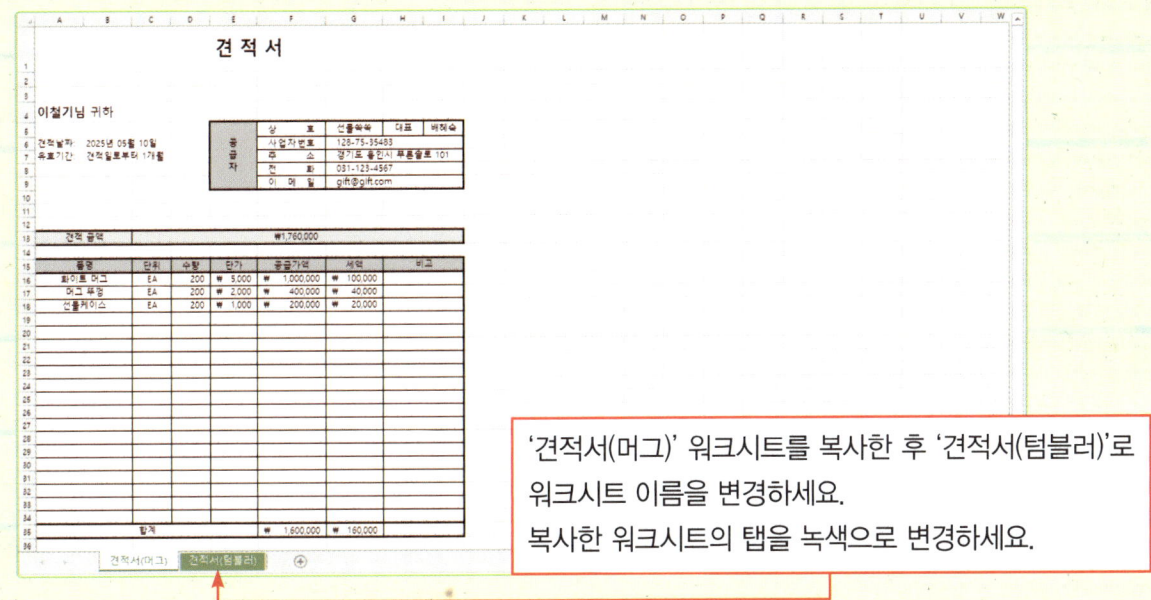

'견적서(머그)' 워크시트를 복사한 후 '견적서(텀블러)'로 워크시트 이름을 변경하세요.
복사한 워크시트의 탭을 녹색으로 변경하세요.

② ①의 워크시트가 인쇄 용지 가운데 맞춰서 인쇄되도록 설정한 후 인쇄해 보세요.

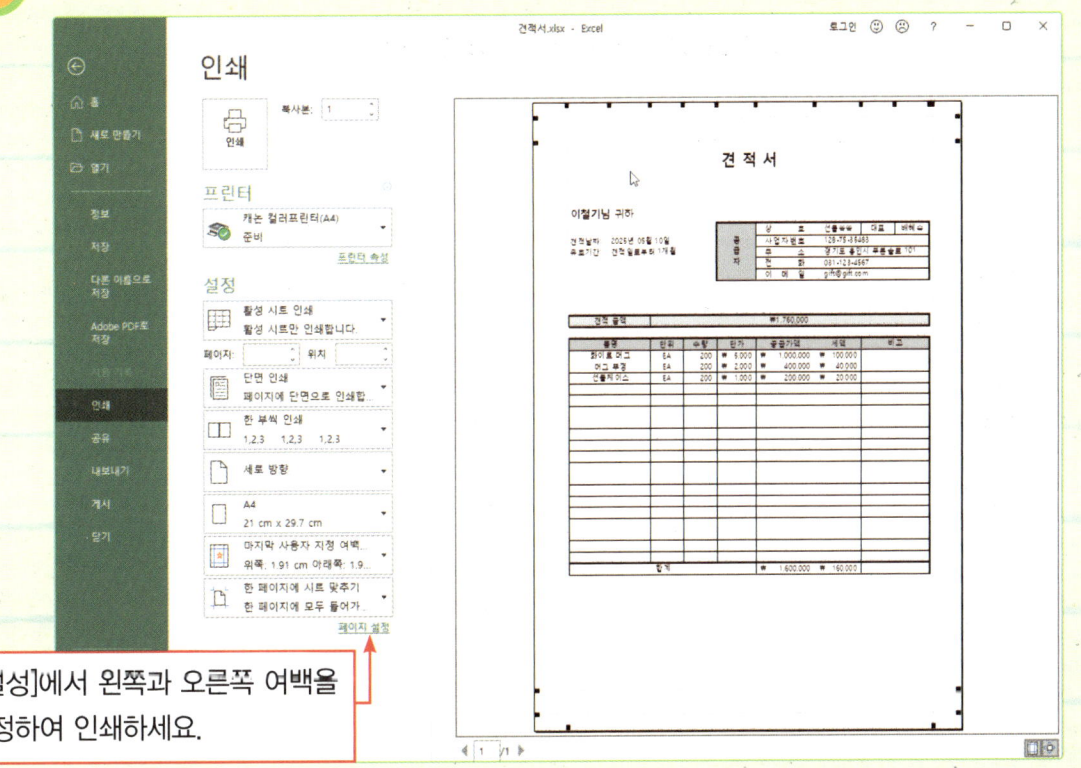

[페이지 설정]에서 왼쪽과 오른쪽 여백을 '1.5'로 설정하여 인쇄하세요.

73

09 사칙 연산과 셀 참조 연산

엑셀을 사용하는 가장 큰 장점은 쉽고 빠른 계산입니다. 사칙 연산과 셀 참조 형식으로 원하는 계산식을 쉽게 작성할 수 있습니다.

- 사칙 연산에 대해 알아봅니다.
- 참조 형식 연산에 대해 알아봅니다.

배울 내용 미리 보기

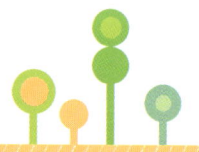

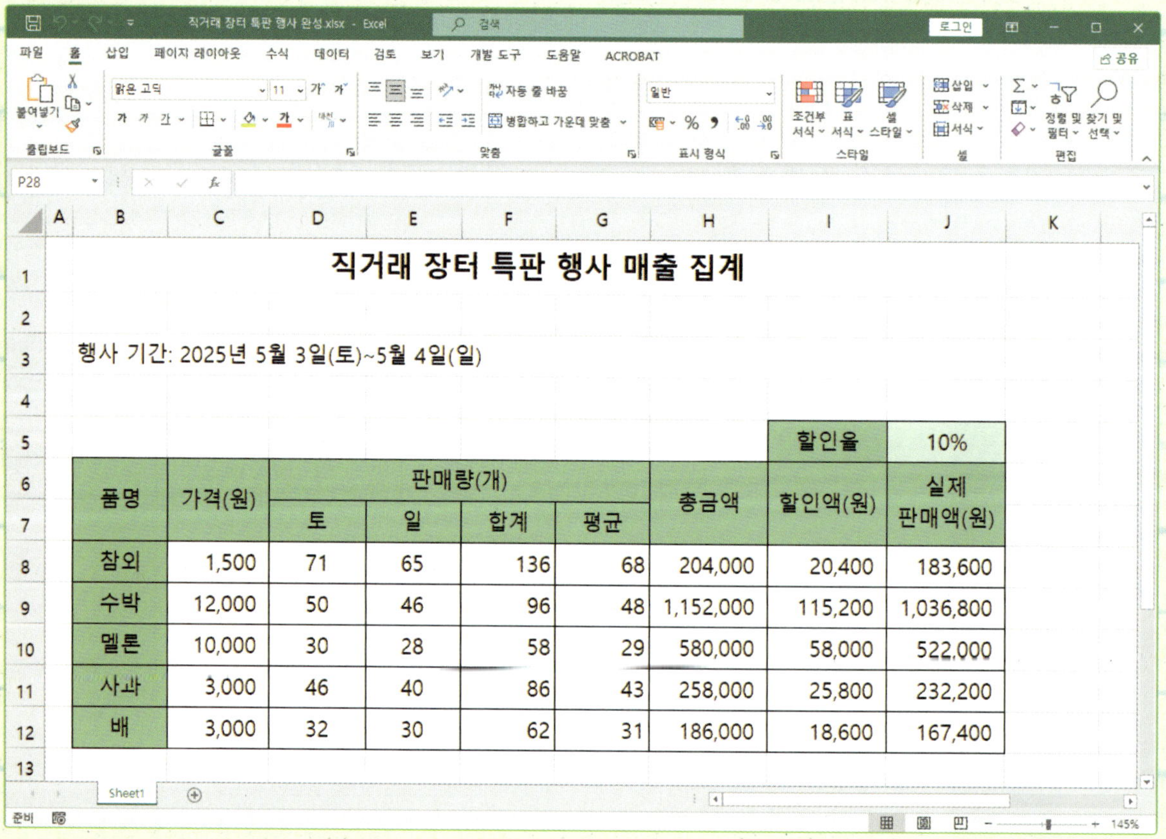

직거래 장터 특판 행사 매출 집계

행사 기간: 2025년 5월 3일(토)~5월 4일(일)

품명	가격(원)	판매량(개)				총금액	할인율	10%
		토	일	합계	평균		할인액(원)	실제 판매액(원)
참외	1,500	71	65	136	68	204,000	20,400	183,600
수박	12,000	50	46	96	48	1,152,000	115,200	1,036,800
멜론	10,000	30	28	58	29	580,000	58,000	522,000
사과	3,000	46	40	86	43	258,000	25,800	232,200
배	3,000	32	30	62	31	186,000	18,600	167,400

▲ 파일명 직거래 장터 특판 행사 완성.xlsx

 **사칙 연산 알아보기**

1. '직거래 장터 특판 행사.xlsx' 파일을 엽니다.

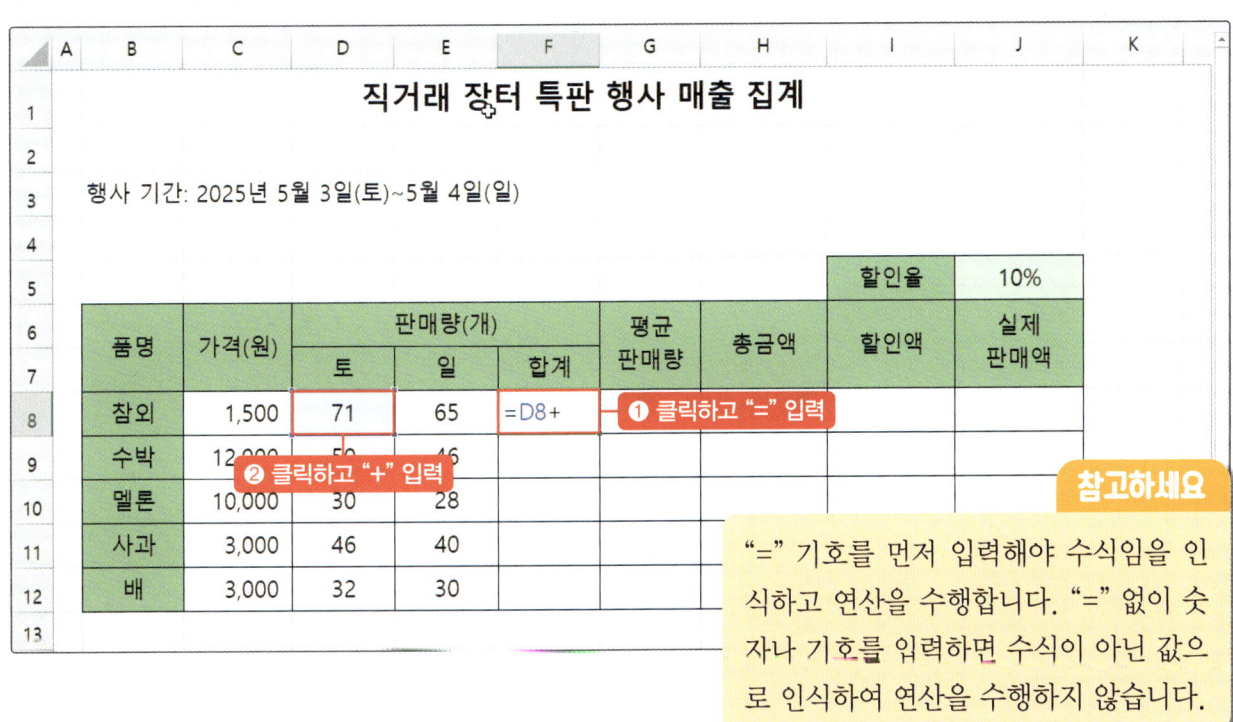

2. '합계'는 '토요일'의 판매량과 '일요일'의 판매량을 더한 값입니다. ❶ [F8] 셀을 클릭하여 "="을 입력한 다음, ❷ [D8] 셀을 클릭하고 "+"를 입력합니다.

> **참고하세요**
> "=" 기호를 먼저 입력해야 수식임을 인식하고 연산을 수행합니다. "=" 없이 숫자나 기호를 입력하면 수식이 아닌 값으로 인식하여 연산을 수행하지 않습니다.

3 ❶ [E8] 셀을 클릭한 후 Enter 키를 누릅니다.

4 ❶ [F8] 셀을 클릭한 후 ❷ 자동 채우기 핸들을 [F12] 셀까지 드래그합니다. 수식이 복사되어 자동으로 합계가 계산됩니다.

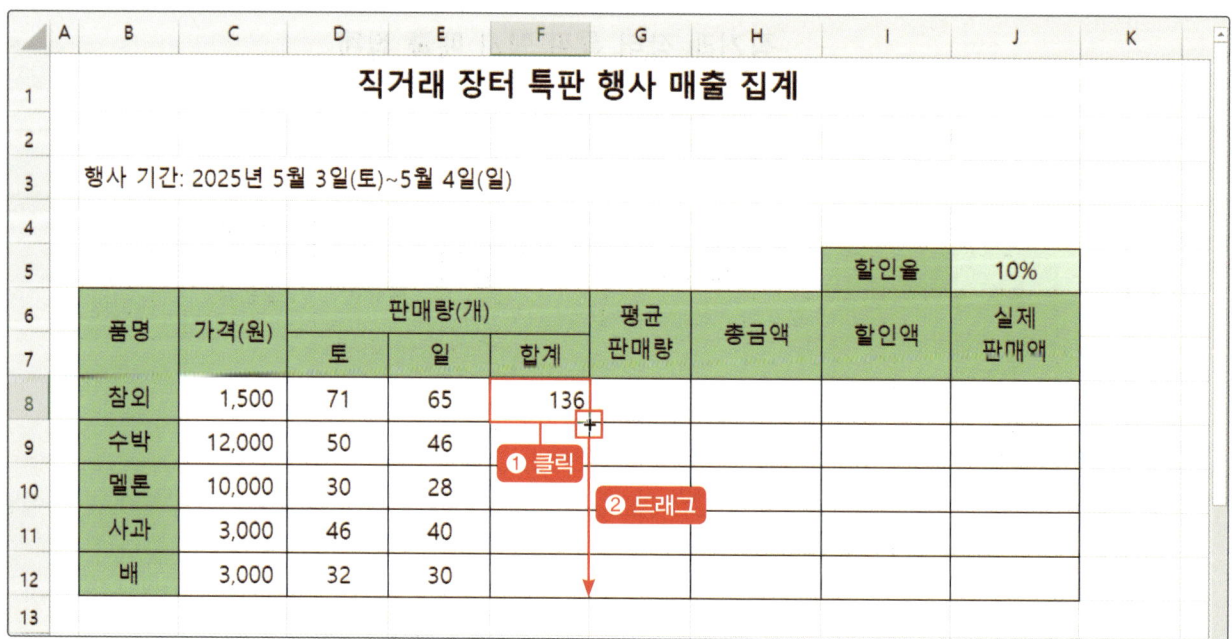

5 '평균 판매량'은 '판매량 합계/판매 일수'로 계산합니다. ❶ [G8] 셀을 클릭하여 "="을 입력한 다음 ❷ [F8] 셀을 클릭한 후 "/"를 입력합니다.

품명	가격(원)	판매량(개)			평균 판매량	총금액	할인액	실제 판매액
		토	일	합계				
참외	1,500	71	65	136	=F8/			
수박	12,000	50	46	96				
멜론	10,000	30	28	58				
사과	3,000	46	40	86				
배	3,000	32	30	62				

할인율: 10%

행사 기간: 2025년 5월 3일(토)~5월 4일(일)

❶ 클릭하고 "=" 입력
❷ 클릭하고 "/" 입력

6 판매 일수인 ❶ "2"를 입력한 후 Enter 키를 누릅니다.

품명	가격(원)	판매량(개)			평균 판매량	총금액	할인액	실제 판매액
		토	일	합계				
참외	1,500	71	65	136	=F8/2			
수박	12,000	50	46	96				
멜론	10,000	30	28	58				
사과	3,000	46	40	86				
배	3,000	32	30	62				

할인율: 10%

행사 기간: 2025년 5월 3일(토)~5월 4일(일)

❶ "2" 입력

7 ❶ [G8] 셀을 클릭한 후 ❷ 자동 채우기 핸들을 [G12] 셀까지 드래그합니다. 자동으로 '평균 판매량'이 계산됩니다.

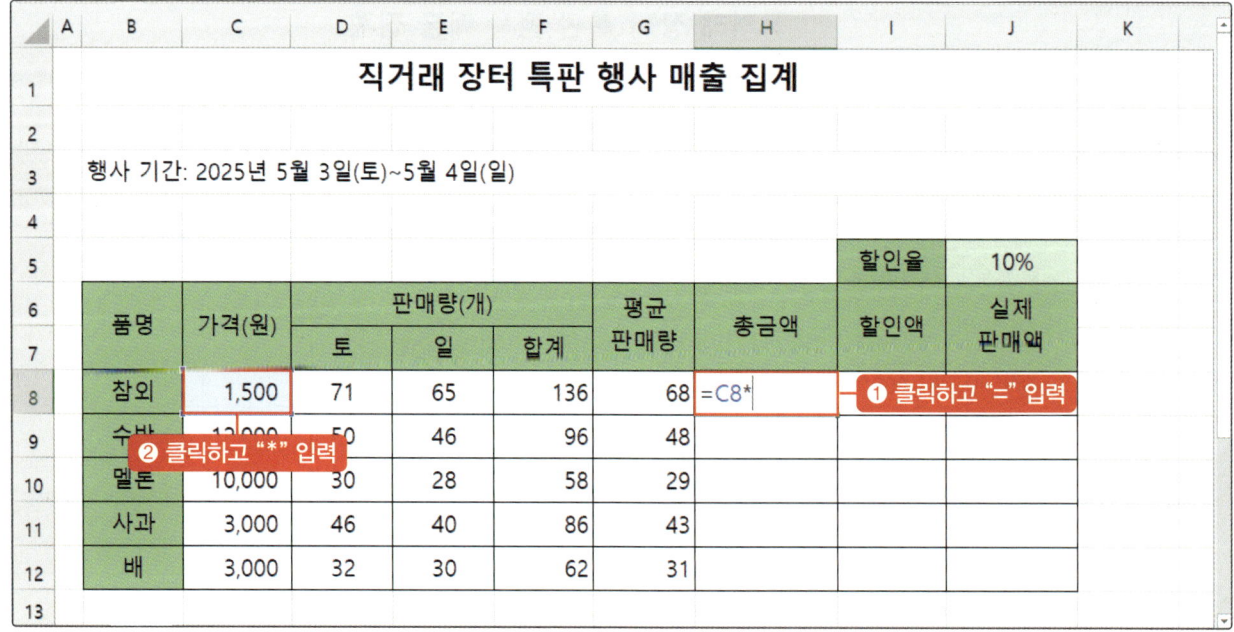

8 '총금액'은 '가격(원)*합계'로 계산합니다. ❶ [H8] 셀을 클릭하여 "="을 입력한 다음 ❷ [C8] 셀을 클릭한 후 "*"를 입력합니다.

9 ❶ [F8] 셀을 클릭한 후 Enter 키를 누릅니다.

10 ❶ [H8] 셀을 클릭한 후 ❷ 자동 채우기 핸들을 [H12] 셀까지 드래그합니다. 자동으로 '총금액'이 계산됩니다.

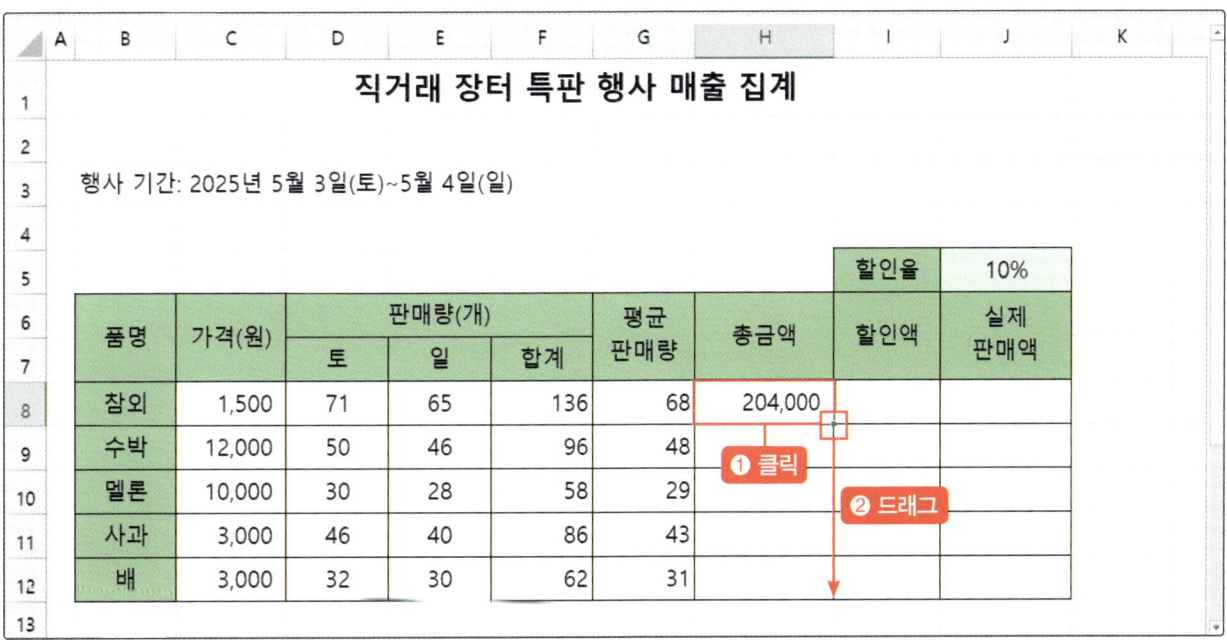

2 참조 형식 연산하기

1 '할인액'은 '총금액*할인율'로 계산합니다. [I8] 셀에 "="을 입력하고 [H8] 셀을 클릭한 후 *를 입력합니다. [J5] 셀을 클릭한 후 Enter 키를 누릅니다. [I8] 셀을 클릭한 후 ❶ 자동 채우기 핸들을 [I12] 셀까지 드래그합니다.

	A	B	C	D	E	F	G	H	I	J	K
1					직거래 장터 특판 행사 매출 집계						
2											
3		행사 기간: 2025년 5월 3일(토)~5월 4일(일)									
4											
5									할인율	10%	
6		품명	가격(원)		판매량(개)		평균 판매량	총금액	할인액	실제 판매액	
7				토	일	합계					
8		참외	1,500	71	65	136	68	204,000	20,400		
9		수박	12,000	50	46	96	48	1,152,000	#VALUE!		
10		멜론	10,000	30	28	58	29	580,000	-		
11		사과	3,000	46	40	86	43	258,000	-		
12		배	3,000	32	30	62	31	186,000	-		
13											

❶ 드래그

2 Ctrl + ~ 키를 누르면 값이 수식으로 표시됩니다. 수식을 살펴보면 ❶ [J5] 셀이 고정되지 않고 변경되어 오류가 난 것을 확인할 수 있습니다.

	F	G	H	I	J
1	래 장터 특판 행사 매출 집계				
2					
3					
4					
5				할인율	0.1
6	합계	평균 판매량	총금액	할인액	실제 판매액
7					
8	=D8+E8	=F8/2	=C8*F8	=H8*J5	
9	=D9+E9	=F9/2	=C9*F9	=H9*J6	
10	=D10+E10	=F10/2	=C10*F10	=H10*J7	
11	=D11+E11	=F11/2	=C11*F11	=H11*J8	
12	=D12+E12	=F12/2	=C12*F12	=H12*J9	
13					

❶ 확인

3 Ctrl+~ 키를 눌러 수식을 다시 값으로 표시합니다. [I8] 셀을 더블클릭한 후 J5를 블록 설정합니다. ① F4 키를 누르면 'J5'가 '$J$5'로 변경됩니다. 이제 Enter 키를 누릅니다. [I8] 셀을 클릭한 후 자동 채우기 핸들을 [I12] 셀까지 드래그합니다.

직거래 장터 특판 행사 매출 집계

행사 기간: 2025년 5월 3일(토)~5월 4일(일)

품명	가격(원)	판매량(개)			평균 판매량	총금액	할인액	실제 판매액
		토	일	합계				
							할인율	10%
참외	1,500	71	65	136	68	204,000	=H8*$J$5	
수박	12,000	50	46	96	48	1,152,000	#VALUE!	
멜론	10,000	30	28	58	29	580,000	-	
사과	3,000	46	40	86	43	258,000	-	
배	3,000	32	30	62	31	186,000	-	

① F4 키를 눌러 형식 변경

4 Ctrl+~ 키를 눌러 값을 수식으로 표시해 보면 '할인액'을 계산할 때 참조하는 ① [J5] 셀이 [$J$5]로 고정되어 있음을 확인할 수 있습니다.

합계	평균 판매량	총금액	할인액	실제 판매액
			할인율	0.1
=D8+E8	=F8/2	=C8*F8	=H8*$J$5	
=D9+E9	=F9/2	=C9*F9	=H9*$J$5	
=D10+E10	=F10/2	=C10*F10	=H10*$J$5	
=D11+E11	=F11/2	=C11*F11	=H11*$J$5	
=D12+E12	=F12/2	=C12*F12	=H12*$J$5	

① 확인

5 '실제 판매액'은 '총금액-할인액'으로 계산합니다. [J8] 셀에 "="을 입력한 후 [H8] 셀을 클릭하고 "-"을 입력합니다. [I8] 셀을 클릭한 후 Enter 키를 누릅니다. [J8] 셀을 클릭한 후 ❶ 자동 채우기 핸들을 [J12] 셀까지 드래그합니다.

직거래 장터 특판 행사 매출 집계

행사 기간: 2025년 5월 3일(토)~5월 4일(일)

							할인율	10%
품명	가격(원)	판매량(개)			평균 판매량	총금액	할인액	실제 판매액
		토	일	합계				
참외	1,500	71	65	136	68	204,000	20,400	=H8-I8
수박	12,000	50	46	96	48	1,152,000	115,200	
멜론	10,000	30	28	58	29	580,000	58,000	
사과	3,000	46	40	86	43	258,000	25,800	
배	3,000	32	30	62	31	186,000	18,600	

❶ 드래그

참고하세요

참조 형식

엑셀에서 수식을 복사할 때, 참조되는 셀의 주소가 자동으로 변경되거나 고정되도록 설정할 수 있습니다. 이러한 설정을 통해 수식의 참조 방식이 결정되며, 이를 '참조 형식'이라고 합니다.

참조 형식은 키보드의 F4 키를 눌러 변경할 수 있습니다.

	상대 참조	절대 참조	혼합 참조
설명	수식을 복사하면 참조하는 셀의 주소도 자동으로 바뀌는 방식입니다.	수식을 복사해도 참조하는 셀의 주소가 변하지 않도록 고정하는 방식입니다.	수식을 복사할 때 행이나 열 중에서 하나의 주소만 고정하는 방식입니다.
표시(예)	J5	$J$5	J$5(행 고정), $J5(열 고정)

F4 키를 한 번 누르면 $J$5, 두 번 누르면 J$5, 세 번 누르면 $J5로 순차적으로 바뀝니다.

도전! 혼자 풀어 보세요!

1 '모의고사 성적표.xlsx' 파일을 열고 다음 조건을 참고하여 워크시트를 작성해 보세요.

번호	이름	1차	2차	합계	추가 점수
			가중치	2%	
1	권민성	78	85	163	
2	윤지훈	92	89	181	
3	안서연	65	72	137	
4	강도경	80	91	171	
5	최지호	74	79	153	
6	박현서	89	94	183	
7	김민재	56	63	119	
8	장수민	98	95	193	
9	정하린	69	76	145	
10	이진우	83	88	171	

모의고사 성적표

> F열의 '합계'는 D열과 E열을 더하여 구하세요.

2 ①에서 작성한 워크시트를 다음과 같이 수정해 보세요.

모의고사 성적표

번호	이름	1차	2차	합계	추가 점수
			가중치	2%	
1	권민성	78	85	163	3.26
2	윤지훈	92	89	181	3.62
3	안서연	65	72	137	2.74
4	강도경	80	91	171	3.42
5	최지호	74	79	153	3.06
6	박현서	89	94	183	3.66
7	김민재	56	63	119	2.38
8	장수민	98	95	193	3.86
9	정하린	69	76	145	2.9
10	이진우	83	88	171	3.42

> G열의 '추가 점수'는 F열의 '합계'에 [G2] 셀의 '가중치'를 곱하여 구하세요.
> 절대 참조 형식을 사용하세요.

10 자동 함수를 이용한 계산

엑셀의 중요한 기능 중 하나는 함수입니다. 함수를 잘 활용하면 복잡한 계산을 편리하게 할 수 있습니다. 합계, 평균, 최댓값, 최솟값, 개수 세기 등 가장 기본이 되는 함수로 간단하게 결괏값을 구할 수 있습니다.

- 합계와 평균을 구해 봅니다.
- 최댓값과 최솟값을 구해 봅니다.
- 숫자 개수를 구해 봅니다.

배울 내용 미리 보기

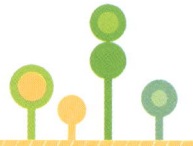

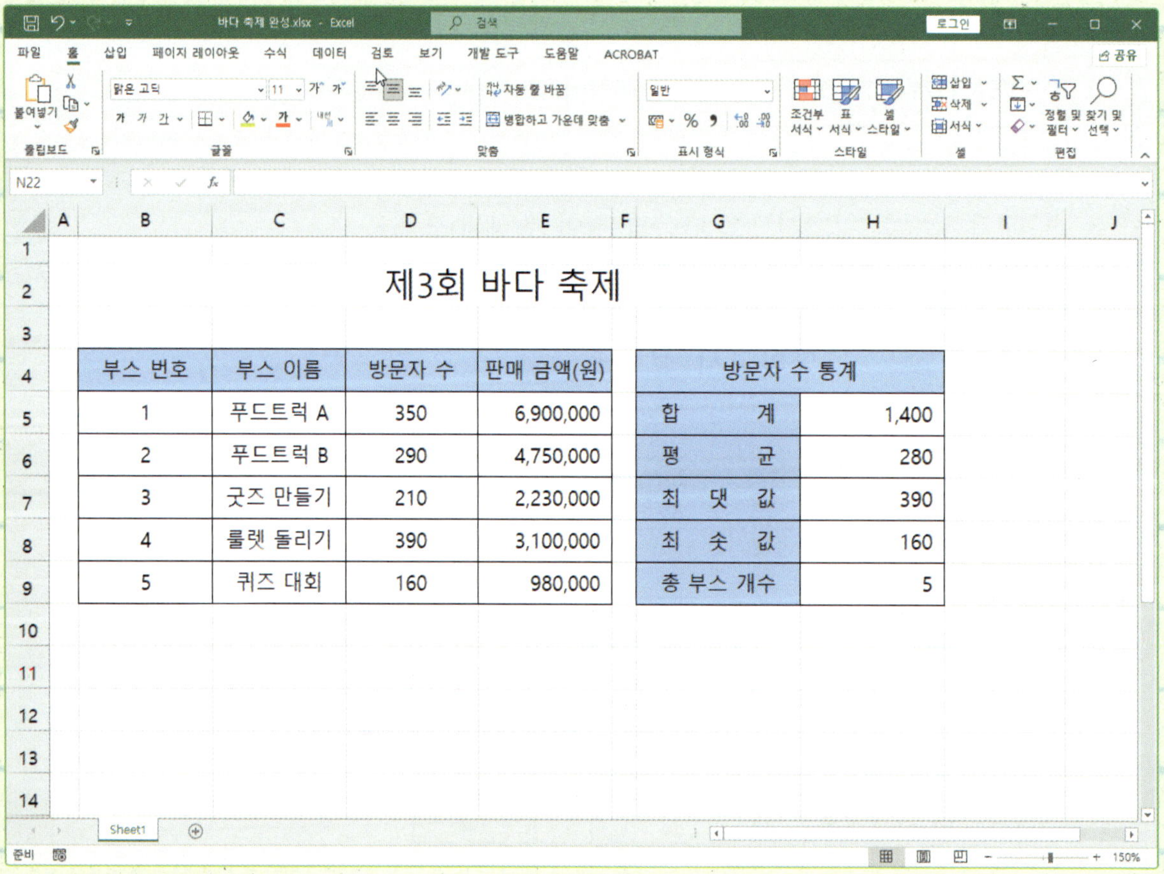

바다 축제 완성.xlsx - Excel
제3회 바다 축제
부스 번호 | 부스 이름 | 방문자 수 | 판매 금액(원)
1 | 푸드트럭 A | 350 | 6,900,000
2 | 푸드트럭 B | 290 | 4,750,000
3 | 굿즈 만들기 | 210 | 2,230,000
4 | 룰렛 돌리기 | 390 | 3,100,000
5 | 퀴즈 대회 | 160 | 980,000
방문자 수 통계
합 계 | 1,400
평 균 | 280
최 댓 값 | 390
최 솟 값 | 160
총 부스 개수 | 5
Sheet1

▲ 파일명 바다 축제 완성.xlsx

 # 합계와 평균 구하기

1. '바다 축제.xlsx' 파일을 엽니다.

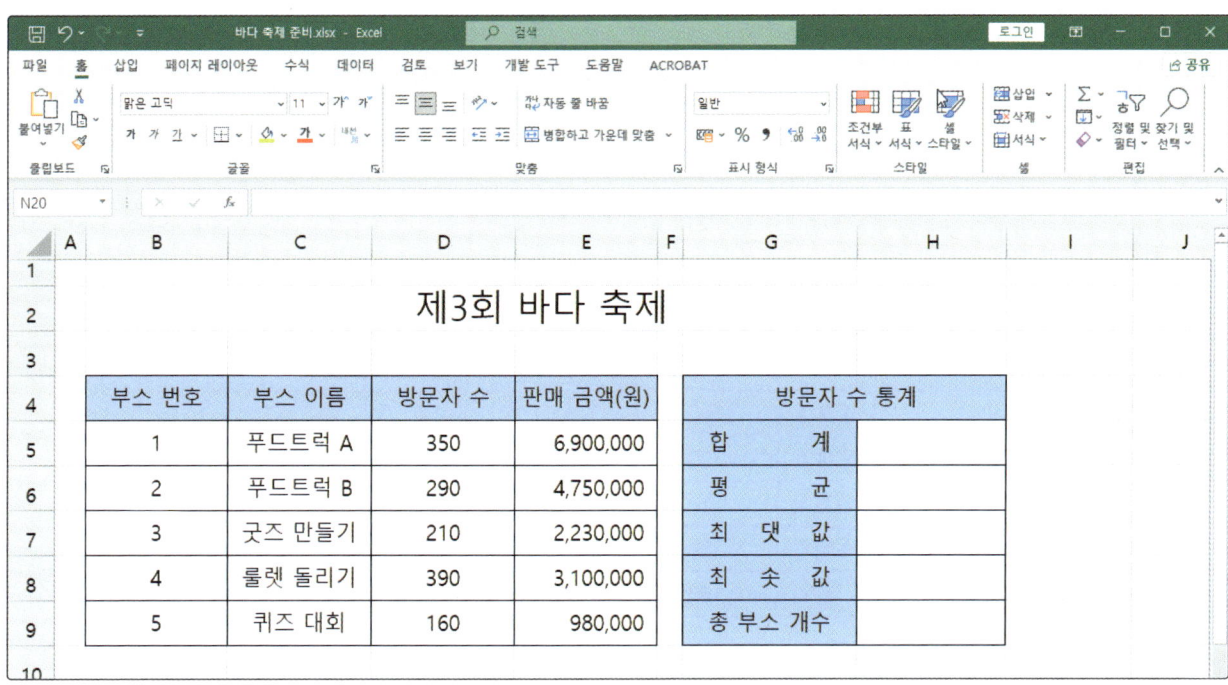

2. '방문자 수 통계'에서 '합계'를 구하기 위해 ❶ [H5] 셀을 클릭합니다. ❷ [홈] 탭의 [편집] 그룹에서 ❸ Σ의 목록을 클릭한 후 ❹ '합계'를 선택합니다.

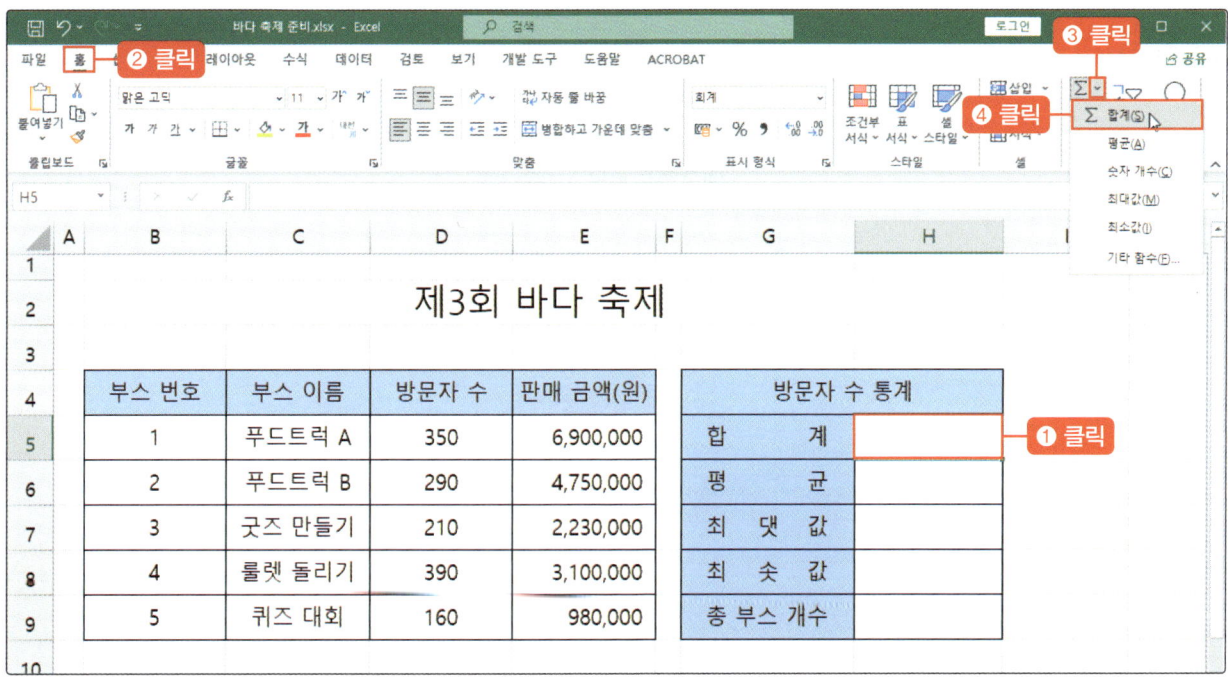

3 자동으로 [D5:G5] 셀이 선택됩니다. 합계를 구할 범위가 맞지 않으므로 올바른 영역을 마우스로 드래그해야 합니다.

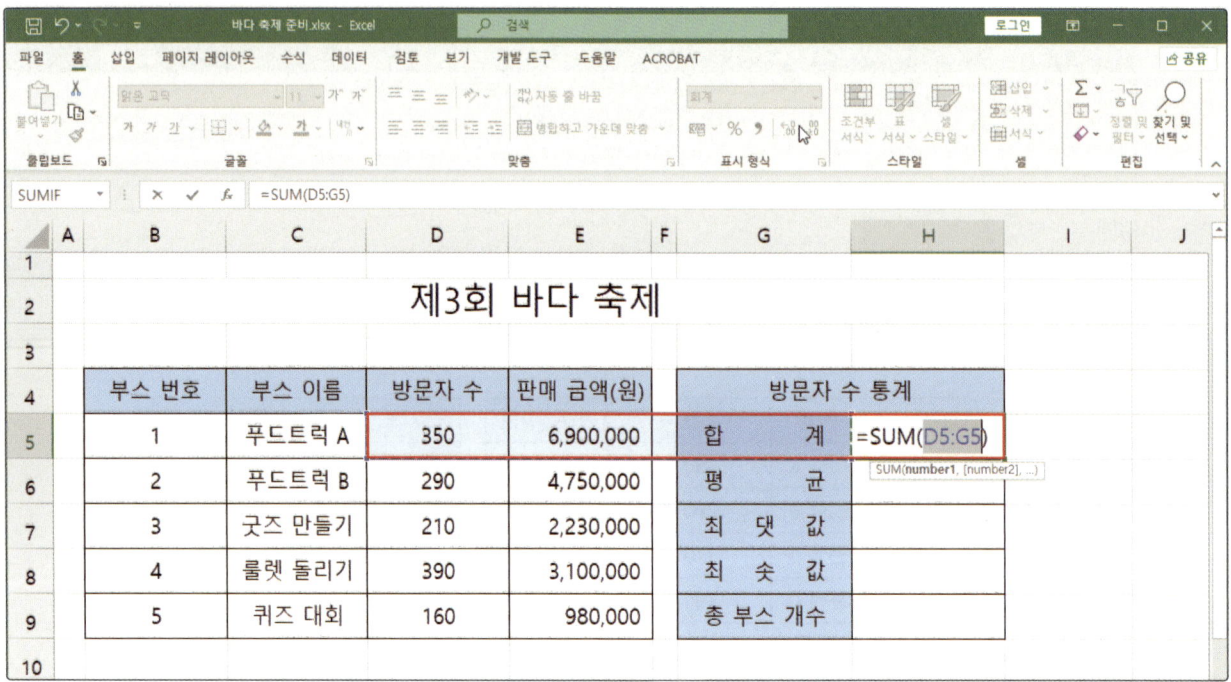

4 ❶ [D5:D9] 셀을 드래그하여 합계를 구할 영역을 설정한 후 Enter 키를 누릅니다.

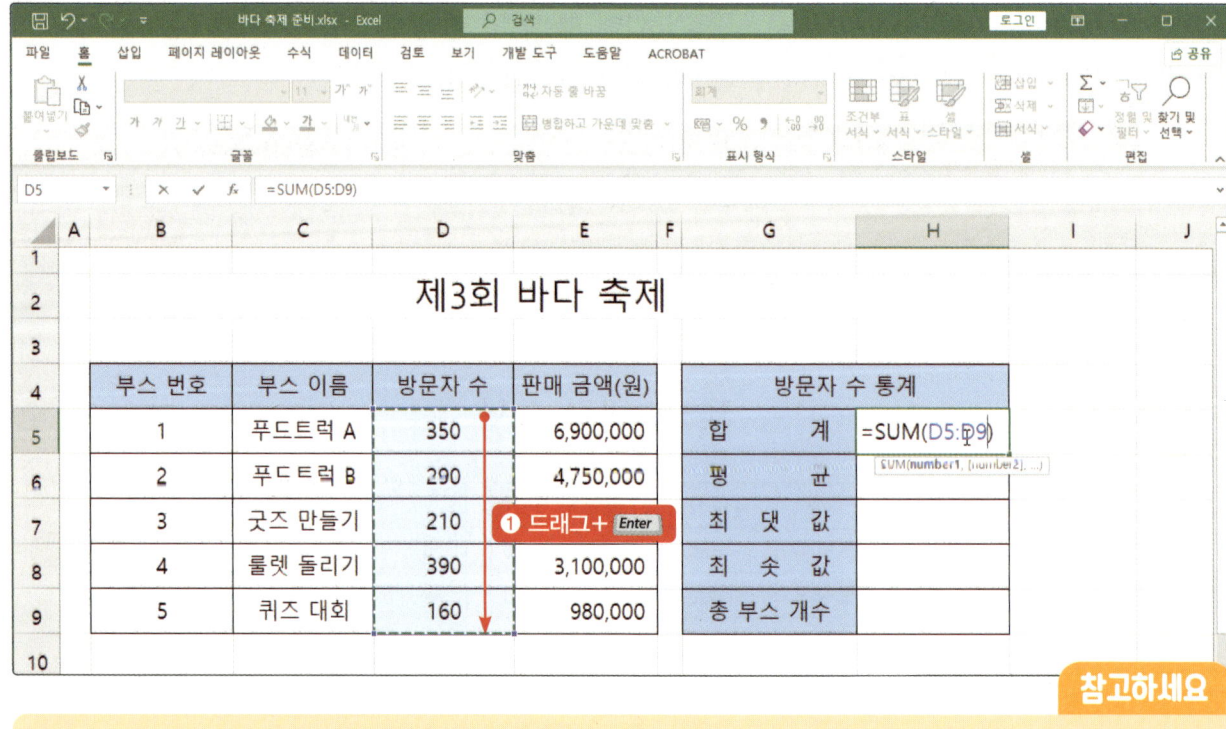

참고하세요

예제의 '=SUM(D5:D9)'에서 직접 셀 주소를 입력하여 합계를 구할 영역을 지정할 수도 있습니다.

5 평균을 구하기 위해 ❶ [H6] 셀을 클릭한 후 ❷ [홈] 탭의 [편집] 그룹에서 ❸ Σ의 목록을 누른 후 ❹ '평균'을 클릭합니다.

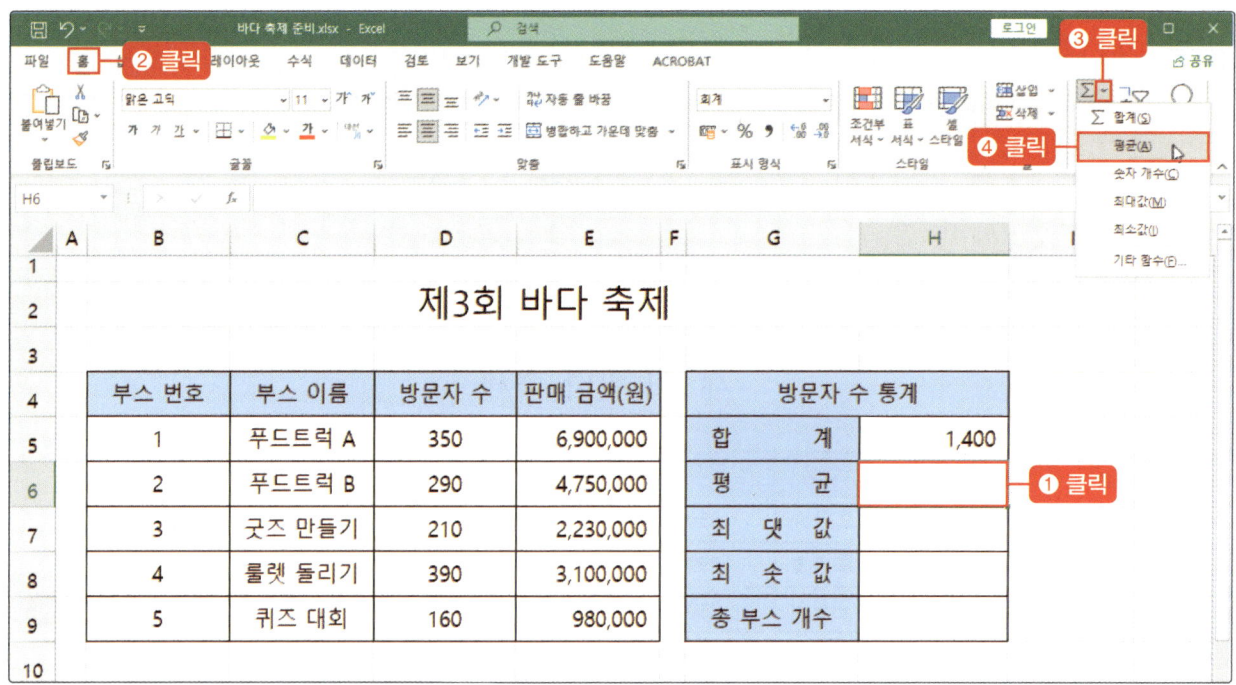

6 ❶ [D5:D9] 셀을 드래그하여 평균을 구할 영역을 설정한 후 Enter 키를 누릅니다.

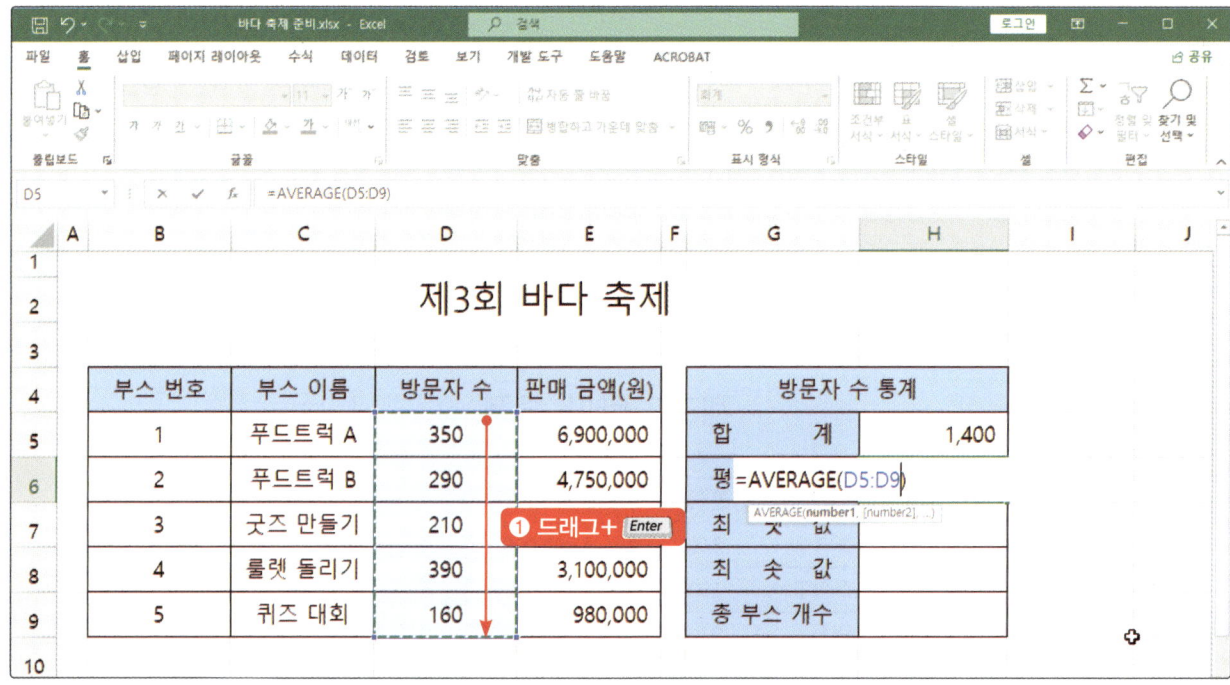

2 최댓값/최솟값 구하기

1 자동 함수를 이용하여 가장 큰 값을 구할 수 있습니다. ❶ [H7] 셀을 클릭한 후 ❷ [홈] 탭의 [편집] 그룹에서 ❸ Σ의 목록을 눌러 ❹ [최대값]을 선택합니다.

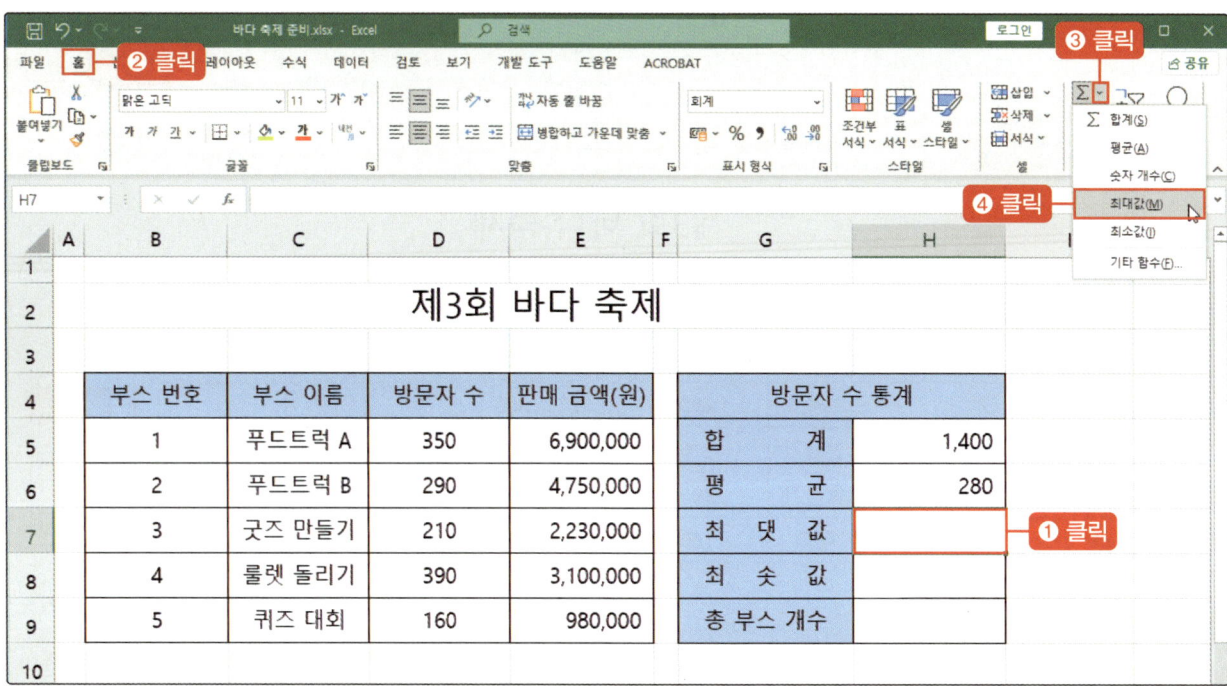

2 ❶ [D5:D9] 셀을 드래그하여 최댓값을 구할 영역을 설정한 후 Enter 키를 누릅니다.

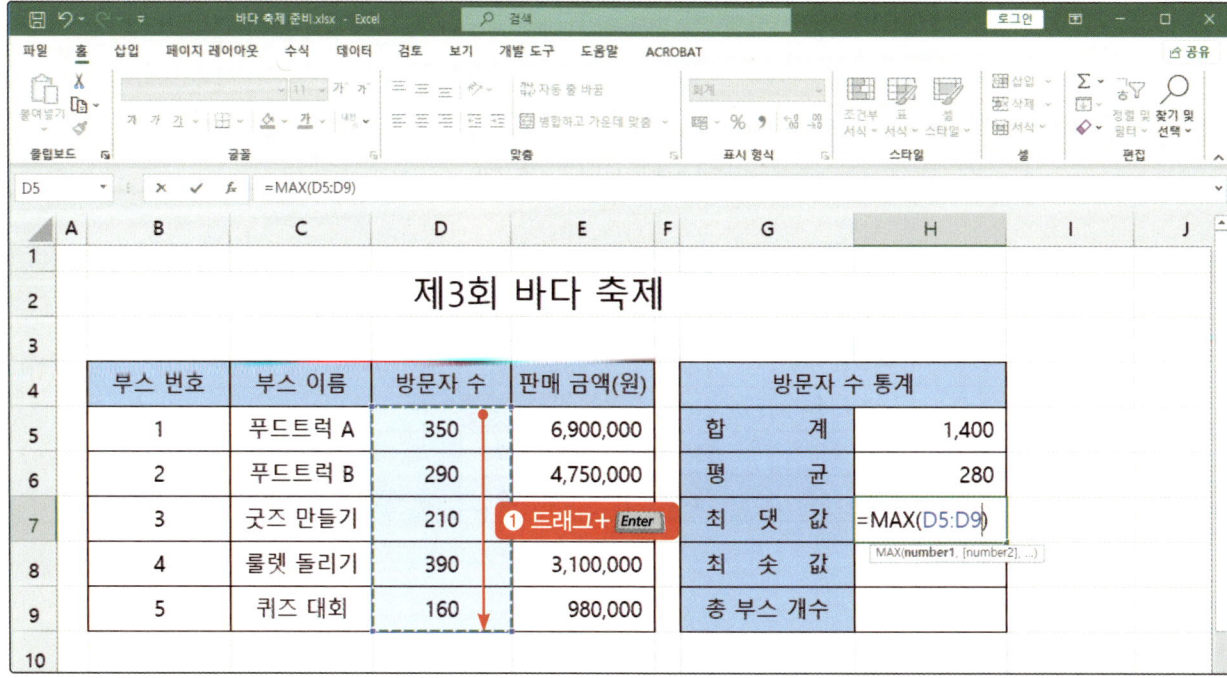

3 이번에는 가장 작은 값을 구해 봅니다. ❶ [H8] 셀을 클릭하고 ❷ [홈] 탭의 [편집] 그룹에서 ❸ Σ의 목록을 눌러 ❹ [최소값]을 선택합니다.

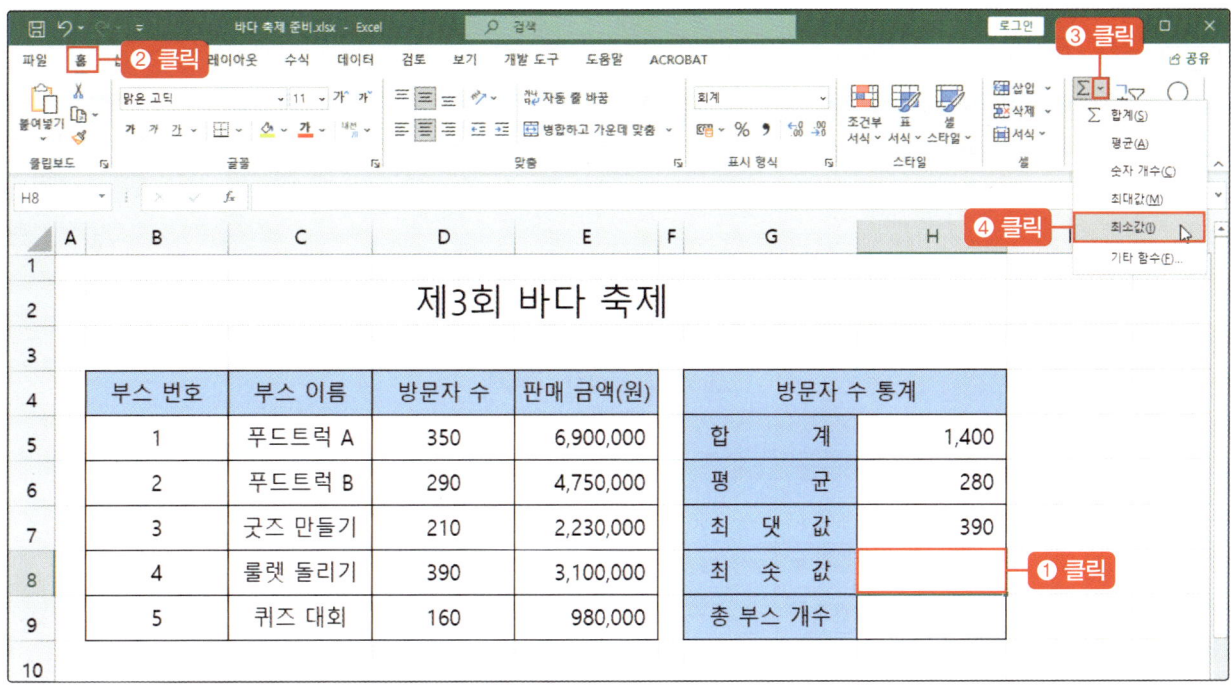

4 ❶ [D5:D9] 셀을 드래그하여 최솟값을 구할 영역을 설정한 후 Enter 키를 누릅니다.

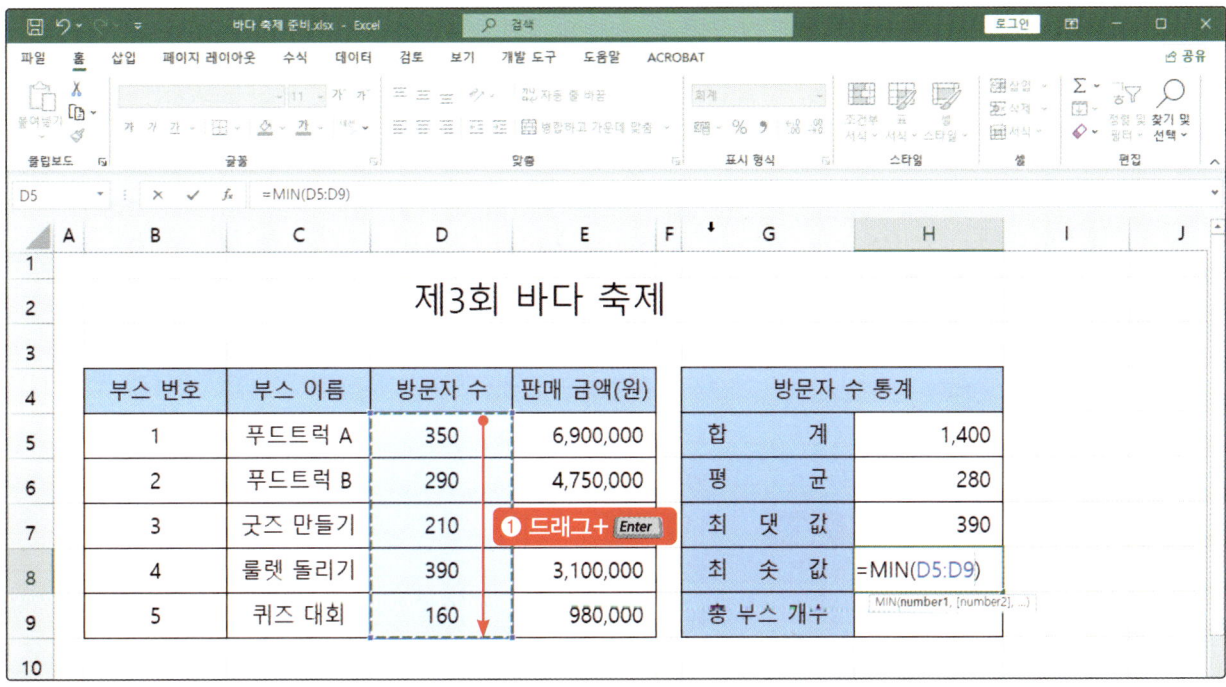

3 숫자 개수 구하기

1 숫자 개수 함수는 숫자가 있는 셀의 개수를 구합니다. ❶ [H9] 셀을 클릭하고 ❷ [홈] 탭의 [편집] 그룹에서 ❸ Σ의 목록을 눌러 ❹ '숫자 개수'를 선택합니다.

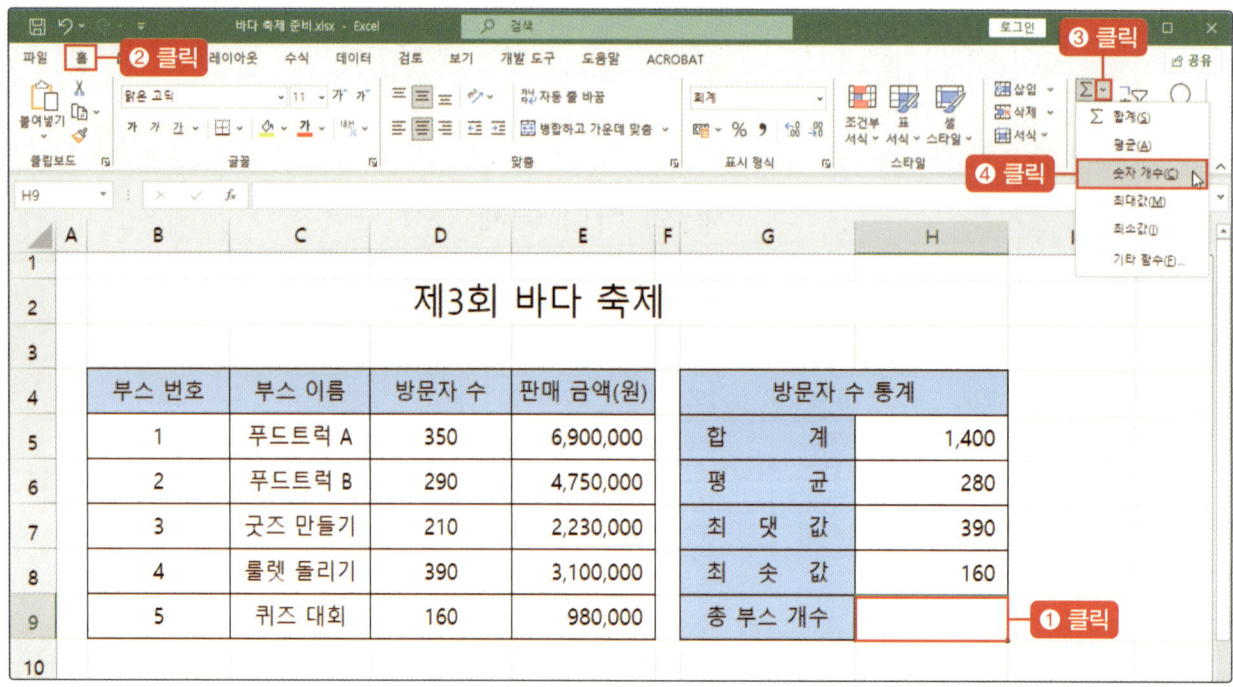

2 부스 번호가 들어 있는 셀의 개수를 구합니다. ❶ [B5:B9] 셀까지 드래그하여 숫자 개수를 구할 영역을 설정한 후 Enter 키를 누릅니다.

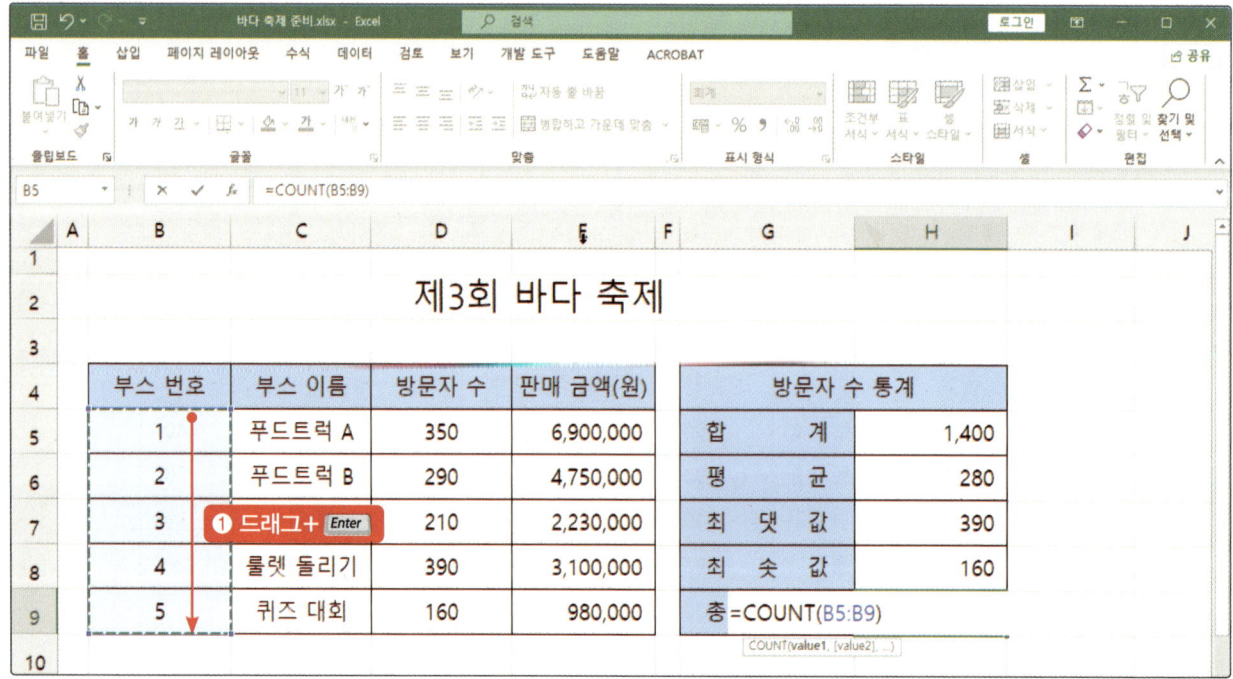

도전! 혼자 풀어 보세요!

① '기부금 목록.xlsx' 파일을 열고 다음 조건을 참고하여 워크시트를 작성해 보세요.

번호	후원 기관	날짜	기부금(원)		기부금 통계	
1	우리마을조합	2025-06-02	550,000		총 기부금	2,420,000
2	나눔공동체	2025-05-30	400,000		평균 기부금	96,800
3	공동육아모임	2025-06-15	305,000		최대 기부금	680,000
4	사회복지협회	2025-04-22	485,000		최소 기부금	305,000
5	미래사랑재단	2025-06-06	680,000		후원 기관 수	5

제목: 기부금 목록

> 자동 함수를 활용하여 합계, 평균, 최댓값, 최솟값, 숫자 개수를 구하세요.

② '일일 카페 판매량.xlsx' 파일을 열고 다음 조건을 참고하여 워크시트를 작성해 보세요.

제목: 일일 카페 판매량

품목명	가격	판매 개수	총 판매 금액		판매 통계		
커피	3,000	90	270,000		총 판매 금액		1,765,000
주스	2,000	50	100,000		평균 판매 개수		535
떡볶이	4,000	140	560,000		최댓값	최대 판매 개수	140
핫도그	2,500	95	237,500			최대 판매 금액	560,000
솜사탕	3,500	60	210,000		최솟값	최소 판매 개수	45
와플	5,000	55	275,000			최소 판매 금액	100,000
아이스크림	2,500	45	112,500		판매 품목 수		7

> 자동 함수를 활용하여 합계, 평균, 최댓값, 최솟값, 숫자 개수를 구하세요.

통계 함수 활용

함수 라이브러리에서 제공하는 통계 함수를 활용하여 여러 가지 계산을 할 수 있습니다. 통계 함수 중에는 셀의 개수를 구하는 COUNT 계열 함수와 데이터에서 특정 위치의 셀 값을 알려주는 SMALL, LARGE 함수가 있습니다.

▶▶ COUNTA 함수와 COUNTBLANK 함수에 대해 알아봅니다.
▶▶ SMALL, LARGE 함수에 대해 알아봅니다.

배울 내용 미리 보기

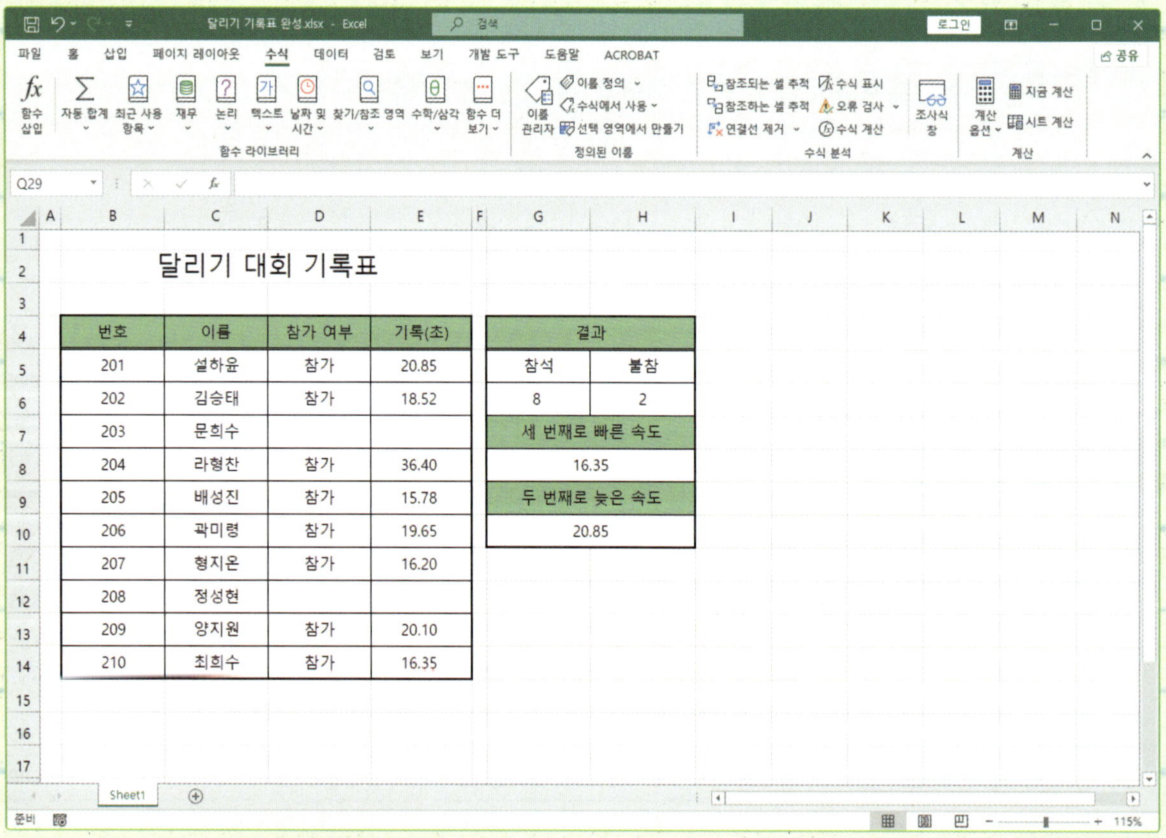

▲ **파일명** 달리기 기록표 완성.xlsx

1 COUNTA / COUNTBLANK 함수

1 '달리기 기록표.xlsx' 파일을 엽니다.

2 참석한 인원수를 구하기 위해 ❶ [G6] 셀을 클릭한 후 ❷ [수식] 탭의 [함수 라이브러리] 그룹에서 ❸ [함수 더 보기]의 목록을 눌러 ❹ [통계]의 ❺ 'COUNTA'를 선택합니다.

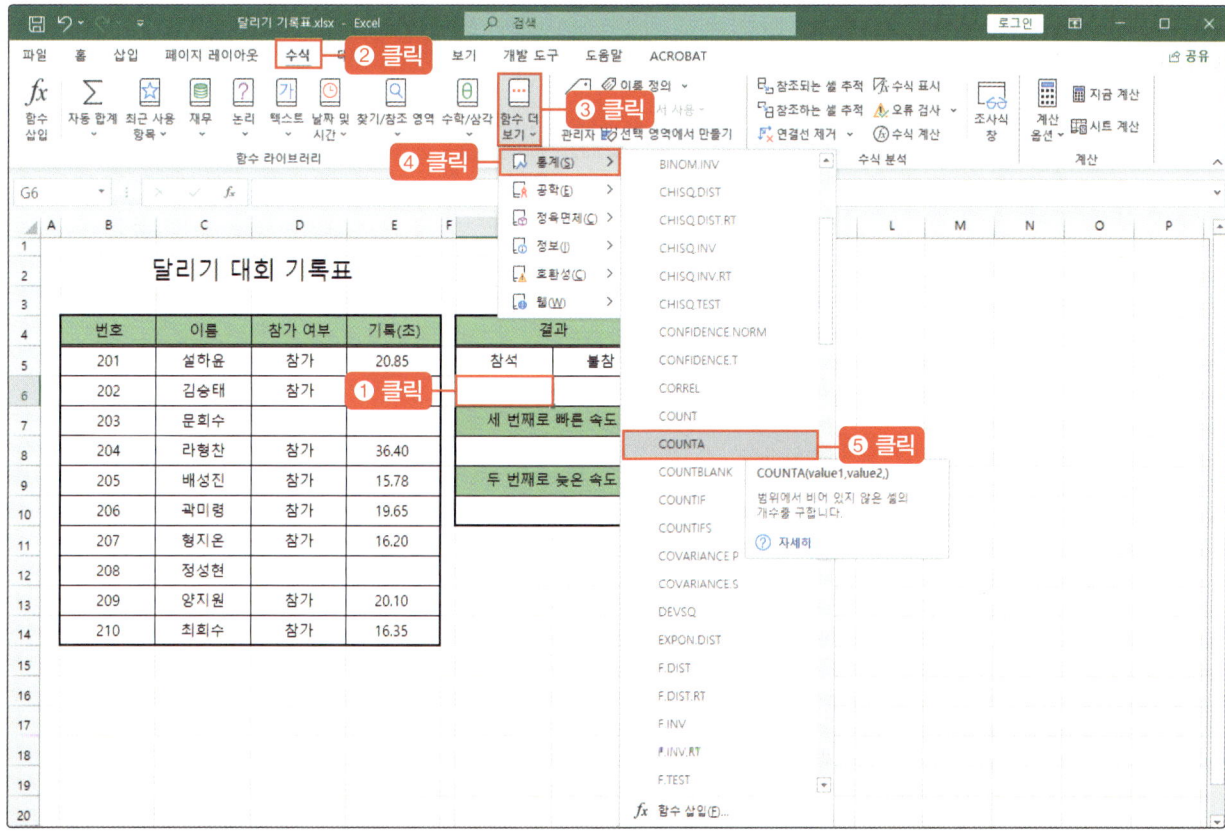

93

3 [함수 인수] 대화상자가 나타나면 ❶ [D5:D14] 셀을 드래그합니다. 'Value1'에 [D5:D14]가 표시되면 ❷ [확인]을 누릅니다.

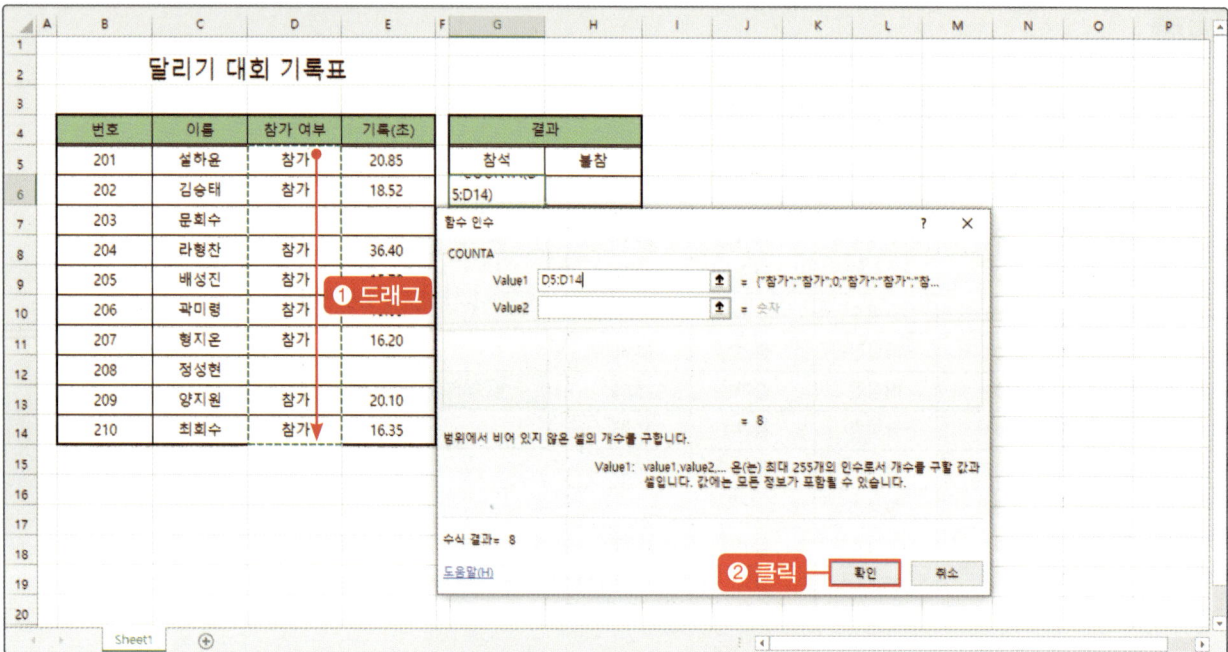

4 이번에는 COUNTBLANK 함수를 활용하여 불참한 인원수를 구합니다. ❶ [H6] 셀을 클릭한 후 ❷ [수식] 탭의 [함수 라이브러리] 그룹에서 ❸ [함수 더 보기]를 눌러 ❹ [통계]의 ❺ 'COUNTBLANK'를 선택합니다.

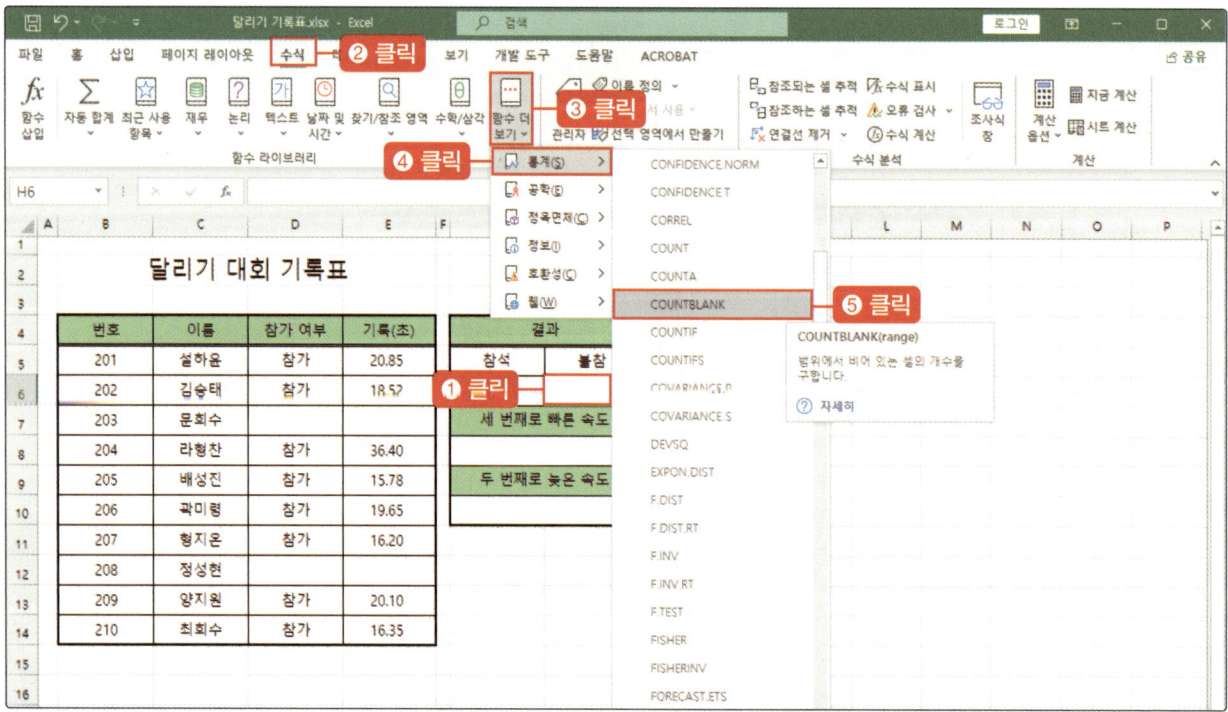

5 [함수 인수] 대화상자가 나타나면 ❶ [D5:D14] 셀까지 드래그합니다. 'Range'에 [D5:D14]가 표시되면 ❷ [확인]을 클릭합니다.

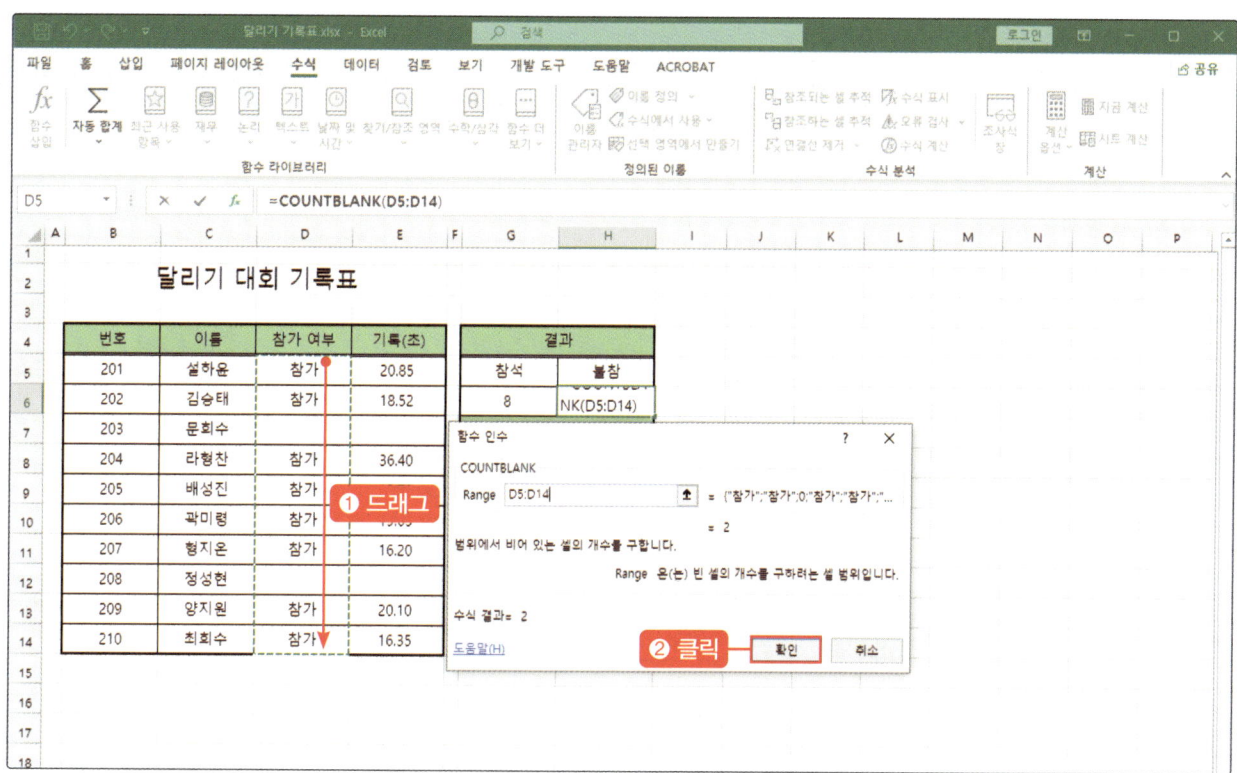

> **참고하세요**
>
> COUNTA 함수를 사용하여 참석 인원수를 구할 때 [D5:D14] 영역을 지정한 결과와 [E5:E14] 영역을 지정한 결과는 같습니다. COUNTA는 선택한 범위에서 데이터가 입력된 셀의 개수를 구하는 함수이고, [D5:D14] 영역과 [E5:E14] 영역 입력된 데이터가 있는 셀의 수가 동일하기 때문입니다.

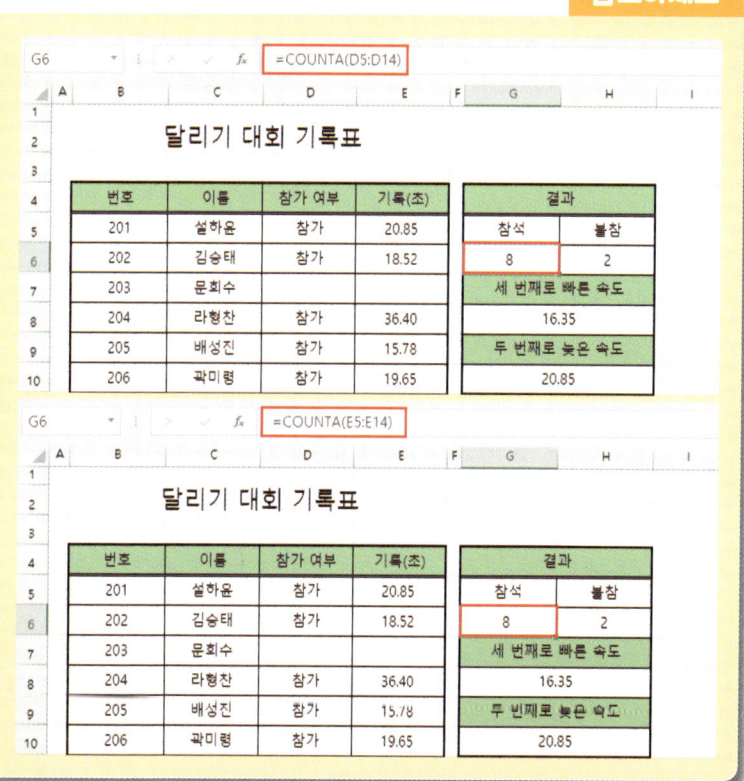

참고하세요

범위에 이름 지정하기

범위에 이름을 지정하여 함수식을 입력하는 방법이 있습니다. 셀 주소 대신 의미 있는 이름을 사용하면 범위를 변경해도 자동으로 반영할 수 있고 시트를 보는 사람도 쉽게 이해할 수 있습니다.

이름 지정하는 방법

❶ [D5:D14] 셀을 드래그하여 영역을 지정한 다음, 마우스 오른쪽 버튼을 클릭하여 빠른 메뉴에서 ❷ '이름 정의'를 선택합니다. [새 이름] 대화상자가 열리면 '이름'에 ❸ "참가여부"를 입력하고 ❹ 확인을 누릅니다. [D5:D14] 범위는 '참가여부'라는 이름과 범위가 같습니다. 예를 들면 '=COUNTA(D5:D14)'과 '=COUNTA(참가여부)'는 같습니다.

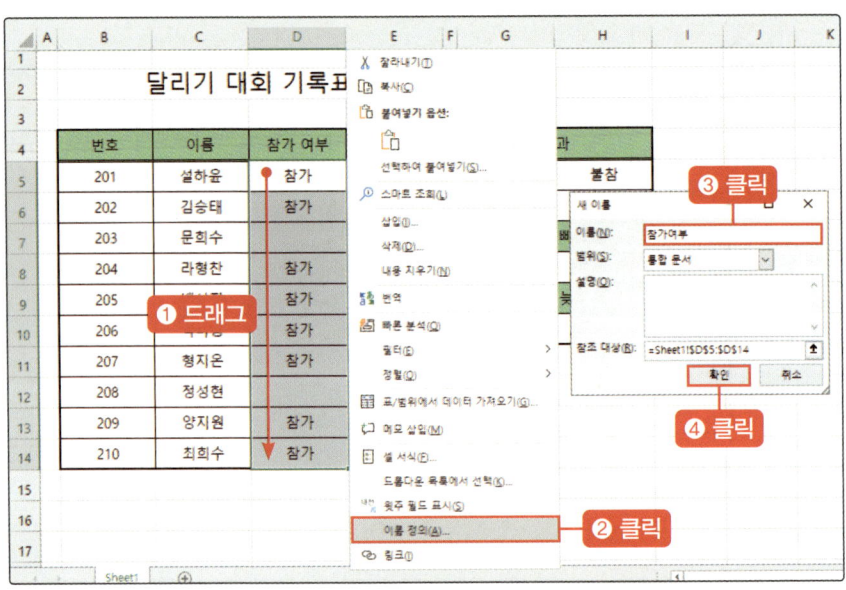

이름 범위 수정하기

❶ [수식] 탭의 [정의된 이름] 그룹에서 ❷ [이름 관리자]를 클릭합니다. [이름 관리자] 대화상자가 나타나면 ❸ [편집]을 선택합니다. [이름 편집] 대화상자가 나타나면 '이름'에 ❹ "출석체크"를 입력하고 ❺ [확인]을 누릅니다. [이름 관리자] 대화상자에서 ❻ [닫기]를 클릭합니다.

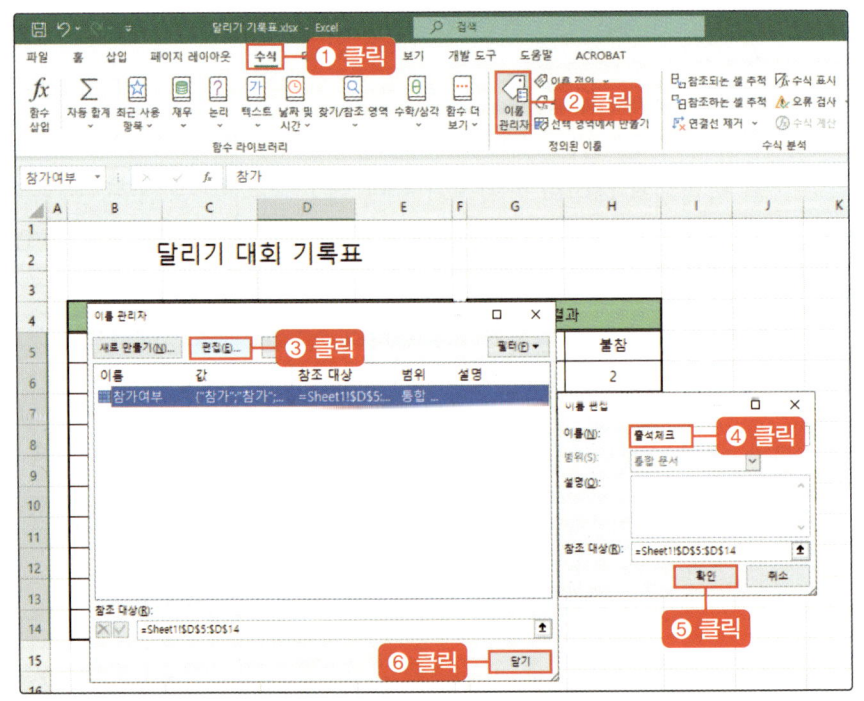

2 SMALL / LARGE 함수

1 SMALL 함수를 사용해 참가자 중에서 세 번째로 빠른 기록을 구해 봅니다. ❶ [G8] 셀을 클릭하고 ❷ [수식] 탭의 [함수 라이브러리] 그룹에서 ❸ [함수 더 보기]를 누른 후 ❹ [통계]에서 ❺ 'SMALL'을 선택합니다.

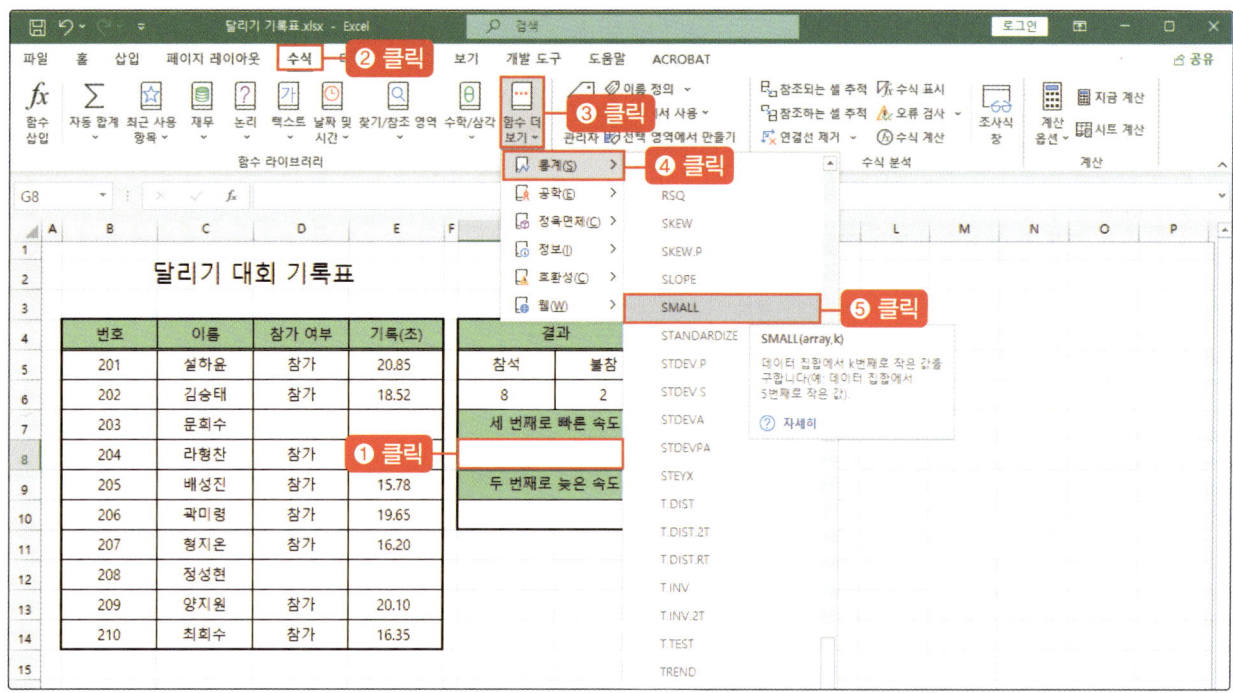

2 [함수 인수] 대화상자가 나타나면 ❶ [E5:E14] 셀을 드래그합니다. 'Array'에 [E5:E14]가 표시되면 ❷ 'K'에 "3"을 입력한 후 ❸ [확인]을 누릅니다.

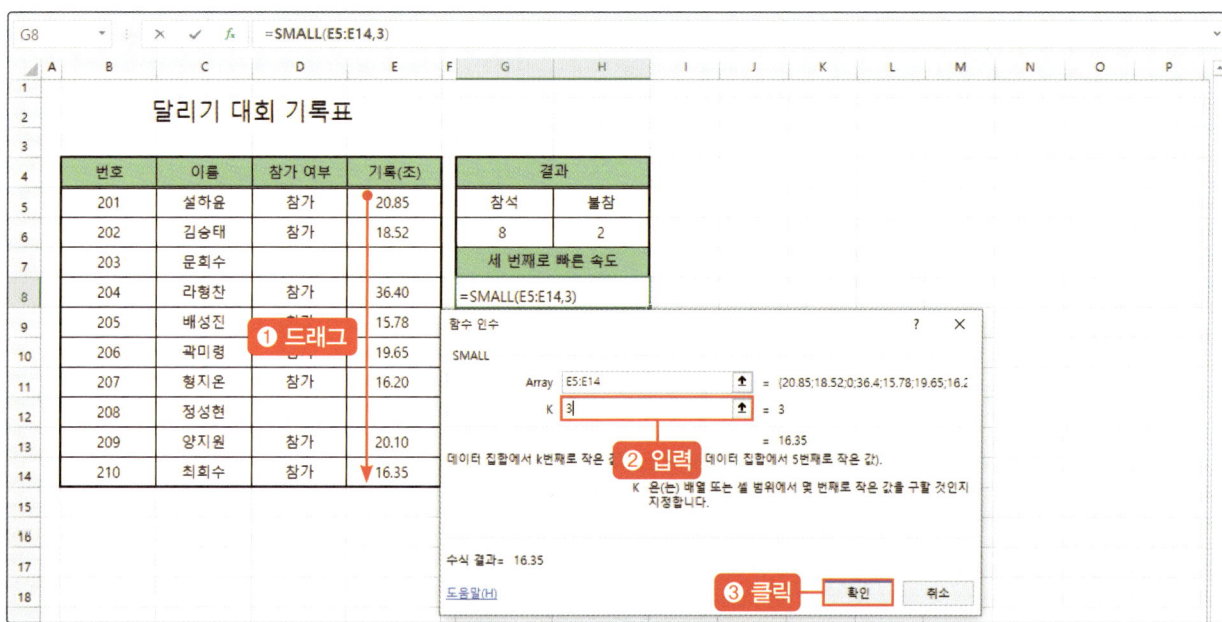

3　LARGE 함수를 사용해 참가자 중에서 두 번째로 느린 기록을 구해 봅니다. ❶ [G10] 셀을 클릭하고 ❷ [수식] 탭의 [함수 라이브러리] 그룹에서 ❸ [함수 더 보기]를 누른 후 ❹ [통계]에서 ❺ 'LARGE'를 선택합니다.

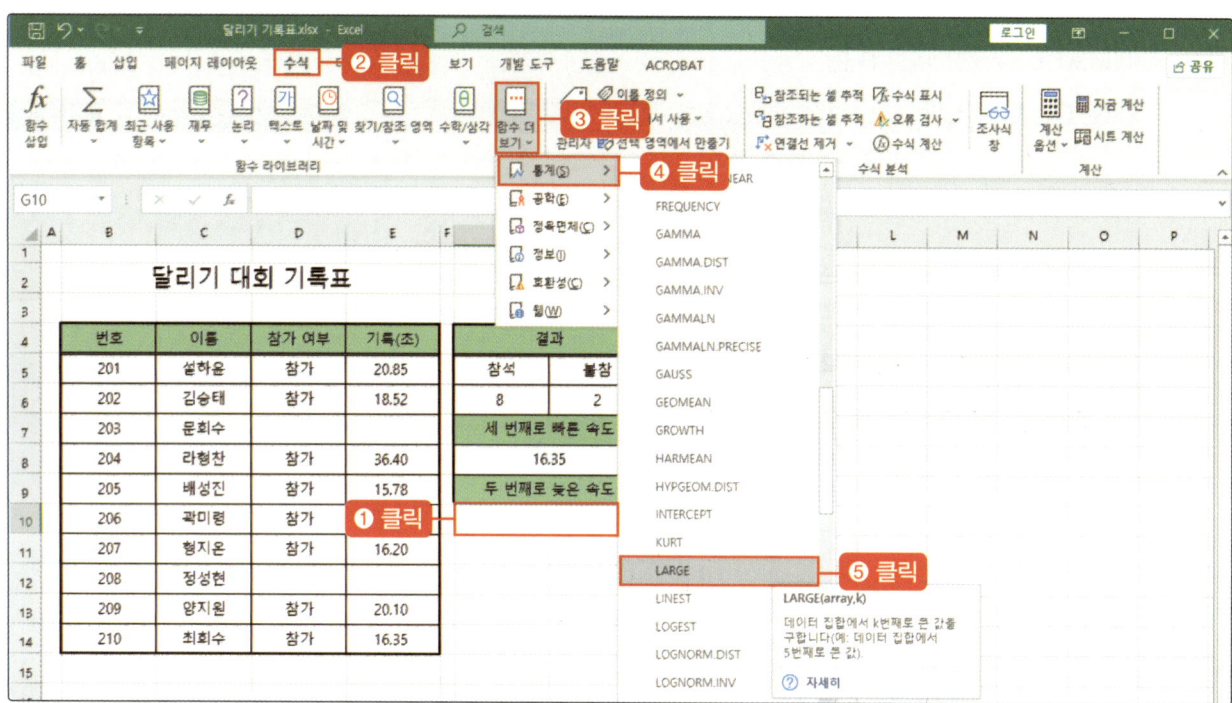

4　[함수 인수] 대화상자가 표시되면 ❶ [E5:E14] 셀까지 드래그합니다. 'Array'에 [E5:E14]가 표시되면 ❷ 'K'는 "2"를 입력하고 ❸ [확인]을 클릭합니다.

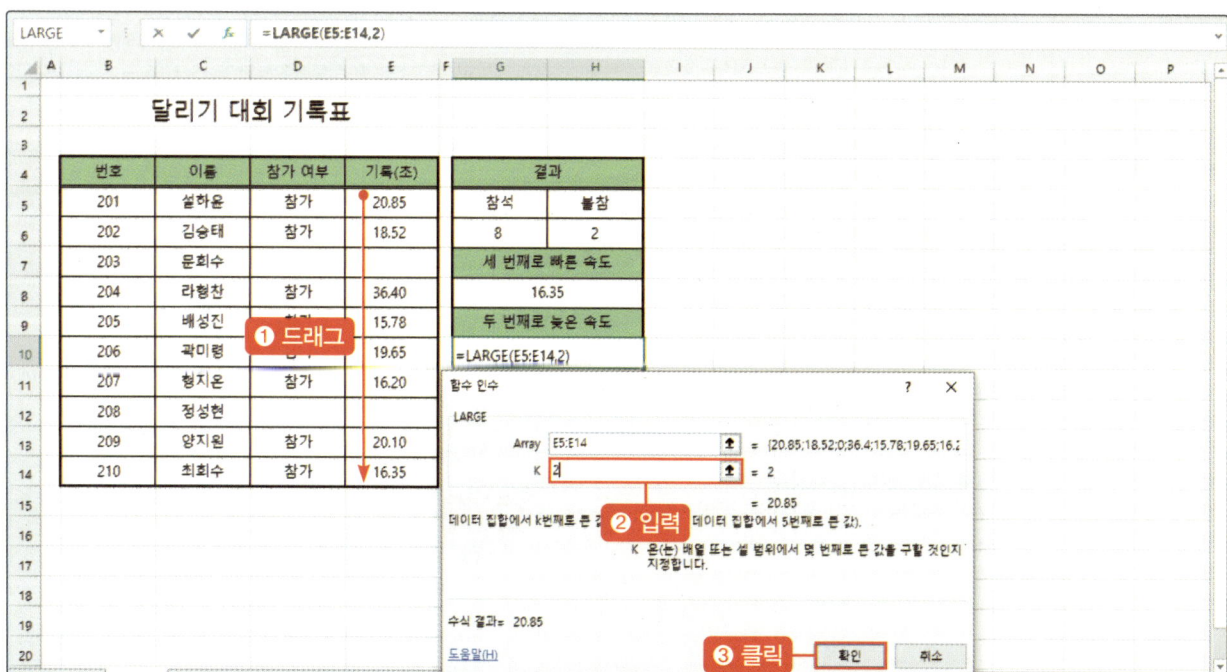

도전! 혼자 풀어 보세요!

1 '6월 교통비 내역.xlsx' 파일을 열고 다음 조건을 참고하여 워크시트를 작성해 보세요.

6월 교통비 내역

분류	이용 횟수	비용
KTX	3	₩ 72,000
버스	20	₩ 54,200
택시	2	₩ 12,500
지하철	9	₩ 12,100
공용 자전거	5	₩ 5,000
합계		₩ 155,800

가장 많이 지출한 금액
₩72,000
두 번째로 적게 지출한 금액
₩12,100

통계 함수를 활용하여 가장 많이 지출한 금액, 두 번째로 적게 지출한 금액을 구하세요.

2 '놀이터 공사 입찰 내역.xlsx' 파일을 열고 다음 조건을 참고하여 워크시트를 작성해 보세요.

놀이터 공사 입찰 내역

번호	대표자명	입찰 금액(천원)
B250-01	한아름	152,000
B250-02	변진한	185,000
B250-03	박우림	98,000
B250-04	김한나	220,000
B250-05	최 중	127,500
B250-06	고지훈	168,000
B250-07	진명선	103,820
B250-08	우성환	184,200
B250-09	천현진	175,200
B250-10	이예린	109,600

참여 업체 수
10
가장 낮은 입찰 금액(천원)
98,000
두 번째로 낮은 입찰 금액(천원)
103,820
가장 높은 입찰 금액(천원)
220,000

통계 함수를 활용하여 참여 업체 수, 가장 낮은 입찰 금액, 두 번째로 낮은 입찰 금액, 가장 높은 입찰 금액을 구하세요.

순위 함수 활용

엑셀에서 순위를 구할 때는 RANK 함수를 사용합니다. 특정 필드를 기준으로 오름차순 또는 내림차순으로 순위를 구할 수 있습니다.

➤➤ RANK 함수를 활용하여 높은 점수순으로 순위를 구해 봅니다.
➤➤ RANK 함수를 활용하여 낮은 점수순으로 순위를 구해 봅니다.
➤➤ RANK.EQ와 RANK.AVG 함수의 차이를 알아봅니다.

배울 내용 미리 보기

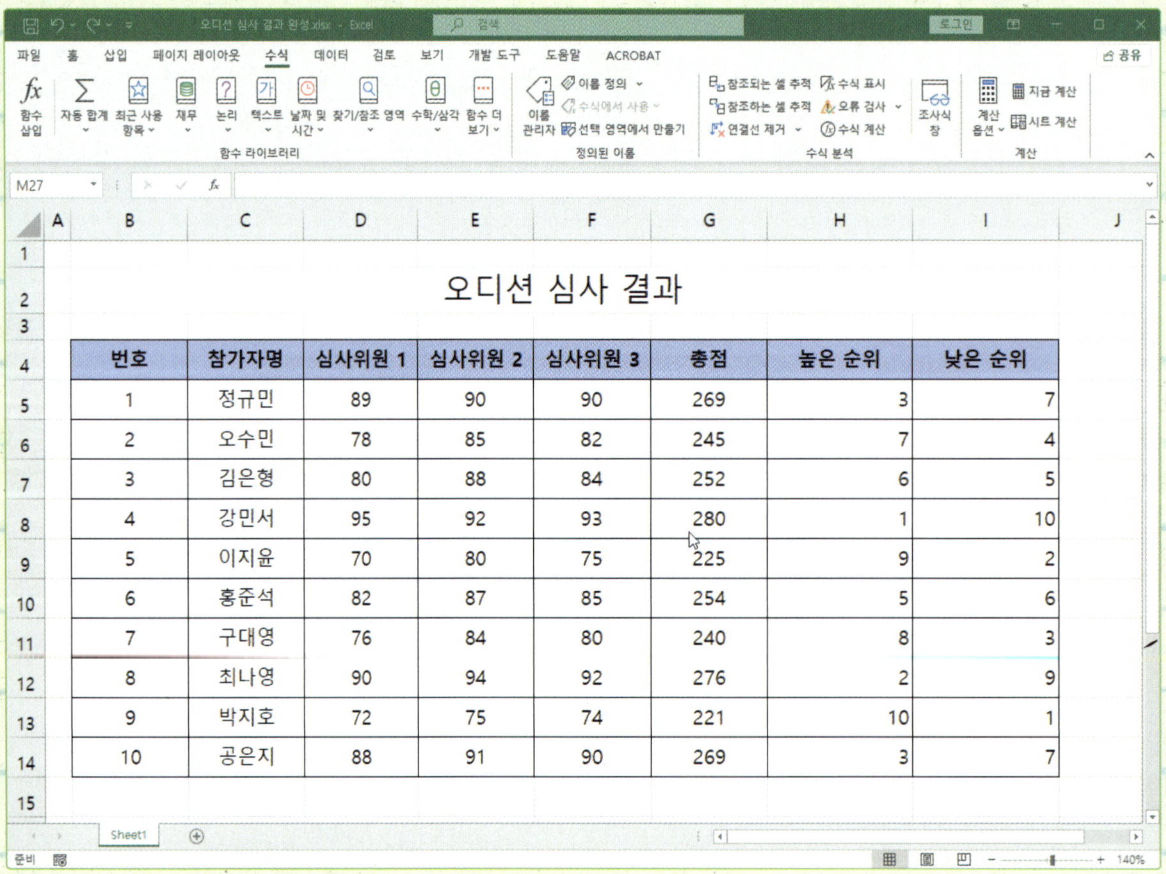

오디션 심사 결과

번호	참가자명	심사위원 1	심사위원 2	심사위원 3	총점	높은 순위	낮은 순위
1	정규민	89	90	90	269	3	7
2	오수민	78	85	82	245	7	4
3	김은형	80	88	84	252	6	5
4	강민서	95	92	93	280	1	10
5	이지윤	70	80	75	225	9	2
6	홍준석	82	87	85	254	5	6
7	구대영	76	84	80	240	8	3
8	최나영	90	94	92	276	2	9
9	박지호	72	75	74	221	10	1
10	공은지	88	91	90	269	3	7

▲ 파일명 오디션 심사 결과 완성.xlsx

높은 점수순으로 순위 구하기

1 '오디션 심사 결과.xlsx' 파일을 엽니다.

번호	참가자명	심사위원 1	심사위원 2	심사위원 3	총점	높은 순위	낮은 순위
1	정규민	89	90	90	269		
2	오수민	78	85	82	245		
3	김은형	80	88	84	252		
4	강민서	95	92	93	280		
5	이지윤	70	80	75	225		
6	홍준석	82	87	85	254		
7	구대영	76	84	80	240		
8	최나영	90	94	92	276		
9	박지호	72	75	74	221		
10	공은지	88	91	90	269		

2 ❶ [H5] 셀을 클릭하고 ❷ [수식] 탭의 [함수 라이브러리] 그룹에서 ❸ [함수 더 보기]의 ❹ [통계]를 누른 후 ❺ 'RANK.EQ'를 선택합니다.

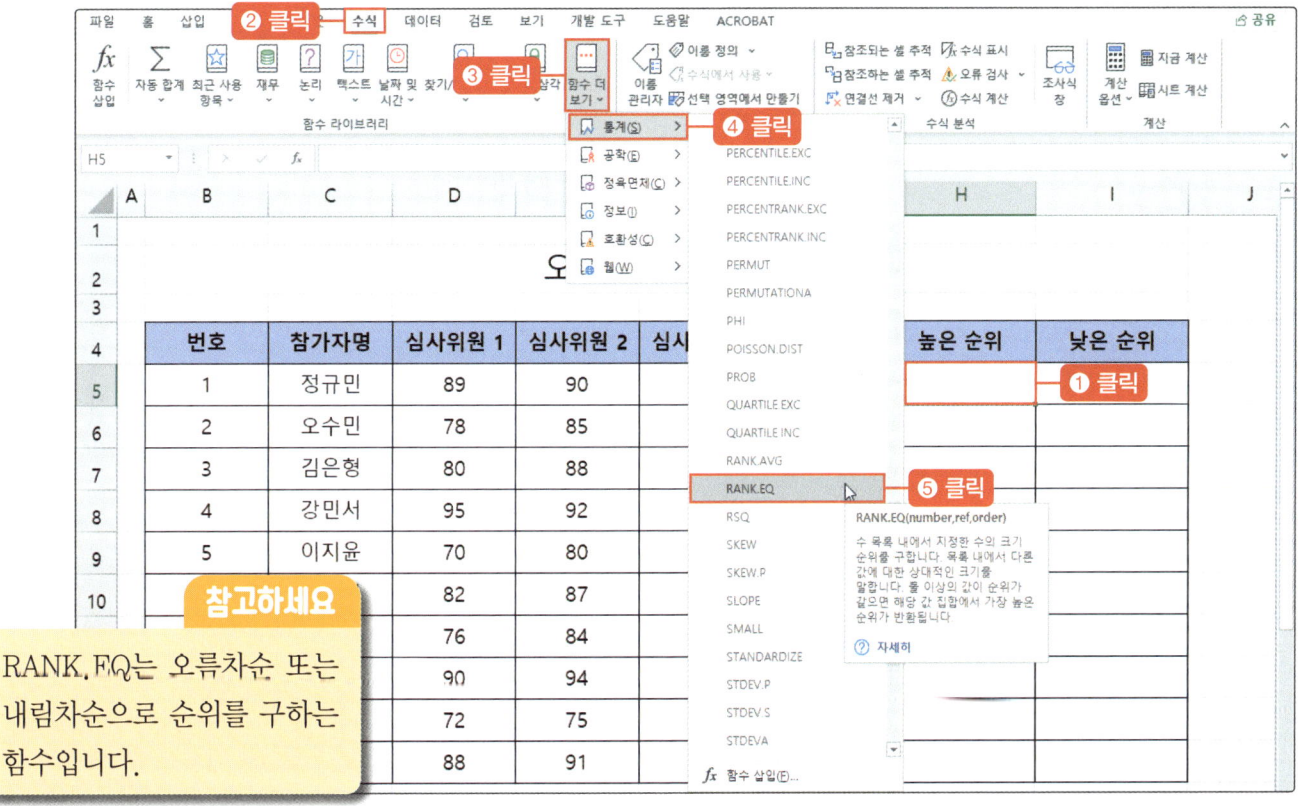

> **참고하세요**
> RANK.EQ는 오름차순 또는 내림차순으로 순위를 구하는 함수입니다.

3 [함수 인수] 대화상자가 열리면 ❶ 'Number'를 클릭한 후 등수를 구할 첫 번째 셀인 ❷ [G5] 셀을 선택합니다.

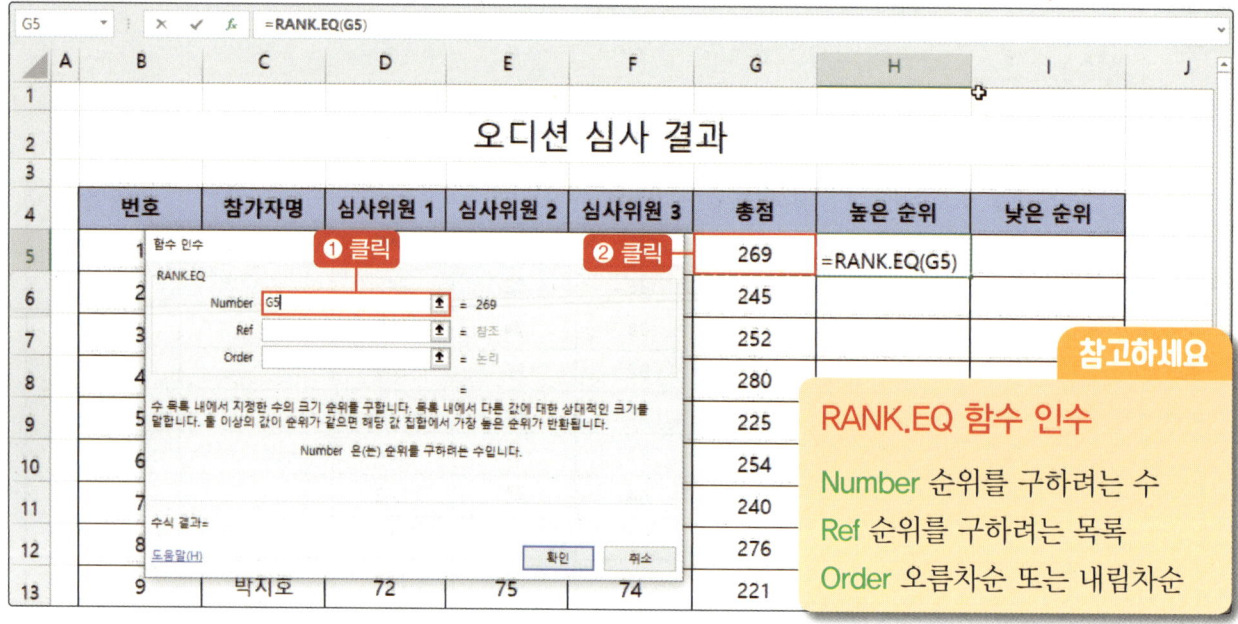

RANK.EQ 함수 인수

Number 순위를 구하려는 수
Ref 순위를 구하려는 목록
Order 오름차순 또는 내림차순

4 ❶ 'Ref' 입력란을 클릭하고 ❷ 마우스로 [G5:G14] 셀을 드래그한 후 키보드의 F4 키를 눌러 절대 참조로 바꿔 줍니다. Order는 공백으로 둔 채 ❸ [확인]을 누릅니다.

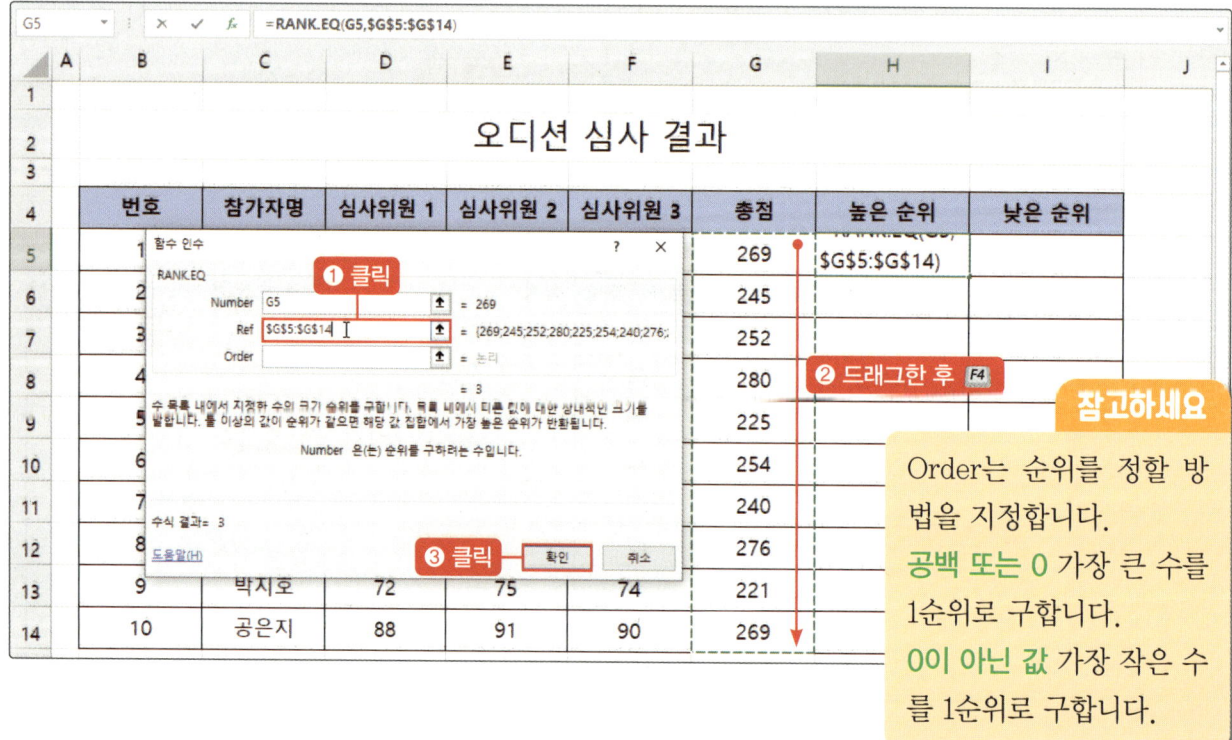

Order는 순위를 정할 방법을 지정합니다.
공백 또는 0 가장 큰 수를 1순위로 구합니다.
0이 아닌 값 가장 작은 수를 1순위로 구합니다.

5 [H5] 셀에 순위가 계산됩니다. ❶ [H5] 셀을 클릭한 후 ❷ 채우기 핸들(+)을 더블클릭합니다.

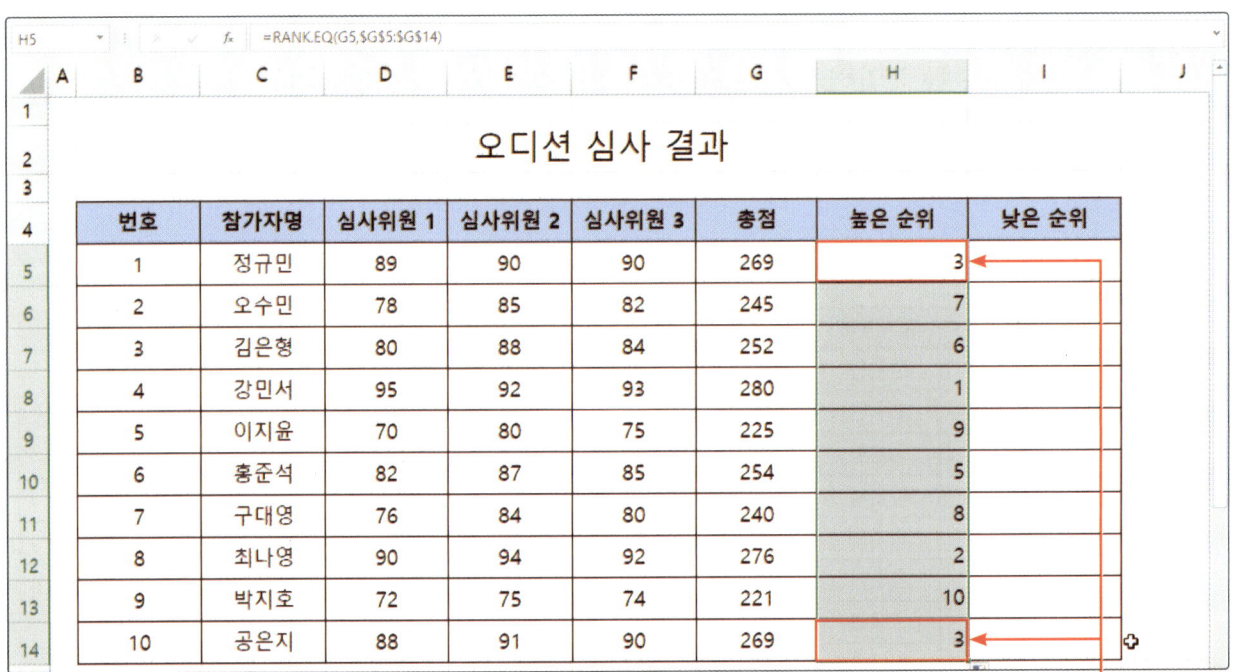

채우기 핸들을 [H14] 셀까지 드래그해도 결과는 동일합니다.

6 전체 순위 결과를 확인할 수 있습니다.

동점일 때는 같은 순위로 처리한 것을 알 수 있습니다.

103

2 낮은 점수순으로 순위 구하기

1 낮은 점수가 1순위가 되도록 표시해 봅니다. [I5] 셀을 클릭한 후 ❶ "=ran"를 입력하면 'ran'으로 시작되는 함수 목록이 나옵니다. ❷ 'RANK.EQ' 함수를 더블클릭합니다.

2 [I5] 셀에 함수를 삽입하기 위해 ❶ 수식 입력줄의 'fx'를 클릭합니다.

3 [함수 인수] 대화상자가 열리면 ❶ 'Number'를 클릭하고 ❷ [G5] 셀을 선택합니다. ❸ 'Ref' 입력란을 클릭한 후 ❹ [G5:G14] 셀을 드래그하고 키보드의 F4 키를 눌러 절대 참조로 바꿔 줍니다.

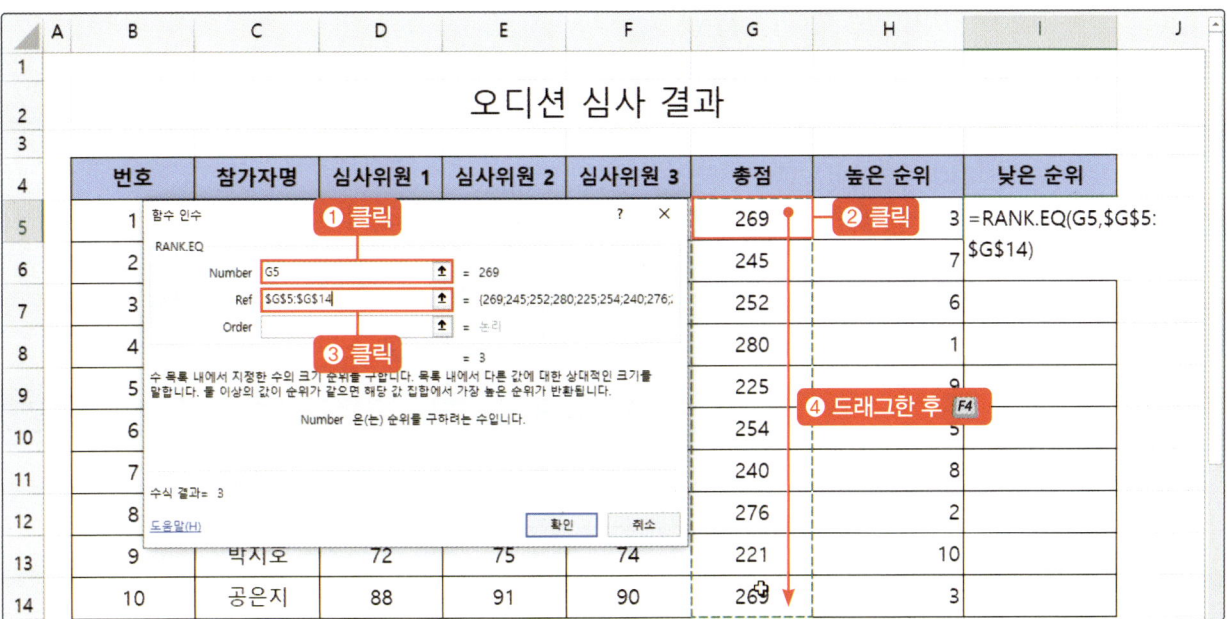

4 ❶ 'Order' 입력란에 "1"을 입력하고 ❷ [확인]을 클릭합니다.

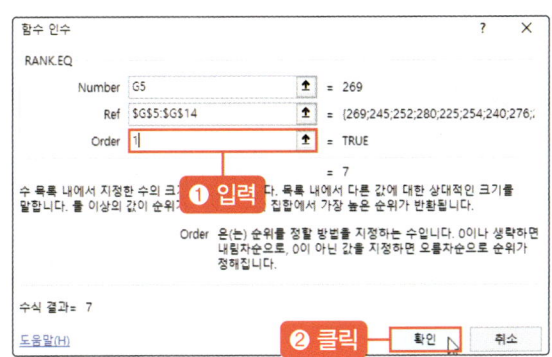

5 [I5] 셀을 선택하고 채우기 핸들(+)을 더블클릭하여 결과를 확인합니다.

번호	참가자명	심사위원 1	심사위원 2	심사위원 3	총점	높은 순위	낮은 순위
1	정규민	89	90	90	269	3	7
2	오수민	78	85	82	245	7	4
3	김은형	80	88	84	252	6	5
4	강민서	95	92	93	280	1	10
5	이지윤	70	80	75	225	9	2
6	홍준석	82	87	85	254	5	6
7	구대영	76	84	80	240	8	3
8	최나영	90	94	92	276	2	9
9	박지호	72	75	74	221	10	1
10	공은지	88	91	90	269	3	7

참고하세요

RANK 함수의 동점자 처리 방식

RANK.EQ는 동점자에게 같은 순위를 부여하고 동점자 수만큼 해당 순위를 건너뜁니다. 반면 RANK.AVG는 동점자에게 평균 순위를 부여합니다.

RANK.AVG로 높은 순위 구하기 3위가 2명이므로 3위와 4위의 평균값인 3.5로 순위를 구합니다.

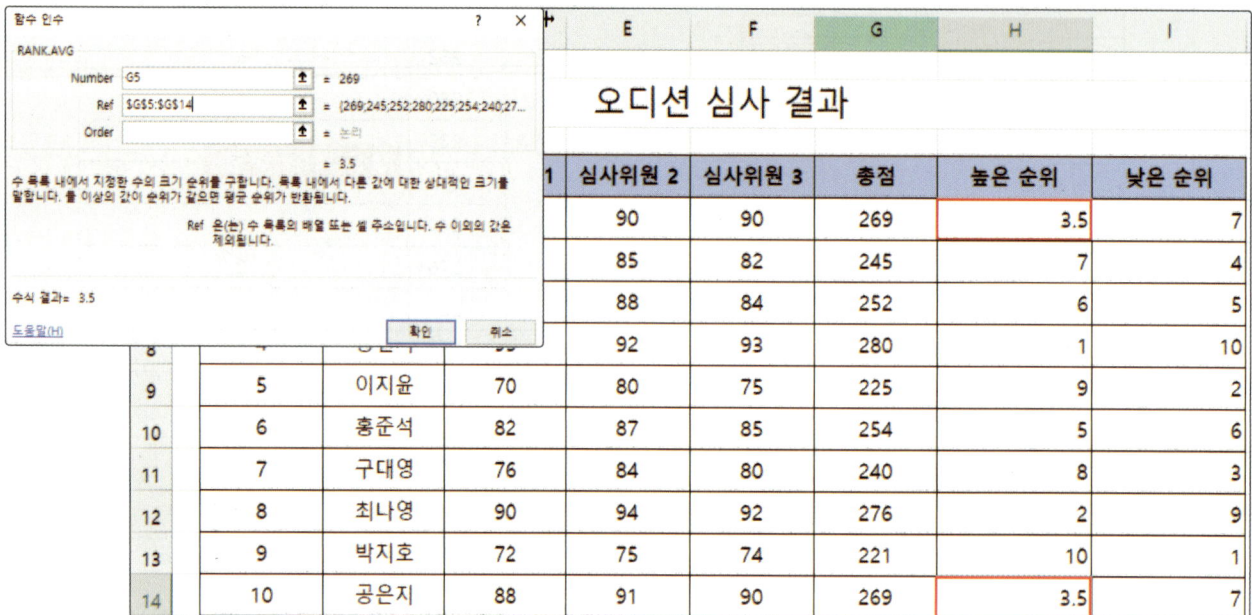

RANK.AVG로 낮은 순위 구하기 7위가 2명이므로 7위와 8위의 평균값인 7.5로 순위를 구합니다.

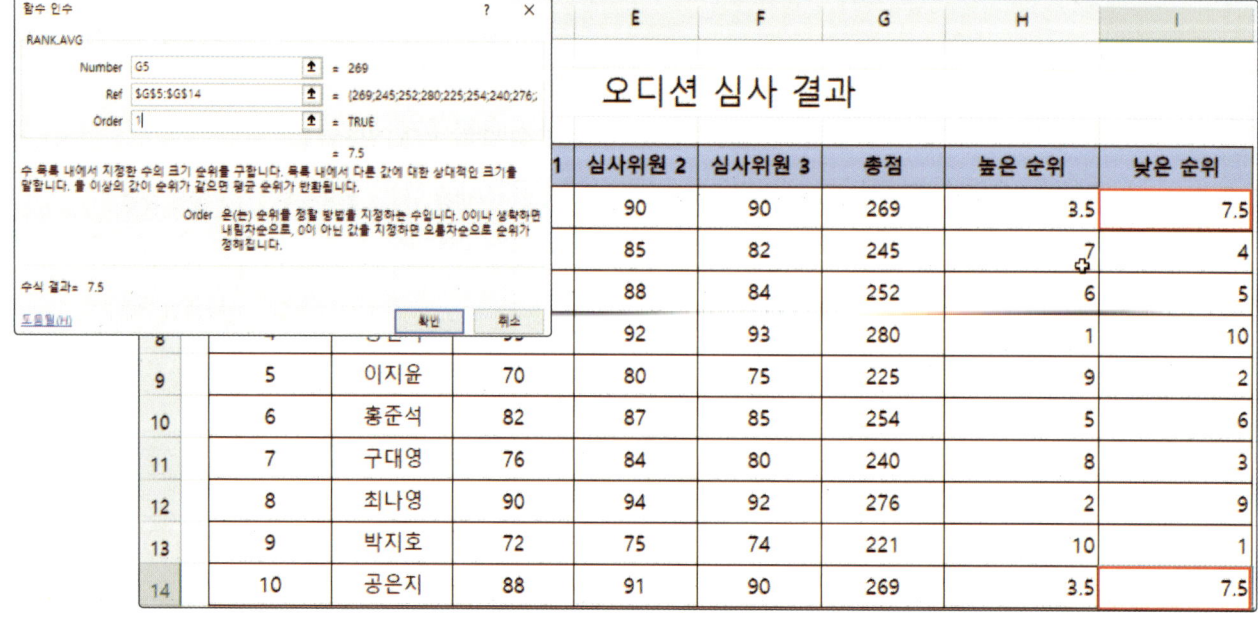

도전! 혼자 풀어 보세요!

1 '돌돌말아 김밥 주문량.xlsx' 파일을 열고 다음 조건을 참고하여 워크시트를 작성해 보세요.

돌돌말아 김밥 주문량

번호	종류	주문량	많이 팔린 순위
1	돌돌김밥	140	1
2	새우김밥	102	7
3	치즈김밥	122	4
4	청량김밥	85	8
5	소고기김밥	106	5
6	채소김밥	132	2
7	계란말이김밥	124	3
8	김치김밥	103	6
9	아보카도김밥	72	9
10	꼬마김밥	63	10

많이 팔린 순서대로 순위를 구하세요.
RANK.EQ 함수에서 Order를 공백이나 0으로 지정하세요.

2 '고객불만 접수 현황.xlsx' 파일을 열고 다음 조건을 참고하여 워크시트를 작성해 보세요.

고객불만 접수 현황

업체명	접수 건수	불만 접수가 적은 순위
A 업체	32	1
B 업체	53	4
C 업체	49	3
D 업체	70	6
E 업체	62	5
F 업체	73	7
G 업체	41	2

불만 접수 건수가 적은 순서대로 순위를 구하세요.
RANK.EQ 함수에서 Order를 0이 아닌 값으로 지정하세요.

논리 함수 활용

논리 함수는 주어진 조건에 따라 참 또는 거짓을 표시하는 함수로, 다른 함수와 결합하여 데이터를 분석하는 데 활용됩니다. 특히 조건에 따라 특정 값을 계산하거나 개수를 세는 데 사용되는 대표적인 함수들이 있습니다.

- 단순 IF 함수와 다중 IF 함수에 대해 알아봅니다.
- 조건에 만족하는 개수를 구하는 함수에 대해 알아봅니다.
- 조건에 만족하는 셀의 합을 구하는 함수에 대해 알아봅니다.

배울 내용 미리 보기

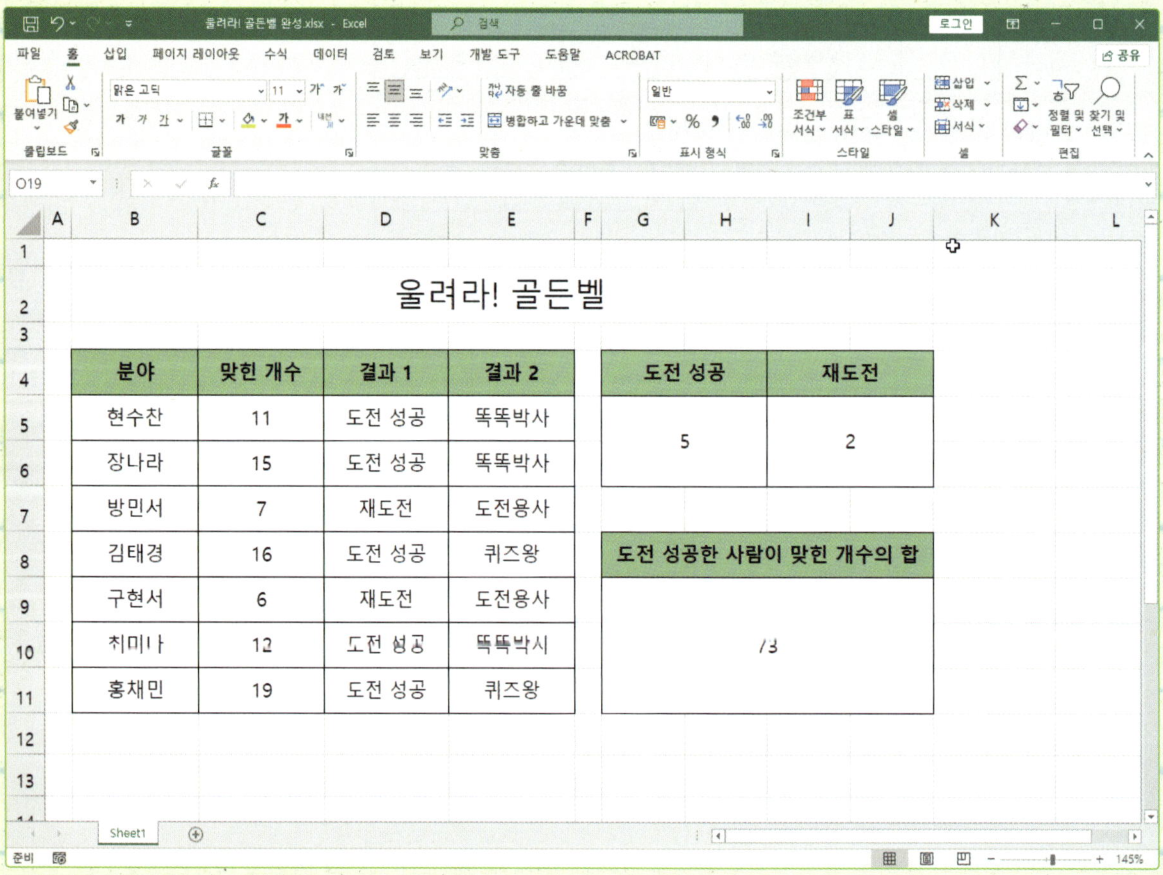

울려라! 골든벨

분야	맞힌 개수	결과 1	결과 2
현수찬	11	도전 성공	똑똑박사
장나라	15	도전 성공	똑똑박사
방민서	7	재도전	도전용사
김태경	16	도전 성공	퀴즈왕
구현서	6	재도전	도전용사
치미나	12	도전 성공	똑똑박사
홍채민	19	도전 성공	퀴즈왕

도전 성공	재도전
5	2

도전 성공한 사람이 맞힌 개수의 합
73

▲ **파일명** 울려라! 골든벨 완성.xlsx

 조건과 일치하는 값 구하기 – IF 함수

1. '울려라! 골든벨.xlsx' 파일을 엽니다.

2. '결과 1'에는 '맞힌 개수'가 10개 이상이면 '도전 성공'을, 10개 미만이면 '재도전'을 입력하려고 합니다. ❶ [D5] 셀을 클릭하고 ❷ [수식] 탭의 [함수 라이브러리] 그룹에서 ❸ [논리]의 ❹ 'IF'를 선택합니다.

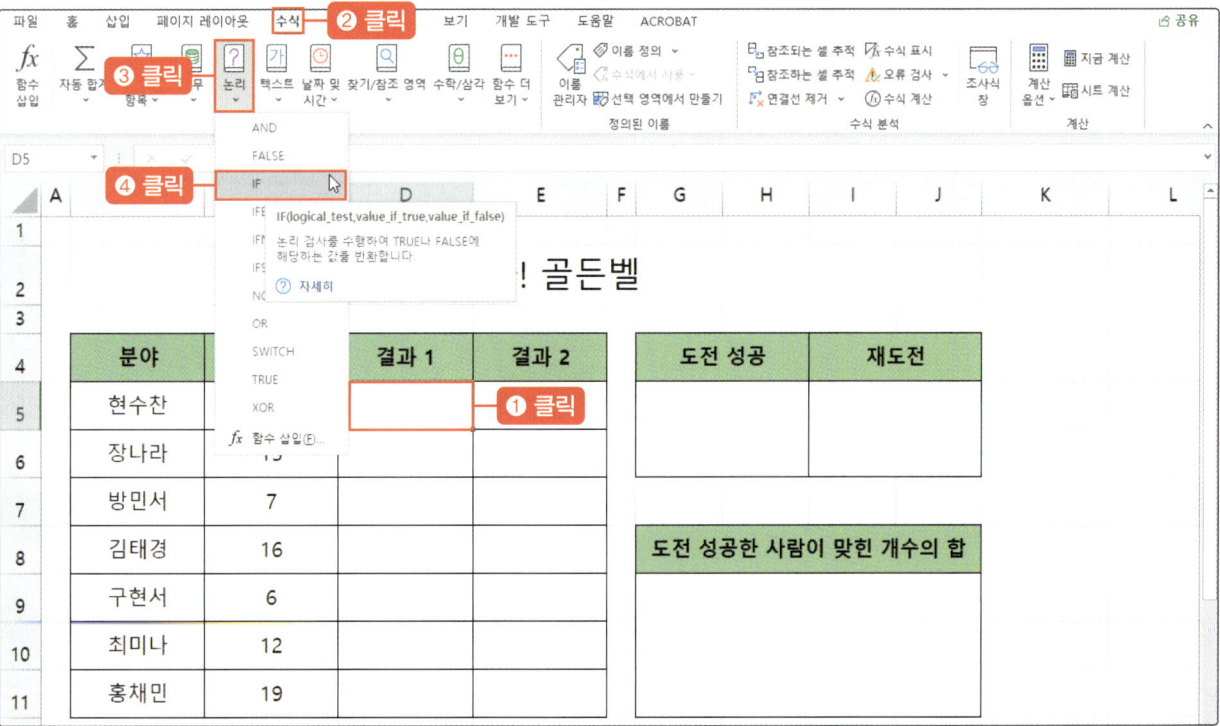

109

3 [함수 인수] 대화상자가 열리면 ❶ 'Logical_test' 입력란을 클릭한 후 [C5] 셀을 클릭하고 ">=10"을 입력합니다.

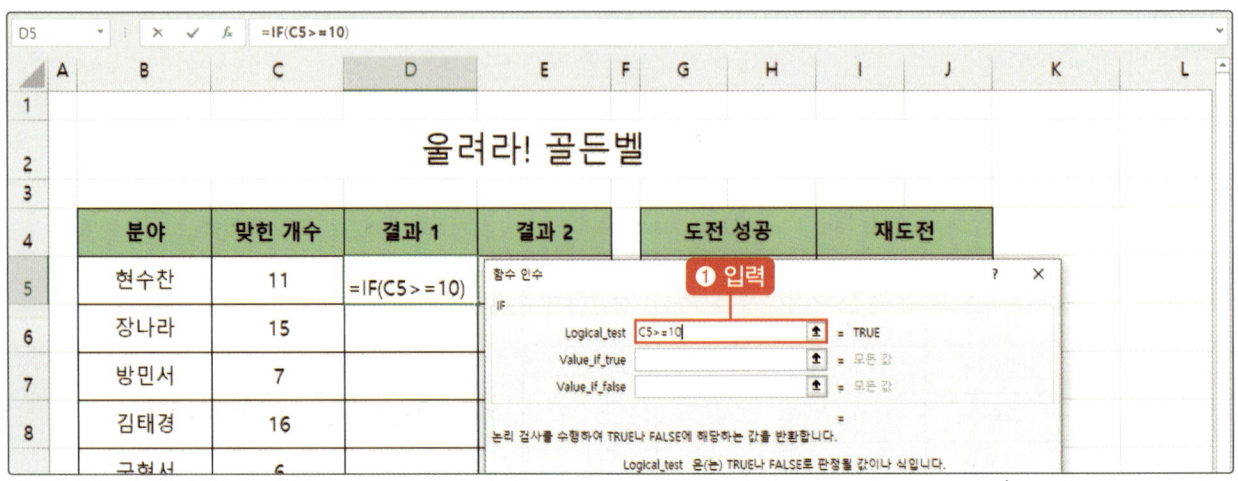

4 ❶ 'Value_if_true'의 입력란을 클릭한 후 "도전 성공"을 입력합니다. ❷ 'Value_if_false' 입력란을 클릭한 후 "재도전"를 입력하고 ❸ [확인]을 클릭합니다.

참고하세요

엑셀 함수의 인수에서 큰따옴표(" ")는 텍스트를 의미합니다.

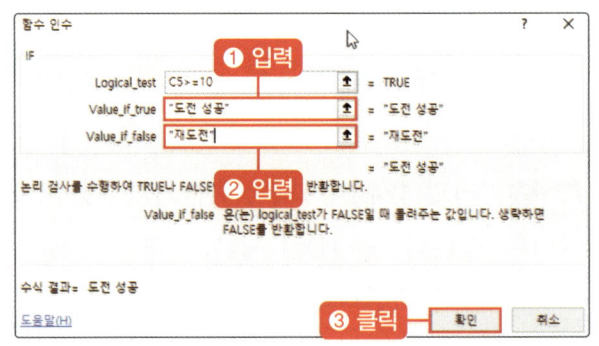

5 [D5] 셀의 자동 채우기 핸들을 더블클릭하여 나머지 셀을 채웁니다.

6 '결과 2'에는 '맞힌 개수'가 15개 이상이면 '퀴즈왕', 10개 이상이면 '똑똑박사', 나머지는 '도전용사'를 입력하려고 합니다. ❶ [E5] 셀을 클릭한 후 [수식] 탭의 [함수 라이브러리] 그룹에서 [논리]의 'IF' 함수를 선택합니다. [함수 인수] 대화상자가 열리면 ❷ 'Logical_test' 입력란을 클릭한 후 [C5] 셀을 클릭하고 ">=15"를 입력합니다. ❸ 'Value_if_true'의 입력란을 클릭한 후 ""퀴즈왕""를 입력합니다.

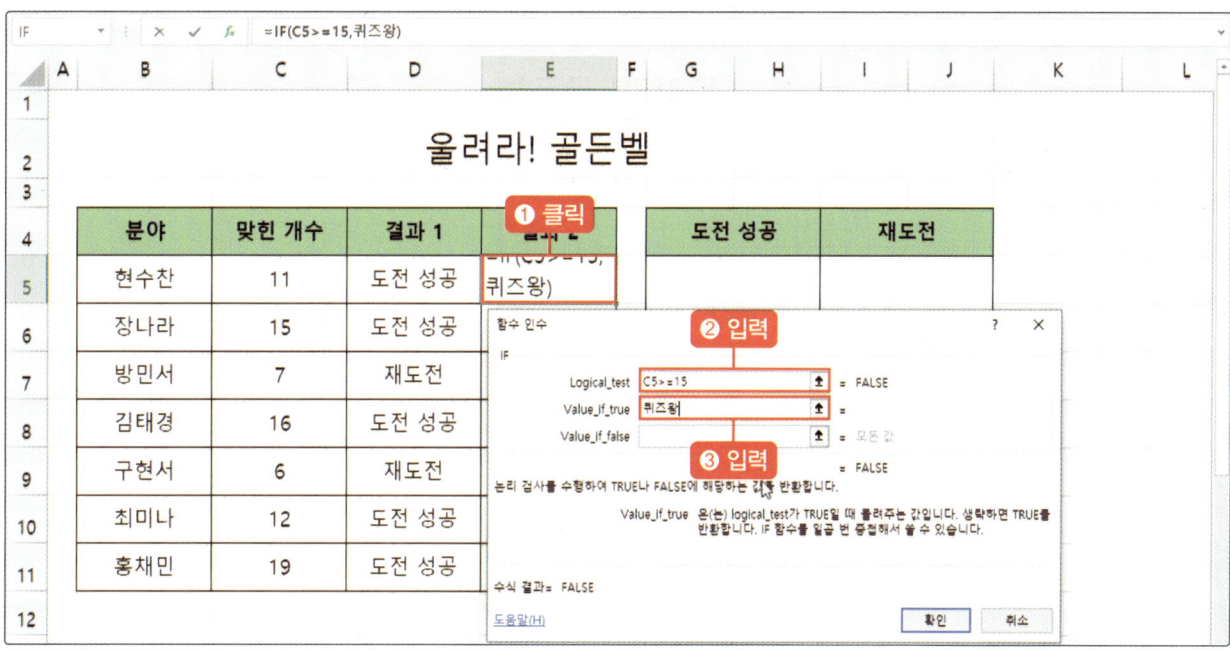

7 두 번째 조건에 만족하는 수식을 입력하기 위해 ❶ 'Value_if_false'의 입력란을 클릭합니다. 함수를 추가하기 위해 ❷ 함수 상자의 목록을 클릭하여 ❸ 'IF' 함수를 선택합니다.

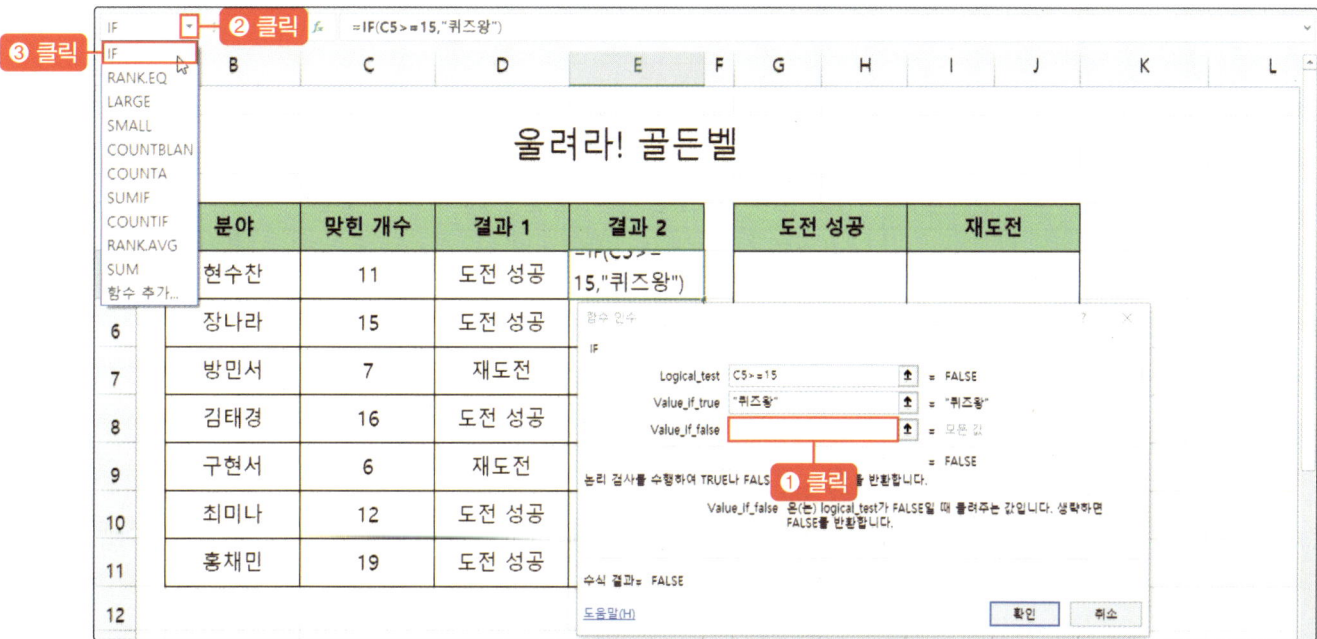

8 IF 함수 안에 또 다른 IF 함수가 생깁니다. [함수 인수] 대화상자가 열리면 두 번째 조건을 입력하기 위해 ❶ 'Logical_test' 입력란을 클릭한 후 [C5] 셀을 클릭하고 ">=10"을 입력합니다. ❷ 'Value_if_true'의 입력란을 클릭한 후 "똑똑박사"를 입력합니다. ❸ 'Value_if_false'의 입력란을 클릭한 후 "도전용사"를 입력하고 ❹ [확인]을 클릭합니다.

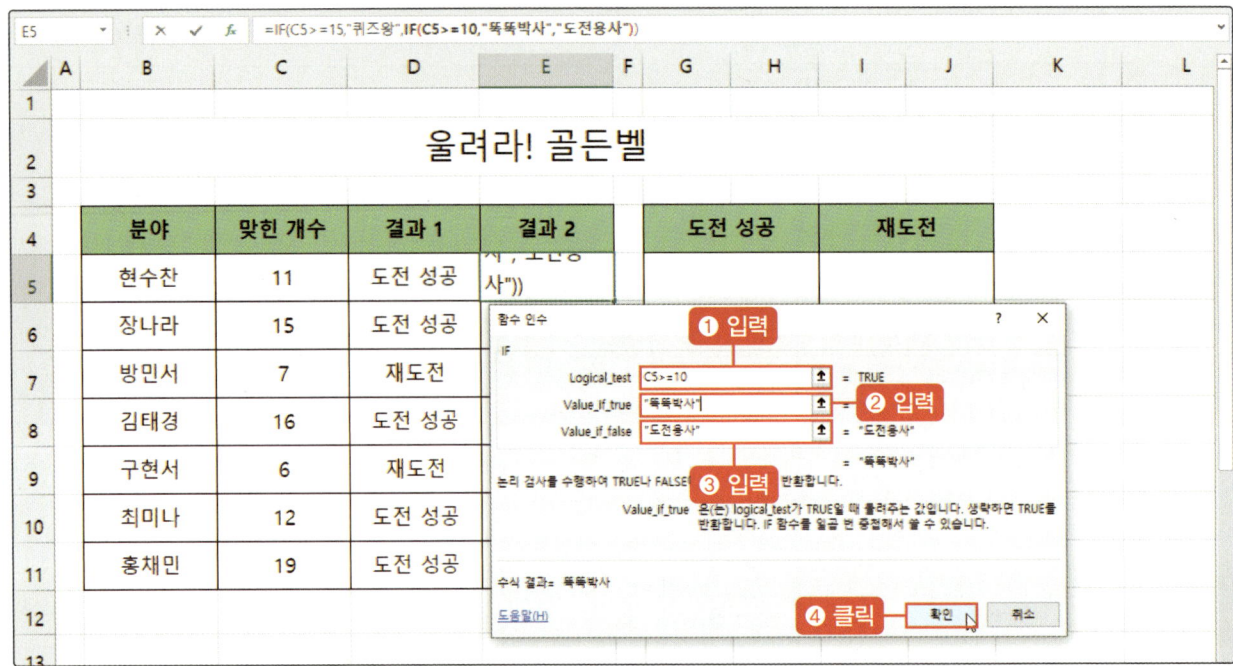

9 [E5] 셀의 자동 채우기 핸들을 더블클릭하여 나머지 셀을 채웁니다.

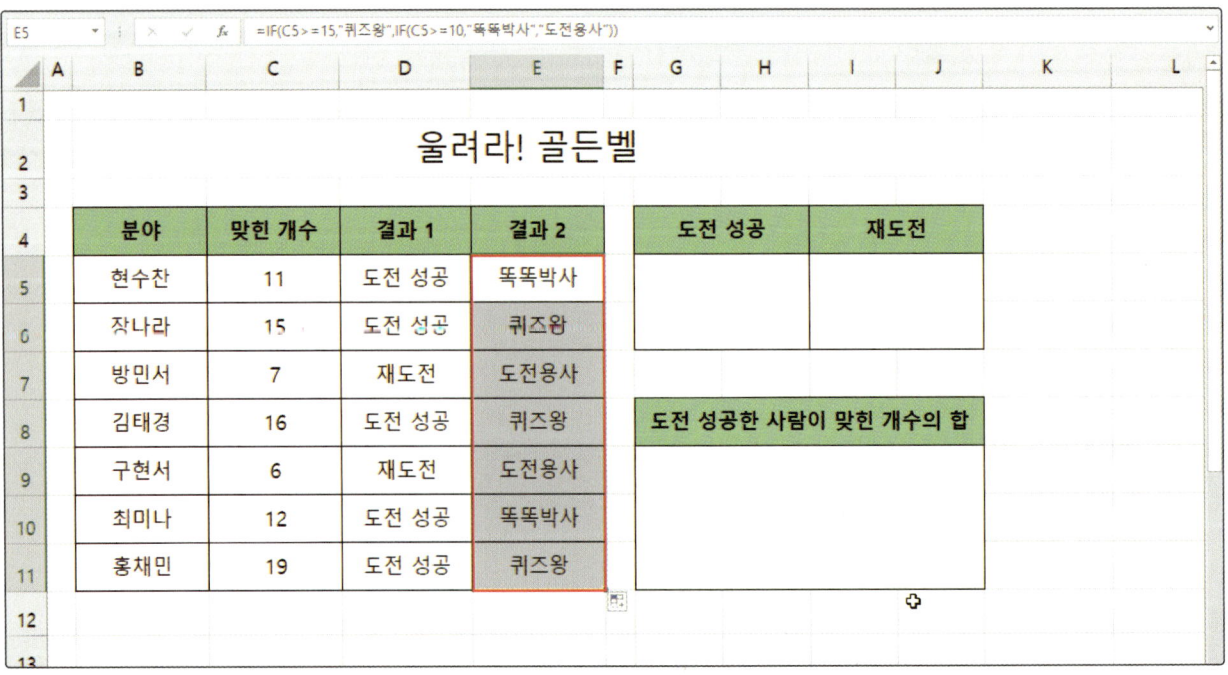

조건에 맞는 개수 구하기 – COUNTIF 함수

1 '결과 1'에서 '도전 성공'은 몇 명인지 구해 봅니다. [G5] 셀을 클릭한 후 ❶ [수식] 탭의 [함수 라이브러리] 그룹에서 ❷ [함수 더 보기]를 눌러 ❸ [통계]의 ❹ 'COUNTIF'를 선택합니다.

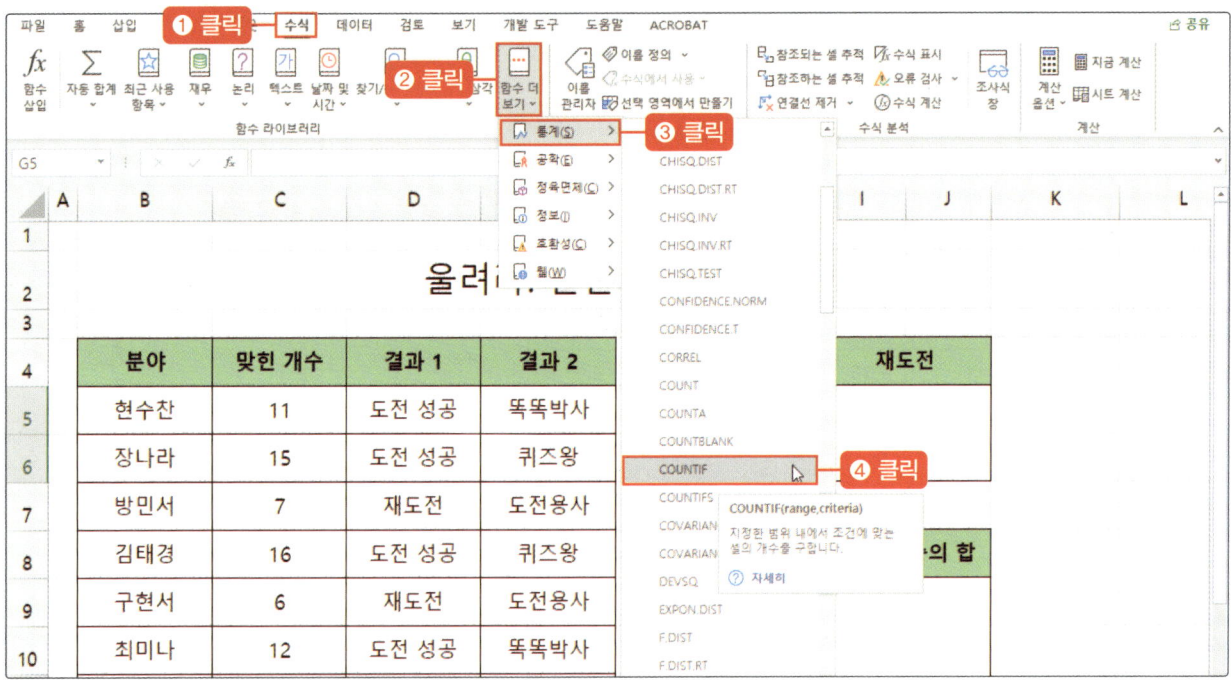

2 [함수 인수] 대화상자가 열리면 ❶ 'Range' 입력란을 클릭한 후 ❷ [D5:D11] 셀을 드래그합니다. ❸ 'Criteria'의 입력란을 클릭하여 "도전 성공"을 입력하고 ❹ [확인]을 클릭합니다.

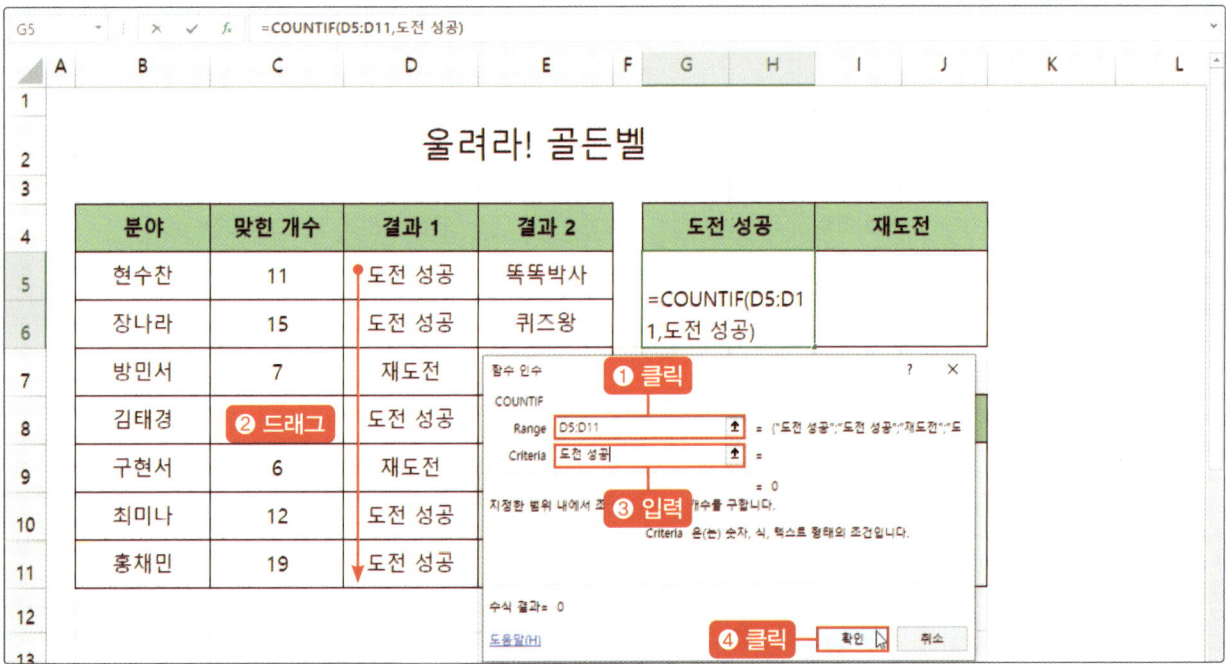

3. 다음은 '결과 1'에서 '재도전'은 몇 명인지 구해 봅니다. ❶ [I5] 셀을 클릭한 후 ❷ [수식] 탭의 [함수 라이브러리] 그룹에서 ❸ [함수 더 보기]를 눌러 ❹ [통계]의 ❺ 'COUNTIF'를 선택합니다.

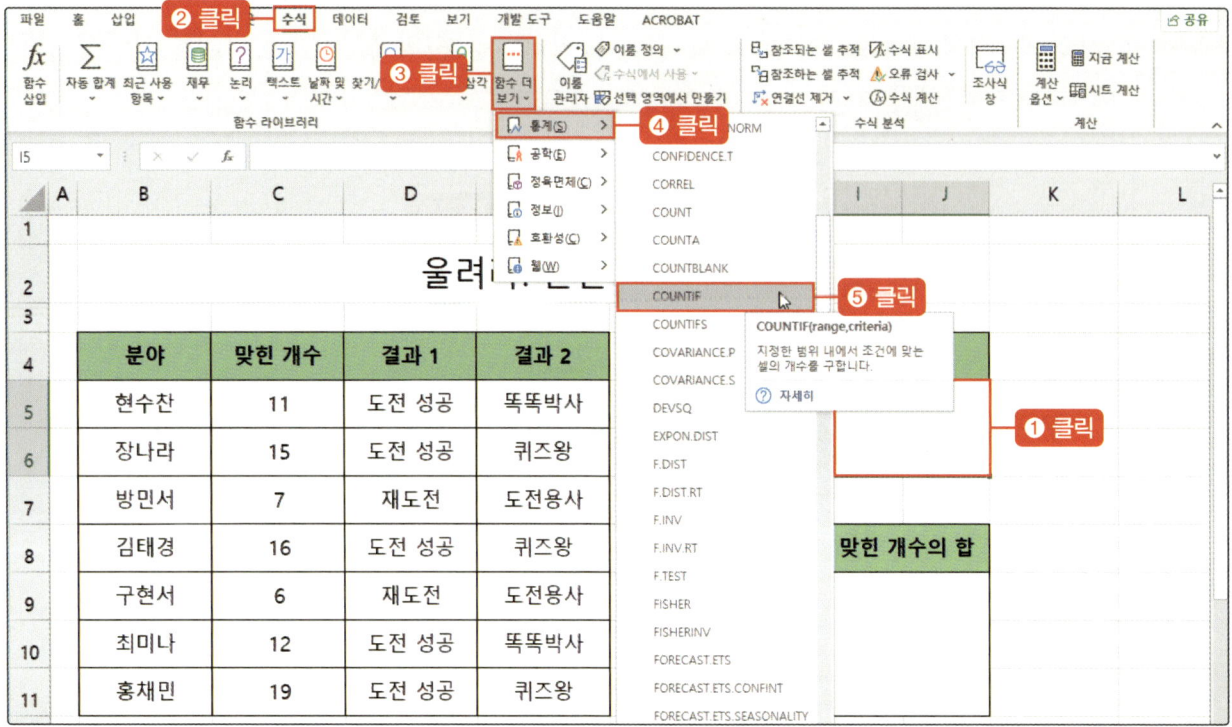

4. [COUNTIF 함수 인수] 대화상자가 열리면 ❶ 'Range' 입력란을 클릭한 후 ❷ [D5:D11] 셀을 드래그합니다. ❸ 'Criteria'의 입력란을 클릭하여 "재도전"을 입력하고 ❹ [확인]을 클릭합니다.

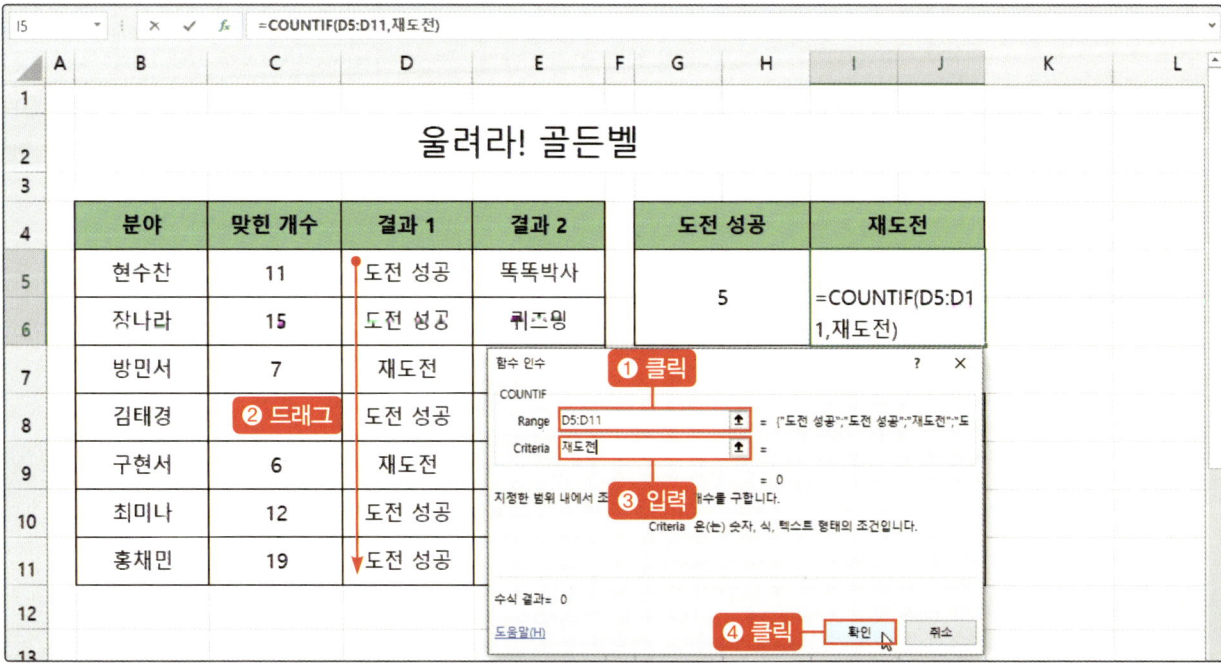

조건에 맞는 셀 값의 합 구하기 – SUMIF 함수

1. '결과 1'의 '도전 성공'한 사람이 '맞힌 개수'의 합을 SUMIF 함수를 사용해 구해 봅니다. ❶ [G9] 셀을 클릭한 후 ❷ [수식] 탭의 [함수 라이브러리] 그룹에서 ❸ [수학/삼각]의 ❹ 'SUMIF'를 선택합니다.

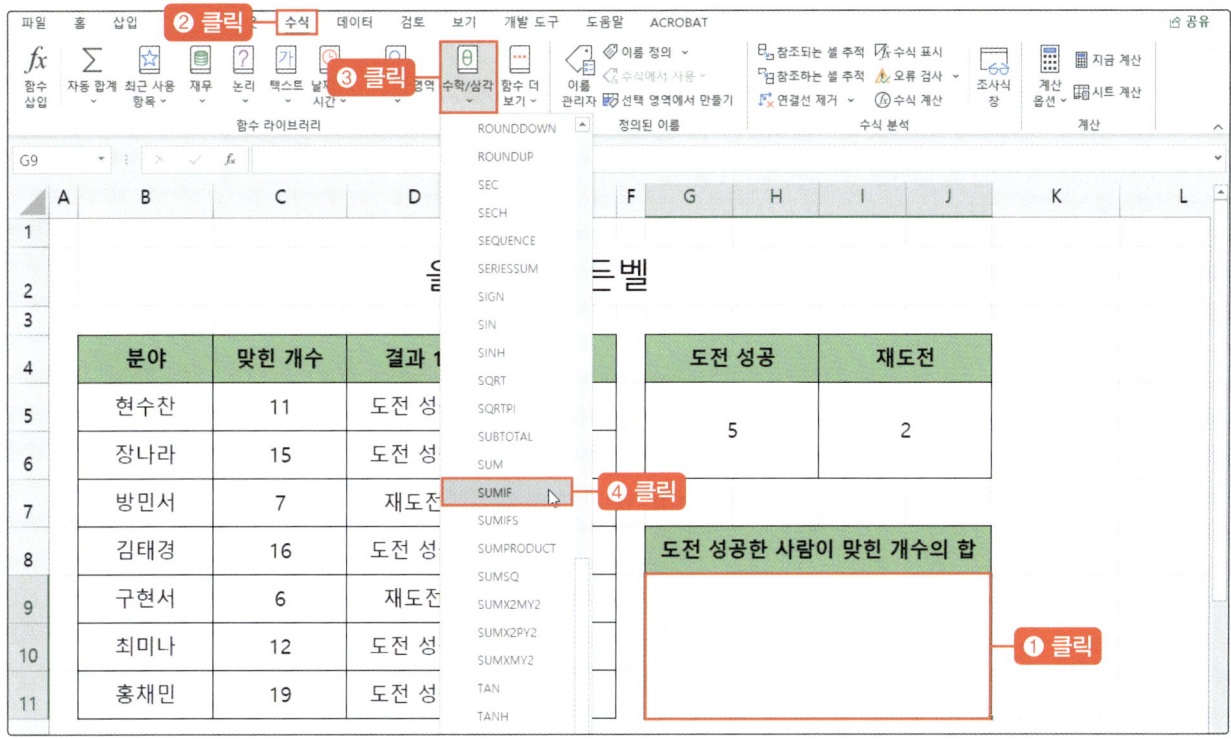

2. ❶ 'Range' 입력란을 클릭한 후 [D5:D11]을 드래그합니다. ❷ 'Criteria'의 입력란을 클릭한 후 "도전 성공"을 입력하고 ❸ 'Sum_range'의 입력란을 클릭한 후 [C5:C11]을 드래그한 후 ❹ [확인]을 클릭합니다.

3. 다음과 같이 결과를 확인할 수 있습니다.

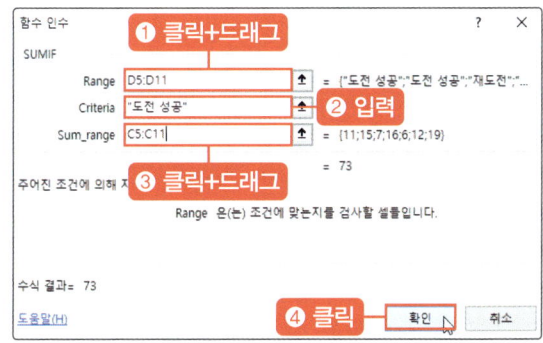

참고하세요

IF 함수

단순 IF IF 함수의 조건을 한 가지만 사용하는 경우를 말합니다. 조건의 참/거짓을 검사한 다음, 서로 다른 결괏값을 출력합니다.
- **형식** =IF(조건, 참일 때 결괏값, 거짓일 때 결괏값)
- **예** IF(C5>=10, "도전 성공", "재도전"): [C5] 셀의 값이 '10' 이상이면 '도전 성공'이고 그렇지 않으면 '재도전'으로 표시합니다.

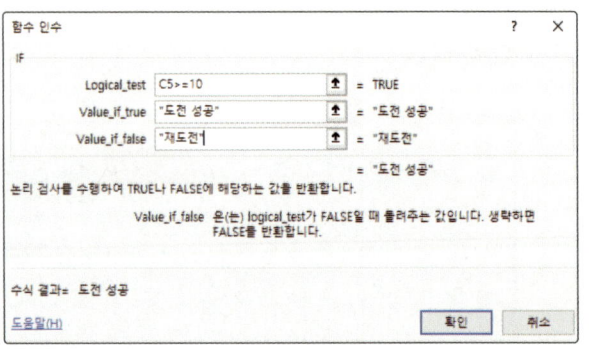

다중 IF IF 함수의 조건을 여러 개 사용하는 경우를 말합니다. IF 함수 안에 또 다른 IF 함수가 중첩됩니다.
- **형식** =IF(조건1, 참일 때 결괏값, IF(조건2, 참일 때 결괏값, 거짓일 때 결괏값))
- **예** IF(C5>=15, "퀴즈왕", IF(C5>=10, "똑똑박사", "도전용사")): [C5] 셀의 값이 '15' 이상이면 '퀴즈왕', [C5] 셀의 값이 '10' 이상이면 '똑똑박사', 그렇지 않으면 '도전용사'로 표시합니다.

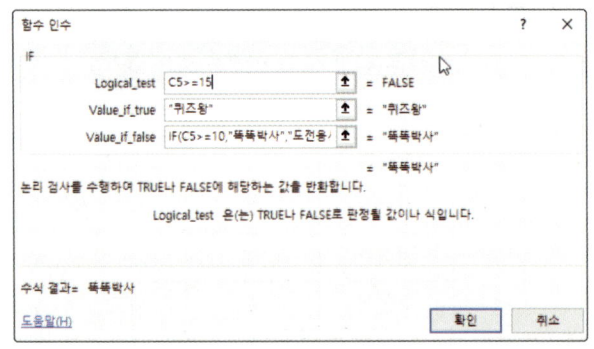

COUNTIF 함수

지정한 범위에서 조건에 만족하는 셀의 개수를 구합니다.
- **형식** =COUNTIF(Range, Criteria)
- **함수 인수**
  Range: 조건을 검사할 셀 범위
  Criteria: 계산에 포함할 셀의 조건

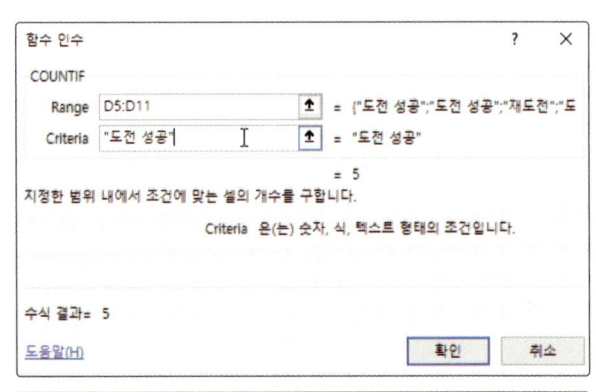

SUMIF 함수

조건을 만족하는 셀들의 합을 구합니다.
- **형식** SUMIF(Range, Criteria, [Sum_range])
- **함수 인수**
  Range: 조건을 검사할 셀 범위
  Criteria: 계산에 포함할 셀의 조건
  Sum_range: 합을 구할 셀 범위

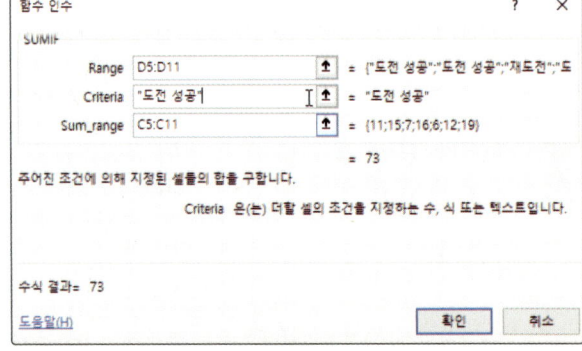

도전! 혼자 풀어 보세요!

1 '상상 사진전.xlsx' 파일을 열고 다음 조건을 참고하여 워크시트를 작성해 보세요.

상상 사진전

작품번호	출품자	공감수	결과
P-1001	공현채	87	우수 작품
P-1002	임한수	78	상상 작품
P-1003	구한결	111	최고의 작품
P-1004	은빛나리	95	우수 작품
P-1005	심형은	89	우수 작품
P-1006	김기리	103	최고의 작품
P-1007	현보라	96	우수 작품

'결과' 열에는 '공감수'가 '100' 이상이면 '최고의 작품', '80' 이상이면 '우수 작품', 나머지는 '상상 작품'으로 표시하세요.

2 '신나는 여름 캠프.xlsx' 파일을 열고 다음 조건을 참고하여 워크시트를 작성해 보세요.

신나는 여름 캠프

이름	성별	학년	활동 시간
윤대호	남	4	5
황지연	여	6	6
오수민	여	5	6
유나영	여	6	7
김연호	남	6	7
천의진	여	5	5
이병준	남	5	6

참여자 수	
남	여
3	4

6학년의 총 활동 시간
20

'남'과 '여'의 참여자 수를 각각 계산하세요.
6학년의 총 활동 시간을 계산하세요.

데이터 유효성 검사

엑셀에서 기본 데이터는 매우 중요합니다. 데이터 유효성 검사는 입력할 데이터의 범위와 형식을 제한하여 입력 오류를 방지하는 기능입니다.

- 목록 유효성 검사에 대해 알아봅니다.
- 한/영 자동 입력 유효성 검사에 대해 알아봅니다.
- 숫자 유효성 검사에 대해 알아봅니다.

배울 내용 미리 보기

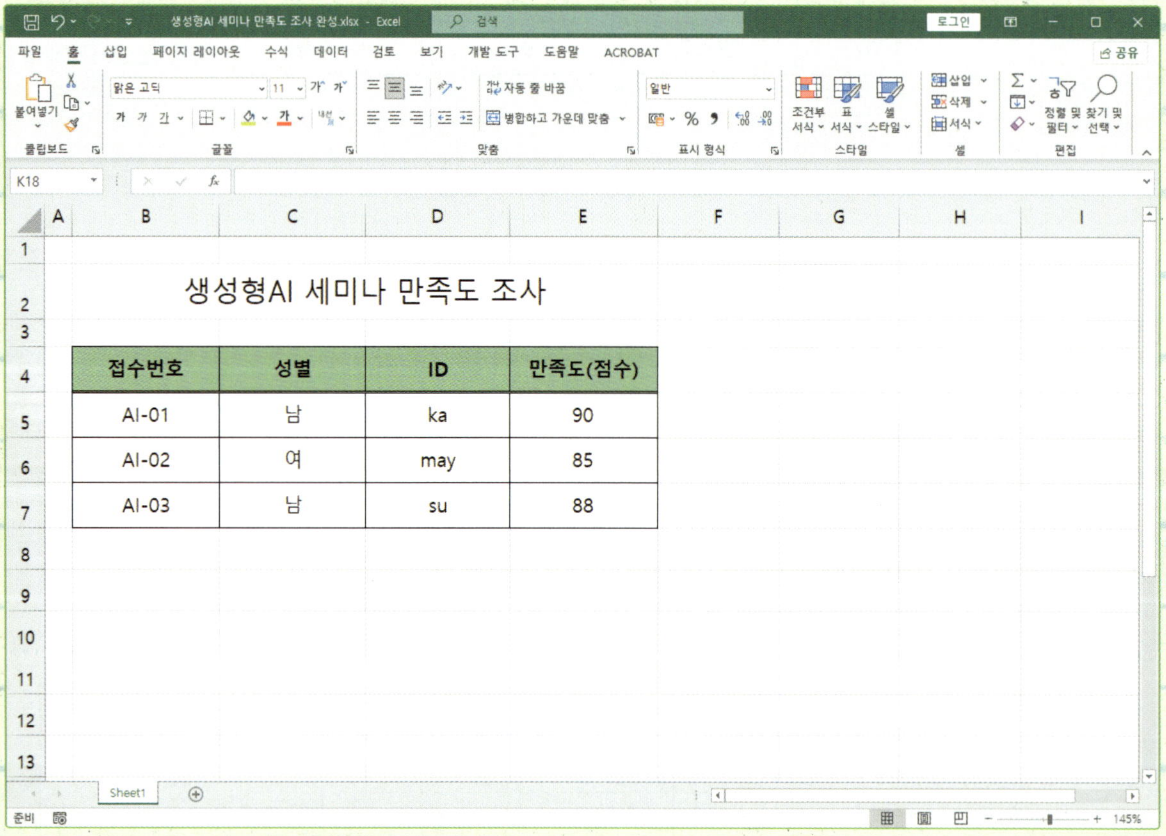

▲ **파일명** 생성형AI 세미나 만족도 조사 완성.xlsx

목록 유효성 검사

1 다음 워크시트와 같이 작성합니다.

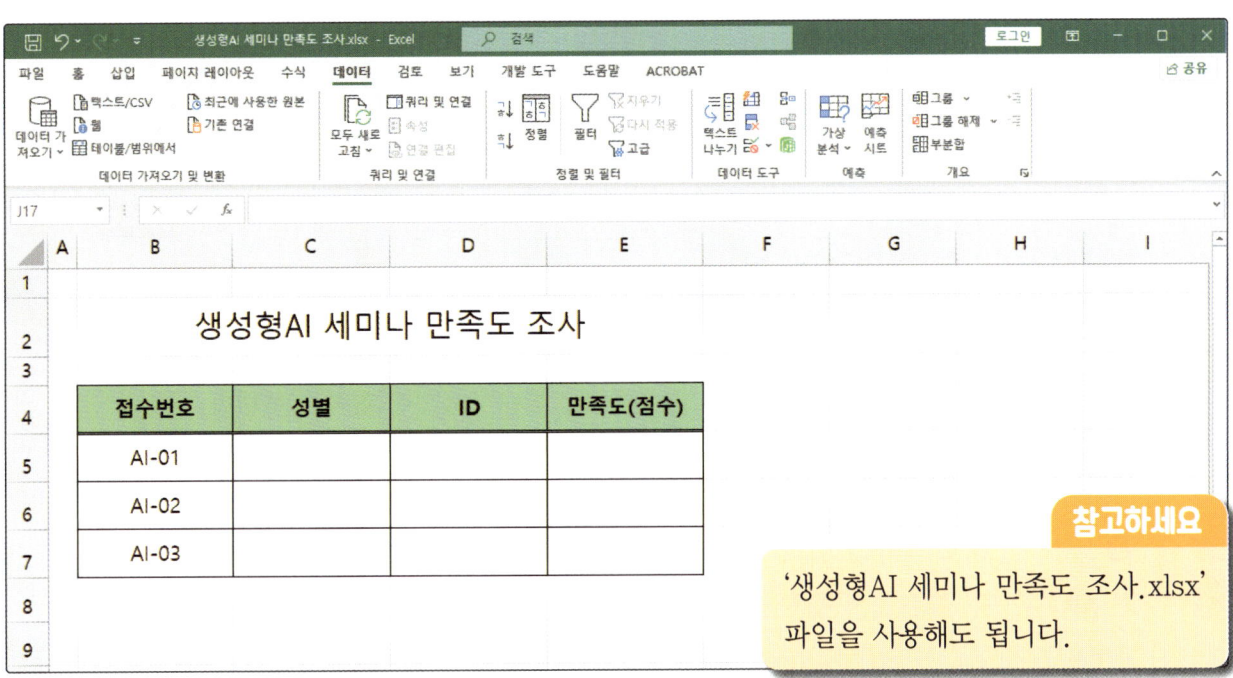

참고하세요
'생성형AI 세미나 만족도 조사.xlsx' 파일을 사용해도 됩니다.

2 '만족도 조사 결과표'에 입력할 데이터에 유효성 검사를 적용합니다. 먼저 '성별' 필드는 목록에서 선택하여 입력하도록 만듭니다. ❶ [C5:C7] 셀을 드래그하여 선택한 후 ❷ [데이터] 탭의 [데이터 도구] 그룹에서 ❸ [데이터 유효성 검사]를 클릭합니다.

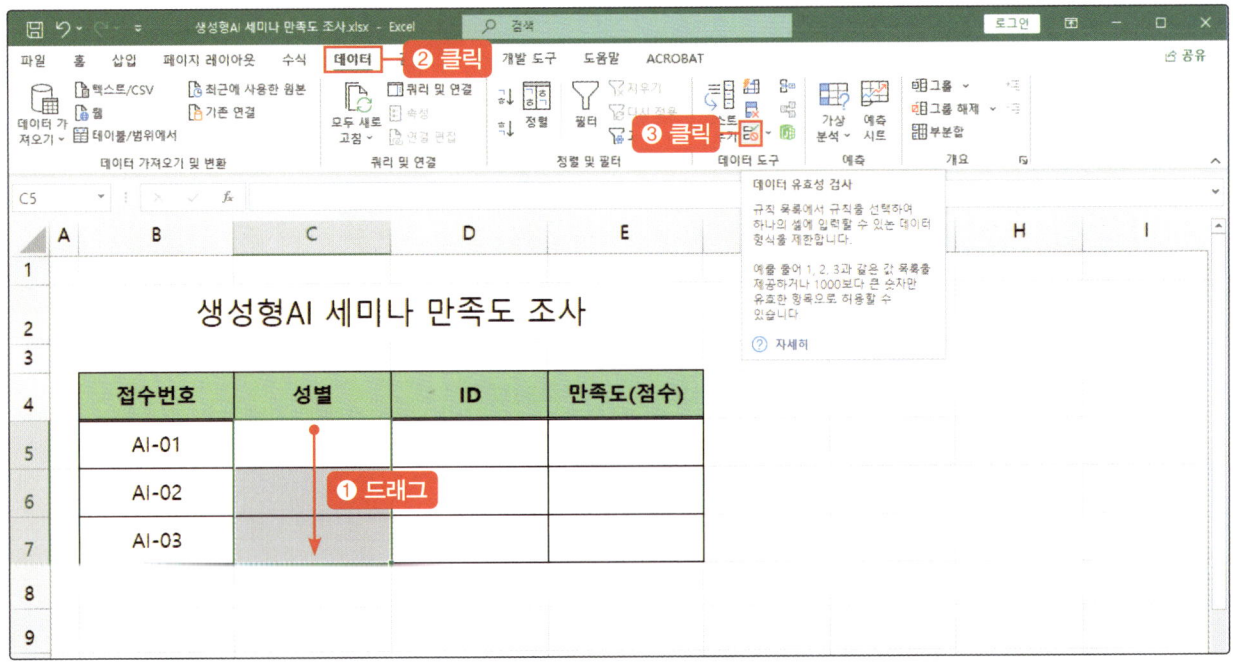

3 [데이터 유효성] 대화상자가 열리면 ❶ [설정] 탭의 ❷ '제한 대상'은 '목록'을 선택하고 ❸ '원본' 입력란에 "남, 여"를 입력합니다. 입력하는 방법을 설명하기 위해 ❹ [설명 메시지] 탭의 ❺ '제목' 입력란에 "입력 방법"을 입력하고 ❻ '설명 메시지'에는 "목록을 클릭하여 선택하세요."를 입력한 후 ❼ [확인]을 클릭합니다.

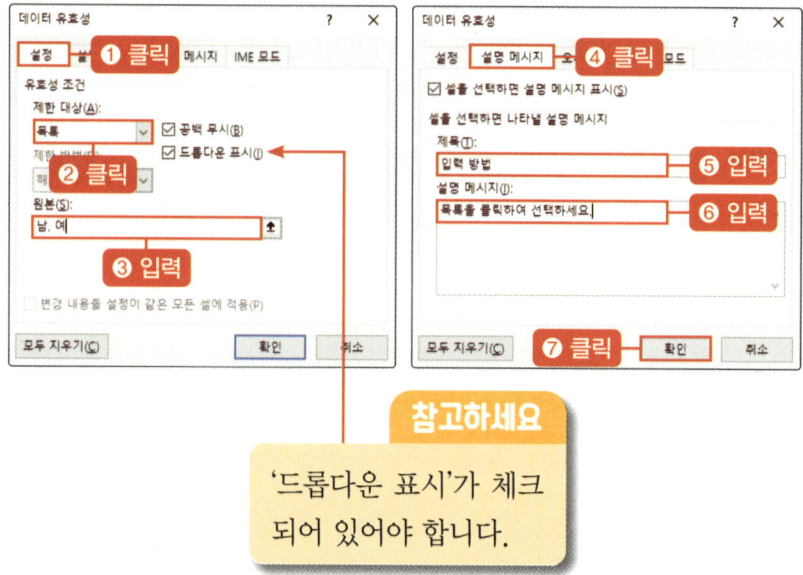

참고하세요
'드롭다운 표시'가 체크되어 있어야 합니다.

4 ❶ [C5] 셀을 클릭하면 입력 방법을 알려주는 메시지가 나타납니다. ❷ 목록을 클릭하면 나타나는 ❸ '남, 여' 성별에서 입력할 내용을 선택합니다.

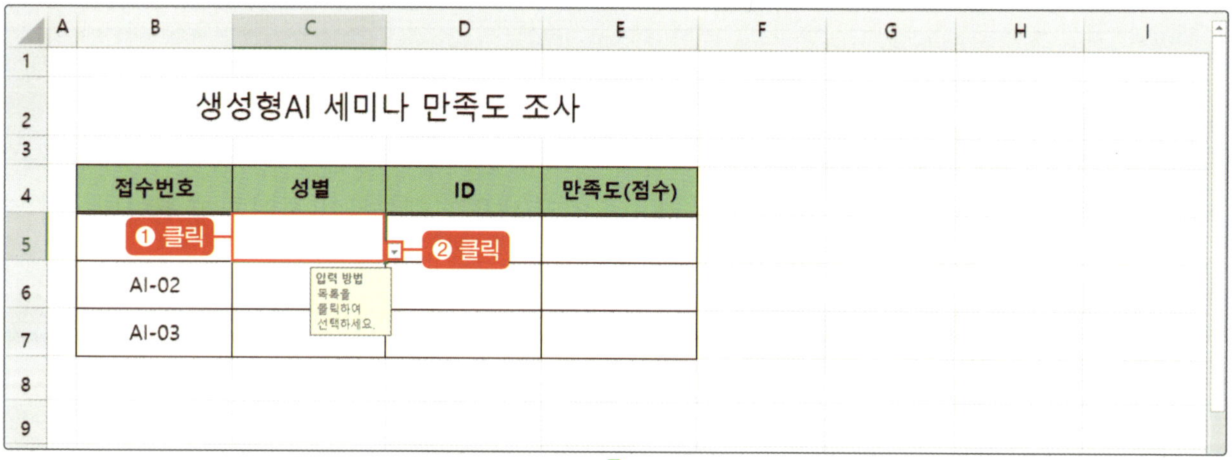

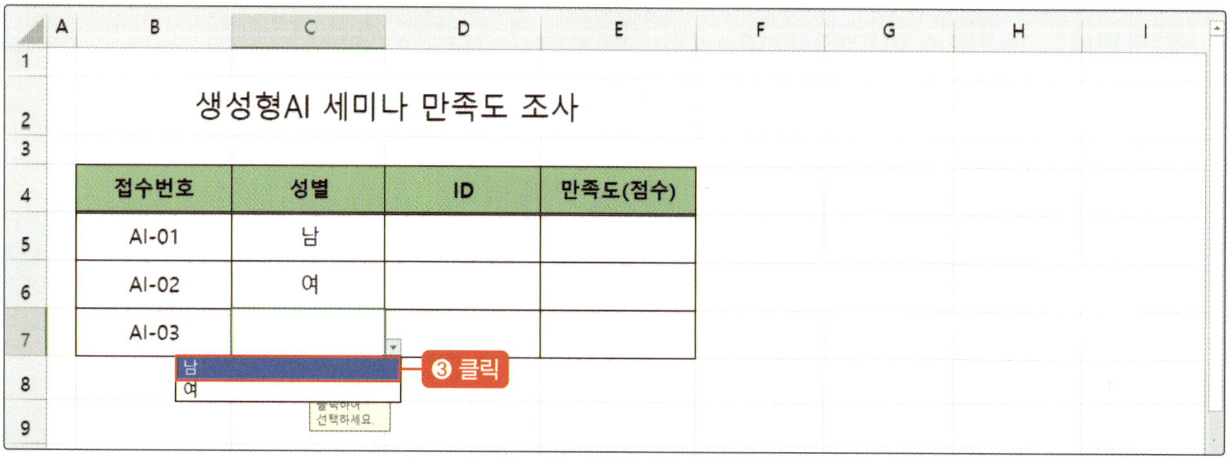

한/영 자동 입력 유효성 검사

1 이메일 ID를 입력해야 하는 [D5:D7] 셀은 한/영 키를 전환하지 않고 영문을 바로 입력할 수 있도록 설정합니다. ❶ [D5:D7] 셀을 드래그하여 선택한 다음, ❷ [데이터] 탭의 [데이터 도구] 그룹에서 ❸ '데이터 유효성 검사'를 클릭합니다. [데이터 유효성] 대화상자가 열리면 ❹ [IME 모드] 탭을 클릭하여 ❺ '입력기'에서 '영문'을 선택하고 ❻ [확인]을 클릭합니다.

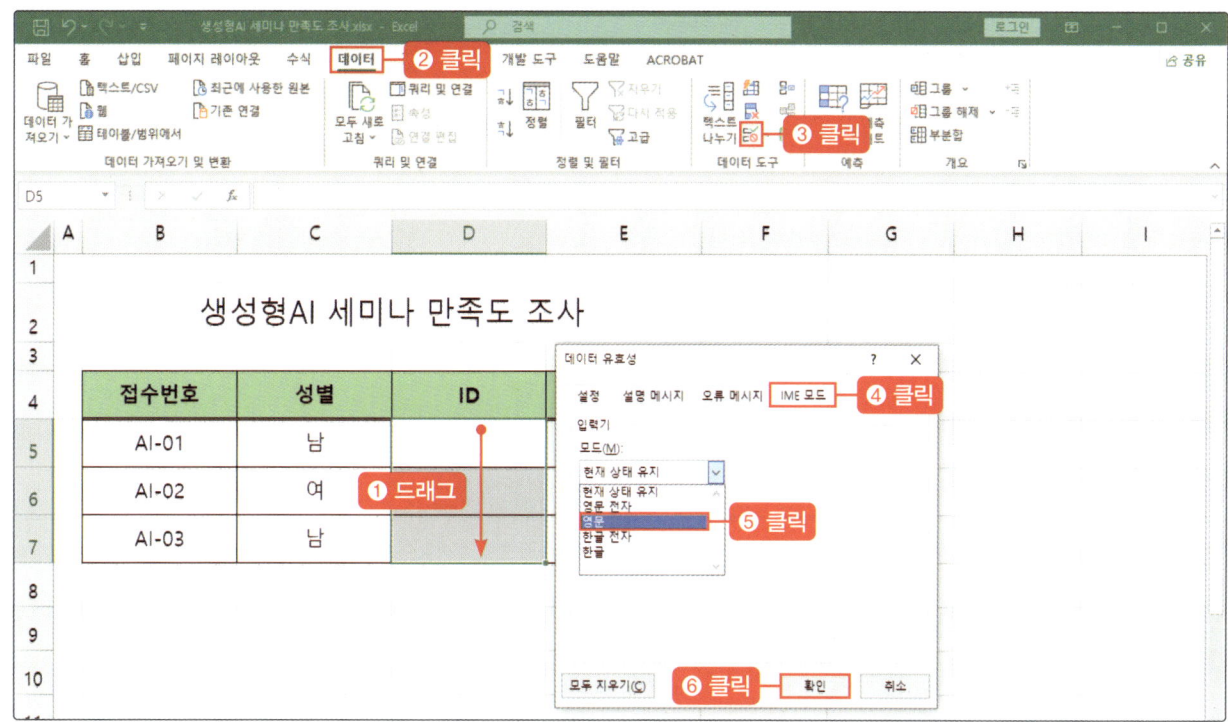

2 [D5] 셀을 클릭하고 ❶ "ka"를 입력합니다. 한/영 키를 전환하지 않아도 영문으로 입력됩니다.

3 ❶ [D6], [D7] 셀에 각각 "may", "su"를 입력합니다.

3 숫자 입력 유효성 검사

1 숫자를 입력할 때 값의 범위를 제한할 수 있습니다. ❶ 만족도(점수)를 나타내는 [E5:E7] 셀을 드래그하여 선택한 후 ❷ [데이터] 탭의 [데이터 도구] 그룹에서 ❸ [데이터 유효성 검사]를 클릭합니다.

2 [데이터 유효성] 대화상자가 열리면 ❶ [설정] 탭을 클릭하여 ❷ '제한 대상'을 '정수', ❸ '제한 방법'을 '<='으로 선택하고 ❹ '최대값'에 "100"을 입력합니다.

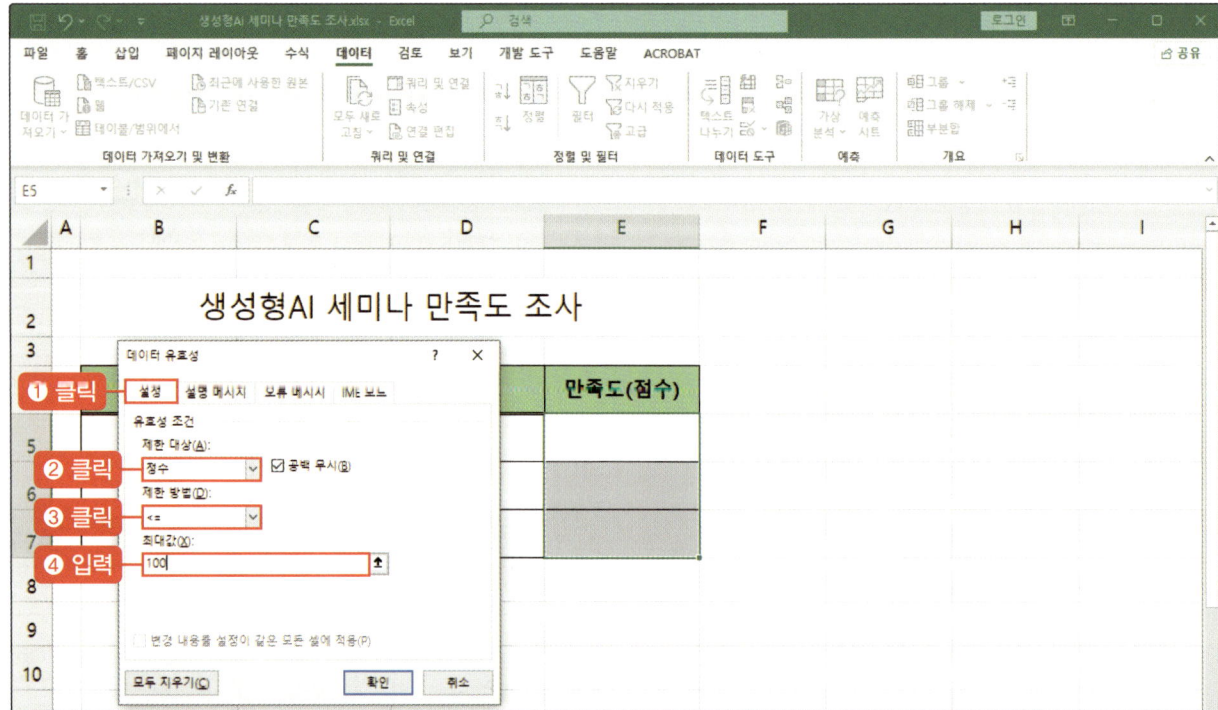

3 ❶ [오류 메시지] 탭을 클릭하여 ❷ '스타일'을 '중지'로 선택하고 ❸ '제목'에 "입력 오류", ❹ '오류 메시지'에 "100 이하의 정수를 입력하세요."라고 입력한 뒤 ❺ [확인]을 클릭합니다.

4 ❶ [E5] 셀을 클릭하고 "105"를 입력한 뒤 Enter 키를 누르면 '입력 오류' 메시지가 표시됩니다. ❷ [다시 시도]를 클릭합니다.

5 다음과 같이 ❶ [E5], [E6], [E7] 셀에 100 이하의 점수를 입력하여 완성합니다.

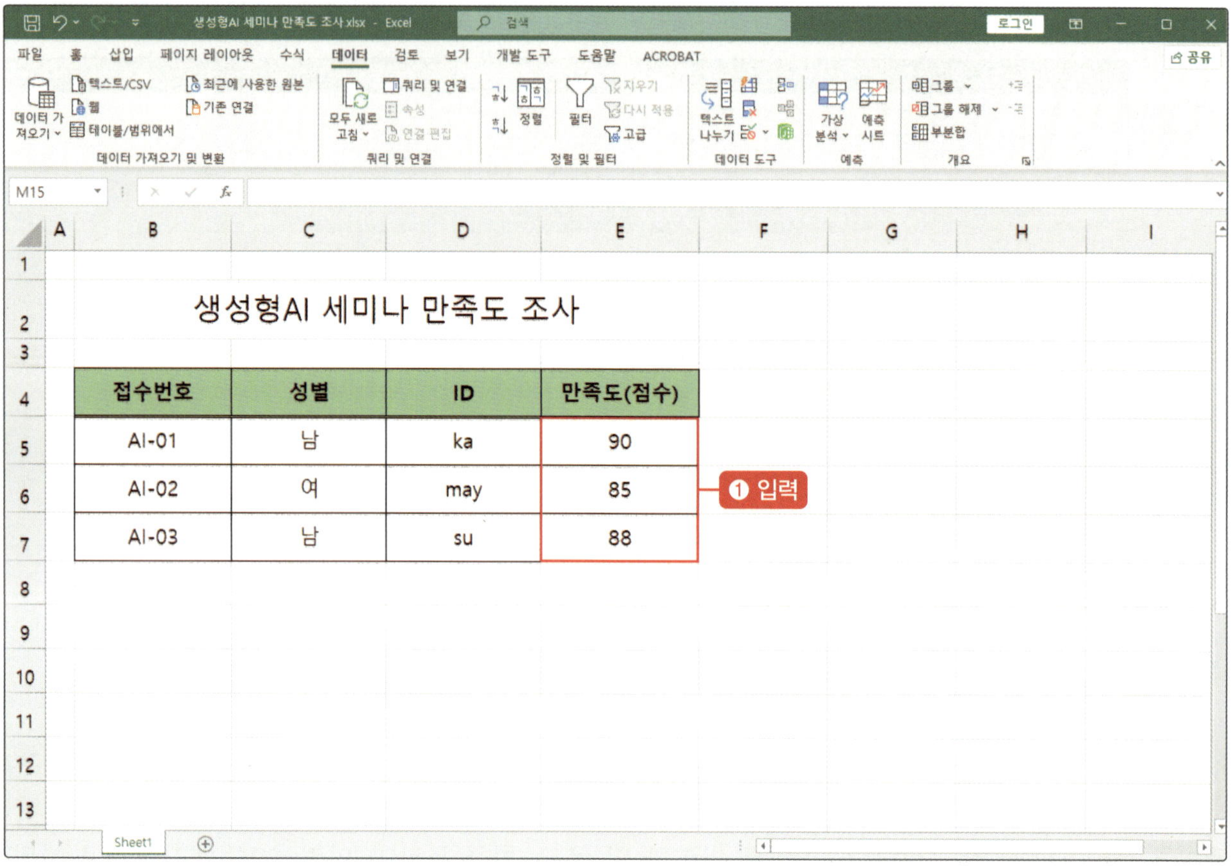

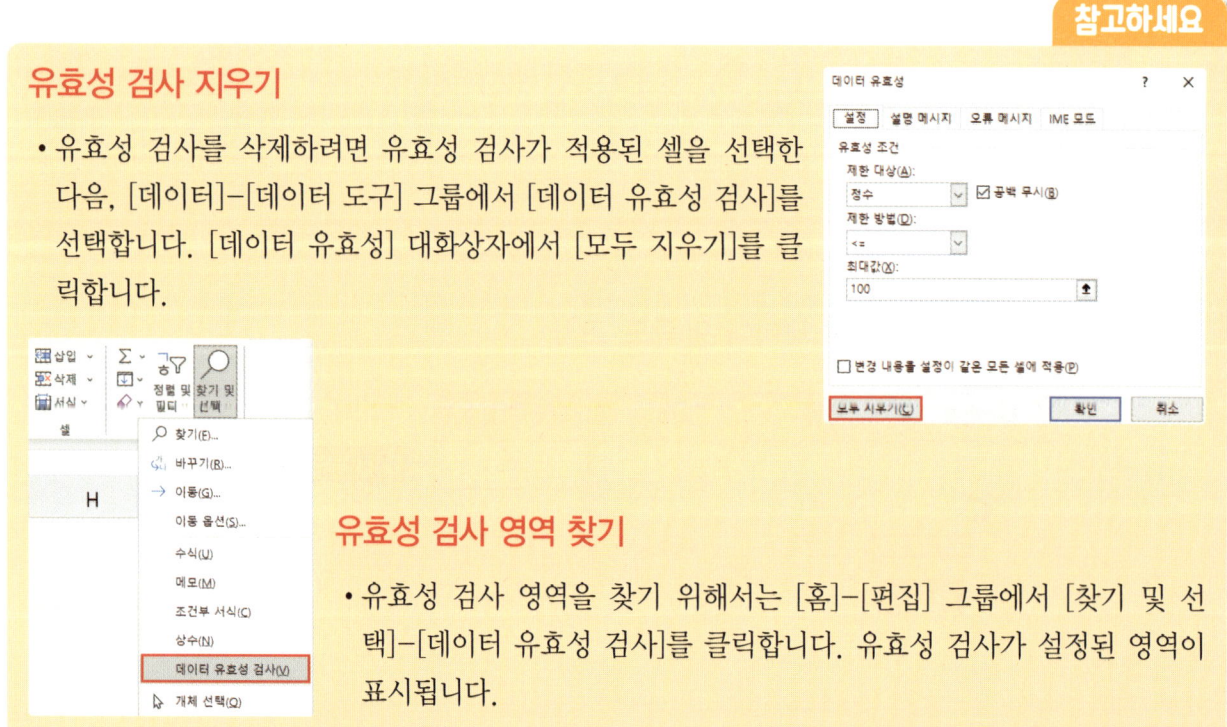

참고하세요

유효성 검사 지우기

- 유효성 검사를 삭제하려면 유효성 검사가 적용된 셀을 선택한 다음, [데이터]-[데이터 도구] 그룹에서 [데이터 유효성 검사]를 선택합니다. [데이터 유효성] 대화상자에서 [모두 지우기]를 클릭합니다.

유효성 검사 영역 찾기

- 유효성 검사 영역을 찾기 위해서는 [홈]-[편집] 그룹에서 [찾기 및 선택]-[데이터 유효성 검사]를 클릭합니다. 유효성 검사가 설정된 영역이 표시됩니다.

도전! 혼자 풀어 보세요!

① '정다운 정육점 특선 세트.xlsx' 파일을 열고 다음 조건을 참고하여 워크시트를 작성해 보세요.

제품명	원산지	재고량(세트)
프리미엄	한우	40
실속 구이	수입산	45
한우 특선	한우	30

'재고량(세트)'는 '10~50' 사이의 정수만 입력되도록 설정하세요.

② '여행상품 예약표.xlsx' 파일을 열고 다음 조건을 참고하여 워크시트를 작성해 보세요.

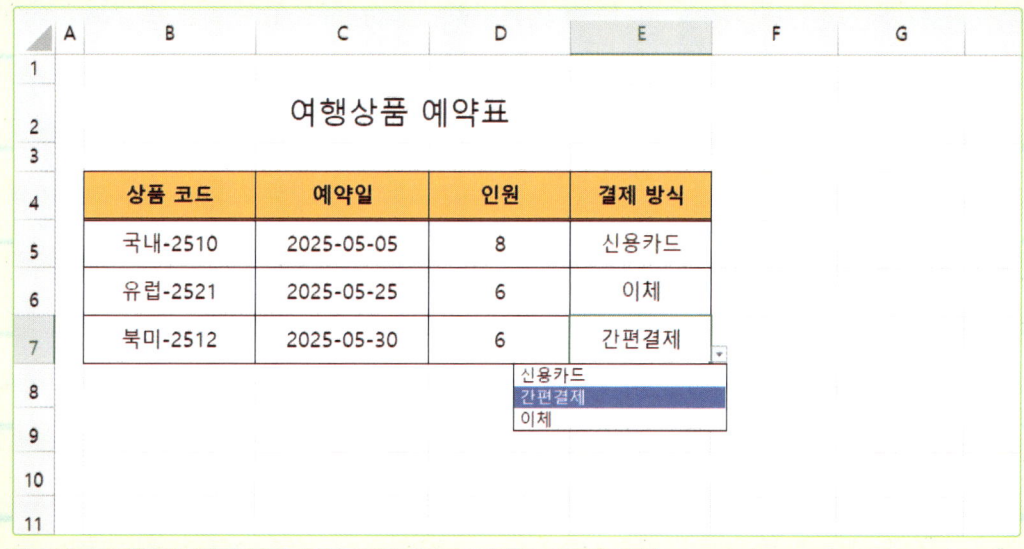

'결제 방식'은 '목록' 데이터 유효성 검사로 설정하세요.
(목록: 신용카드, 간편결제, 이체)

차트 삽입과 편집

수치로만 되어 있는 데이터를 차트로 나타내면 흐름이나 추세를 빠르게 파악할 수 있습니다. 엑셀의 차트 삽입과 편집 기능을 활용해 문서에 시각적 효과를 줄 수 있습니다.

▶▶ 차트 삽입 기능을 알아봅니다.
▶▶ 차트 요소를 편집하는 방법을 알아봅니다.
▶▶ 차트를 수정하는 방법을 알아봅니다.

배울 내용 미리 보기

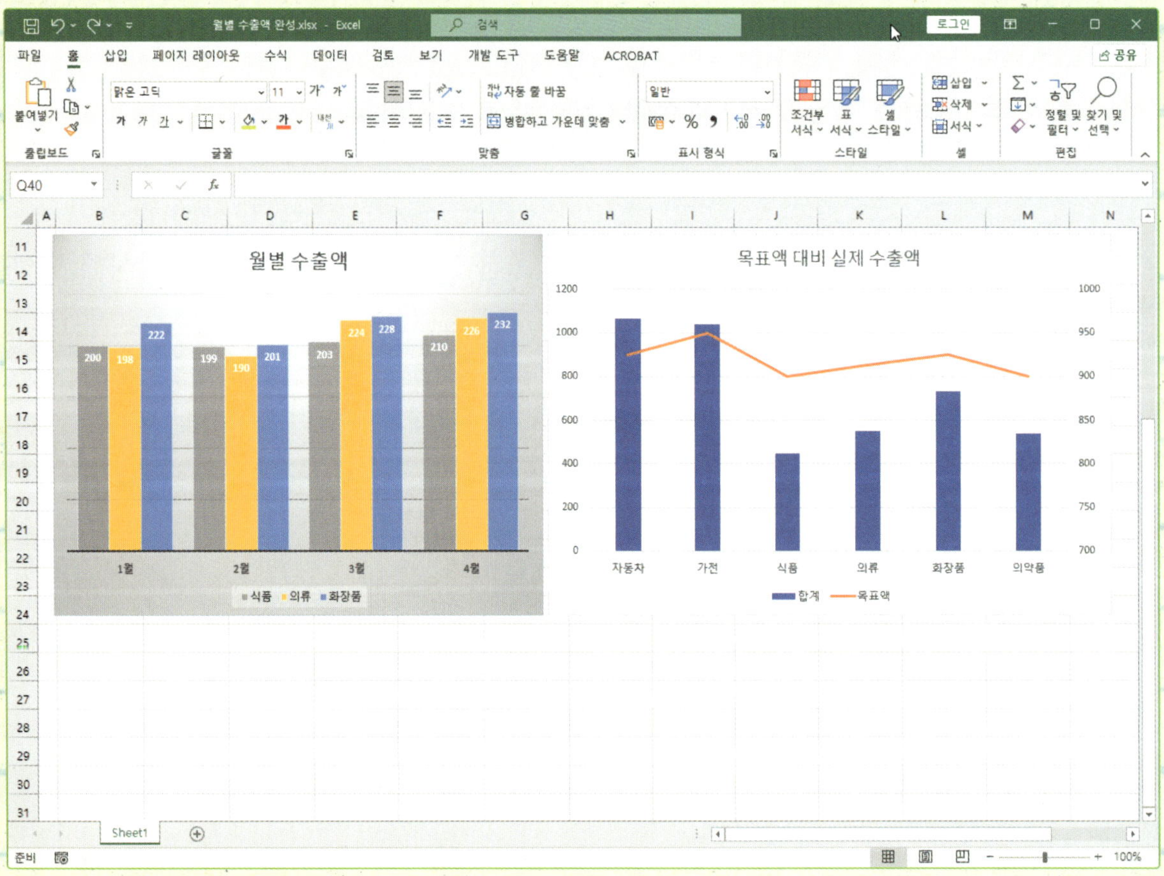

▲ 파일명 월별 수출액 완성.xlsx

1 차트 삽입하기

1 '월별 수출액.xlsx' 파일을 열어서 ❶ [B4:F10] 셀을 드래그하여 선택합니다.

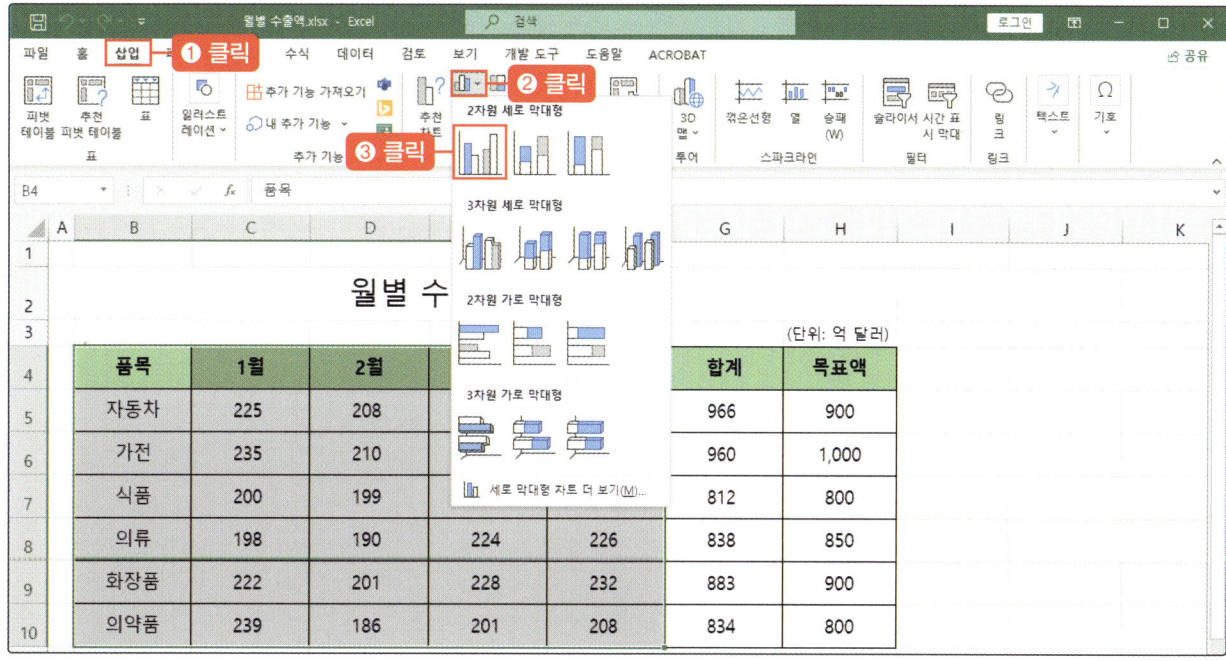

2 ❶ [삽입] 탭의 [차트] 그룹에서 ❷ [세로 또는 가로 막대형 차트 삽입]을 클릭한 후 ❸ [2차원 세로 막대형]의 '묶은 세로 막대형'을 선택하면 차트가 생성됩니다.

3 ❶ 차트를 선택한 다음, ❷ [차트 디자인] 탭의 [차트 레이아웃] 그룹에서 ❸ [빠른 레이아웃]을 클릭한 후 ❹ '레이아웃 3'을 선택합니다.

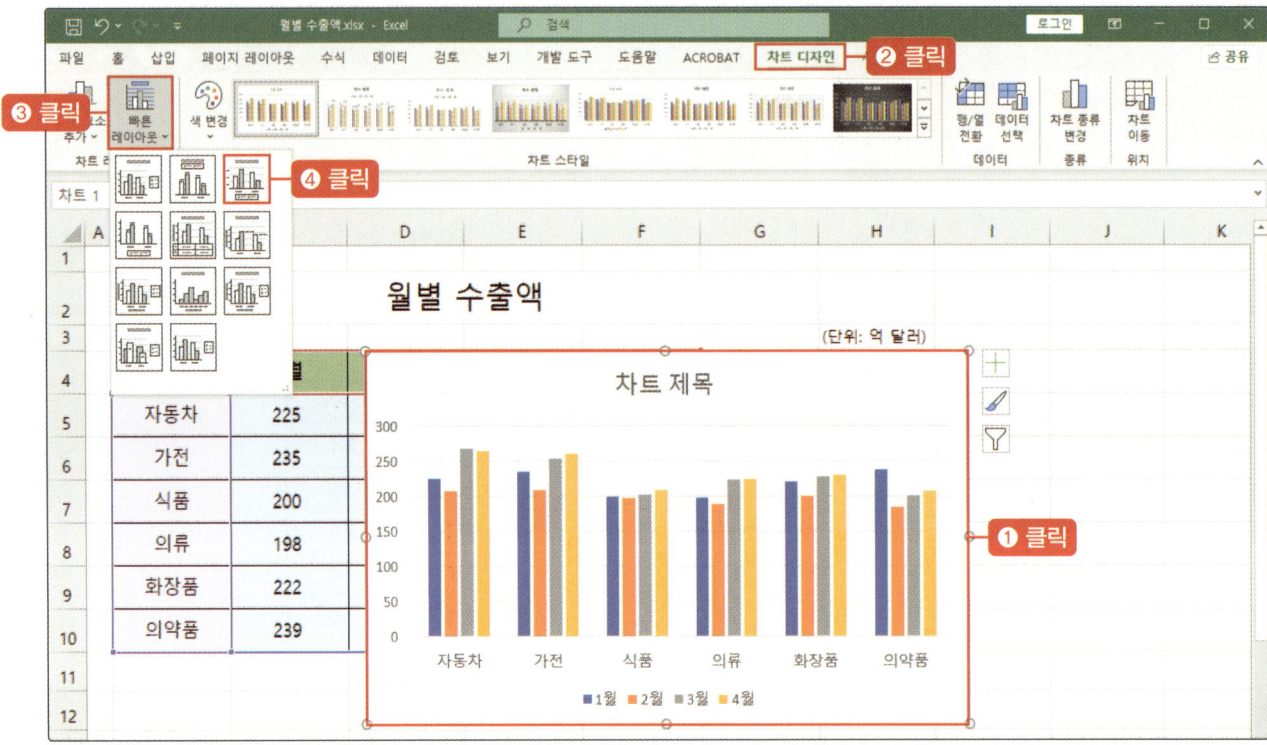

> 참고하세요

차트 디자인

엑셀에서 제공하는 대표적인 차트 레이아웃을 이용하면 더욱 빠르게 차트를 만들 수 있습니다.

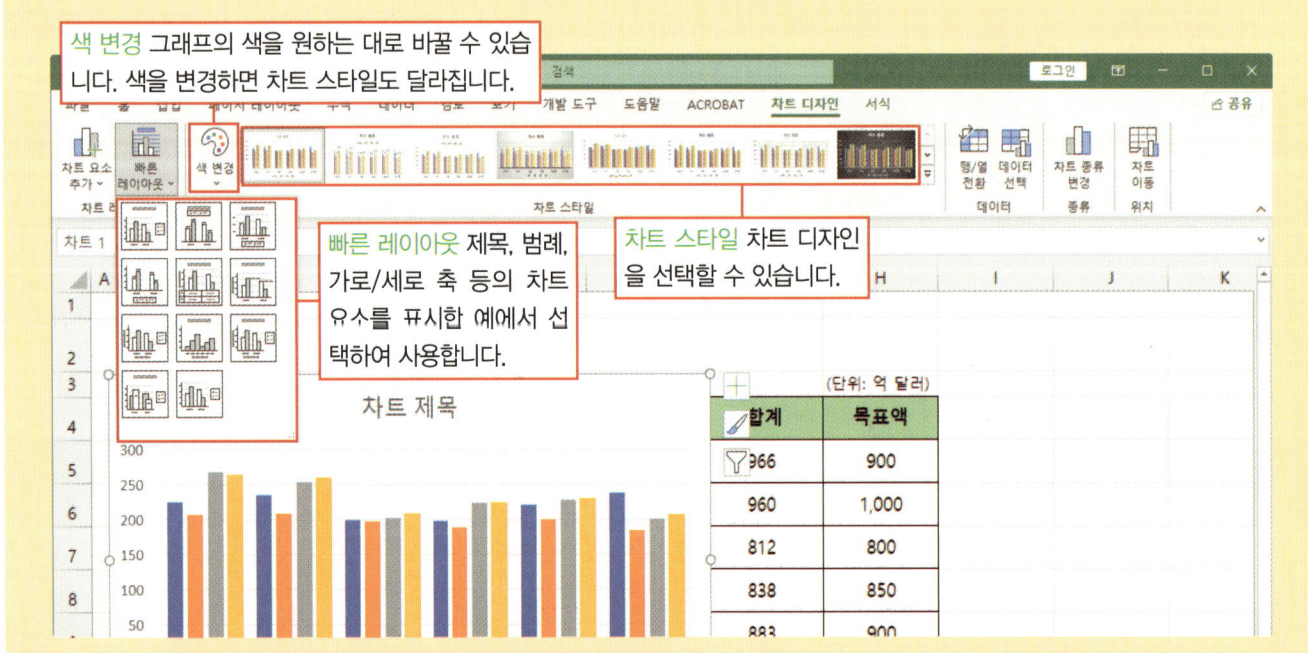

색 변경 그래프의 색을 원하는 대로 바꿀 수 있습니다. 색을 변경하면 차트 스타일도 달라집니다.

빠른 레이아웃 제목, 범례, 가로/세로 축 등의 차트 요소를 표시한 예에서 선택하여 사용합니다.

차트 스타일 차트 디자인을 선택할 수 있습니다.

4 차트가 선택된 상태에서 ① [차트 디자인] 탭의 [데이터] 그룹에서 ② '행/열 전환'을 클릭합니다. 가로축과 세로축이 서로 바뀝니다.

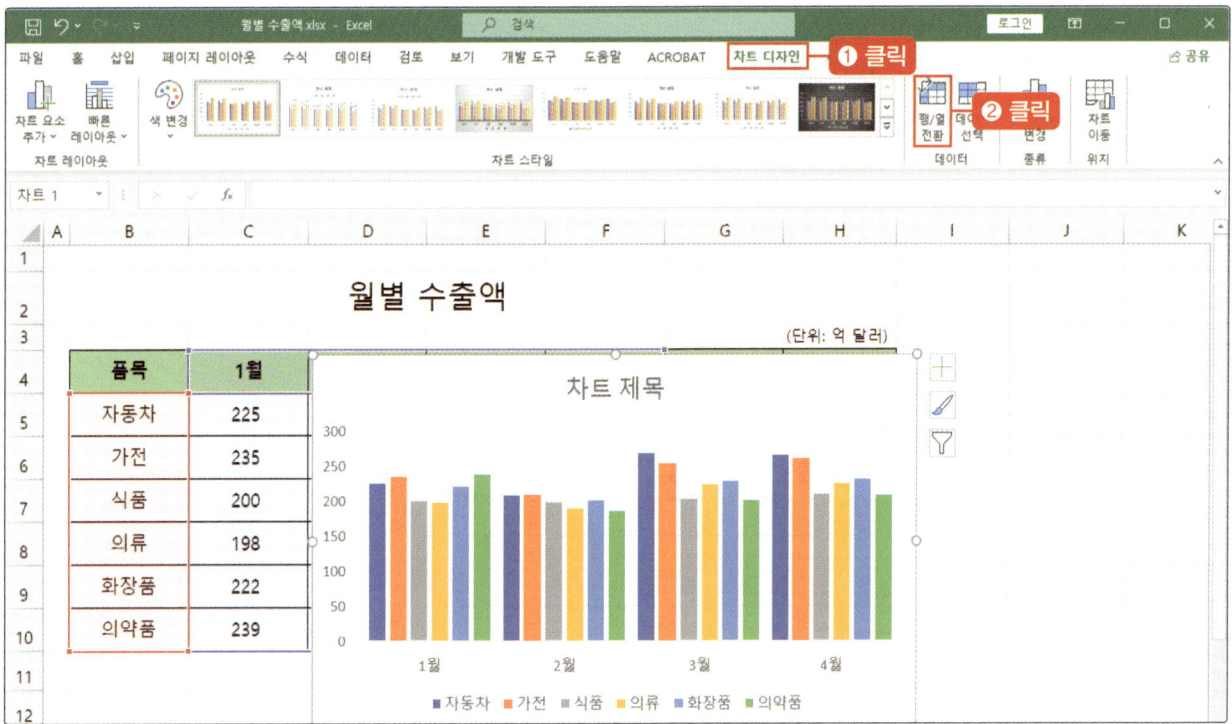

5 '차트 제목'을 클릭하고 ① "월별 수출액"을 입력합니다.

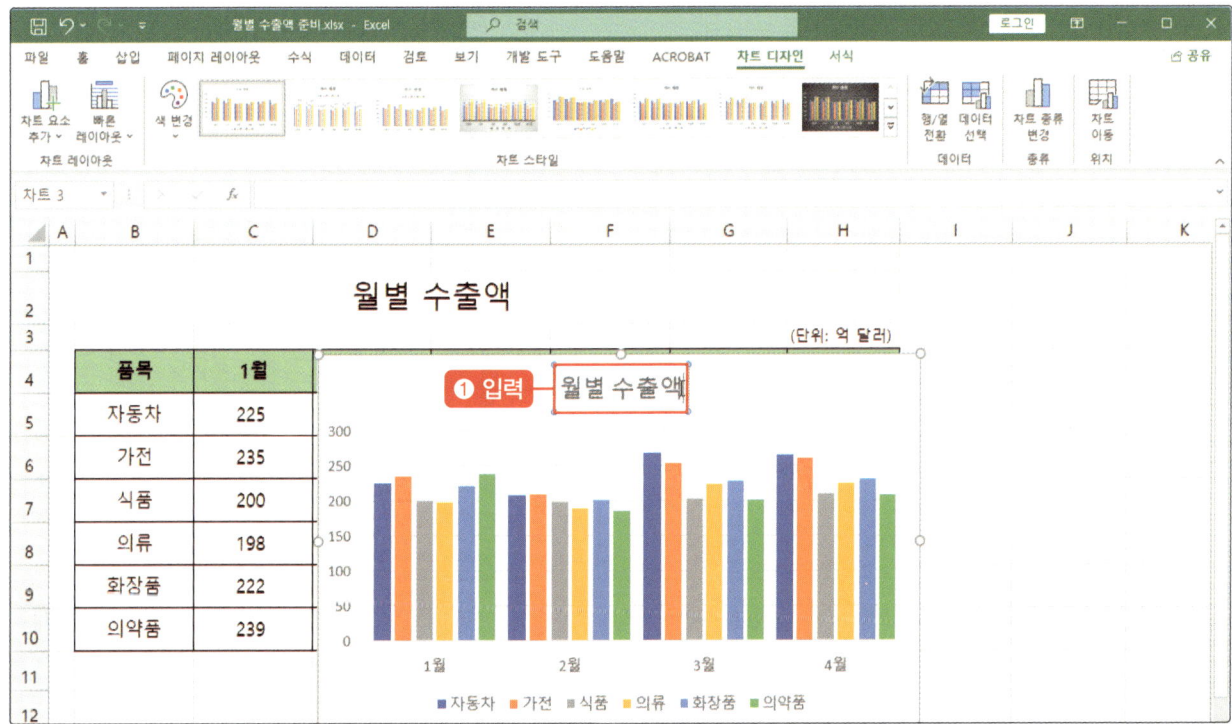

차트 요소 알아보기

차트를 클릭하면 오른쪽 위에 '차트 요소(+)' 버튼이 나타납니다. '차트 요소(+)' 버튼을 클릭하여 축, 제목, 범례 등과 같은 차트 요소를 추가하거나 삭제할 수 있습니다.

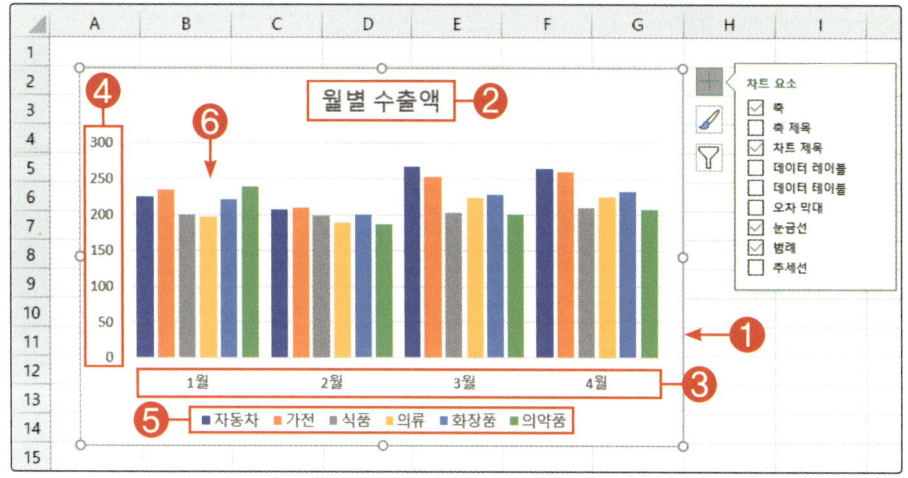

❶ **차트 영역** 차트를 포함하는 전체 영역을 말합니다. 배경이나 테두리 등을 조정할 수 있습니다.

❷ **차트 제목** 차트의 제목을 표시합니다.

❸ **가로(X)축** 데이터를 나누는 기준을 나타냅니다.

❹ **세로(Y)축** X축에 해당하는 데이터의 값을 나타냅니다.

❺ **범례** 각 색상이 나타내는 데이터를 표시합니다.

❻ **눈금선** 배경에 추가하는 보조선입니다.

차트 영역 안에서 요소를 더블클릭하여 세부 설정을 할 수 있습니다.

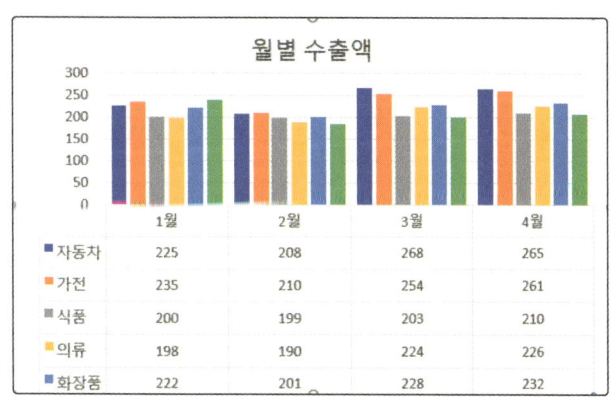

[차트에 데이터 테이블을 추가했을 때]

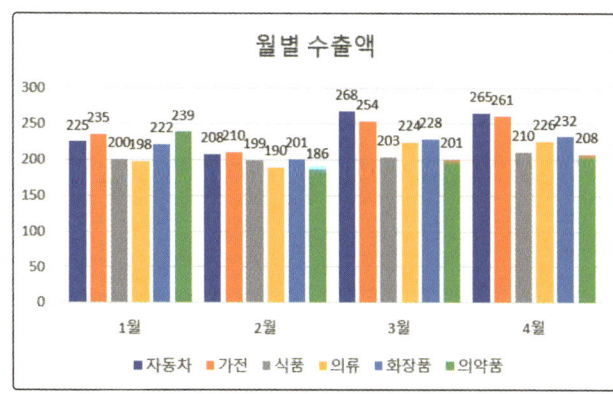

[차트에 데이터 레이블을 추가했을 때]

2 차트 요소 필터링 및 스타일 변경하기

1 차트를 선택하면 오른쪽에 차트를 편집할 수 있는 메뉴가 나타납니다. ❶ [차트 필터]를 클릭하여 ❷ '자동차', '가전', '의약품'의 체크를 해제한 후 ❸ [적용]을 누릅니다. 요소가 필터링됩니다.

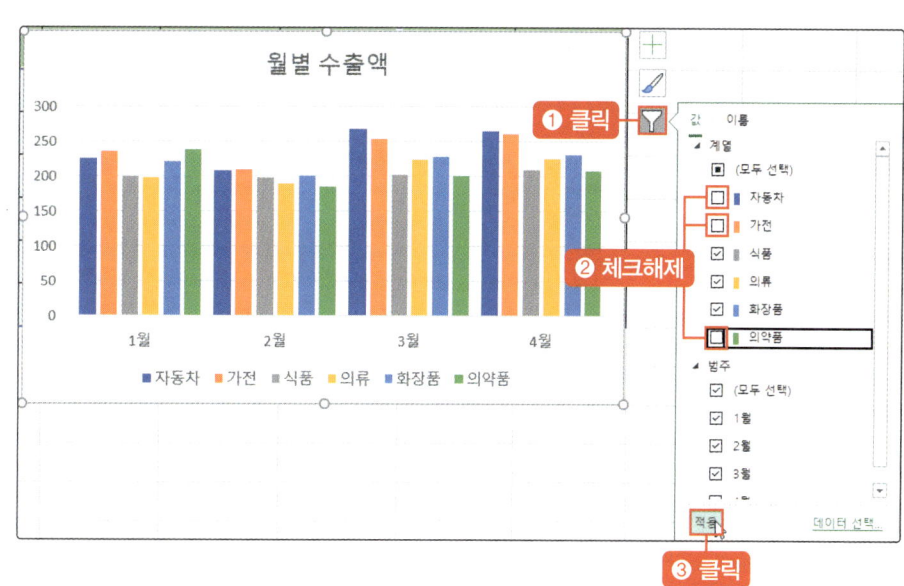

2 이번에는 ❶ [차트 요소]를 클릭하여 ❷ '데이터 레이블'을 체크합니다. ❸ ▶를 클릭하여 나타나는 목록에서 ❹ '안쪽 끝에'를 선택합니다. 데이터 레이블이 그래프 안쪽 끝에 표시됩니다.

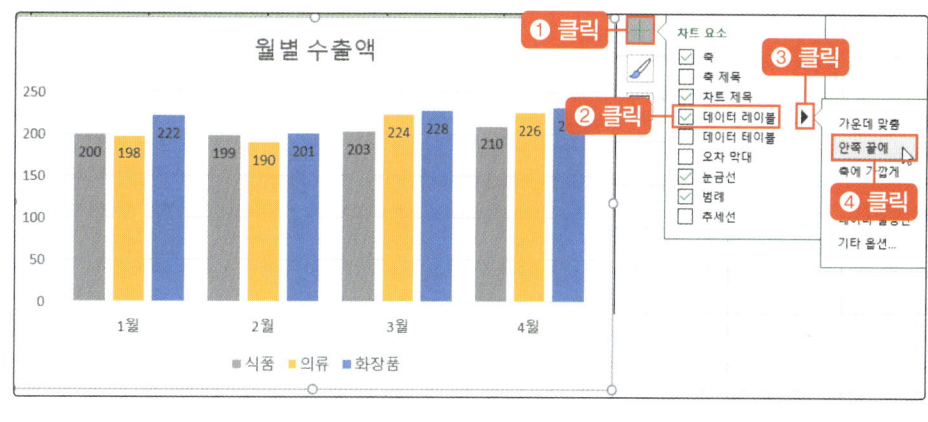

3 차트 스타일을 변경하기 위해 ❶ [차트 스타일]을 클릭한 후 ❷ 원하는 스타일을 선택합니다. 예제는 [스타일 4]를 선택한 결과입니다.

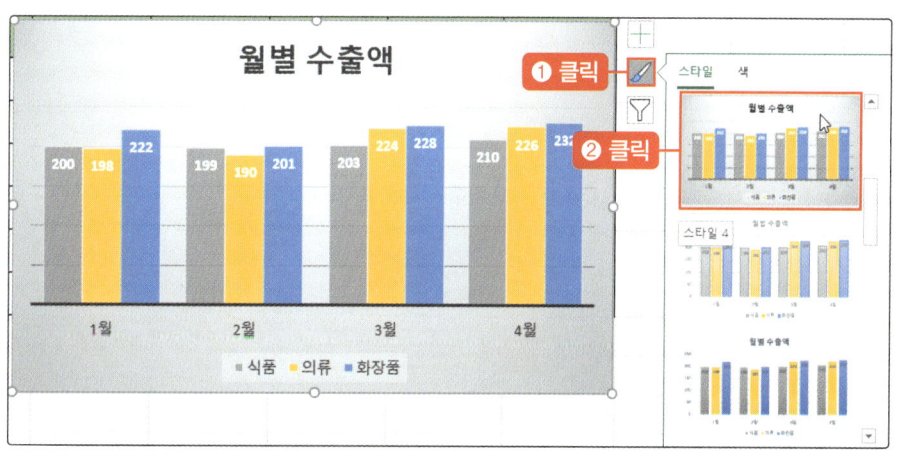

3 혼합 차트 만들기

1. 혼합 차트를 이용해 목표액과 달성액을 한눈에 비교해 볼 수 있습니다. ❶ [B4:B10] 셀을 드래그하여 선택한 후 ❷ Ctrl 키를 누른 상태에서 [G4:H10] 셀을 드래그합니다. ❸ [삽입] 탭의 [차트] 그룹에서 ❹ '추천 차트'를 클릭합니다.

2. [차트 삽입] 대화상자가 열리면 ❶ [모든 차트] 탭의 ❷ '혼합' 차트를 선택합니다. ❸ '합계'를 '묶은 세로 막대형'으로 선택하고 ❹ '보조 축'에 체크합니다. ❺ '목표액'은 '꺾은선형'으로 선택하고 ❻ [확인]을 클릭합니다.

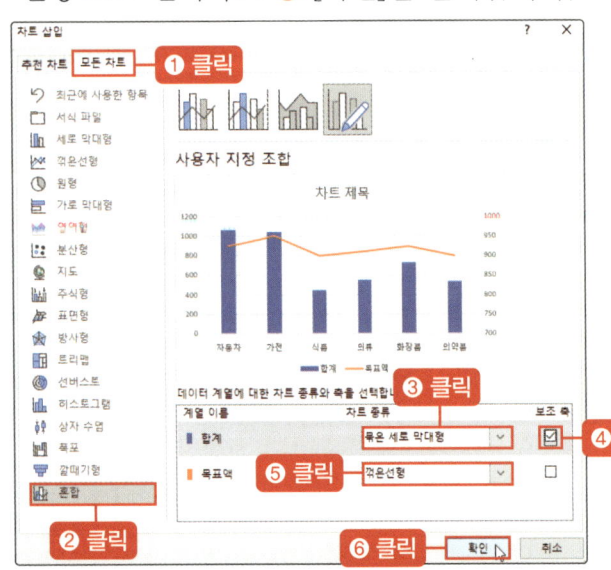

3. 차트 제목을 ❶ "목표액 대비 실제 수출액"으로 입력합니다.

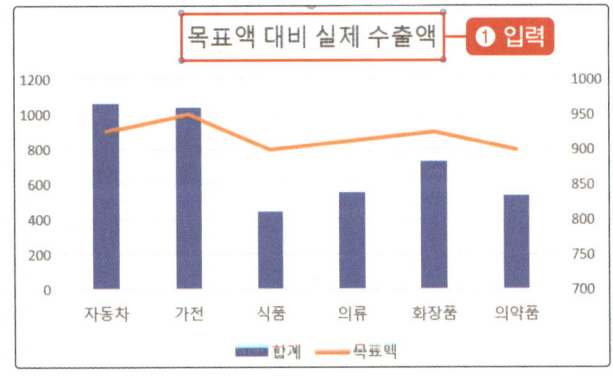

도전! 혼자 풀어 보세요!

1. '통학수단 조사.xlsx' 파일을 열고 다음 조건을 참고하여 차트를 삽입해 보세요.

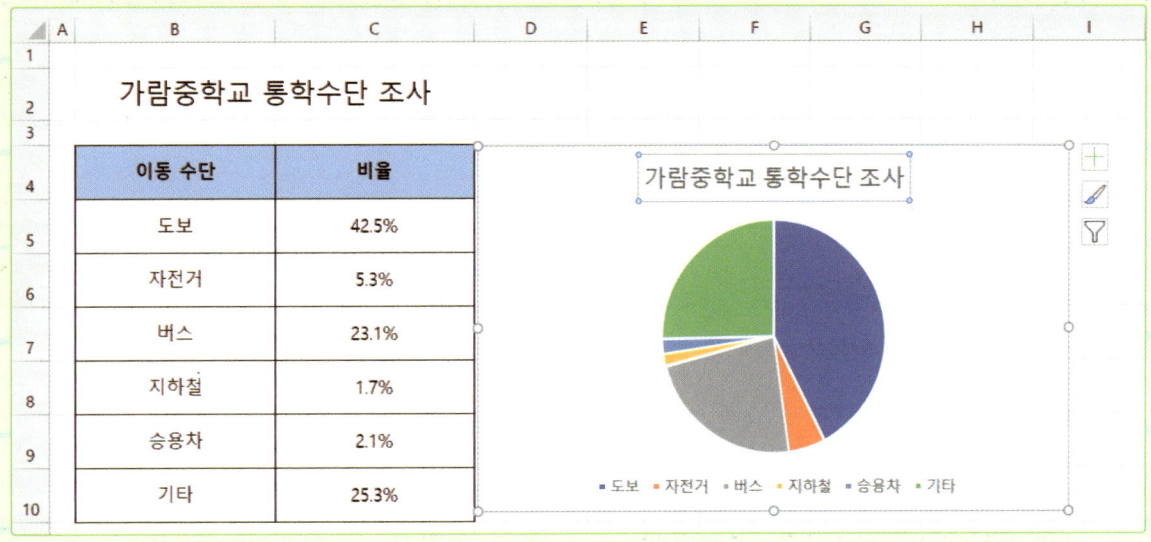

2차원 원형 차트를 삽입하세요.
차트 제목을 입력하세요.

2. '팡팡랜드 방문객 추이.xlsx' 파일을 열고 다음 조건을 참고하여 차트를 삽입해 보세요.

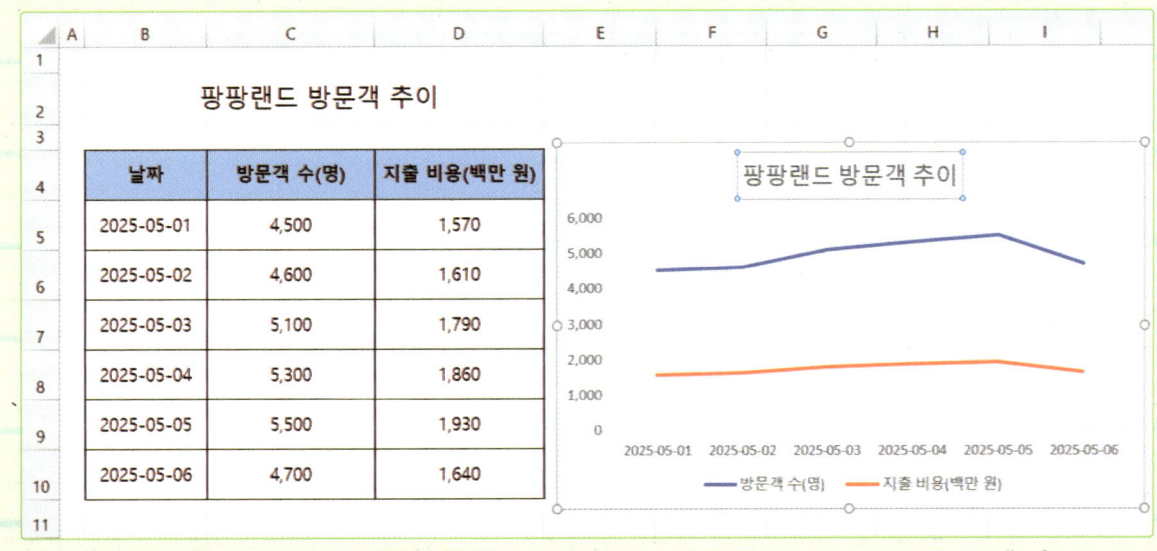

'2차원 꺾은 선형' 그래프를 삽입하세요.
차트 제목을 입력하세요.

133

스파크라인과 조건부 서식

스파크라인은 데이터의 흐름을 요약한 아주 작은 차트입니다. 하나의 셀에 삽입되므로 크기는 작지만, 데이터의 가독성을 높여 줍니다. 조건부 서식은 글꼴, 색, 아이콘 등을 사용해 특정 셀을 강조해 줍니다.

▶▶ 스파크라인에 대해 알아봅니다.
▶▶ 조건부 서식에 대해 알아봅니다.

배울 내용 미리 보기

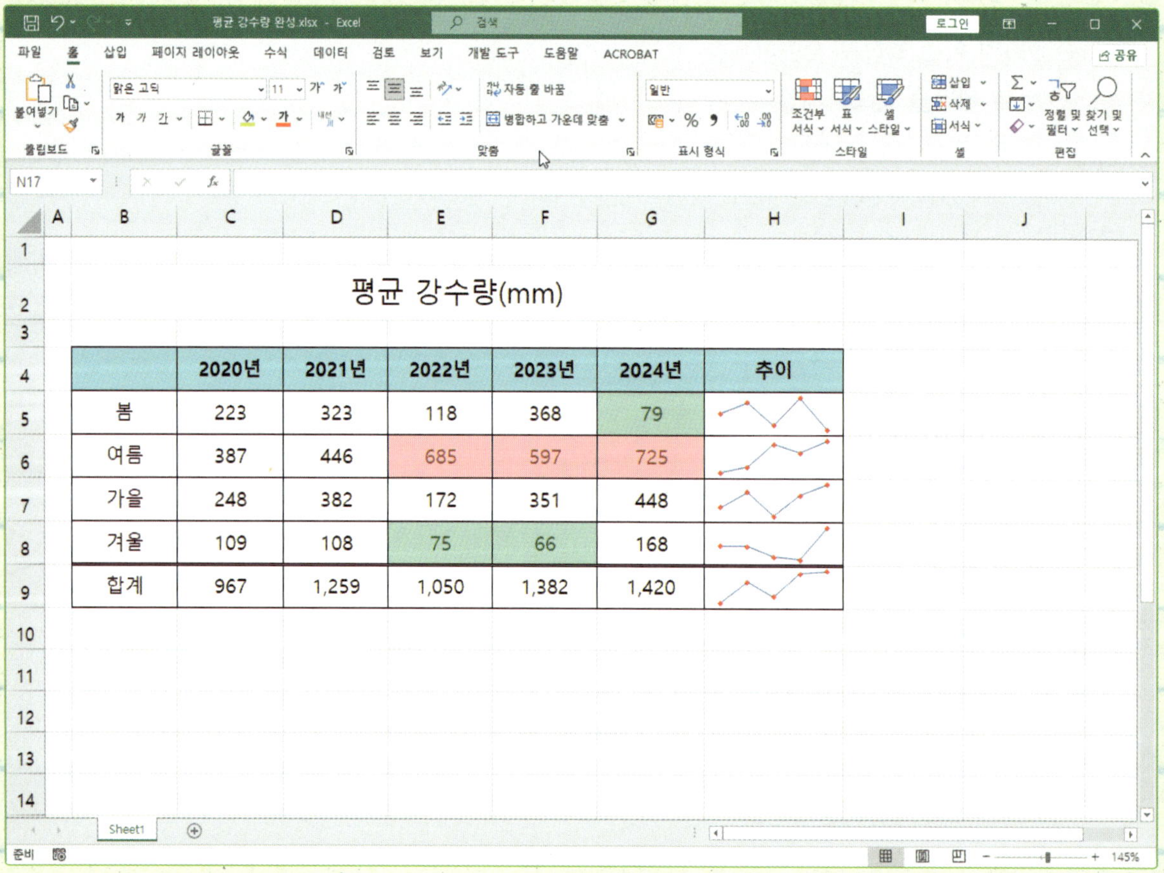

▲ **파일명** 평균 강수량 완성.xlsx

스파크라인으로 추세 읽기

1 '평균 강수량.xlsx' 파일을 엽니다.

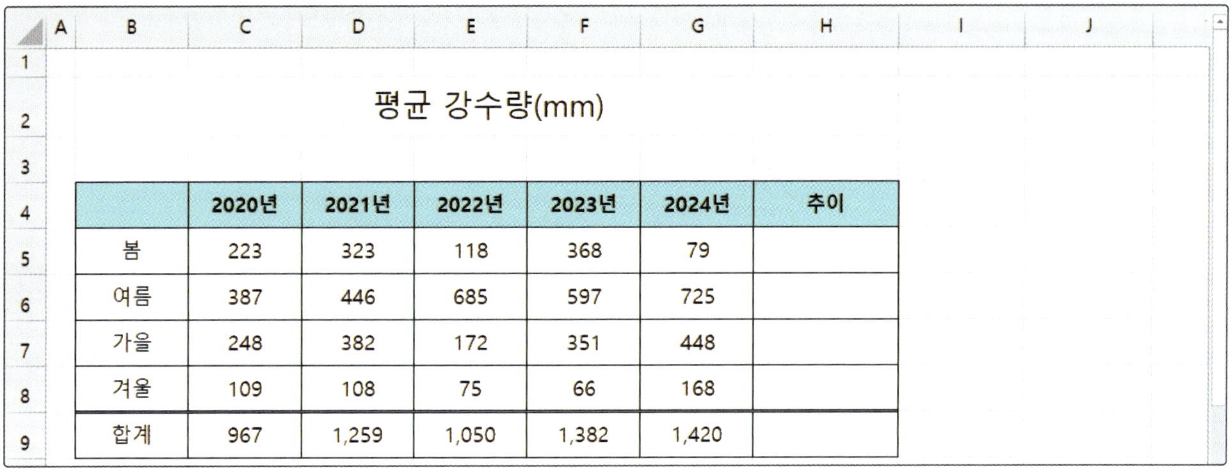

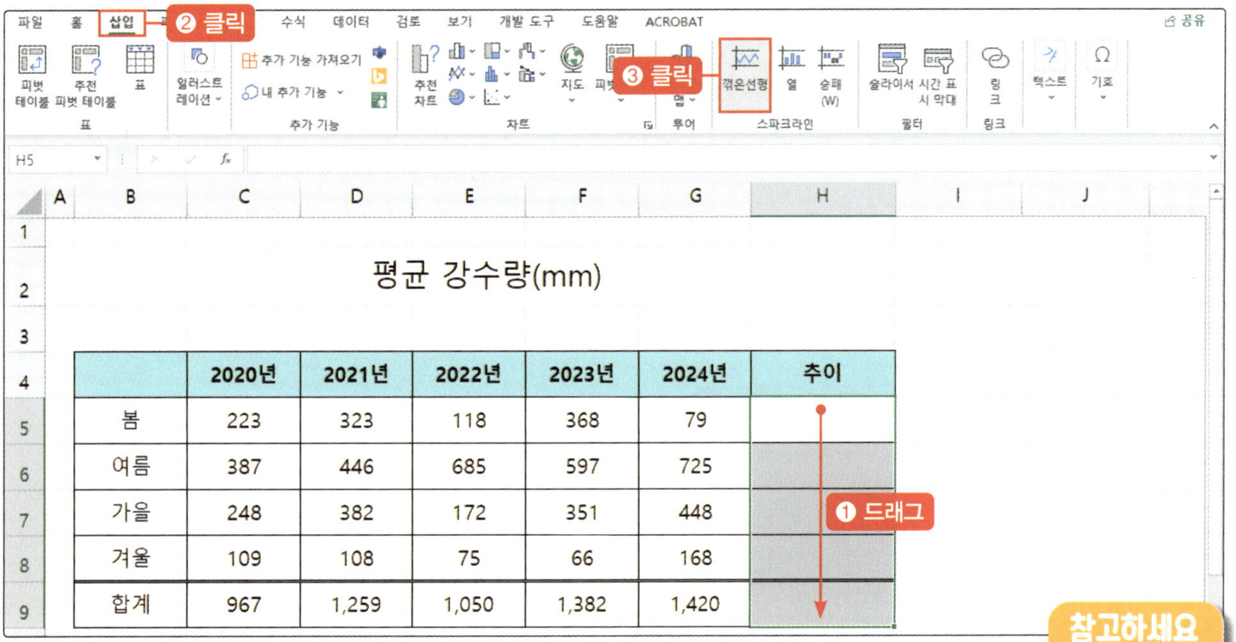

평균 강수량(mm)

	2020년	2021년	2022년	2023년	2024년	추이
봄	223	323	118	368	79	
여름	387	446	685	597	725	
가을	248	382	172	351	448	
겨울	109	108	75	66	168	
합계	967	1,259	1,050	1,382	1,420	

2 ❶ [H5:H9] 셀을 드래그하여 선택한 다음, ❷ [삽입] 탭의 [스파크라인] 그룹에서 ❸ '꺾은선형'을 클릭합니다.

참고하세요

꺾은선형	추이를 꺾은선 그래프로 보여 줍니다. 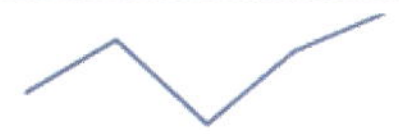
열	데이터를 막대 그래프로 비교하여 보여 줍니다. 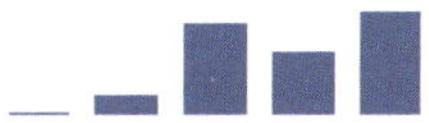
승패	양수와 음수를 위쪽 막대와 아래쪽 막대로 보여 줍니다. 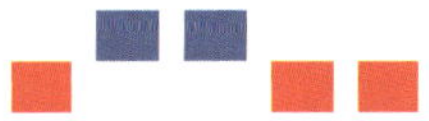

3 [스파크라인 만들기] 대화상자가 열리면 ❶ '데이터 범위'의 입력란을 클릭한 후 ❷ [C5:G9] 셀을 드래그하여 선택하고 ❸ [확인]을 클릭합니다.

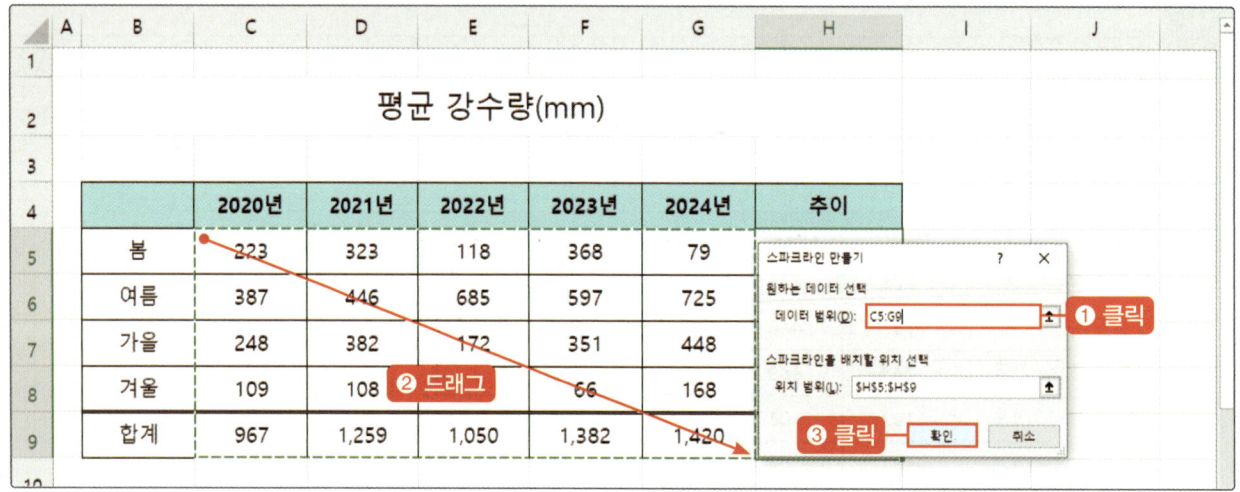

4 '추이' 열의 각 셀에 스파크라인이 생성됩니다.

	2020년	2021년	2022년	2023년	2024년	추이
봄	223	323	118	368	79	
여름	387	446	685	597	725	
가을	248	382	172	351	448	
겨울	109	108	75	66	168	
합계	967	1,259	1,050	1,382	1,420	

5 스파크라인 표식을 설정하거나 해제할 수 있습니다. ❶ [H5:H9] 셀을 드래그하여 선택한 후 ❷ [스파크라인] 탭의 [표시] 그룹에서 ❸ '표식'을 체크합니다.

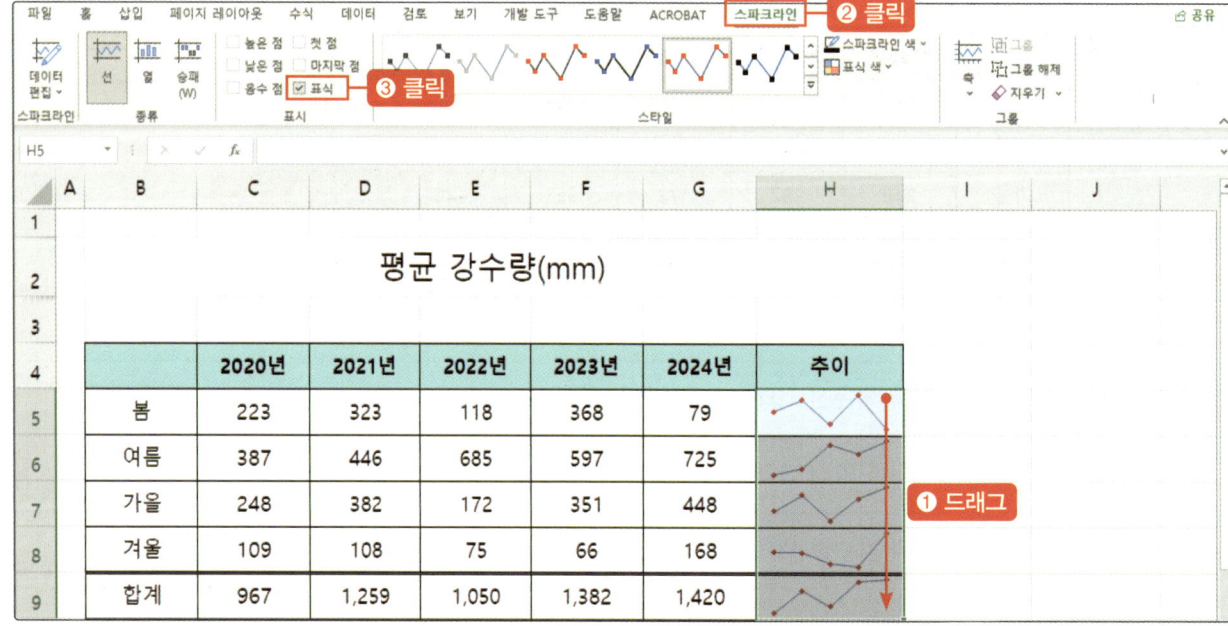

스파크라인 종류 변경하기 ❶ [H5:H9] 셀을 드래그하여 선택한 후 ❷ [스파크라인] 탭의 [종류] 그룹에서 ❸ '열'을 선택하면 스파크라인의 종류가 변경됩니다.

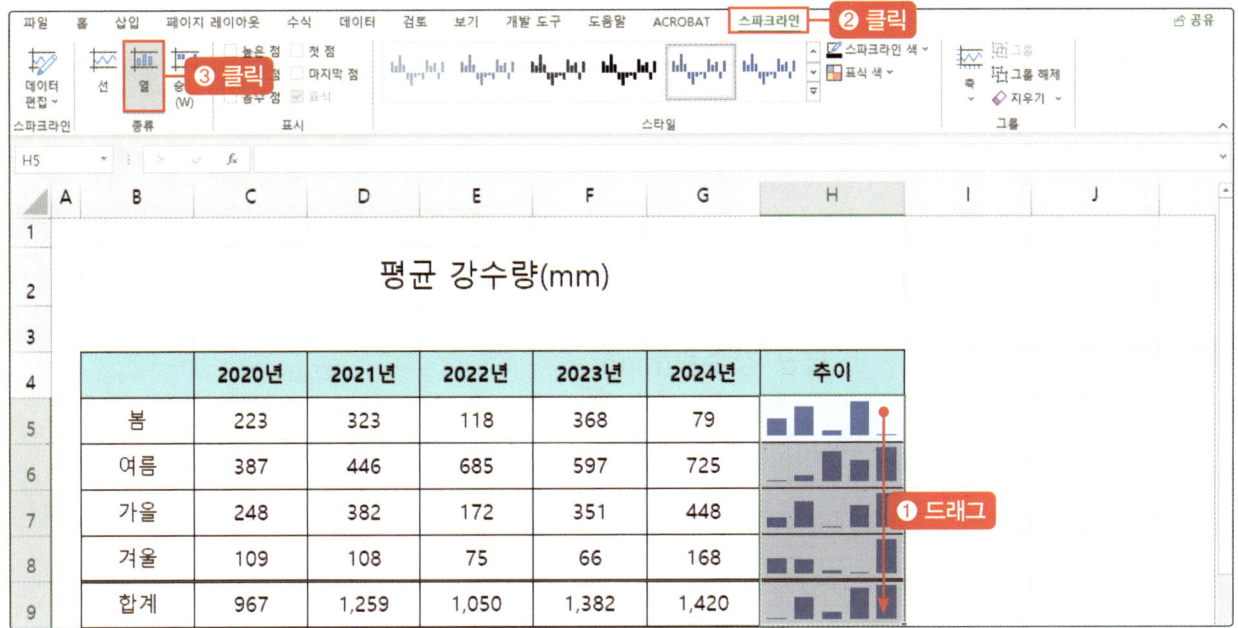

스파크라인 삭제하기 셀을 선택한 상태에서 ❶ [스파크라인] 탭의 [그룹] 그룹에서 ❷ '지우기'를 클릭하고 ❸ '선택한 스파크라인 지우기'를 선택합니다.

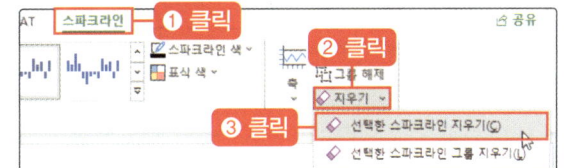

빠른 선택 도구로 스파크라인 삽입하기 ❶ [C5:G9] 셀을 드래그하여 선택한 후 ❷ 오른쪽 아래에 나타나는 [빠른 분석] 도구를 클릭합니다. ❸ '스파크라인' 탭에서 ❹ '선'을 선택합니다.

조건부 서식으로 데이터 강조하기

1 평균 강수량이 500mm 초과인 셀을 '빨강' 색으로 강조하려고 합니다. ❶ [C5:G8] 셀을 드래그하여 선택한 후 ❷ [홈] 탭의 [스타일] 그룹에서 ❸ '조건부 서식'의 ❹ '셀 강조 규칙'을 클릭하고 ❺ '보다 큼'을 선택합니다.

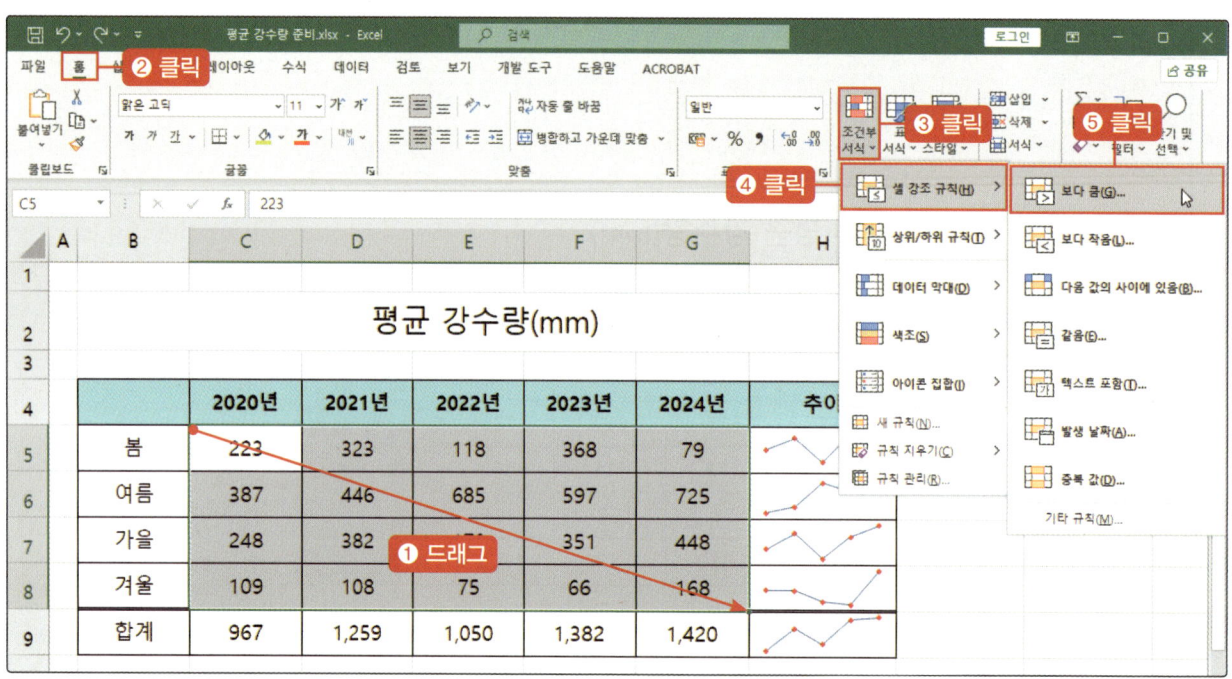

2 [보다 큼] 대화상자가 나타나면 ❶ '다음 값보다 큰 셀의 서식 지정' 입력란에 "500"을 입력합니다. ❷ '적용할 서식'의 목록 단추를 눌러 '진한 빨강 텍스트가 있는 연한 빨강 채우기'를 선택하고 ❸ [확인]을 클릭합니다.

3 이번에는 평균 강수량이 100mm 미만인 셀을 '녹색'으로 강조하기 위해 ❶ [C5:G8] 셀을 드래그하여 선택합니다. ❷ [홈] 탭의 [스타일] 그룹에서 ❸ '조건부 서식'의 ❹ '셀 강조 규칙'을 클릭하고 ❺ '보다 작음'을 선택합니다.

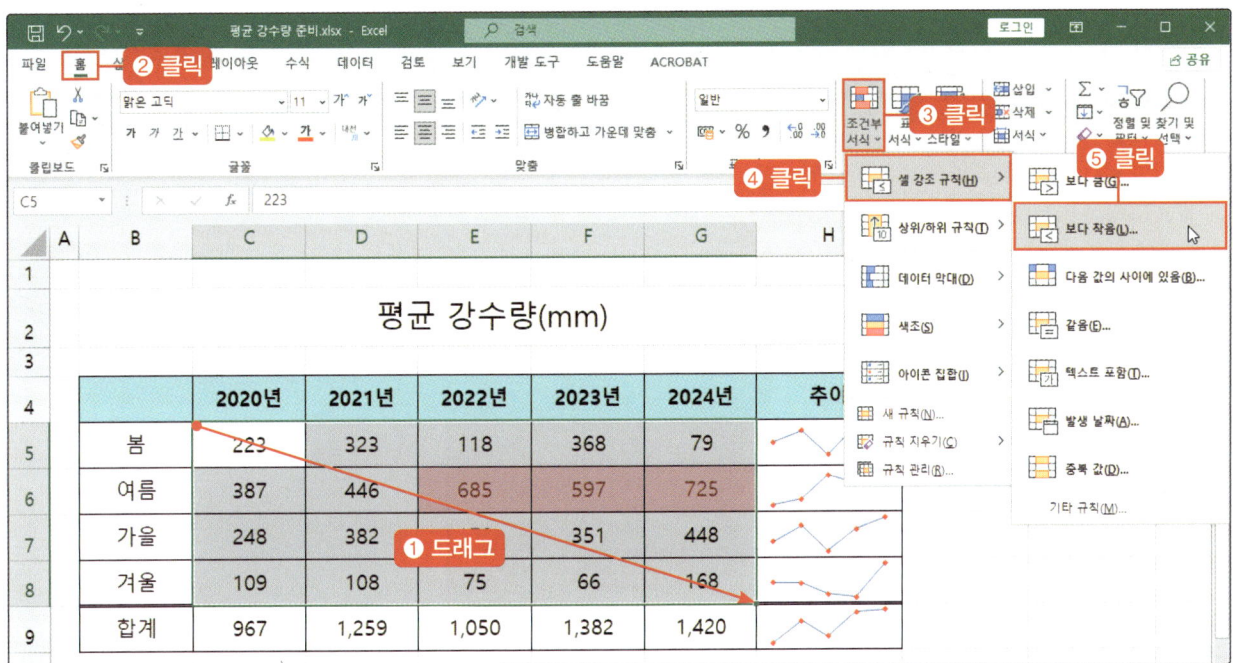

4 [보다 작음] 대화상자가 나타나면 ❶ '다음 값보다 작은 셀의 서식 지정' 입력란에 "100"을 입력합니다. ❷ '적용할 서식'의 목록 단추를 눌러 '진한 녹색 텍스트가 있는 녹색 채우기'를 선택하고 ❸ [확인]을 클릭합니다.

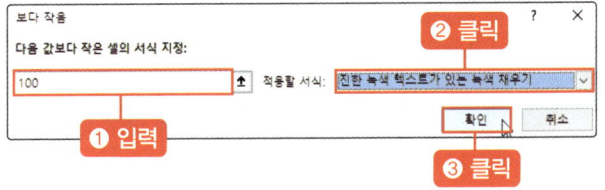

5 결과는 다음과 같습니다.

	2020년	2021년	2022년	2023년	2024년	추이
봄	223	323	118	368	79	
여름	387	446	685	597	725	
가을	248	382	172	351	448	
겨울	109	108	75	66	168	
합계	967	1,259	1,050	1,382	1,420	

참고하세요

데이터 막대 표시하기 조건부 서식의 '데이터 막대'는 값의 크기를 막대로 표시해 줍니다. ❶ 데이터 막대를 표시할 셀을 드래그하여 선택한 다음, ❷ [홈] 탭의 [스타일] 그룹에서 ❸ '조건부 서식'의 ❹ '데이터 막대'를 클릭하고 ❺ '주황 데이터 막대'를 선택합니다. 가장 큰 값이 있는 셀은 100%로 채워집니다.

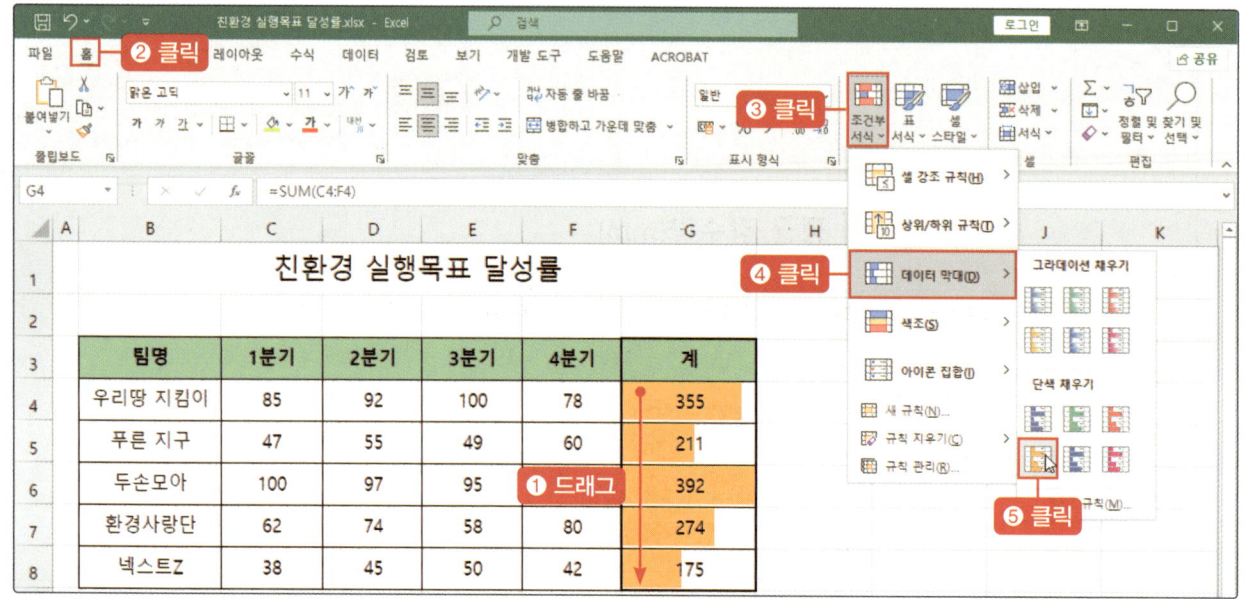

조건부 서식 삭제하기 ❶ 조건부 서식이 적용된 셀을 드래그하여 선택한 후 ❷ [홈] 탭의 [스타일] 그룹에서 ❸ '조건부 서식'의 ❹ '규칙 지우기'를 클릭하고 ❺ '선택한 셀의 규칙 지우기'를 선택합니다.

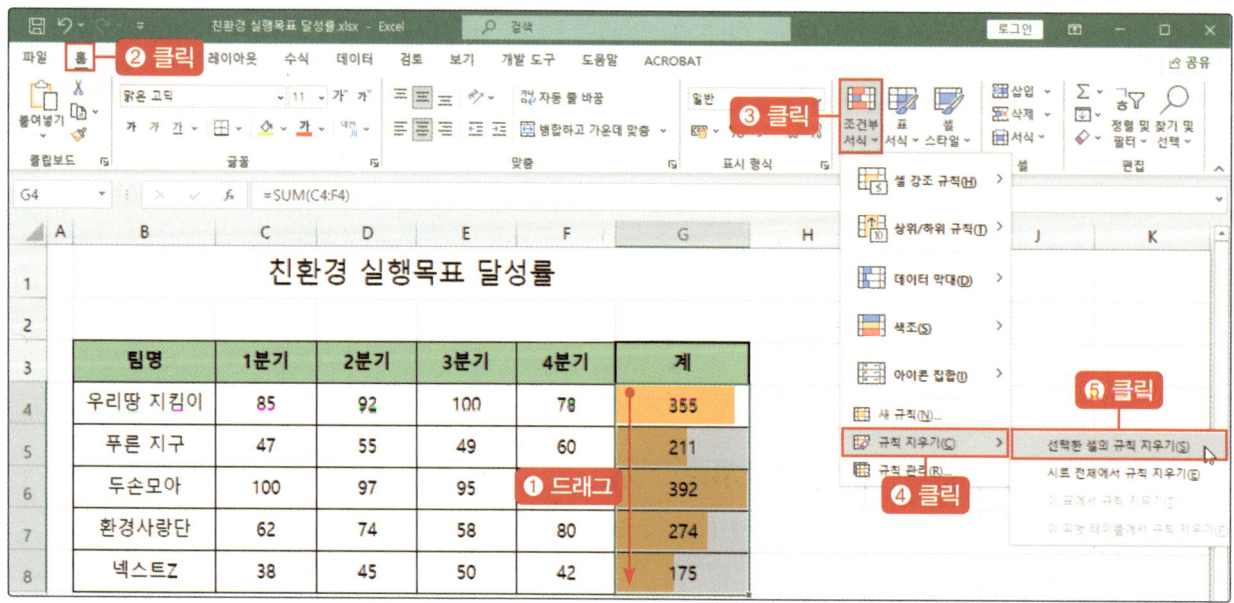

'시트 전체에서 규칙 지우기'를 선택하면 워크시트에 적용된 모든 조건부 서식을 삭제할 수 있습니다.

도전! 혼자 풀어 보세요!

1 '다솜반 걷기 챌린지.xlsx' 파일을 열고 다음 조건을 참고하여 워크시트를 작성해 보세요.

다솜반 걷기 챌린지

이름	월	화	수	목	금	추세
박도윤	5,200	3,700	6,000	5,500	6,300	
정서우	5,400	5,000	6,300	5,700	5,900	
민지훈	6,100	4,500	6,500	5,500	6,100	
서예지	5,800	2,800	6,700	6,000	6,000	
최승찬	6,200	1,600	7,000	6,200	5,900	
율 희	4,100	4,800	6,500	6,100	5,800	
김한결	4,800	3,000	7,000	3,000	5,000	

> '추세' 열에 스파크라인 '꺾은선형'을 적용하세요.
> '높은 점'과 '낮은 점'의 표식을 설정하세요.

2 '우리집 소비 동향.xlsx' 파일을 열고 다음 조건을 참고하여 워크시트를 작성해 보세요.

우리집 소비 동향
(단위: 원)

구분	1월	2월	3월	4월
식비	800,000	600,000	780,000	850,000
주거비	600,000	560,000	700,000	800,000
교통비	150,000	120,000	180,000	200,000
통신비	150,000	150,000	150,000	150,000
교육비	900,000	500,000	800,000	800,000
문화생활비	200,000	1,500,000	150,000	150,000
의료비	110,000	200,000	100,000	100,000
기타	180,000	200,000	190,000	220,000

> 조건부 서식의 '셀 강조 규칙'-'보다 큼'을 선택하세요.
> '800,000'보다 큰 셀은 '진한 빨강 텍스트가 있는 연한 빨강 채우기'를 적용하세요.

17 개체 삽입과 하이퍼링크 추가하기

워크시트에 그림, 도형, 아이콘, 워드아트 등의 개체를 삽입하여 시각적 효과를 높일 수 있습니다. 하이퍼링크를 추가하면 외부 파일이나 웹사이트로의 연결이 매우 편리합니다.

- 그림 삽입에 대해 알아봅니다.
- 하이퍼링크를 추가하는 방법을 알아봅니다.
- 워드아트 삽입 방법을 알아봅니다.

배울 내용 미리 보기

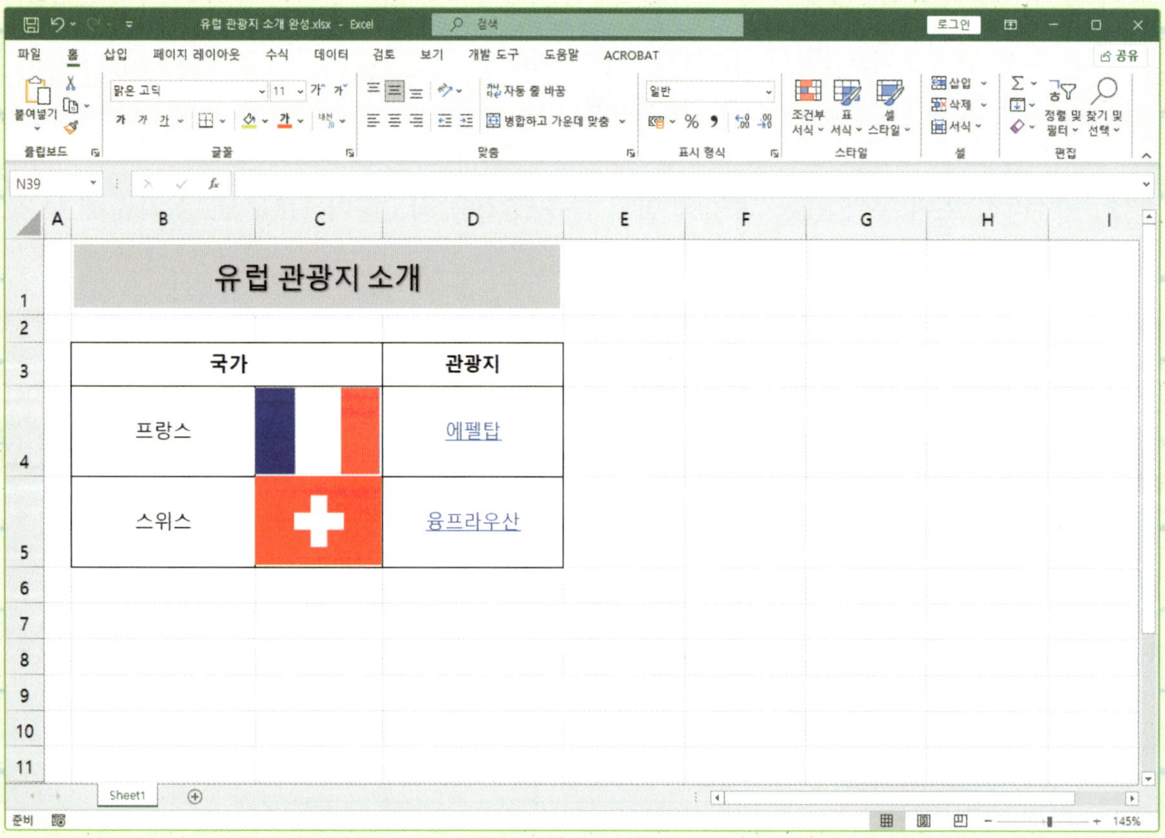

▲ **파일명** 유럽 관광지 소개 완성.xlsx

1 개체 삽입하기

1 다음 워크시트와 같이 작성합니다.

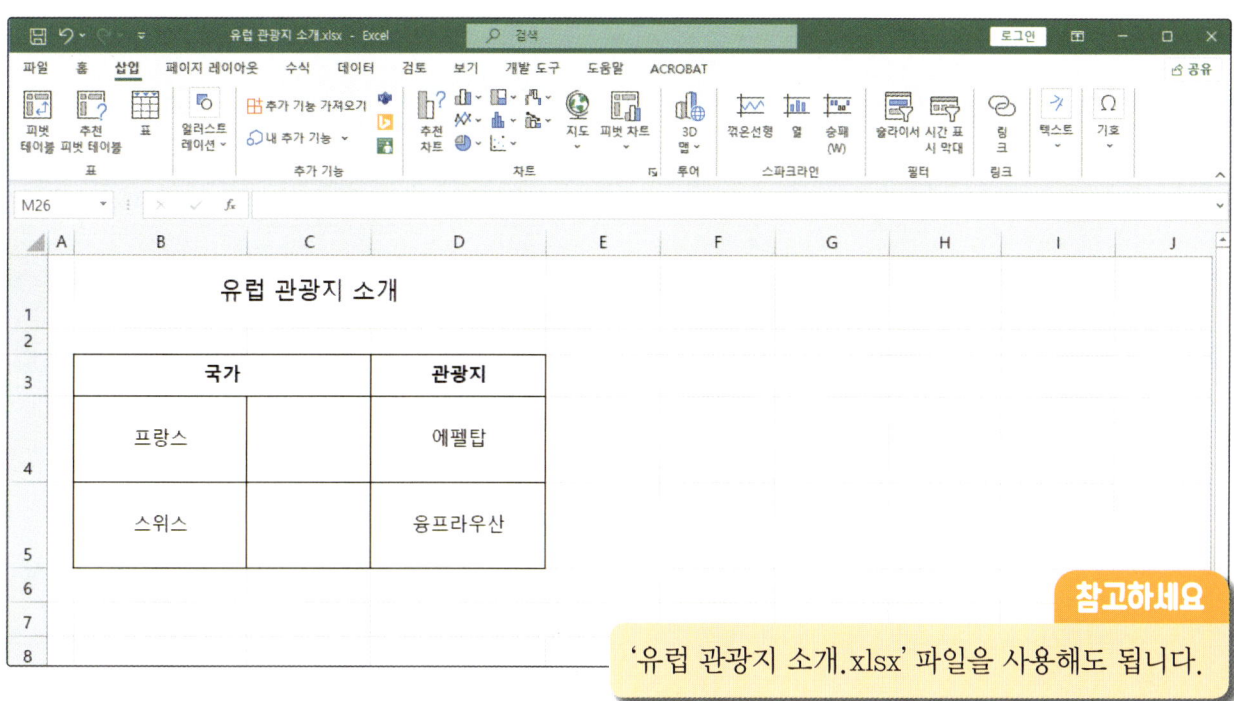

'유럽 관광지 소개.xlsx' 파일을 사용해도 됩니다.

2 국가 이름 옆에 국기 그림을 삽입하기 위해 ❶ [C4] 셀을 클릭합니다. ❷ [삽입] 탭의 ❸ [일러스트레이션]을 클릭한 후 ❹ '그림'에서 ❺ '이 디바이스'를 선택합니다.

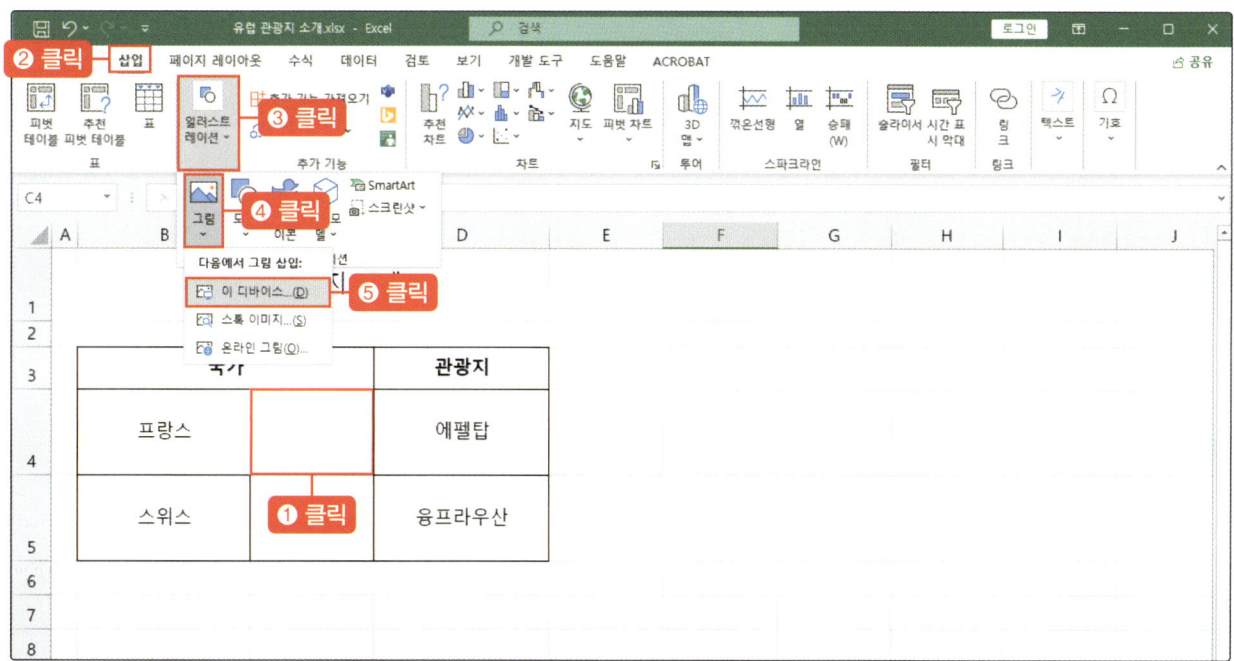

3 [그림 삽입] 대화상자가 열리면 ❶ 그림을 선택한 후 ❷ [삽입]을 클릭합니다.

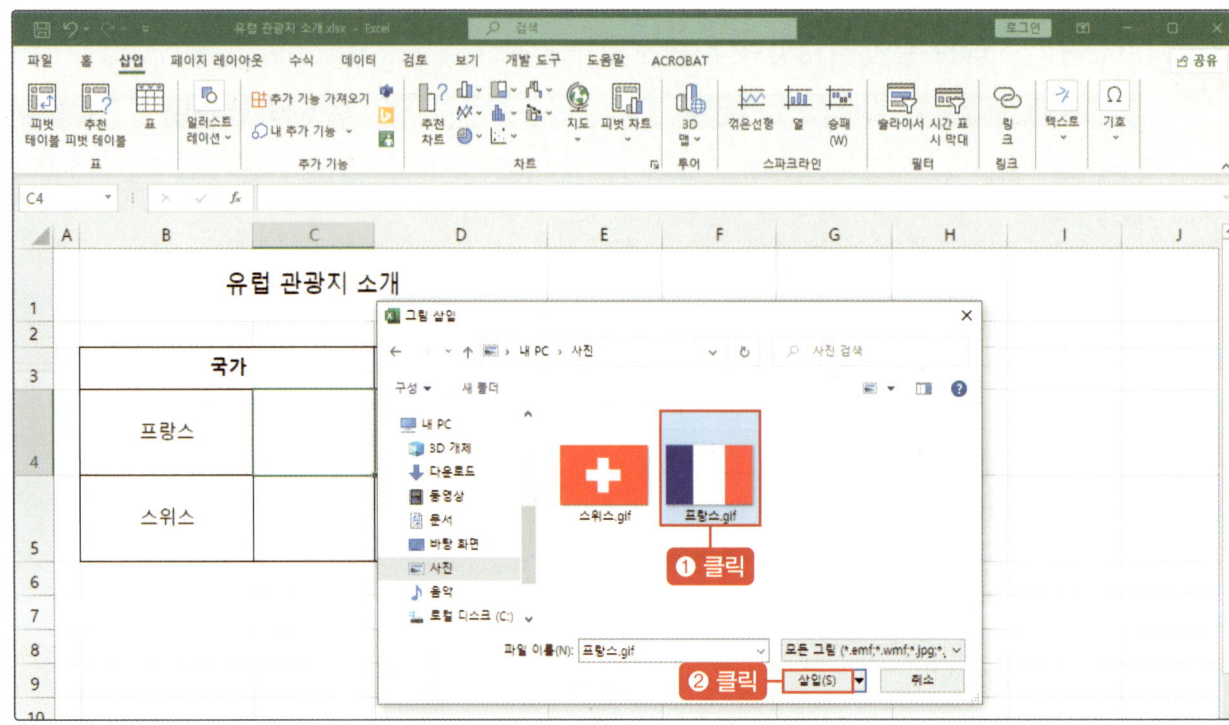

4 그림이 셀의 왼쪽 모서리에 맞춰 삽입됩니다. ❶ 오른쪽 아래의 조절점을 드래그하여 셀 크기에 맞게 조절합니다.

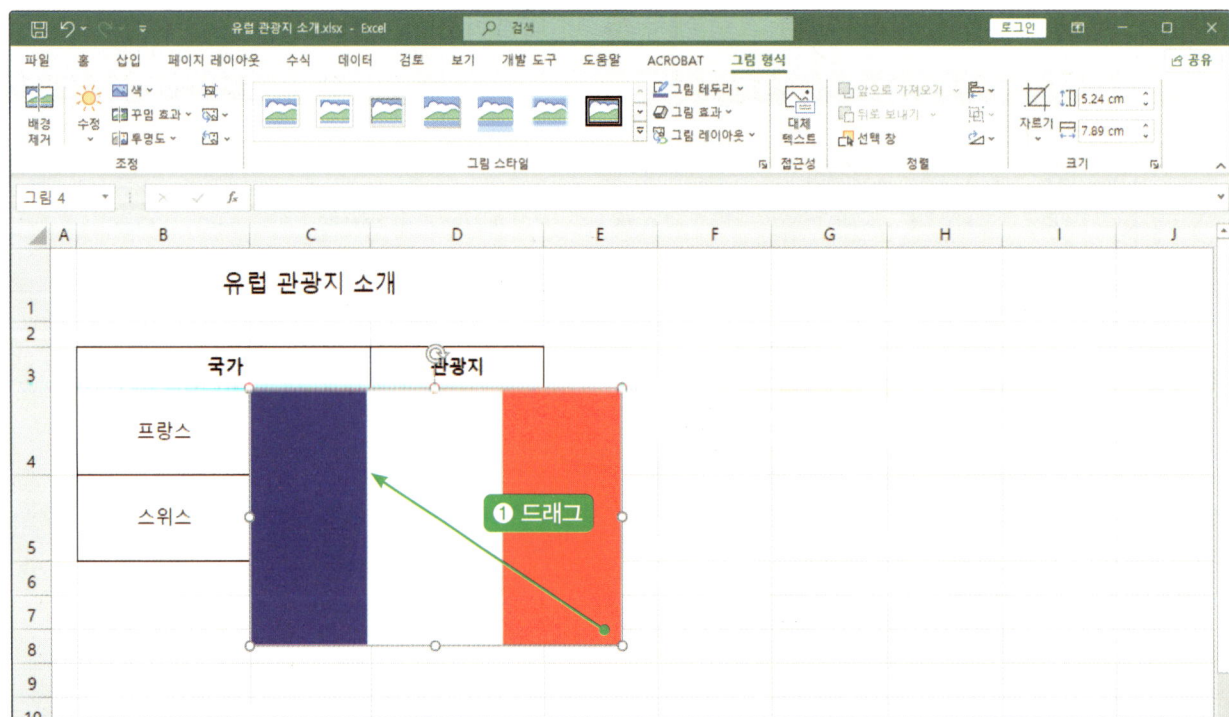

5 같은 방법으로 [C5] 셀에 개체를 삽입하기 위해 ❶ [C5] 셀을 클릭합니다. ❷ [삽입] 탭의 ❸ [일러스트레이션]을 클릭한 후 ❹ '그림'에서 ❺ '이 디바이스'를 선택합니다.

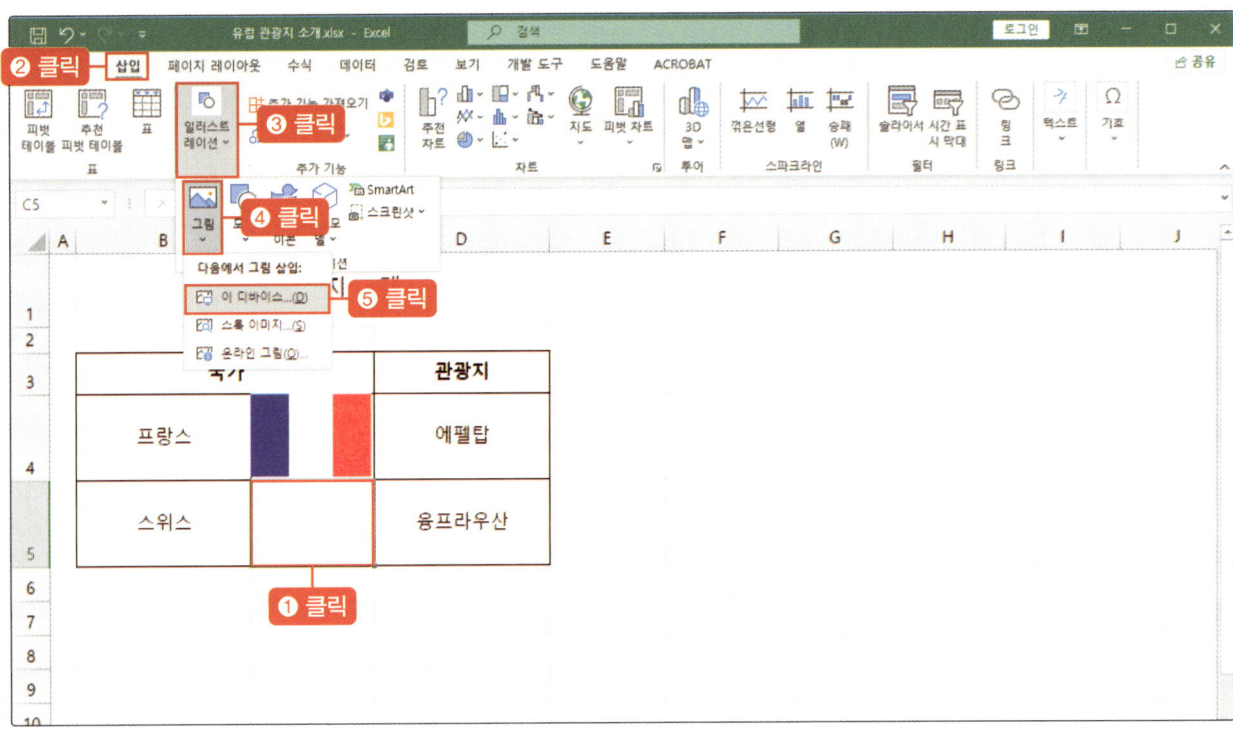

6 [그림 삽입] 대화상자가 열리면 ❶ 그림을 선택한 후 ❷ [삽입]을 클릭합니다.

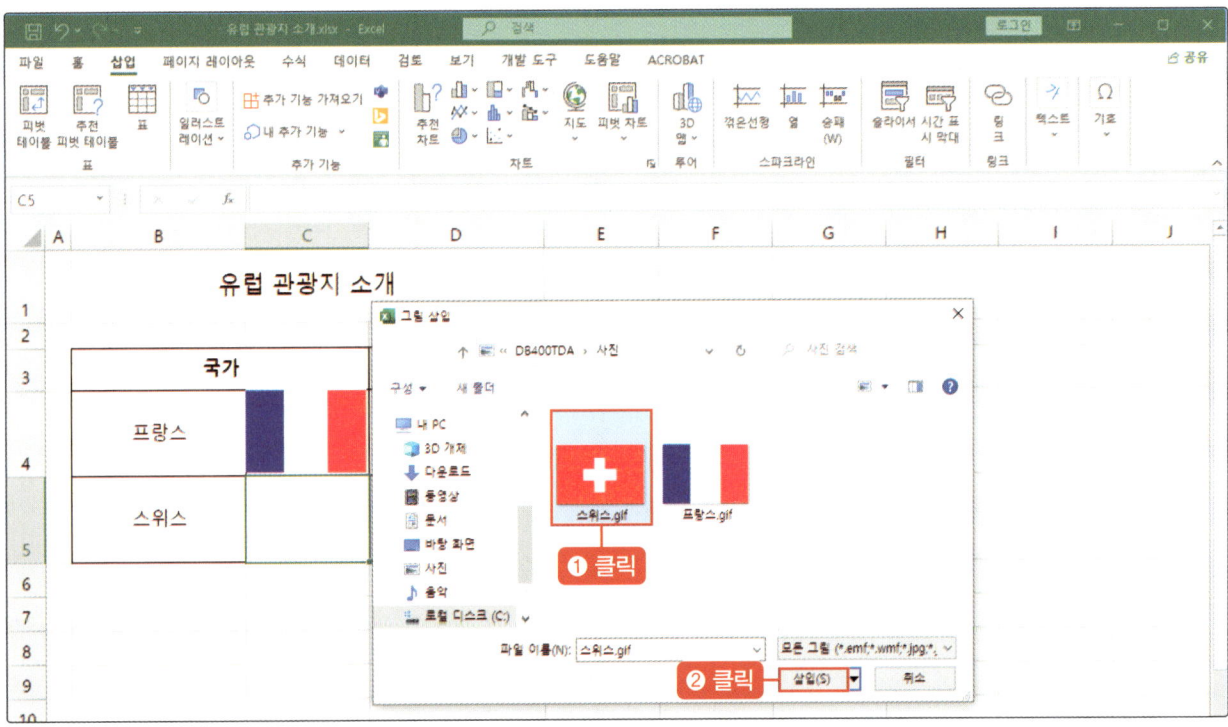

7 그림이 셀의 왼쪽 모서리에 맞춰 삽입되면 ❶ 오른쪽 아래의 조절점을 드래그하여 셀 크기에 맞게 조절합니다.

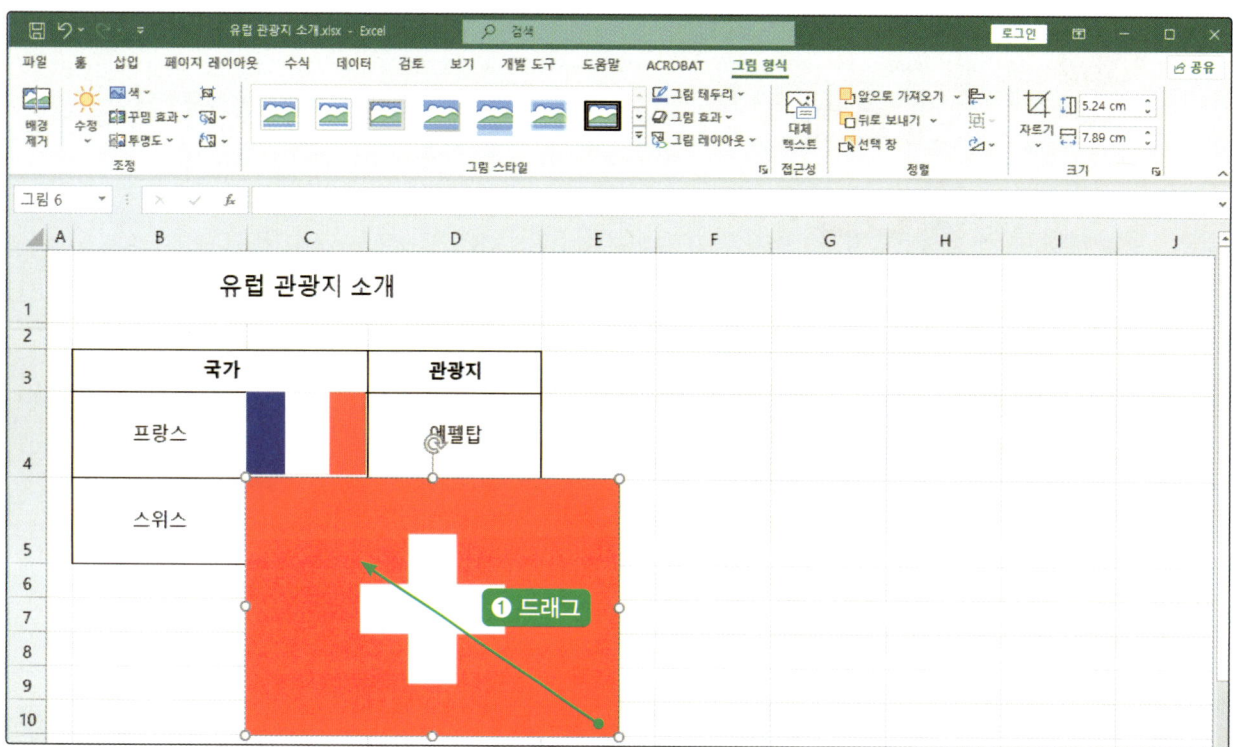

8 그림이 모두 삽입되었습니다.

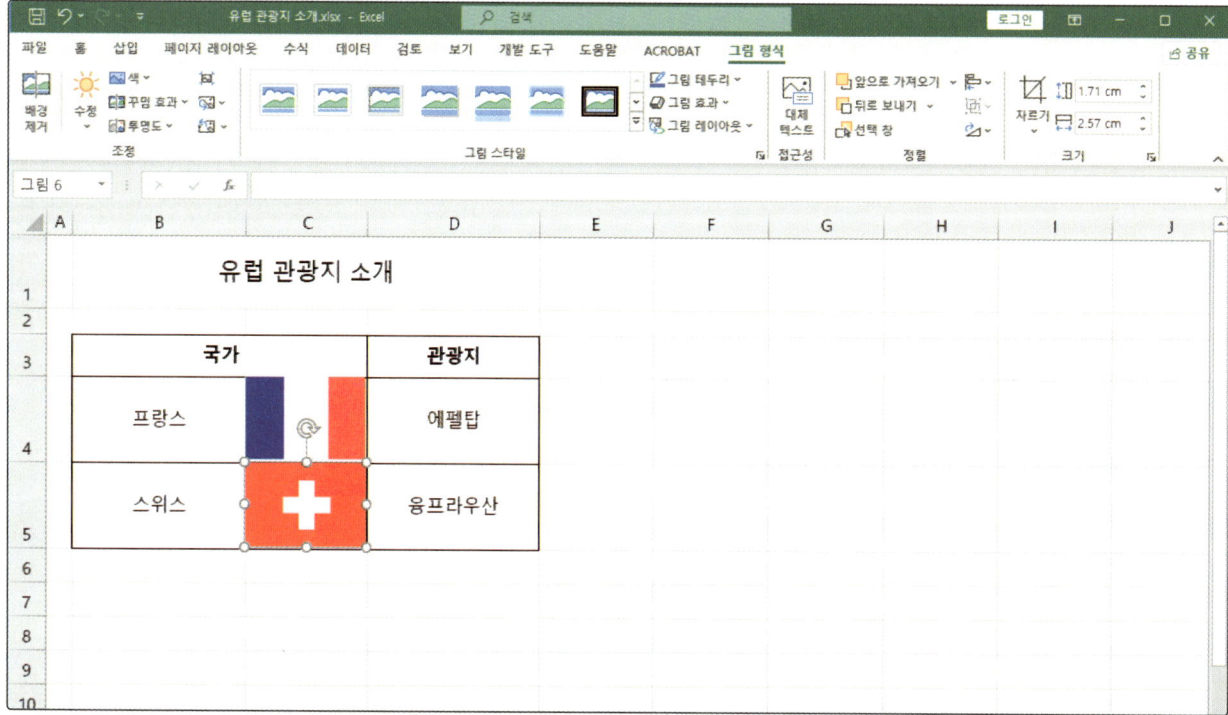

2 하이퍼링크 추가하기

1 관광지 이름을 클릭하면 관광 정보 제공 웹사이트로 이동하도록 하이퍼링크를 추가해 줍니다.
❶ [D4] 셀을 클릭한 후 마우스 오른쪽 버튼을 누릅니다. 빠른 메뉴가 열리면 ❷ '링크'를 클릭합니다.

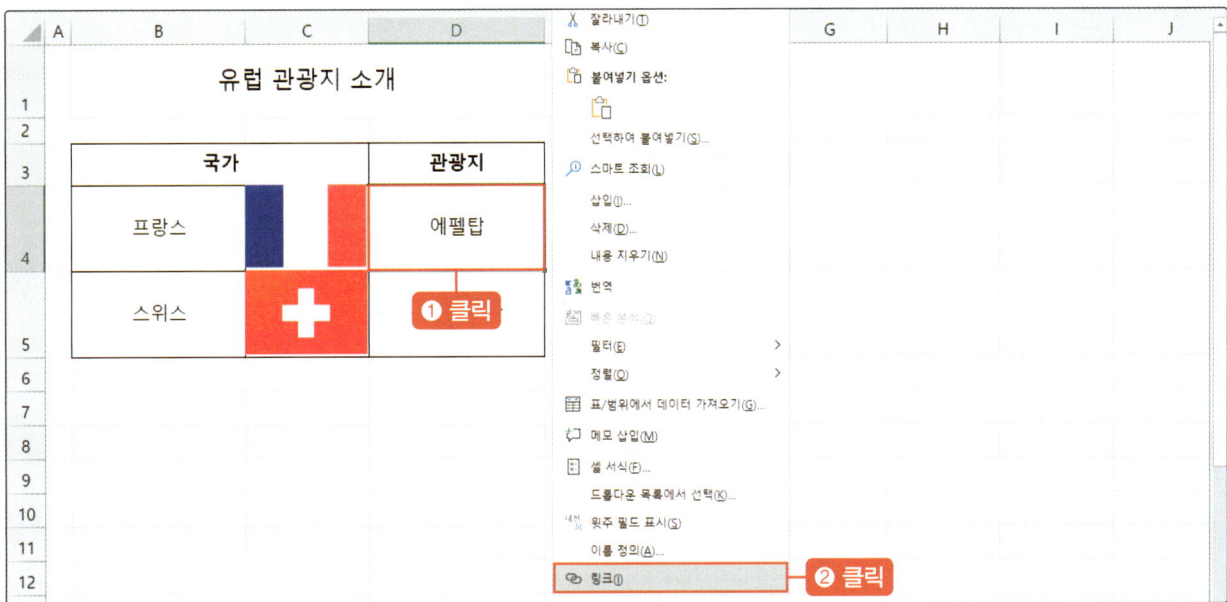

2 [하이퍼링크 삽입] 대화상자가 나타나면 ❶ [기존 파일/웹 페이지]를 선택합니다. ❷ '주소' 입력란에 "https://www.france.fr"를 입력하고 ❸ [확인]을 누릅니다.

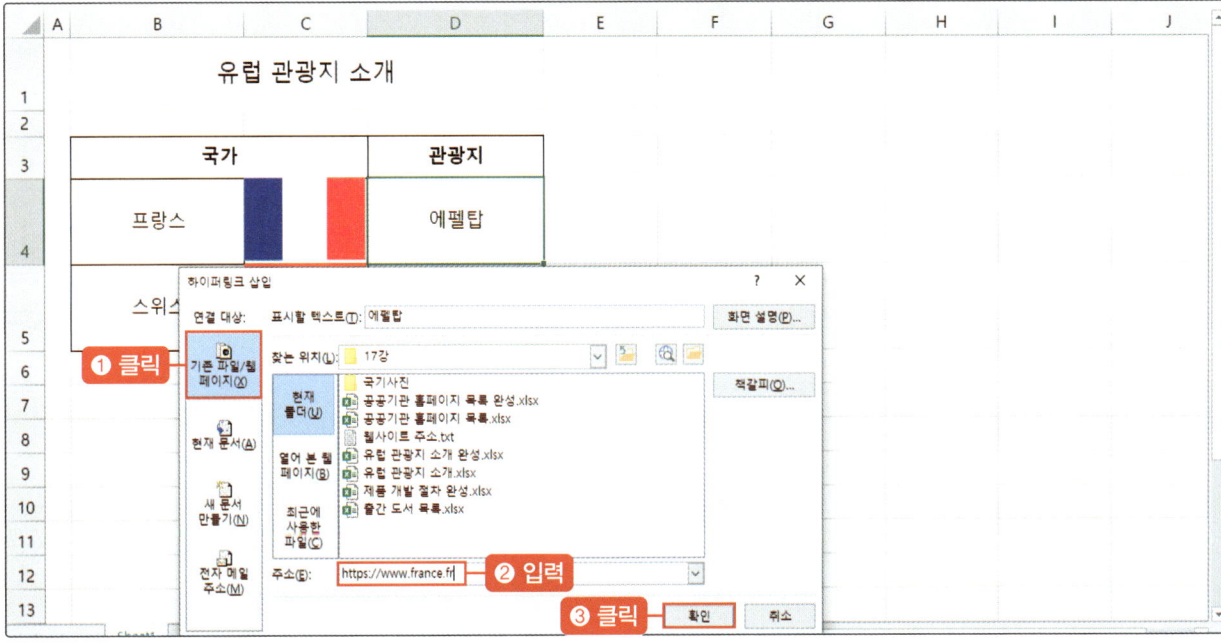

3 ❶ [D4]의 '에펠탑' 글자에 마우스를 갖다 대면 손가락 모양으로 변경되면서 웹 사이트 주소가 표시됩니다. 클릭하면 해당 사이트로 이동합니다.

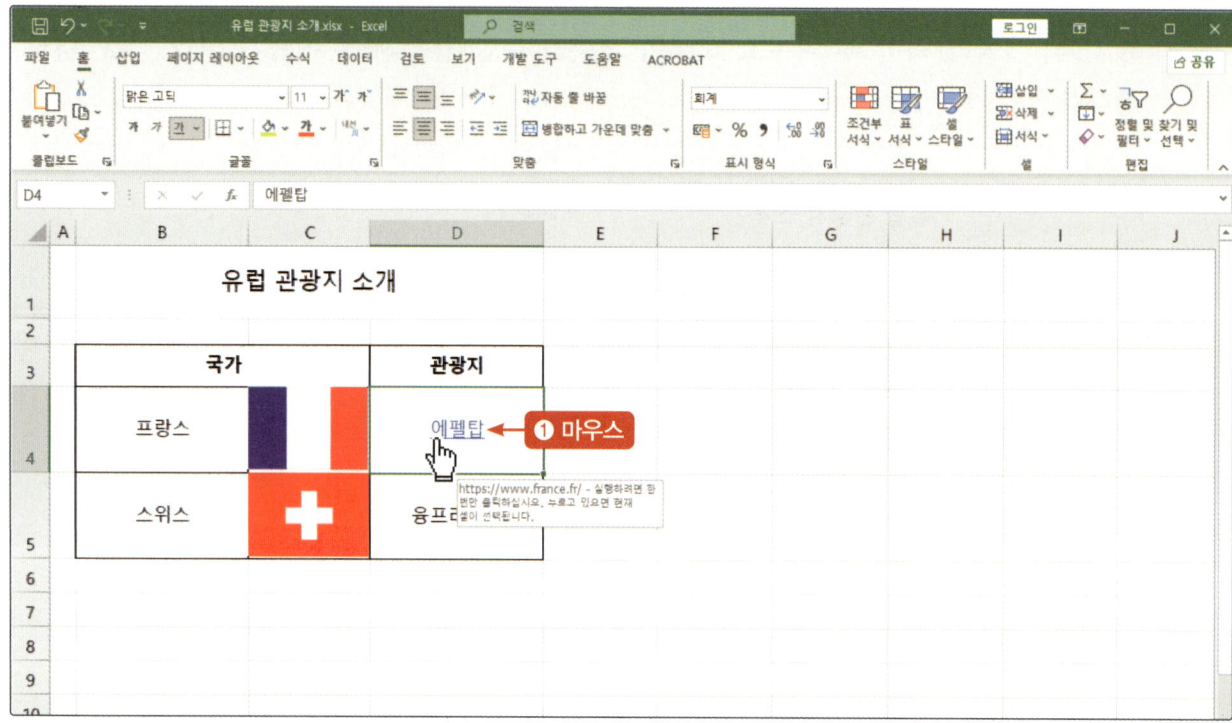

4 같은 방법으로 [D5] 셀에 하이퍼링크를 추가합니다. ❶ [D5] 셀을 클릭한 후 마우스 오른쪽 버튼을 누릅니다. 빠른 메뉴가 열리면 ❷ '링크'를 클릭합니다.

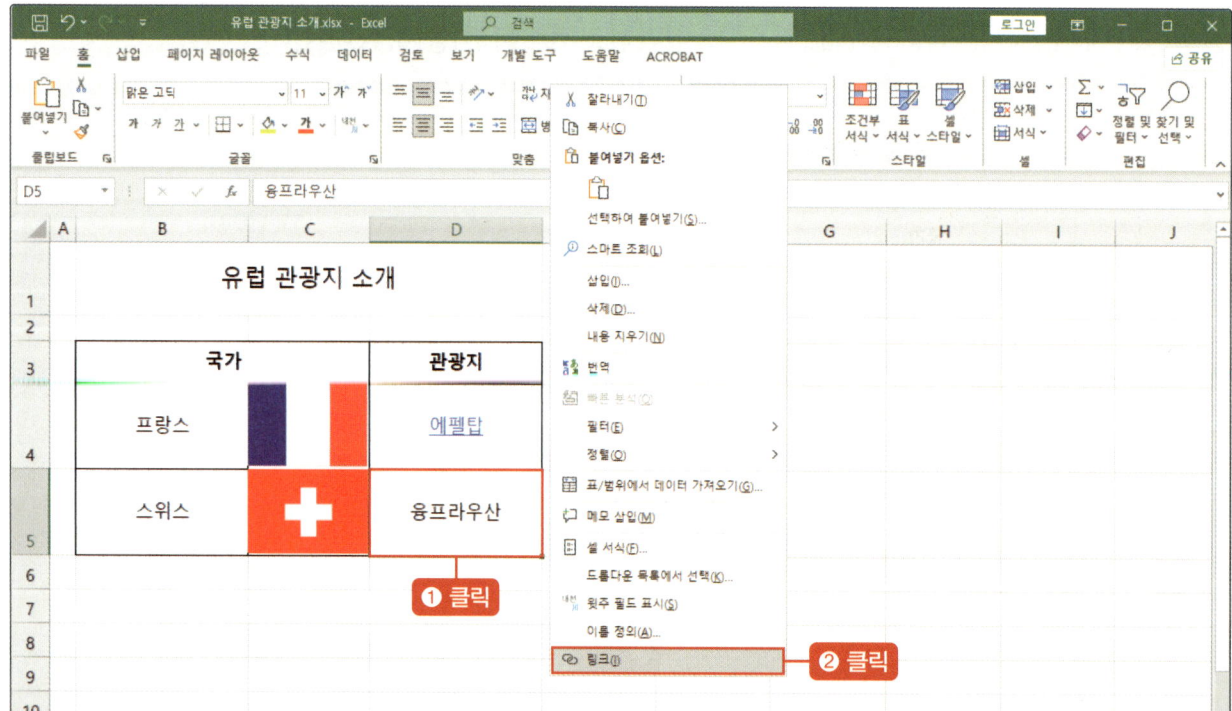

5 [하이퍼링크 삽입] 대화상자가 나타나면 ❶ [기존 파일/웹 페이지]를 선택합니다. ❷ '주소' 입력란에 "https://www.myswitzerland.com/ko/"를 입력하고 ❸ [확인]을 누릅니다.

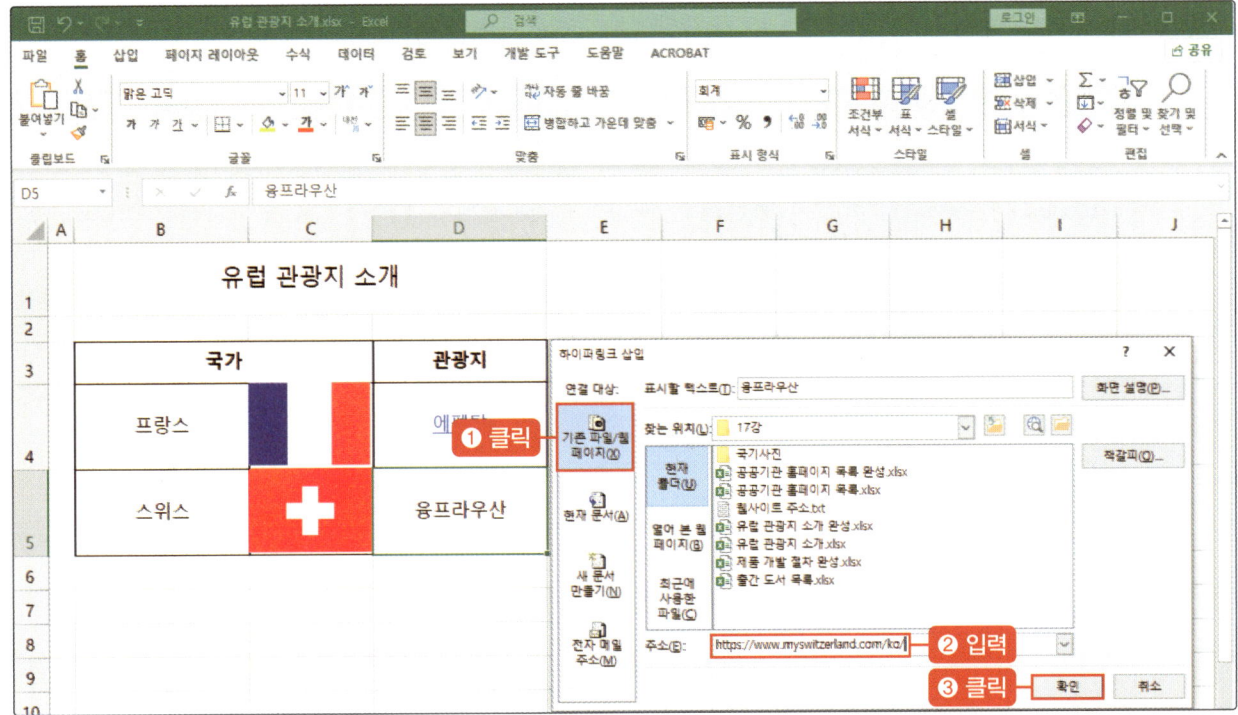

참고하세요

'웹사이트 주소.txt' 파일에 제공된 주소를 복사하여 붙여 넣어도 됩니다.

6 하이퍼링크가 모두 추가되었습니다.

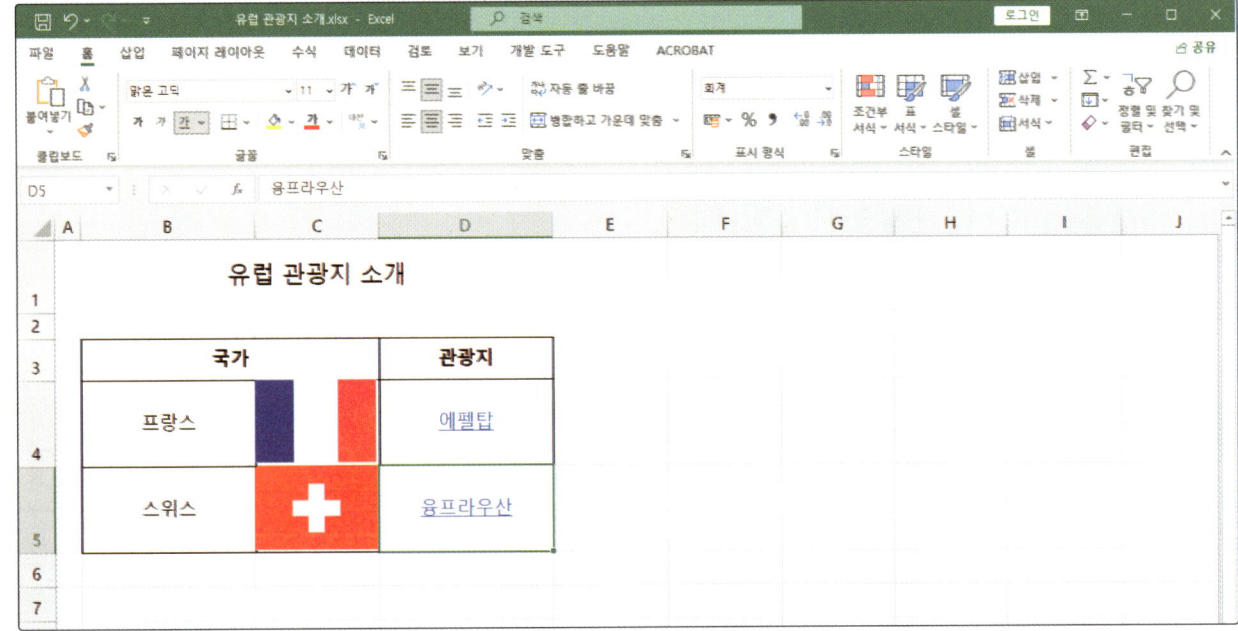

3 워드아트 삽입하기

1 워드아트로 문서의 제목을 꾸며 줍니다. ❶ [삽입] 탭의 [텍스트] 그룹에서 ❷ 'WordArt'를 클릭한 후 ❸ '채우기: 검정, 텍스트 색 1, 그림자'를 선택합니다.

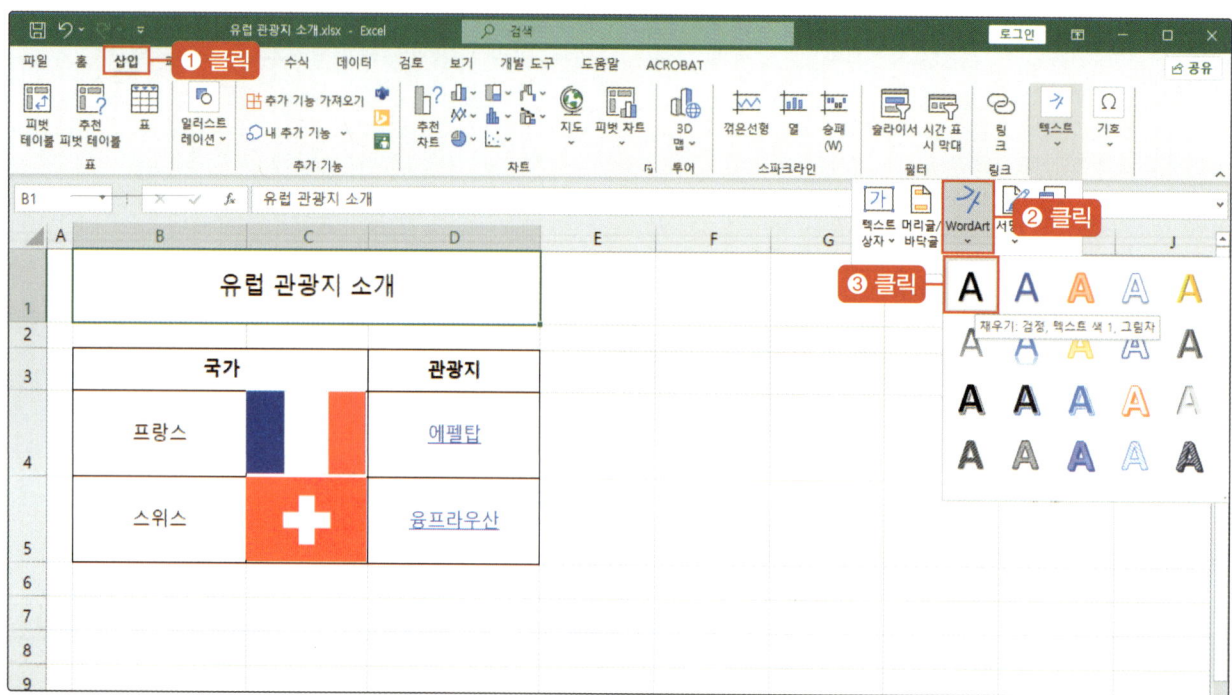

2 '필요한 내용을 적으십시오.'라는 입력창이 나타납니다.

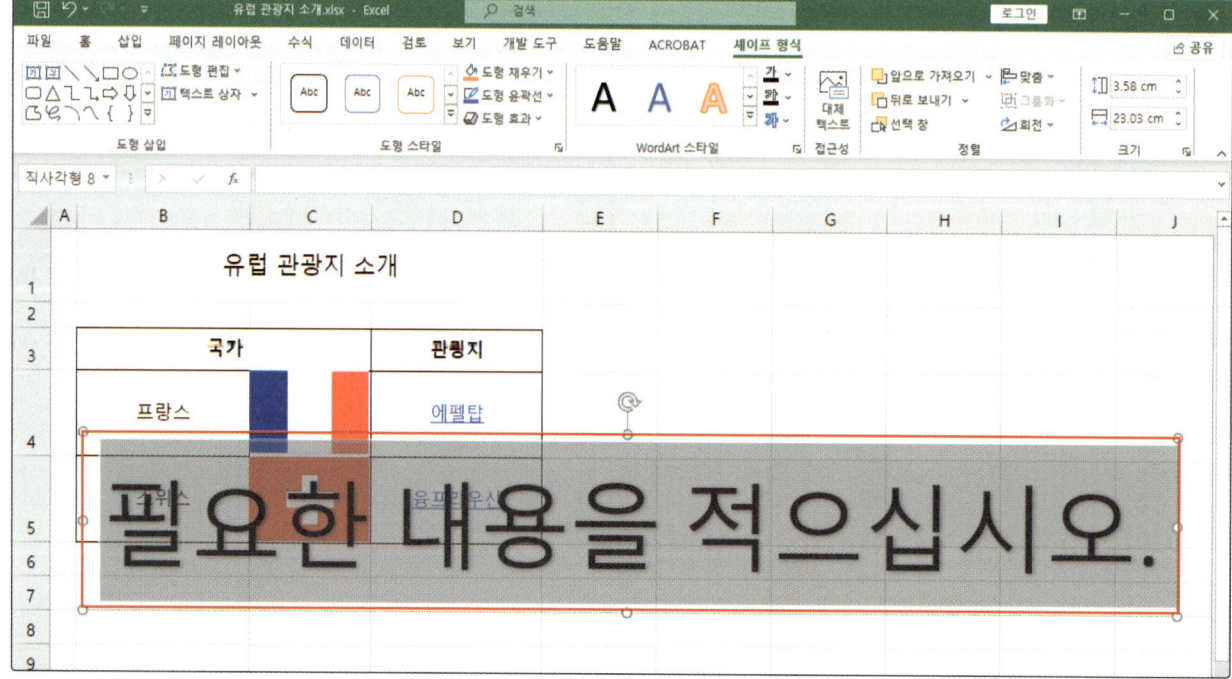

3 ① "유럽 관광지 소개"를 입력한 후 ② [세이프 형식] 탭의 [도형 스타일] 그룹에서 ③ '도형 채우기'를 클릭하여 ④ '밝은 회색'을 선택합니다.

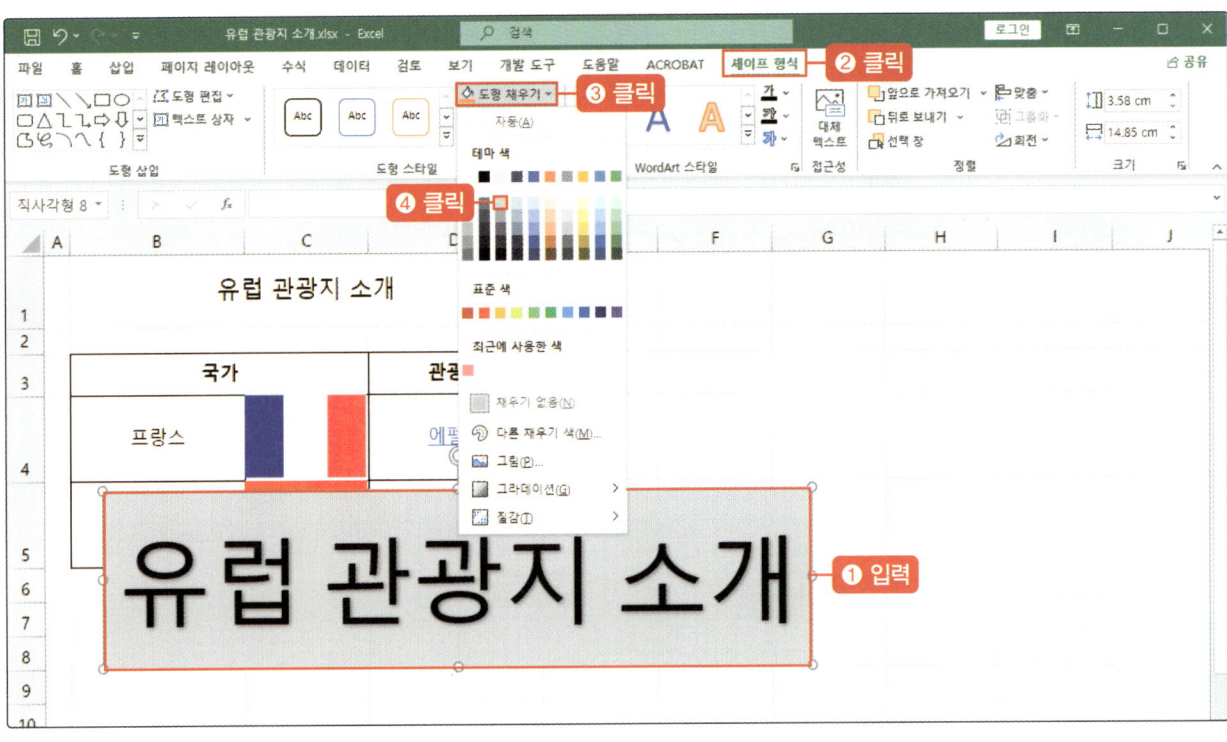

4 ① 삽입한 워드아트를 선택한 후 ② [홈] 탭의 [글꼴] 그룹에서 ③ '글꼴' 크기를 '16pt'로 변경합니다.

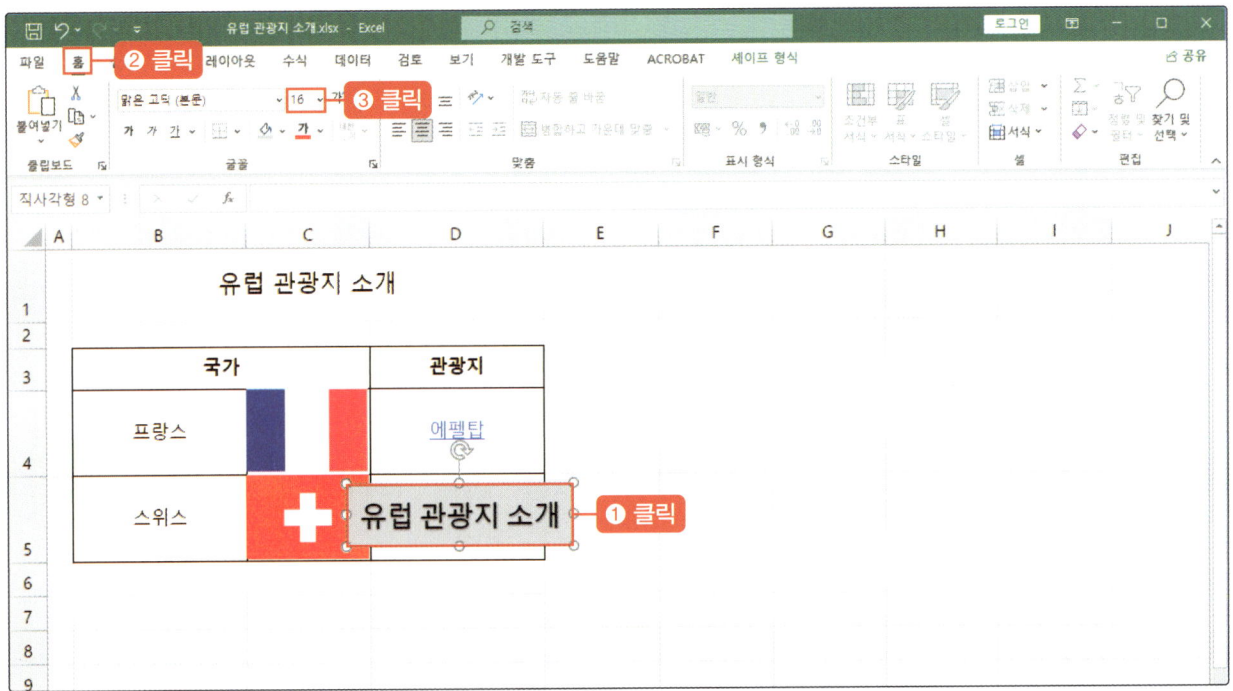

5 ① 워드아트를 드래그하여 첫 행으로 이동합니다.

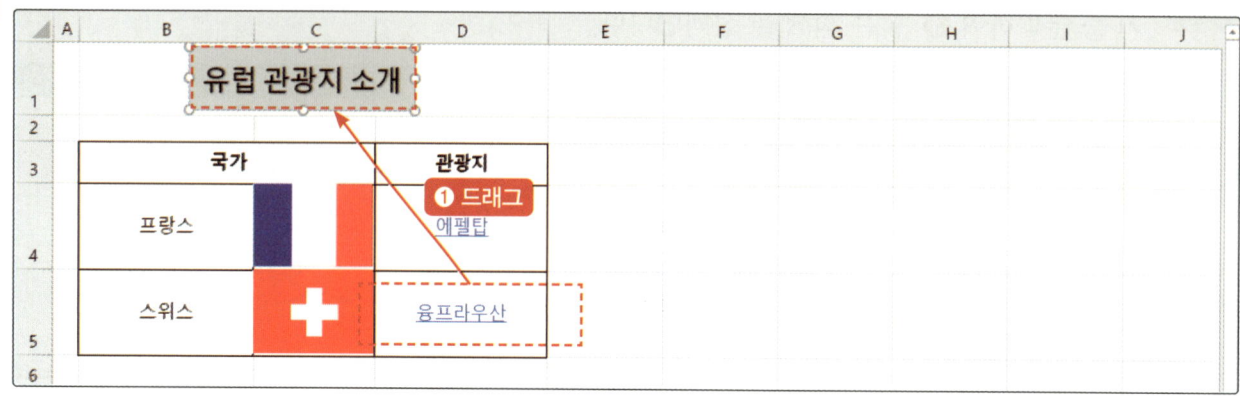

6 ① 워드아트의 조절점을 드래그하여 크기를 맞춥니다.

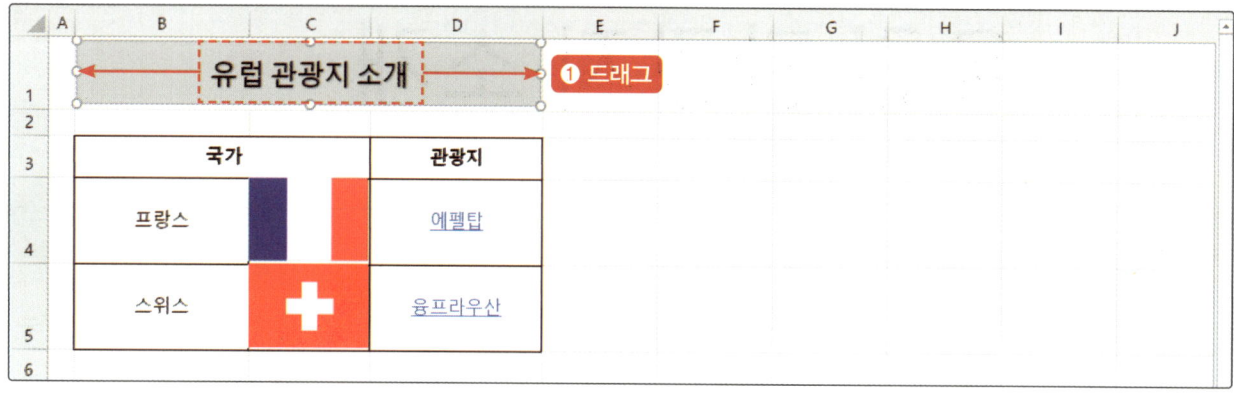

참고하세요

스마트아트 삽입하기

스마트아트를 활용하면 목록, 다이어그램, 조직도와 같은 이미지를 빠르게 삽입할 수 있습니다. [삽입] 탭의 [일러스트레이션]에서 'SmartArt'를 선택합니다. [SmartArt 그래픽 선택] 대화상자가 열리면 원하는 형태를 선택하여 삽입합니다.

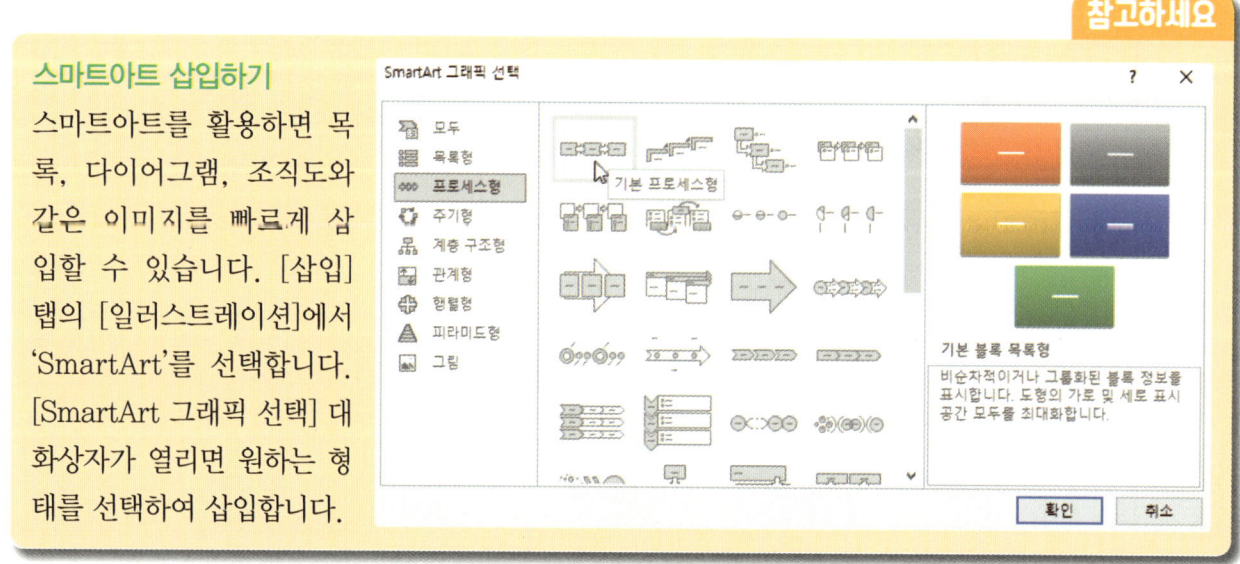

도전! 혼자 풀어 보세요!

1 '공공기관 홈페이지 목록.xlsx' 파일을 열고 다음 조건을 참고하여 워크시트를 작성해 보세요.

	기관명	홈페이지 바로가기
	공공기관 홈페이지 목록	
	기상청	https://www.kma.go.kr
	국민건강보험공단	https://www.nhis.or.kr
	우체국	https://www.koreapost.go.kr

C열에 있는 각 기관의 사이트 주소에 하이퍼링크를 추가하세요.

2 ①에서 작성한 워크시트에서 제목을 워드아트로 꾸며 보세요.

	기관명	홈페이지 바로가기
	공공기관 홈페이지 목록	
	기상청	https://www.kma.go.kr
	국민건강보험공단	https://www.nhis.or.kr
	우체국	https://www.koreapost.go.kr

[WordArt 스타일]은 '채우기: 흰색, 윤곽선: 파랑'을 적용하세요
[도형 스타일]-[도형 채우기]에서 '파랑, 강조 1, 50% 더 어둡게'를 적용하세요.

18 데이터 정렬하기

워크시트의 데이터를 사용자가 원하는 순서대로 정리할 수 있습니다. 오름차순, 내림차순, 색, 글꼴뿐만 아니라 사용자가 정의한 기준에 따라 데이터를 정렬할 수 있습니다.

- 오름차순/내림차순 정렬에 대해 알아봅니다.
- 두 개 이상의 기준을 두고 정렬하는 방법을 알아봅니다.
- 사용자 정의 정렬과 자동 필터 기능에 대해 알아봅니다.

배울 내용 미리 보기

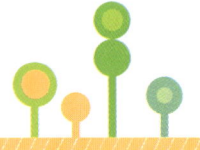

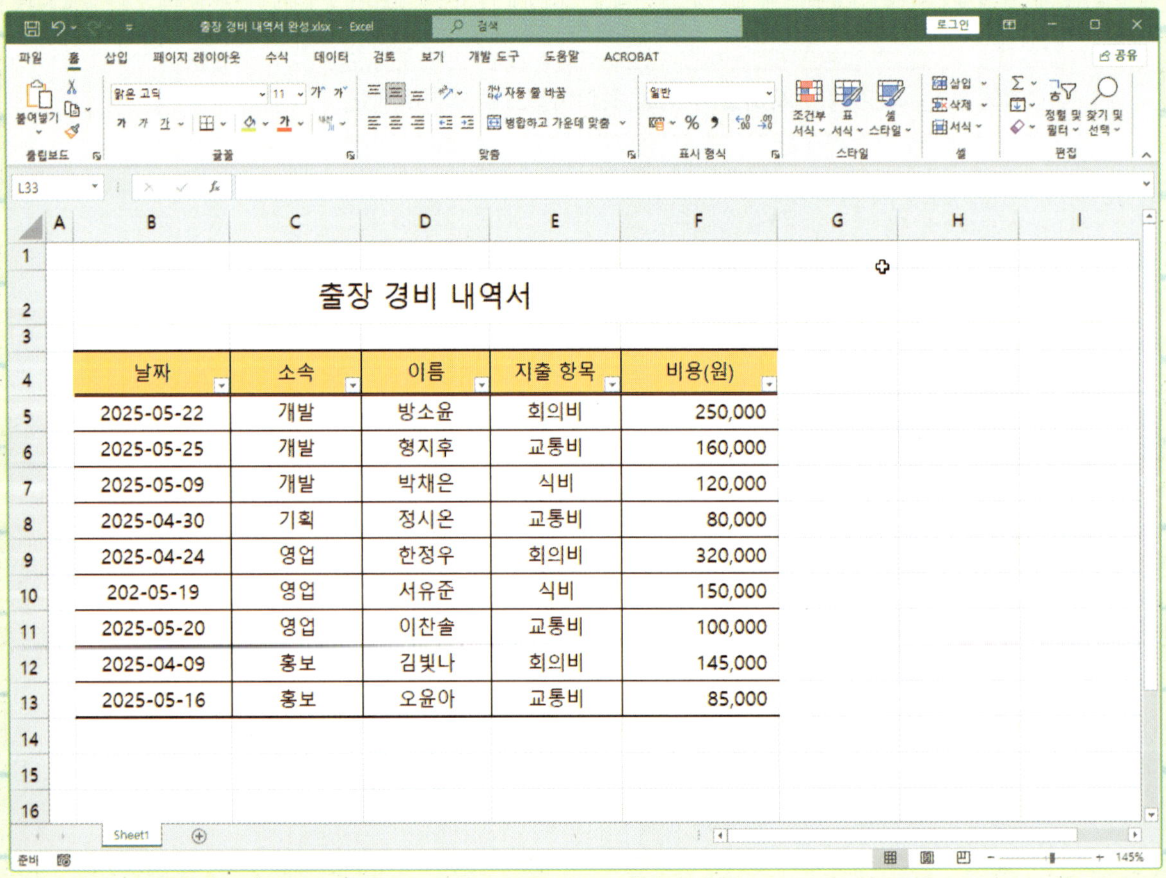

출장 경비 내역서 완성.xlsx - Excel
출장 경비 내역서
날짜
소속
이름
지출 항목
비용(원)
2025-05-22 개발 방소윤 회의비 250,000
2025-05-25 개발 형지후 교통비 160,000
2025-05-09 개발 박채은 식비 120,000
2025-04-30 기획 정시온 교통비 80,000
2025-04-24 영업 한정우 회의비 320,000
202-05-19 영업 서유준 식비 150,000
2025-05-20 영업 이찬솔 교통비 100,000
2025-04-09 홍보 김빛나 회의비 145,000
2025-05-16 홍보 오윤아 교통비 85,000
Sheet1

▲ 파일명 출장 경비 내역서 완성.xlsx

1 순서대로 정렬하기

1 '출장 경비 내역서.xlsx' 파일을 열고 소속을 기준으로 하여 오름차순으로 정렬해 봅니다. ❶ [C4] 셀을 클릭한 후 ❷ [데이터] 탭의 [정렬 및 필터] 그룹에서 ❸ '텍스트 오름차순 정렬'을 클릭합니다.

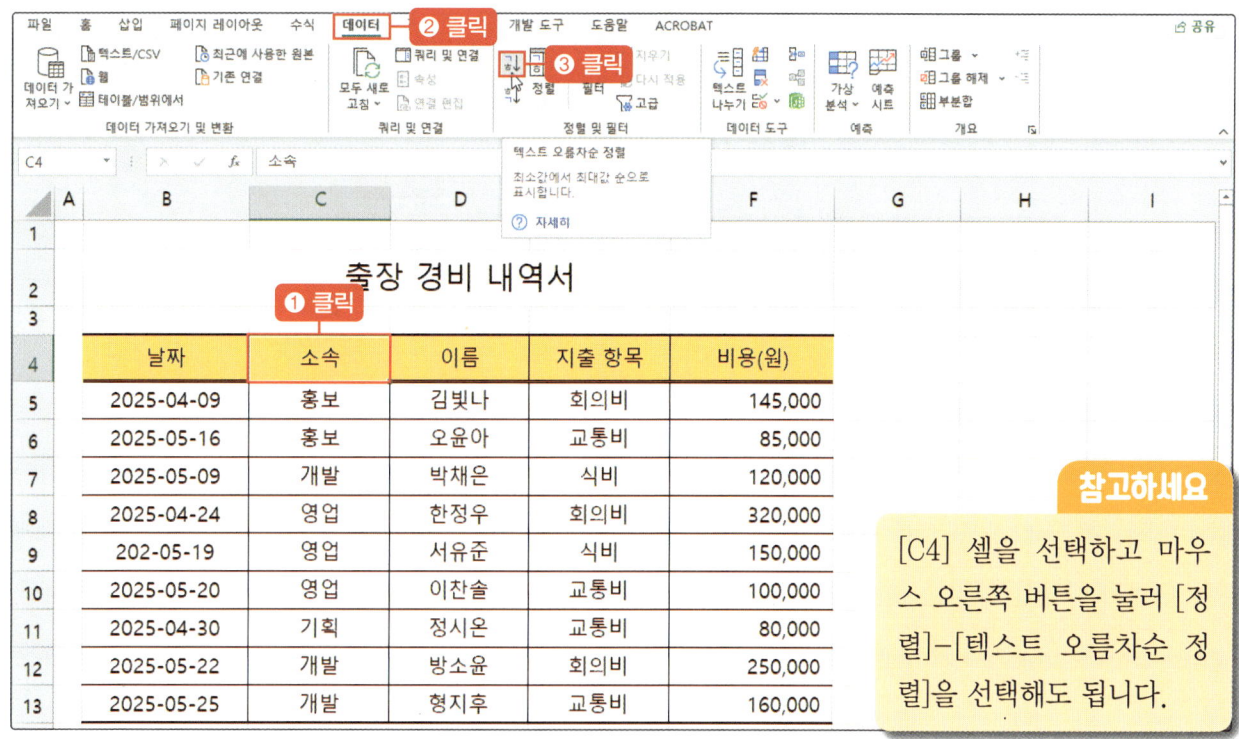

> **참고하세요**
> [C4] 셀을 선택하고 마우스 오른쪽 버튼을 눌러 [정렬]-[텍스트 오름차순 정렬]을 선택해도 됩니다.

2 소속이 가나다순으로 정렬된 것을 확인할 수 있습니다.

	날짜	소속	이름	지출 항목	비용(원)
5	2025-05-09	개발	박채은	식비	120,000
6	2025-05-22	개발	방소윤	회의비	250,000
7	2025-05-25	개발	형지후	교통비	160,000
8	2025-04-30	기획	정시온	교통비	80,000
9	2025-04-24	영업	한정우	회의비	320,000
10	202-05-19	영업	서유준	식비	150,000
11	2025-05-20	영업	이찬솔	교통비	100,000
12	2025-04-09	홍보	김빛나	회의비	145,000
13	2025-05-16	홍보	오윤아	교통비	85,000

3 이번에는 비용이 많은 순으로 정렬해 봅니다. ❶ [F4] 셀을 클릭한 후 ❷ [데이터] 탭의 [정렬 및 필터] 그룹에서 ❸ '텍스트 내림차순 정렬'을 클릭합니다.

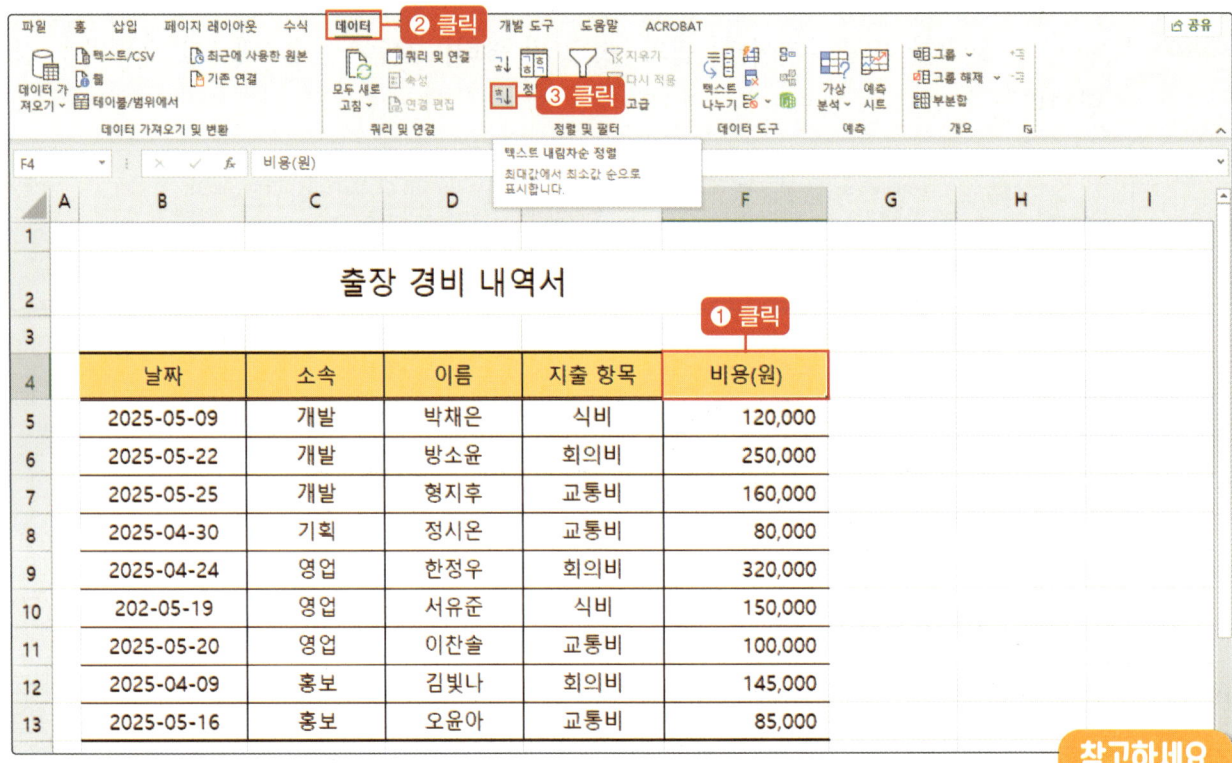

참고하세요
[F4] 셀을 선택하고 마우스 오른쪽 버튼을 눌러 [정렬]-[텍스트 내림차순 정렬]을 선택해도 됩니다.

4 비용이 많은 순으로 정렬됩니다.

② 이중 정렬하기

1 소속별로 비용이 많은 순으로 정렬해 봅니다. ❶ 표 안의 임의의 셀을 클릭한 후 ❷ [데이터] 탭의 [정렬 및 필터] 그룹에서 ❸ '정렬'을 선택하면 [정렬] 대화상자가 나타납니다.

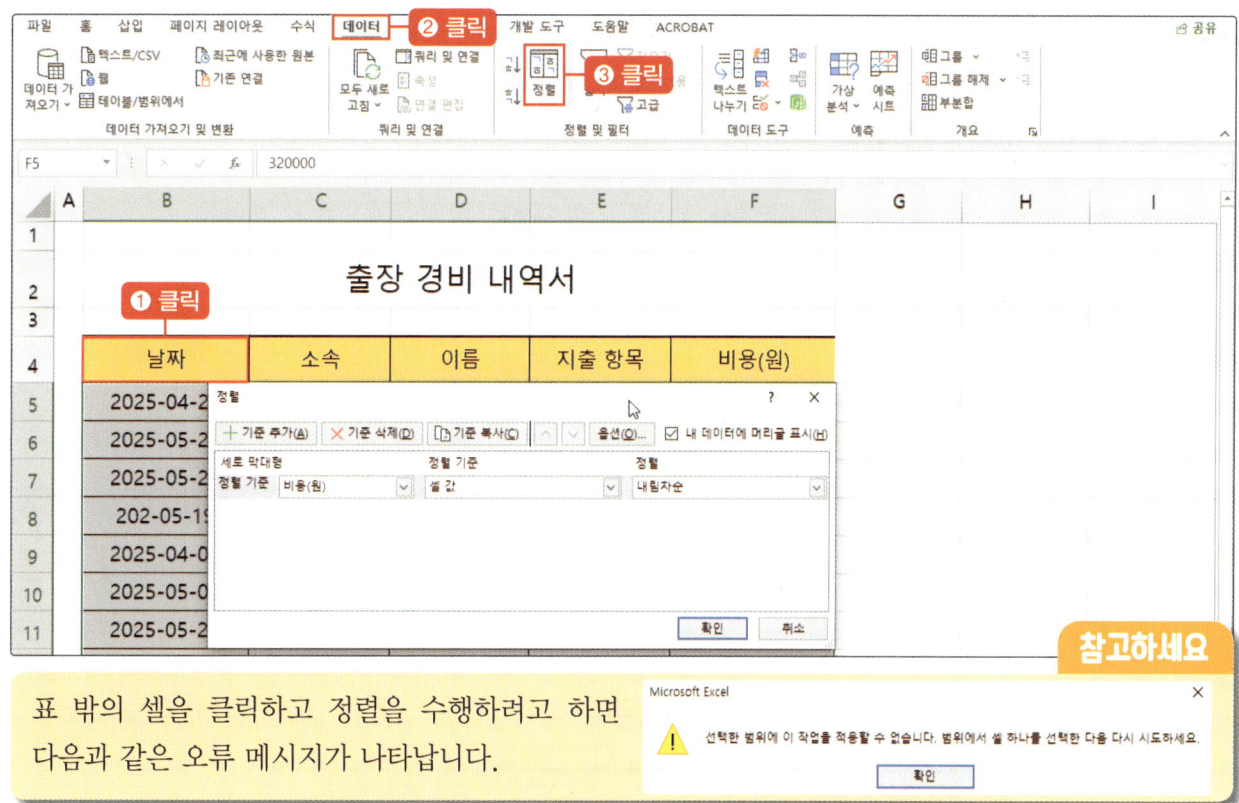

> **참고하세요**
> 표 밖의 셀을 클릭하고 정렬을 수행하려고 하면 다음과 같은 오류 메시지가 나타납니다.

2 첫 번째 '정렬 기준'은 ❶ '소속', '정렬'은 ❷ '오름차순'을 선택합니다.

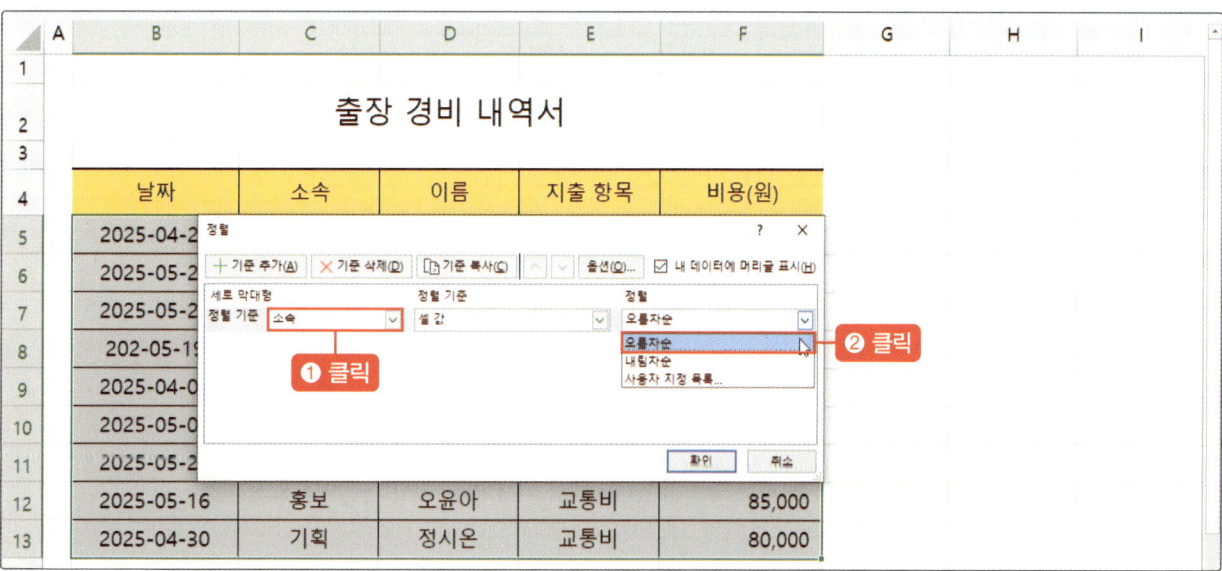

3 두 번째 '정렬 기준'을 추가하기 위해 ❶ '기준 추가'를 클릭합니다. 정렬 조건을 추가한 후 ❷ '다음 기준'은 '비용(원)', ❸ '정렬'은 '내림차순'을 선택하고 ❹ [확인]을 클릭합니다.

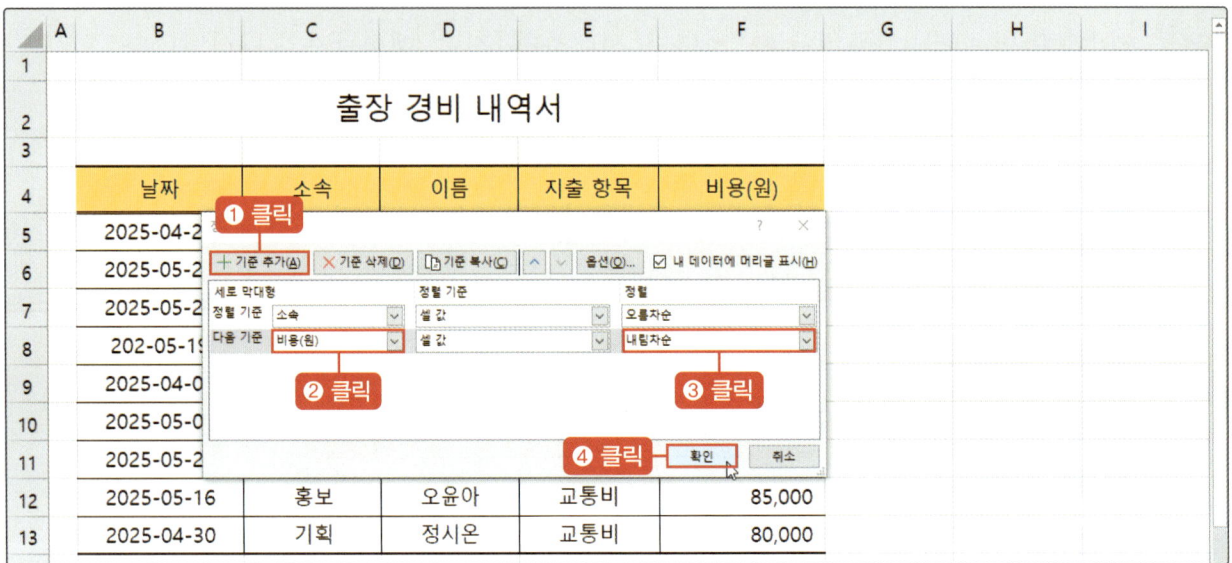

4 소속이 오름차순으로 정렬된 다음, 비용이 내림차순으로 정렬됩니다.

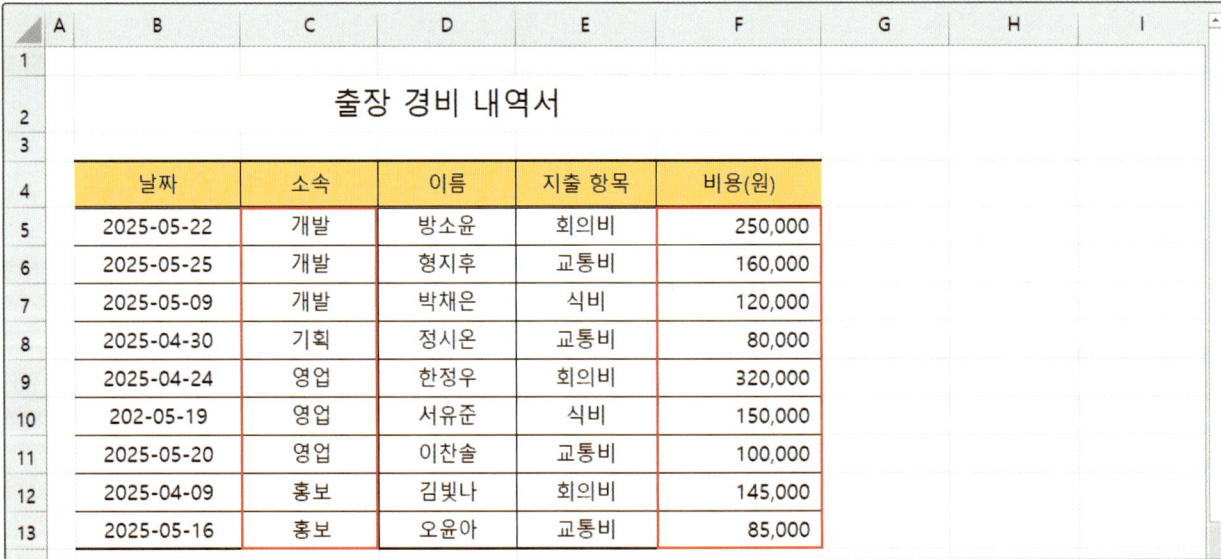

> **참고하세요**
>
> 여러 기준으로 정렬을 할 때 정렬 기준이 되는 순서를 바꿀 수 있습니다. ❶ 비용(원) 행을 선택한 후 ❷ '위로 이동'을 클릭하면 비용(원)이 첫 번째 정렬 기준이 됩니다.

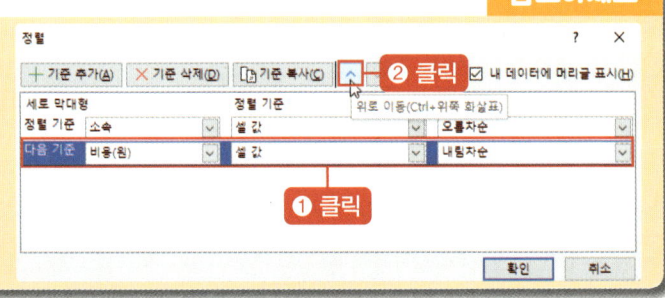

3 사용자 정의 정렬하기

1 사용자가 원하는 대로 순서를 정해 정렬을 할 수 있습니다. ① 표 안의 임의의 셀을 클릭한 후 ② [데이터] 탭의 [정렬 및 필터] 그룹에서 ③ '정렬'을 선택합니다. [정렬] 대화상자가 열리면 ④ 두 번째 기준을 선택하고 ⑤ '기준 삭제'를 클릭합니다.

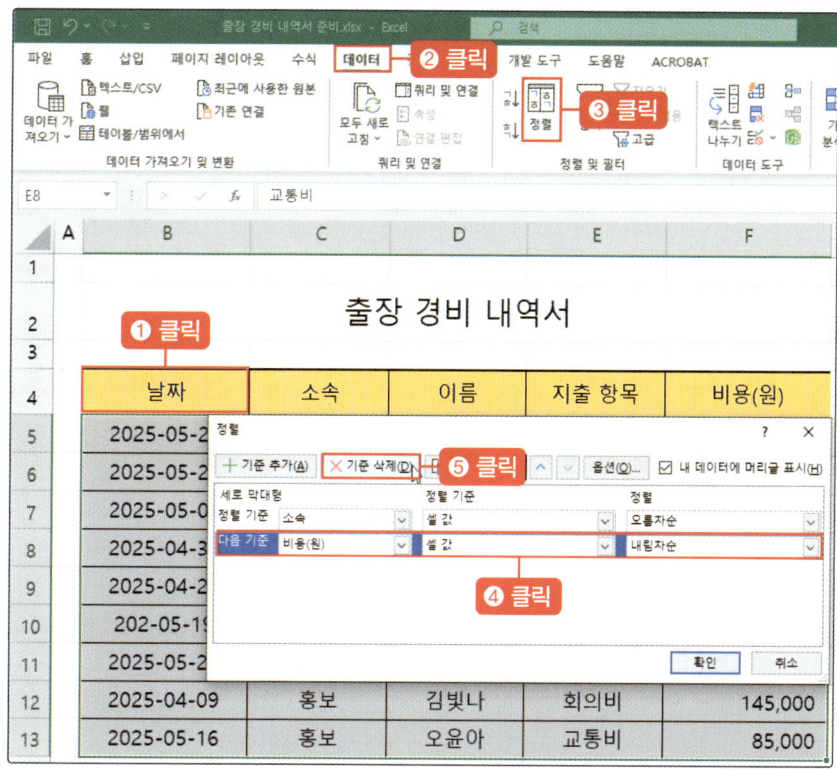

2 첫 번째 '정렬 기준'인 '소속'에서 ① '정렬'의 목록을 클릭하여 ② '사용자 지정 목록'을 선택합니다.

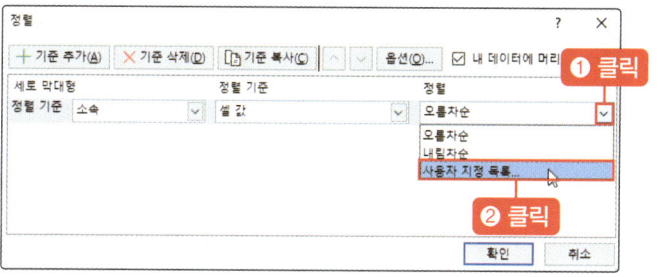

3 [사용자 지정 목록] 대화상자가 열리면 ① '목록 항목'에 "기획, 개발, 홍보, 영업" 순으로 입력한 다음, ② [추가]를 누릅니다. '사용자 지정 목록'에 추가되면 ③ [확인]을 클릭합니다.

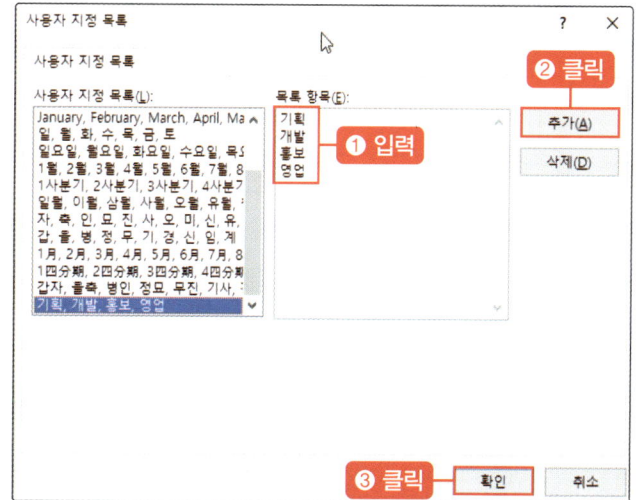

4 [정렬] 대화상자에서 입력한 목록을 확인할 수 있습니다. ❶ [확인]을 눌러 대화상자를 닫습니다.

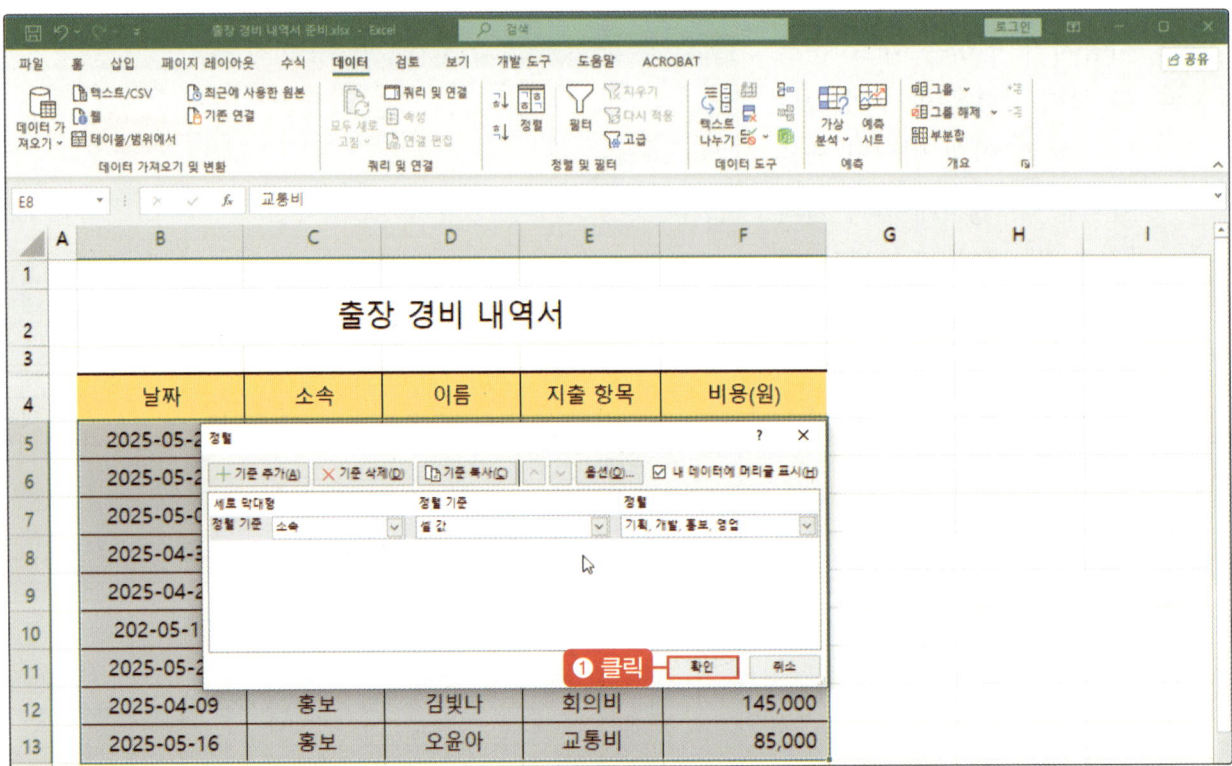

5 '사용자 정의 목록'에 추가한 순서대로 정렬됩니다.

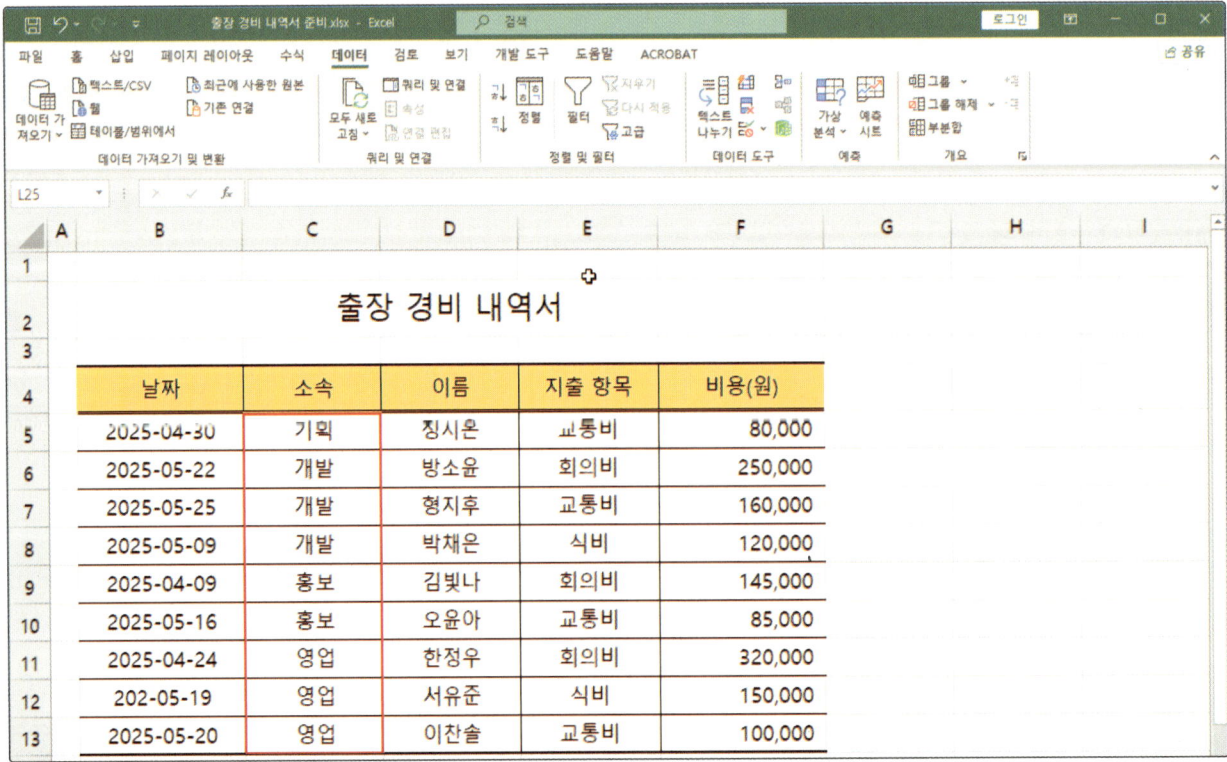

자동 필터 기능으로 데이터 추출하기

1 ❶ 표 머리글에서 임의의 셀을 클릭한 후 ❷ [데이터] 탭의 [정렬 및 필터] 그룹에서 ❸ '필터'를 클릭합니다.

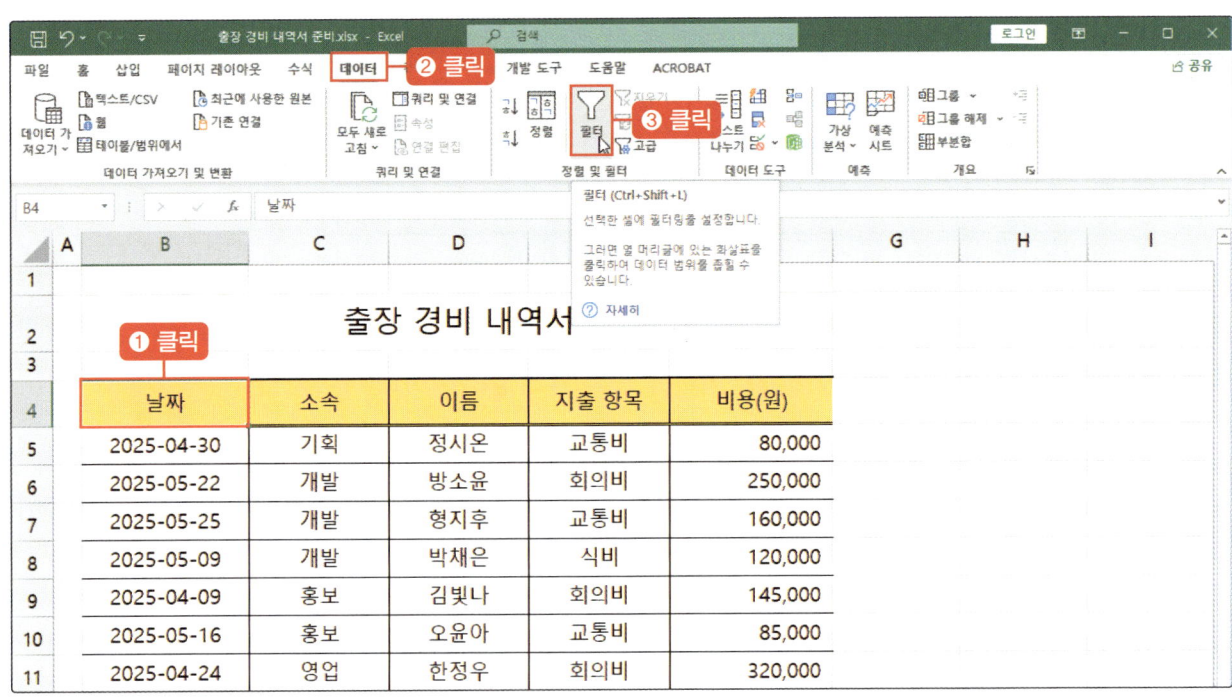

2 항목별로 필터 목록 단추가 생깁니다. '교통비' 데이터만 추출하기 위해 ❶ '지출 항목'의 필터 목록을 클릭한 후 ❷ '교통비'만 체크하고 ❸ [확인]을 누릅니다.

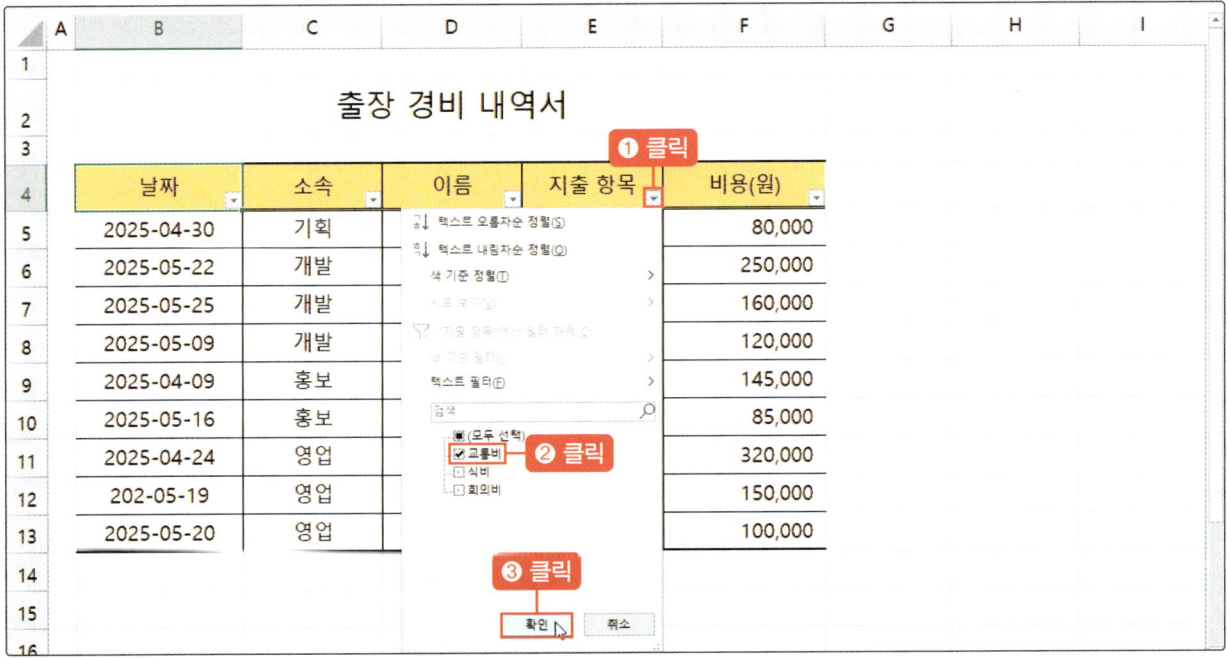

3 '교통비' 항목만 추출됩니다.

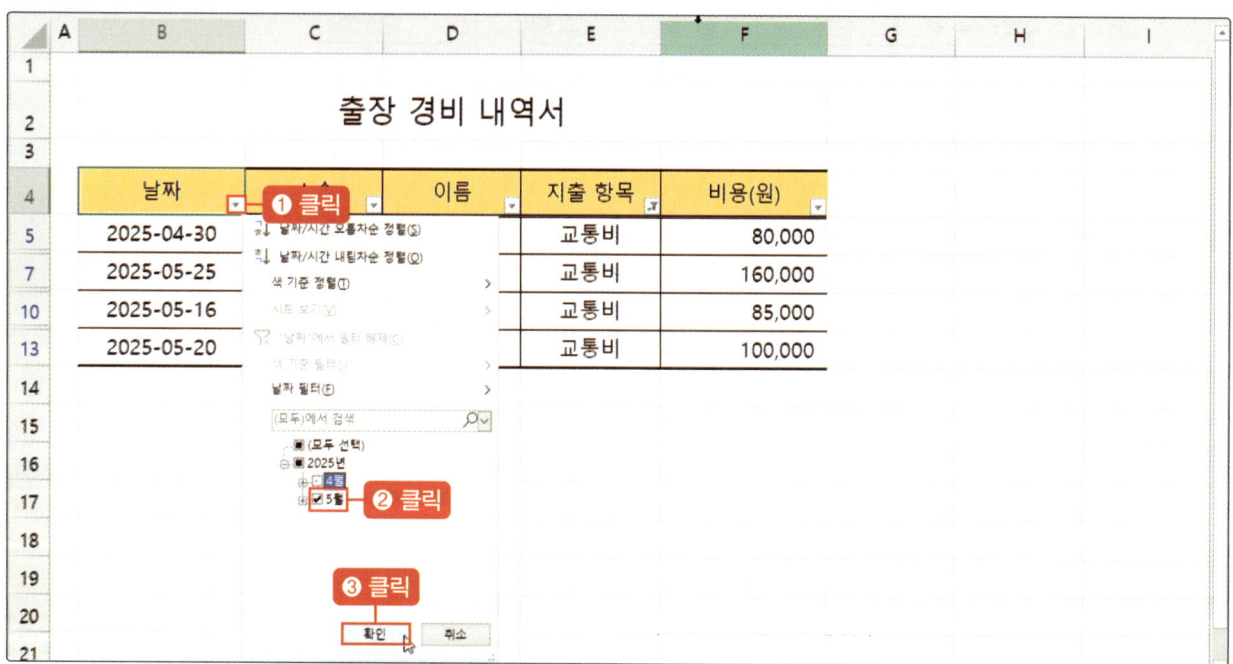

4 같은 표에서 다중 필터링도 할 수 있습니다. '교통비' 중 '5월'의 데이터만 추출하기 위해 ❶ '날짜'의 필터 목록을 클릭한 후 ❷ '5월'만 체크하고 ❸ [확인]을 누릅니다.

5 '교통비' 중 '5월'의 데이터만 추출됩니다.

도전! 혼자 풀어 보세요!

1 '특별 나눔장터 판매 현황.xlsx' 파일을 열고 다음 조건을 참고하여 데이터를 정렬해 보세요.

	물품	가격(원)	판매량	합계(원)
5	모자	3,000	5	15,000
6	동화책	3,000	10	30,000
7	운동화	15,000	12	180,000
8	인형	2,000	15	30,000
9	가방	10,000	18	180,000
10	티셔츠	5,000	20	100,000
11	장난감	5,000	21	105,000
12	바지	5,000	25	125,000

'판매량'을 기준으로 오름차순으로 정렬하세요.

2 ①에서 작성한 워크시트에서 다음 조건을 참고하여 데이터를 추출해 보세요.

	물품	가격(원)	판매량	합계(원)
5	모자	3,000	5	15,000
6	동화책	3,000	10	30,000
8	인형	2,000	15	30,000
9	가방	10,000	18	180,000
10	티셔츠	5,000	20	100,000
11	장난감	5,000	21	105,000
12	바지	5,000	25	125,000

자동 필터를 적용하여 가격이 10,000원 이하인 데이터만 추출하세요.

피벗 테이블/피벗 차트로 데이터 분석하기

피벗 테이블은 대량의 데이터를 손쉽게 요약하고 분석할 수 있게 도와주는 강력한 도구입니다. 사용자가 원하는 형태로 표를 만들 수 있어 대화형 테이블이라고도 합니다. 피벗 차트는 원하는 데이터만 선택해 그래프로 나타낼 수 있습니다.

▶▶ 피벗 테이블을 삽입하는 방법을 알아봅니다.
▶▶ 피벗 차트를 삽입하는 방법을 알아봅니다.

배울 내용 미리 보기

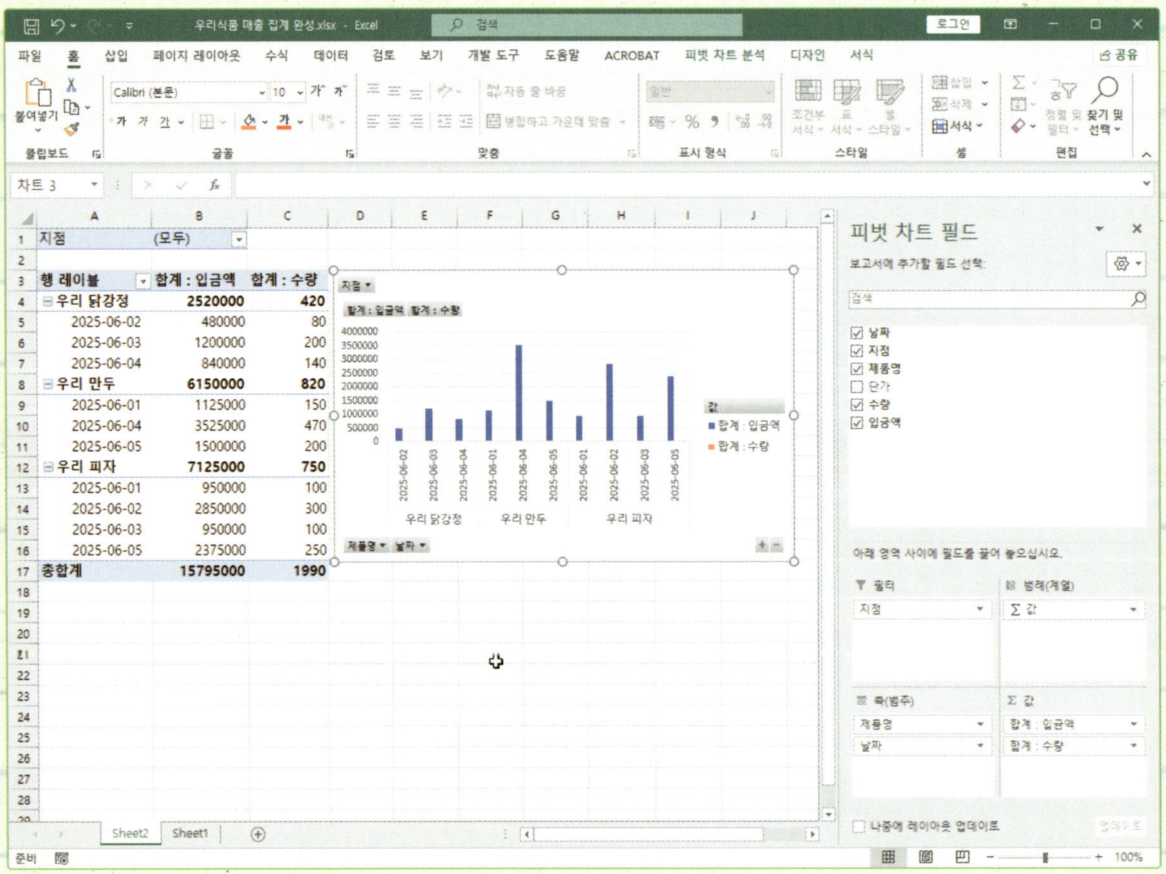

▲ **파일명** 우리식품 매출 집계 완성.xlsx

피벗 테이블 삽입하기

1 '우리식품 매출 집계.xlsx' 파일을 엽니다.

2 ❶ 표 안의 임의의 셀을 클릭한 후 ❷ [삽입] 탭의 [표] 그룹에서 ❸ '피벗 테이블'을 클릭합니다.

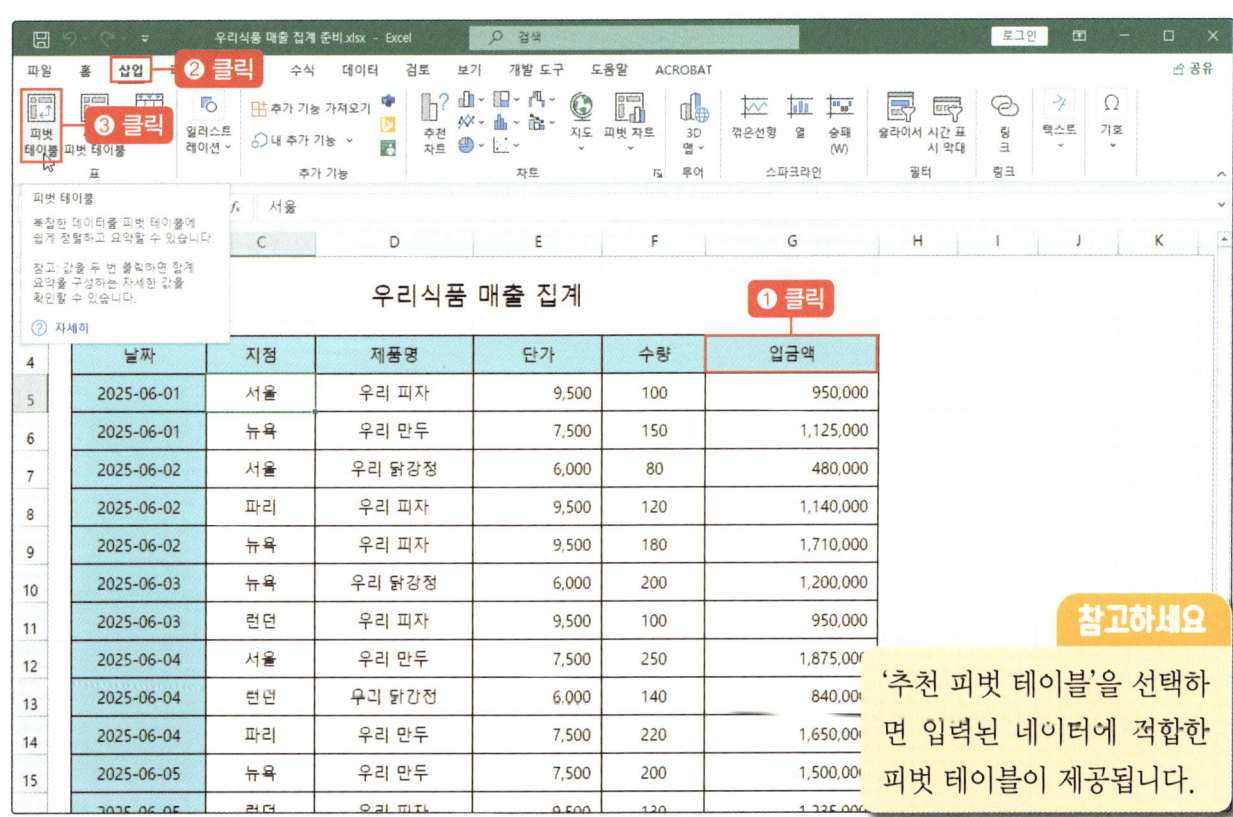

> **참고하세요**
> '추천 피벗 테이블'을 선택하면 입력된 데이터에 적합한 피벗 테이블이 제공됩니다.

3 [피벗 테이블 만들기] 대화상자가 나타나면 ❶ '표/범위'가 'Sheet1!$B$4:$G$17'이 맞는지 확인합니다. 피벗 테이블 보고서를 넣을 위치를 ❷ '새 워크시트'로 선택하고 ❸ [확인]을 클릭합니다.

우리식품 매출 집계

날짜	지점	제품명	단가	수량	입금액
2025-06-01	서울	우리 피자	9,500	100	950,000
2025-06-01	뉴욕	우리 만두	7,500	150	1,125,000
2025-06-02	서울	우리 닭강정	6,000	80	480,000
2025-06-02	파리	우리 피자	9,500	120	1,140,000
2025-06-02	뉴욕	우리 피자	9,500	180	1,710,000
2025-06-03	뉴욕	우리 닭강정	6,000	200	1,200,000
2025-06-03	런던	우리 피자	9,500	100	950,000
2025-06-04	서울	우리 만두	7,500	250	1,875,000
2025-06-04	런던	우리 닭강정	6,000	140	840,000
2025-06-04	파리	우리 만두	7,500	220	1,650,000
2025-06-05	뉴욕	우리 만두	7,500	200	1,500,000
2025-06-05	런던	우리 피자	9,500	130	1,235,000
2025-06-05	파리	우리 피자	9,500	120	1,140,000

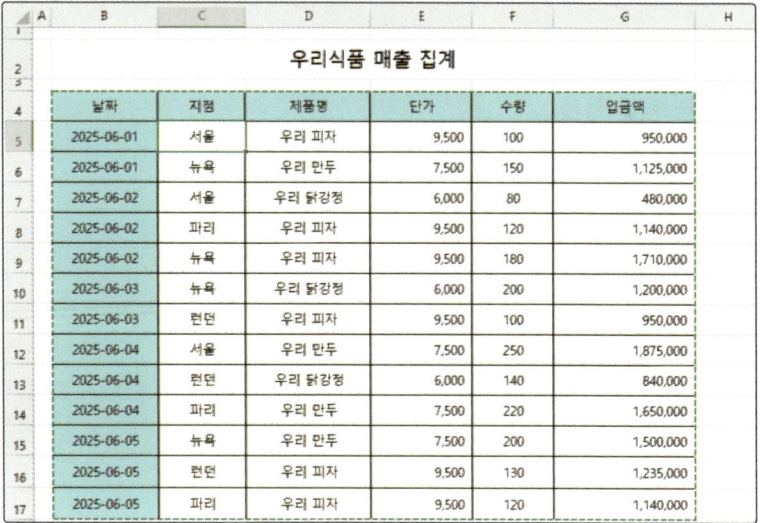

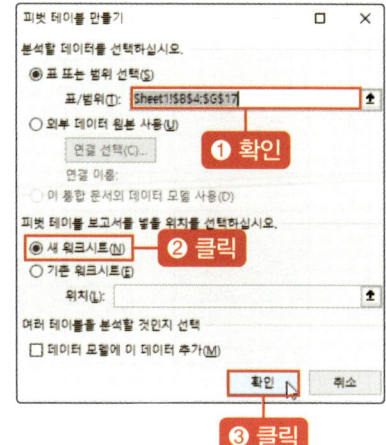

4 새 워크시트인 'Sheet2'에 피벗 테이블이 생성됩니다. 오른쪽의 '피벗 테이블 필드' 창에서 필드를 선택하여 사용자가 원하는 테이블을 만들 수 있습니다.

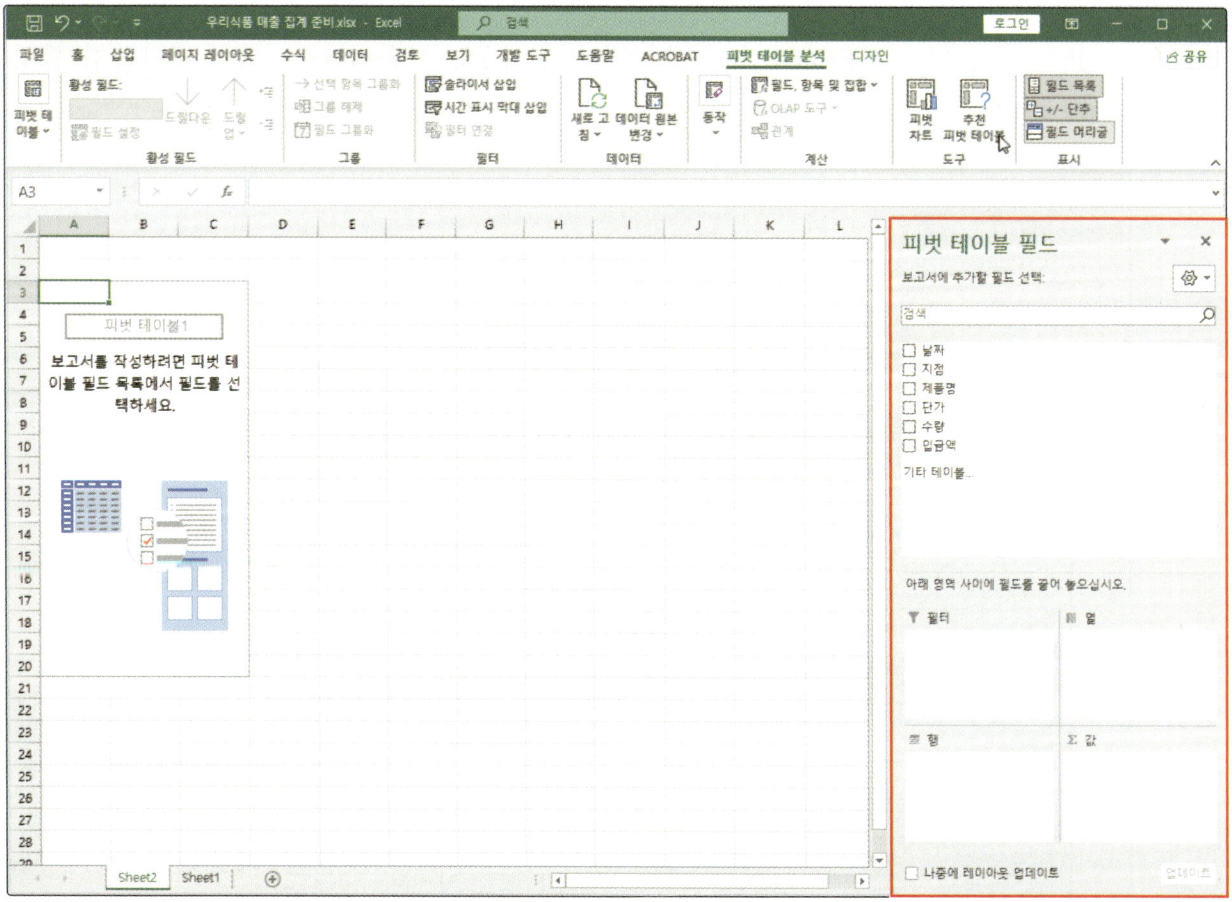

5 '피벗 테이블 필드'에서 ❶ '지점'을 드래그하여 '필터'로 배치합니다. ❷ '제품명'은 '행', ❸ '입금액'은 '값' 영역으로 끌어 놓습니다.

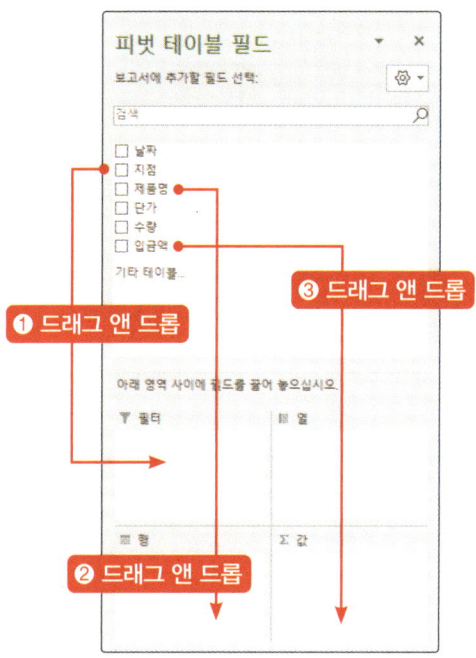

6 '서울' 지점만 필터링하기 위해 ❶ '지점' 목록을 선택하고 ❷ '서울'을 클릭한 후 ❸ [확인]을 누릅니다.

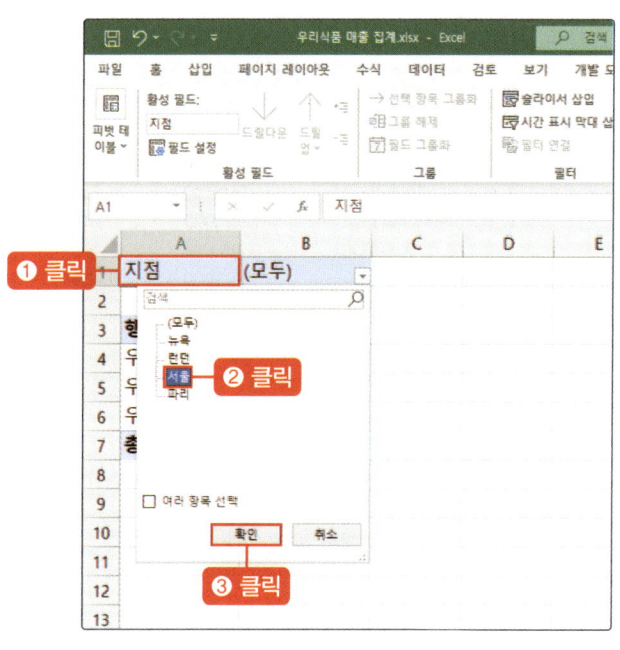

7 '서울' 지점의 매출 정보를 요약해서 보여 줍니다.

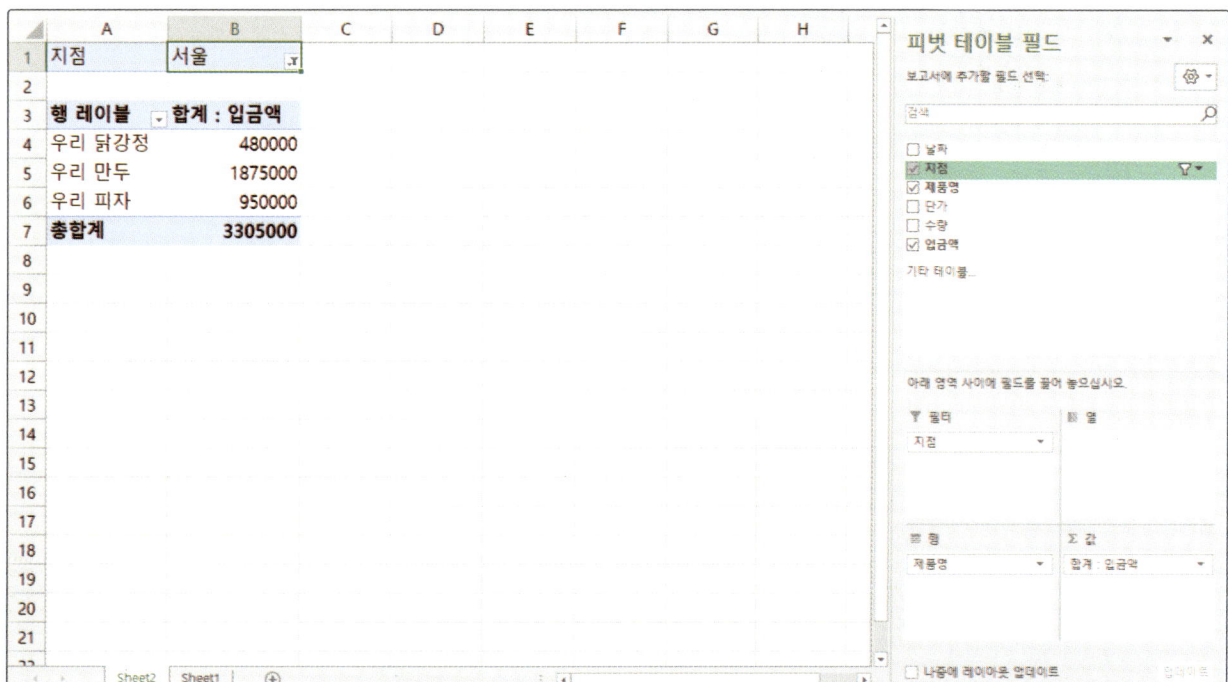

8 이번에는 피벗 테이블에 '날짜'와 '수량' 데이터를 추가해 봅니다. 오른쪽 피벗 테이블 필드에서 ❶ '날짜'와 '수량'을 체크하면 피벗 테이블에 추가됩니다.

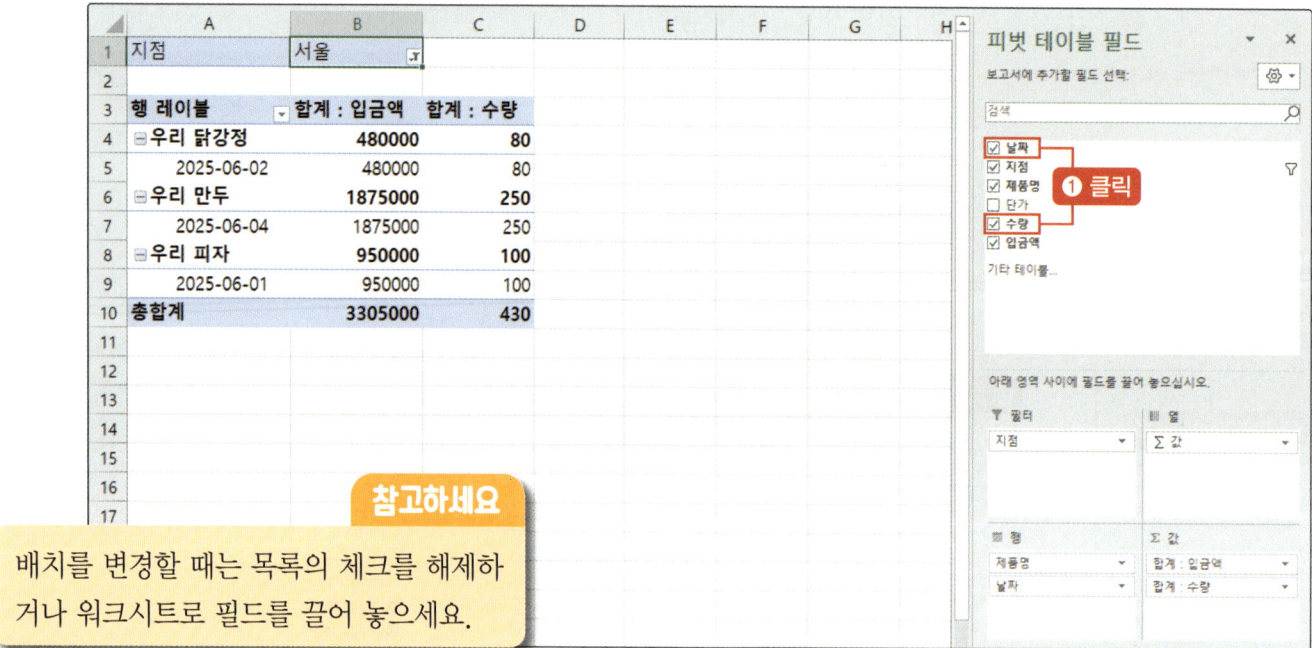

> **참고하세요**
> 배치를 변경할 때는 목록의 체크를 해제하거나 워크시트로 필드를 끌어 놓으세요.

9 목록의 '+' 표시를 눌러 데이터를 펼치거나 '−' 표시를 눌러 축소할 수 있습니다.

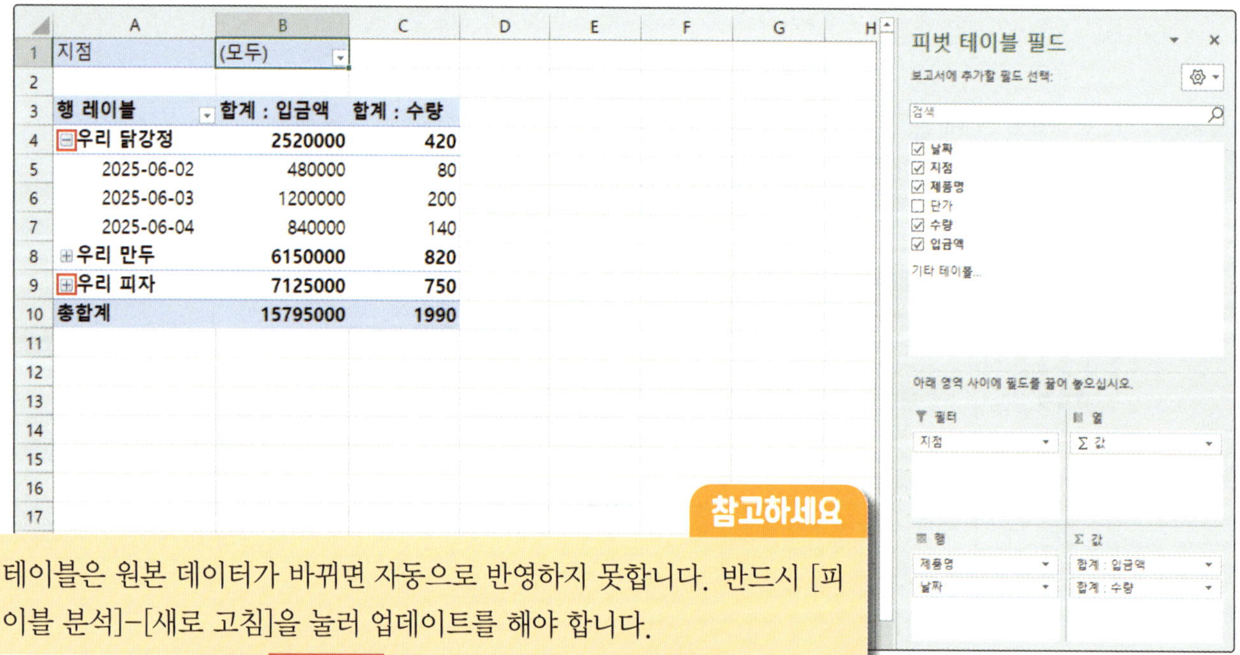

> **참고하세요**
> 피벗 테이블은 원본 데이터가 바뀌면 자동으로 반영하지 못합니다. 반드시 [피벗 테이블 분석]-[새로 고침]을 눌러 업데이트를 해야 합니다.

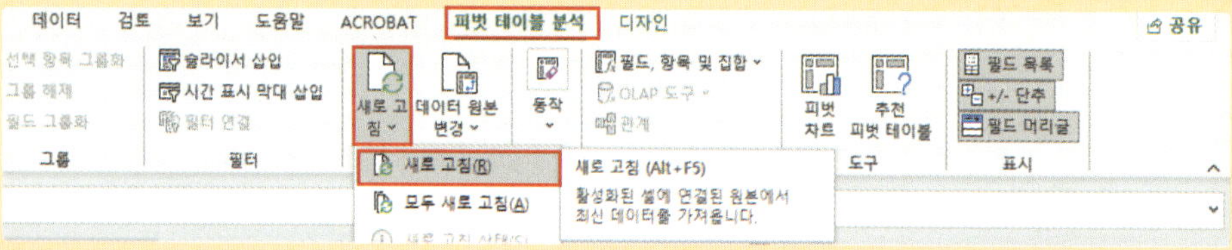

2 피벗 차트 삽입하기

1 ❶ 피벗 테이블에서 임의의 셀을 클릭한 다음, ❷ [삽입] 탭의 ❸ [차트] 그룹에서 '피벗 차트'를 선택합니다.

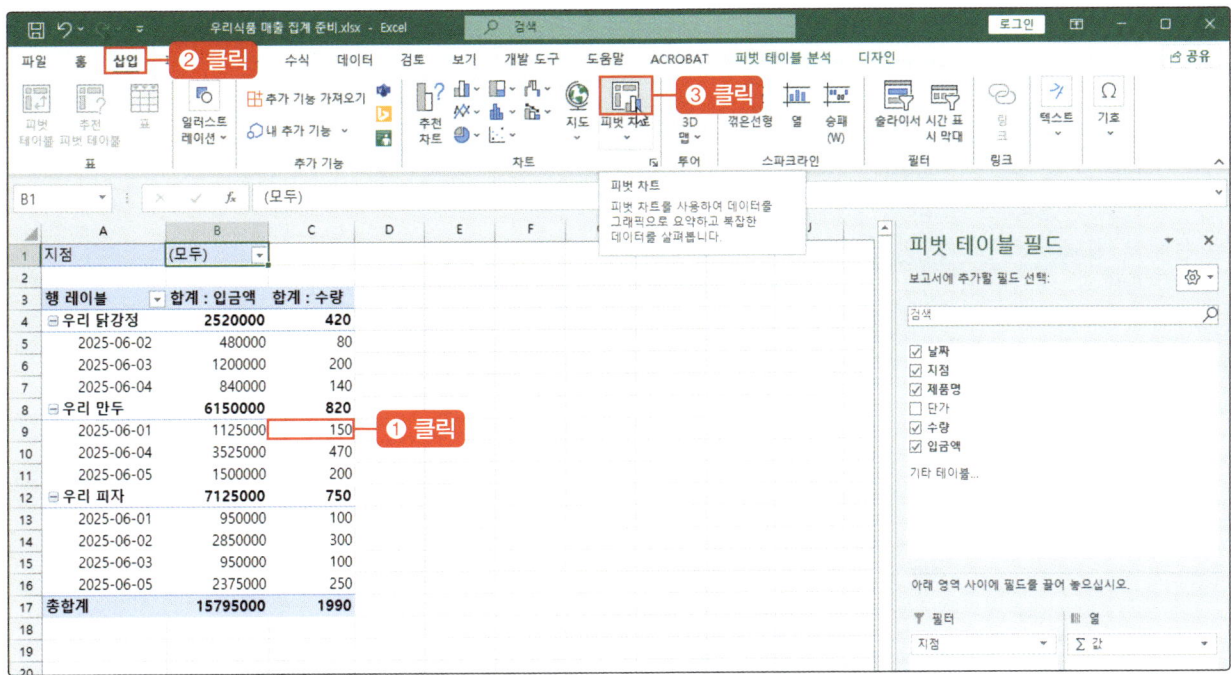

2 [차트 삽입] 대화상자가 열리면 ❶ '세로 막대형' 차트에서 ❷ '묶은 세로 막대형'을 선택하고 ❸ [확인]을 클릭합니다.

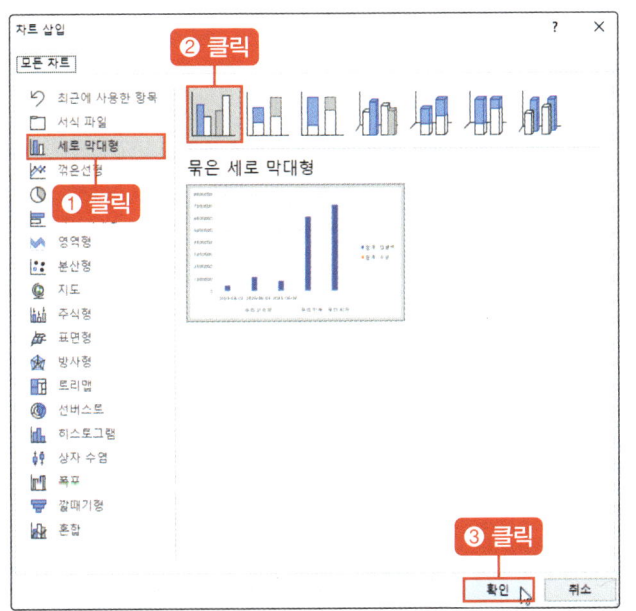

3 피벗 차트가 삽입됩니다.

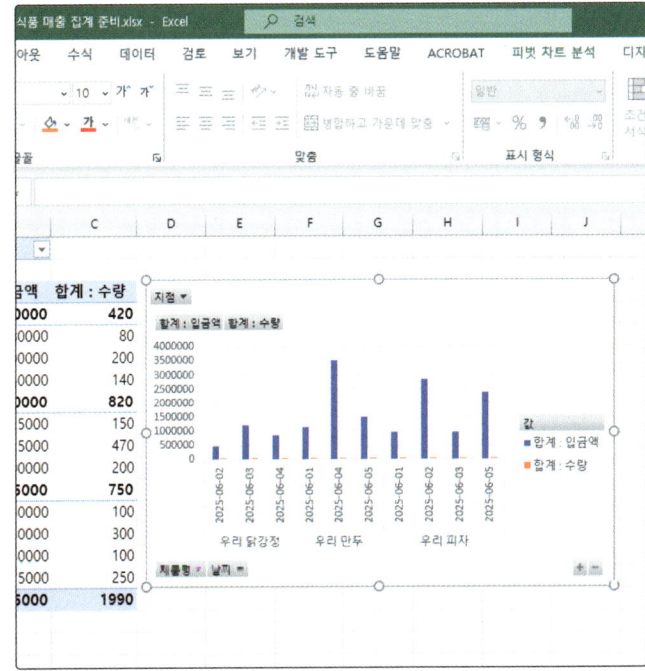

4 피벗 차트에는 항목마다 목록 버튼이 있어서 선택한 데이터로 차트가 변경됩니다.

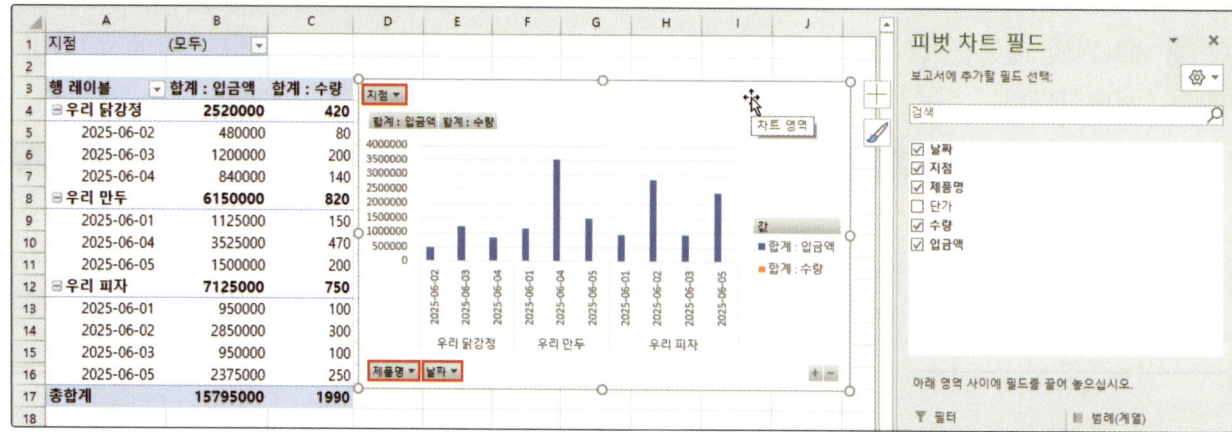

5 '뉴욕' 지점만을 차트로 나타내기 위해 ❶ '지점' 목록을 클릭한 후 ❷ '뉴욕'만 체크하고 ❸ [확인]을 누릅니다.

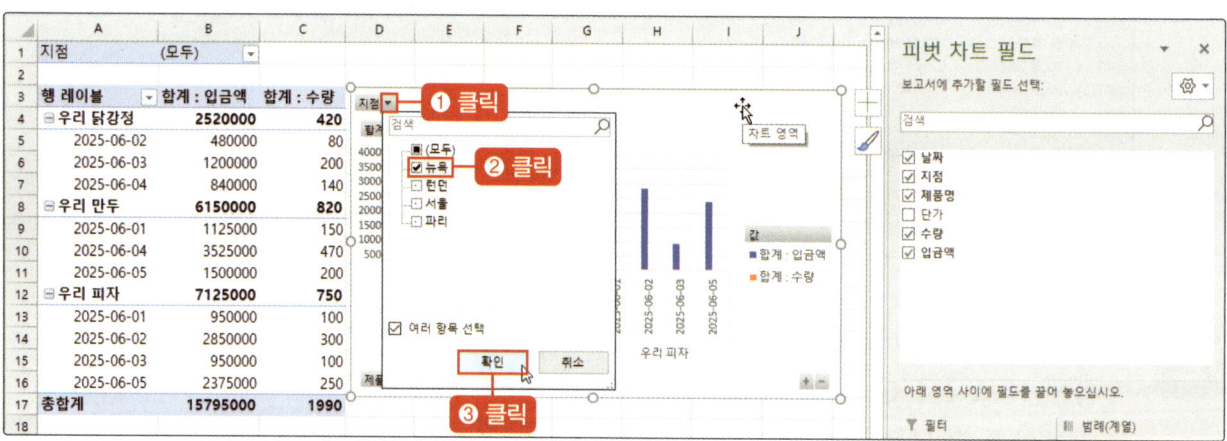

> **참고하세요**
>
> 전체 필드를 나타내려면 오른쪽 아래에 있는 '전체 필드 확장(+)' 버튼을 클릭합니다.
>
>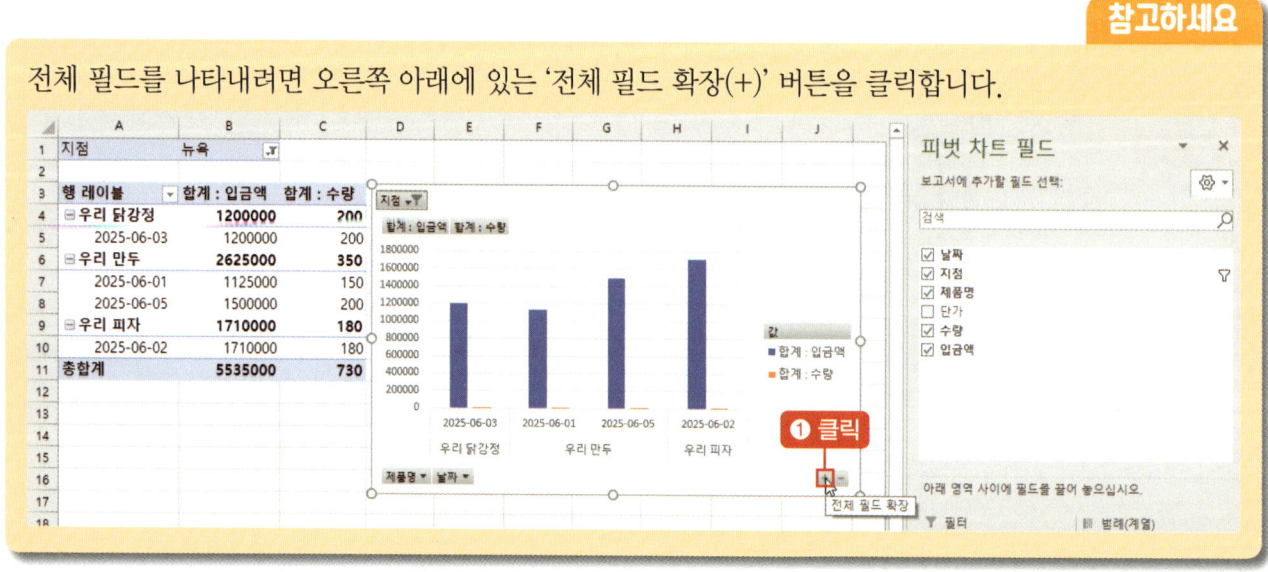

도전! 혼자 풀어 보세요!

① '스마트 안경 출하량.xlsx' 파일을 열고 다음 조건을 참고하여 피벗 테이블을 삽입해 보세요.

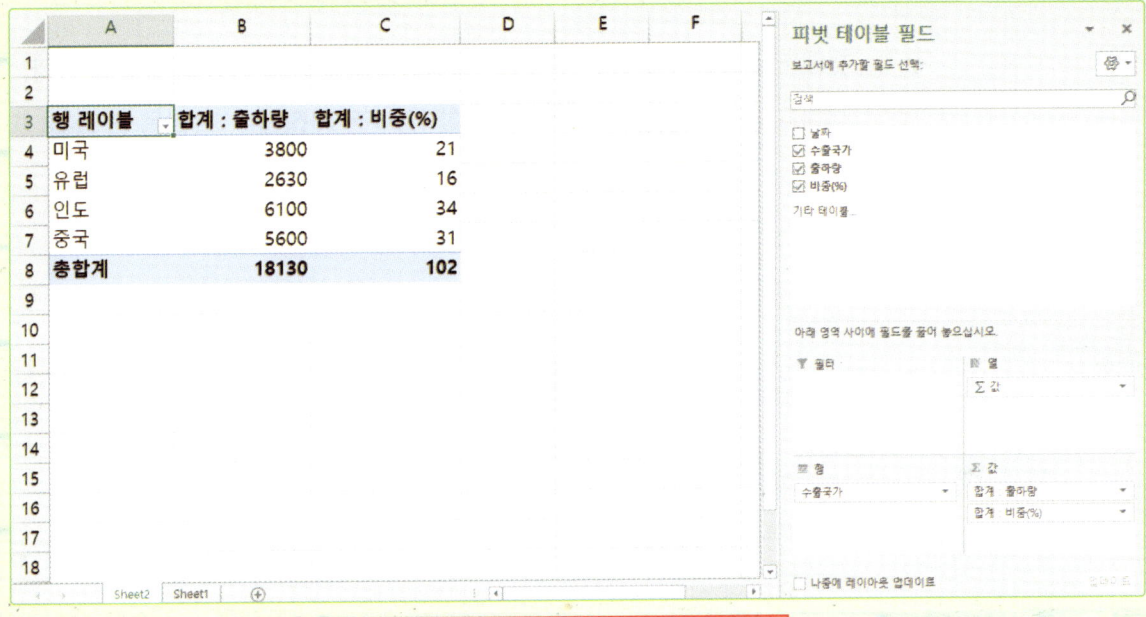

행에 수출국가, 값에 출하량과 비중의 합계가 나타나게 지정하세요.

② ①에서 작성한 워크시트에서 다음 조건을 참고하여 피벗 차트를 삽입해 보세요.

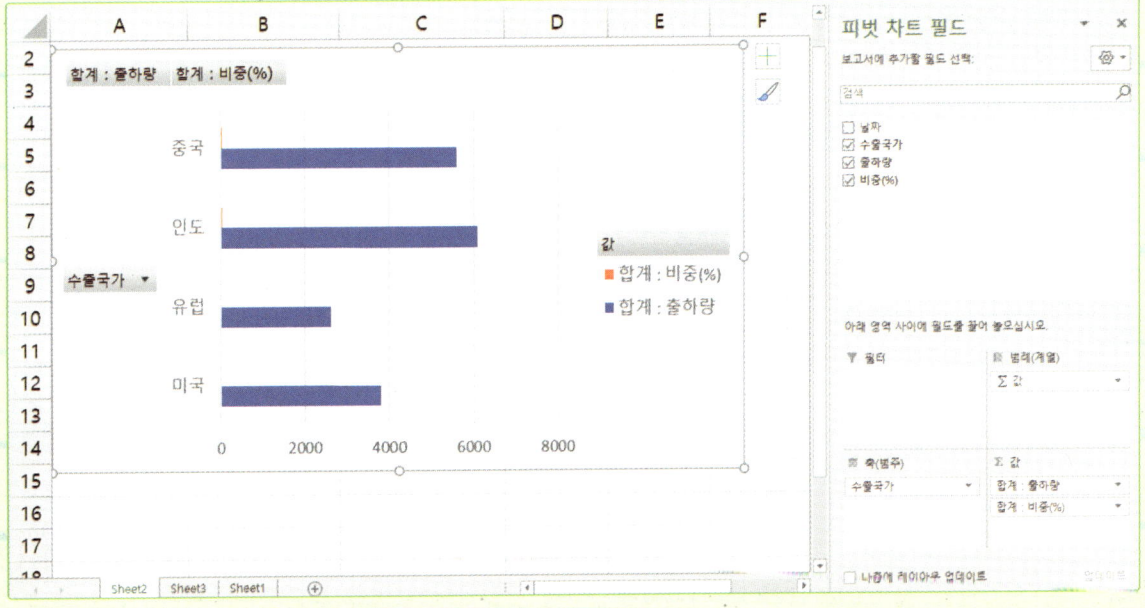

피벗 차트의 종류는 '묶은 가로 막대형'을 선택하세요.

챗GPT 활용하기

엑셀 함수를 잘 몰라도 생성형 인공지능 챗GPT를 활용하면 필요한 함수 수식을 쉽게 생성하여 엑셀에 적용할 수 있습니다. 특히 챗GPT에게 표나 CSV 형식으로 결과를 요청하면 엑셀에서 바로 활용할 수 있어 더욱 편리합니다.

▶▶ 챗GPT로 함수 수식을 생성하여 엑셀에 입력하는 방법을 알아봅니다.
▶▶ 챗GPT로 생성한 정보를 엑셀 통합 문서로 저장하는 방법을 알아봅니다.

배울 내용 미리 보기

◀ 파일명 온라인 신청 정보 완성.xlsx

	A	B	C	D	E
1				온라인 신청 정보	
2					
3		신청일	이름	연락처	연락처 감추기
4		2025-04-11	전소율	111-222-3355	111-222-****
5		2025-04-11	김건우	111-333-9988	111-333-****
6		2025-04-11	박은영	111-444-7676	111-444-****
7		2025-04-15	최승한	111-555-7777	111-555-****
8		2025-04-15	이준혁	111-666-3337	111-666-****
9		2025-04-16	현 준	111-777-5544	111-777-****
10		2025-04-16	강수아	111-888-9797	111-888-****
11					

	A	B	C	D
1			우리나라 대표 공휴일	
2				
3		공휴일 이름	날짜	의미
4		신정	1월 1일	새해를 맞이하는 날
5		설날	음력 1월 1일(3일간)	음력 새해를 기념하는 명절
6		삼일절	3월 1일	1919년 독립운동을 기념하는 날
7		어린이날	5월 5일	어린이의 행복과 권리를 기념하는 날
8		부처님 오신 날	음력 4월 8일	부처의 탄생을 기념하는 불교 명절
9		현충일	6월 6일	나라를 위해 희생한 이들을 추모하는 날
10		광복절	8월 15일	1945년 일본으로부터의 해방을 기념하는 날
11		추석	음력 8월 15일(3일간)	풍요로운 수확을 기념하는 명절
12		개천절	10월 3일	단군이 나라를 세운 것을 기념하는 날
13		한글날	10월 9일	한글 창제를 기념하는 날
14		크리스마스	12월 25일	예수 그리스도의 탄생을 기념하는 기독교 명절

▲ 파일명 우리나라 대표 공휴일.xlsx

 **챗GPT로 엑셀 함수 생성하기**

1 '온라인 신청 정보.xlsx' 파일을 엽니다. 연락처 정보 중 일부를 *로 대체하는 함수 수식을 모를 때 챗GPT를 이용해서 알아볼 수 있습니다.

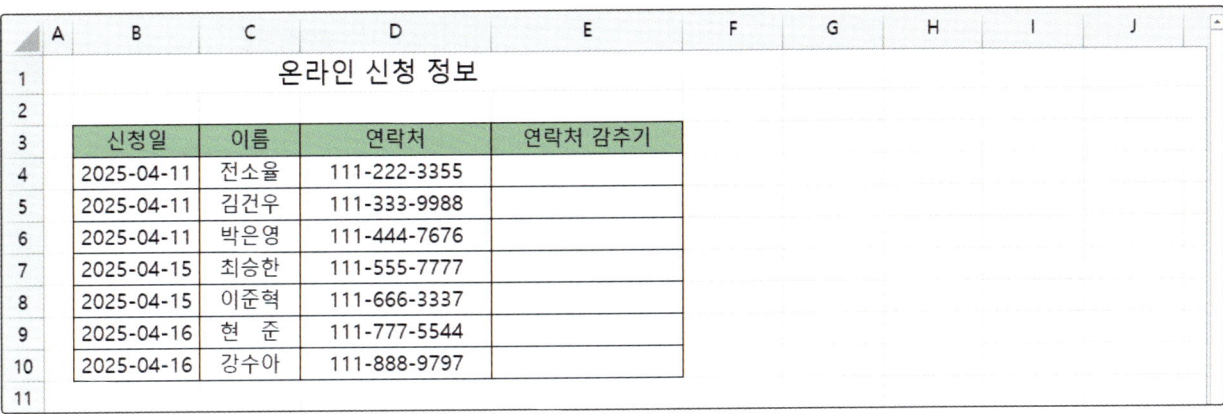

2 챗GPT에 다음과 같이 질문하고 답변을 확인합니다.

> 엑셀에서 D열의 [D4] 셀부터 연락처가 입력되어 있어. 111-222-3355와 같이 10자리로 되어 있는데, 마지막 네 자리 숫자를 ****로 감추고 싶어. 어떤 수식을 넣으면 돼?

엑셀에서 연락처의 마지막 네 자리 숫자를 ****로 감추고 싶다면 다음과 같은 수식을 사용하면 됩니다.

+ 수식(예: E4 셀에 표시할 때)

```excel
=LEFT(D4, LEN(D4)-4) & "****"
```

+ 설명

❶ LEFT(D4, LEN(D4)-4): D4 셀에서 마지막 네 자리 숫자를 제외한 앞부분(예: 111-222-)을 가져옴
❷ "****" : 마지막 네 자리 숫자 대신 ****로 표시
❸ &: 두 문자열을 합쳐서 111-2222-**** 형태로 변환

+ 적용 방법

❶ E4 셀에 위 수식을 입력
❷ 아래로 드래그해서 나머지 셀에도 적용

이렇게 하면 D열의 모든 연락처에서 마지막 네 자리 숫자가 ****로 바뀌어 표시될 것입니다.

3 '수식'에서 ❶ [복사] 버튼을 눌러 수식을 복사합니다.

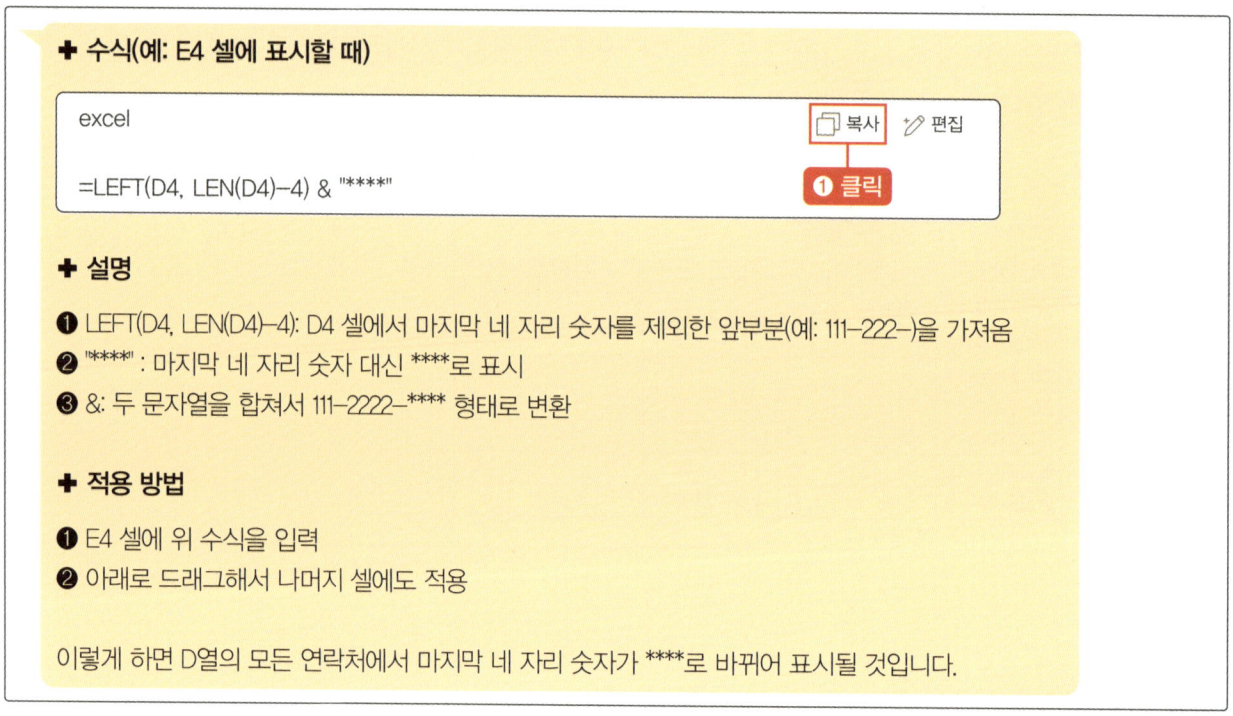

4 엑셀 워크시트로 이동합니다. ❶ [E4] 셀을 더블클릭한 후 ❷ 마우스 오른쪽 버튼을 눌러 '붙여넣기'를 선택한 후 Enter 키를 누릅니다.

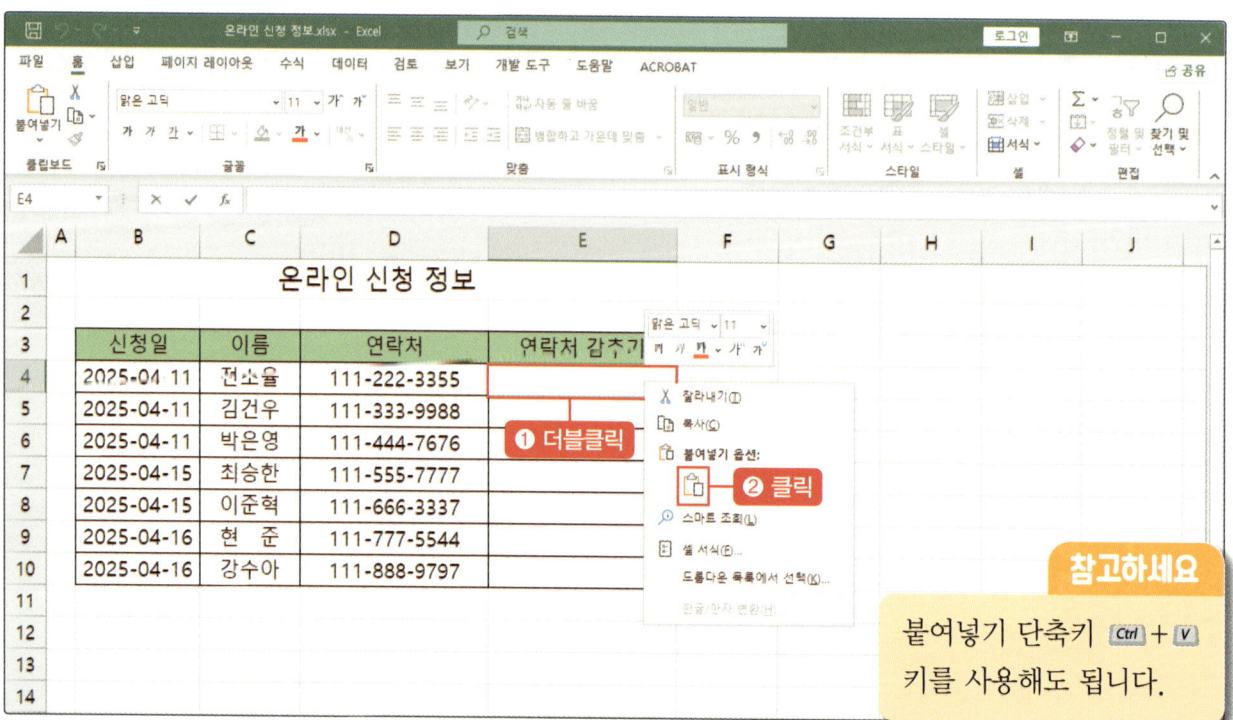

5 연락처의 마지막 네 자리 숫자가 ****로 대체되었습니다. ❶ [E4] 셀의 자동 채우기 핸들을 [E10] 셀까지 드래그합니다.

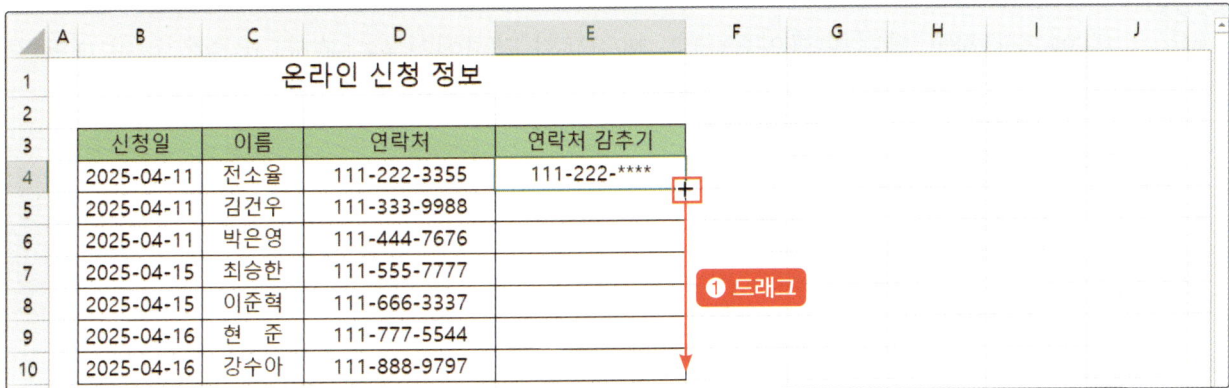

6 결과를 확인합니다.

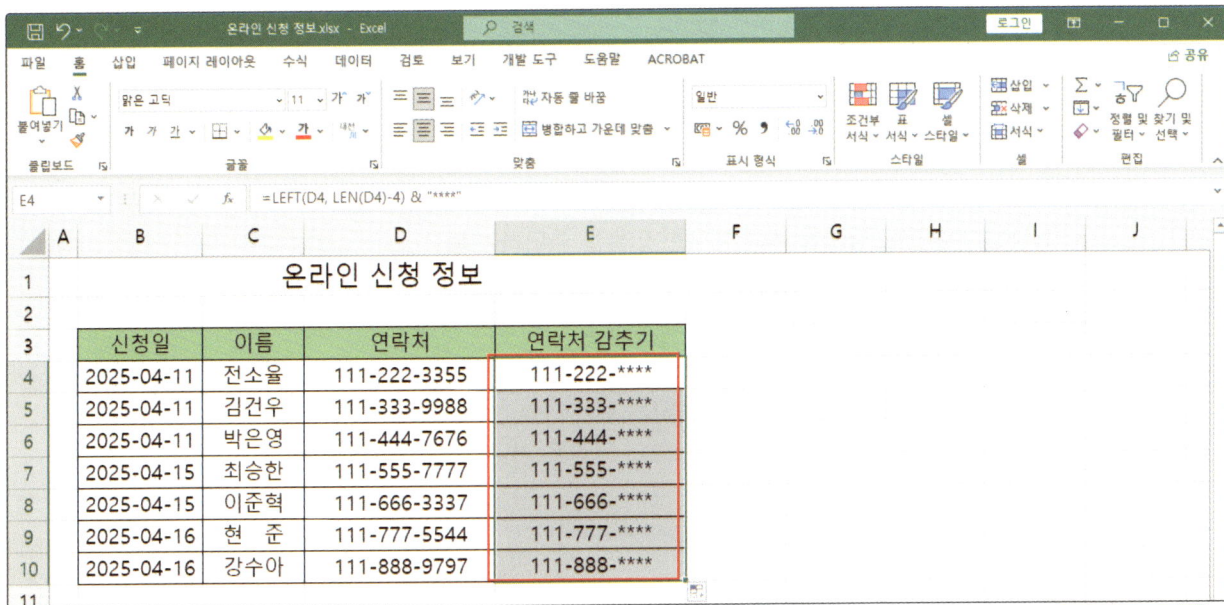

참고하세요

챗GPT, 이렇게 활용하세요!

질문은 구체적이고 정확하게 하기
질문을 어떻게 하느냐에 따라 결과가 매우 달라집니다. 상황을 자세히 설명해 주고 답변을 유도하면 원하는 결과를 얻을 확률이 높아집니다.

질문 수정하기
원하는 답변을 얻지 못했다면 질문을 수정하여 다시 질문하는 과정을 반복합니다.

답변의 사실 관계 확인하기
챗GPT의 답변에도 오류가 있습니다. 사실 관계를 꼭 확인하고 사용해야 합니다.

챗GPT로 엑셀 문서 만들기

1 우리나라 공휴일을 챗GPT를 활용하여 간단하게 표로 작성하려고 합니다. 먼저 다음과 같이 챗GPT에 질문하고 답변을 확인합니다. 챗GPT의 답변에서 ❶ [복사] 버튼을 눌러 내용을 복사합니다.

> 우리나라의 주요 공휴일을 목록으로 만들어 줘.
> 공휴일 이름, 날짜, 의미를 간략하게 적어 줘.
> 각각 쉼표로 구분해 주면 좋겠어.

우리나라의 주요 공휴일을 아래와 같이 정리해 드리겠습니다.
공휴일 이름, 날짜, 의미를 간략하게 쉼표로 구분하여 나열하였습니다.

```
신정, 1월 1일, 새해를 맞이하는 날
설날, 음력 1월 1일(3일간), 음력 새해를 기념하는 명절
삼일절, 3월 1일, 1919년 독립운동을 기념하는 날
어린이날, 5월 5일, 어린이의 행복과 권리를 기념하는 날
부처님 오신 날, 음력 4월 8일, 부처의 탄생을 기념하는 불교 명절
현충일, 6월 6일, 나라를 위해 희생한 이들을 추모하는 날
광복절, 8월 15일, 1945년 일본으로부터의 해방을 기념하는 날
추석, 음력 8월 15일(3일간), 풍요로운 수확을 기념하는 명절
개천절, 10월 3일, 단군이 나라를 세운 것을 기념하는 날
한글날, 10월 9일, 한글 창제를 기념하는 날
크리스마스, 12월 25일, 예수 그리스도의 탄생을 기념하는 기독교 명절
```

❶ 클릭

참고하세요
챗GPT에 표를 작성해 달라고 요청하여 생성된 표를 엑셀 워크시트에 붙여 넣을 수도 있습니다.

2 엑셀 워크시트로 이동한 후 ❶ [B1] 셀을 클릭합니다. ❷ 마우스 오른쪽 버튼을 눌러 '붙여넣기'를 클릭합니다.

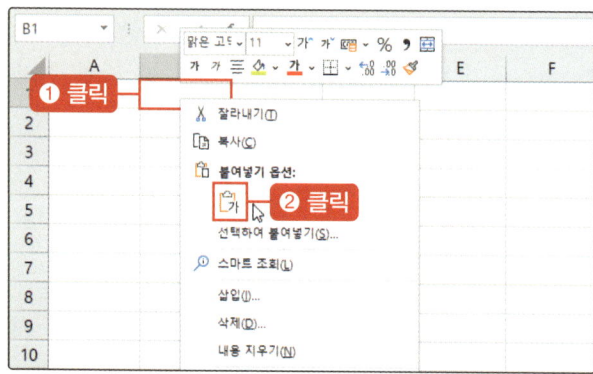

3 ❶ B열을 선택하고 ❷ [데이터] 탭의 [데이터 도구] 그룹에서 ❸ '텍스트 나누기'를 클릭합니다.

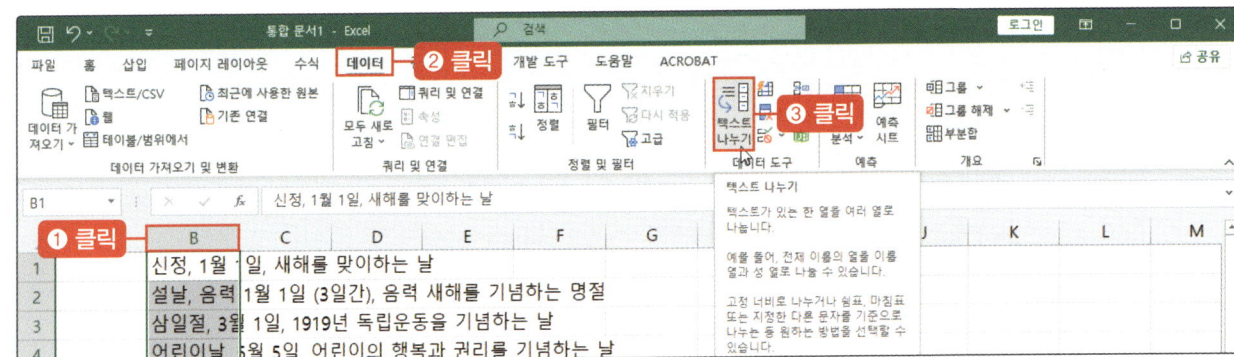

4 [텍스트 마법사] 대화상자가 열리면 1단계에서 ❶ '구분 기호로 분리됨'을 클릭한 후 ❷ [다음] 버튼을 누릅니다.

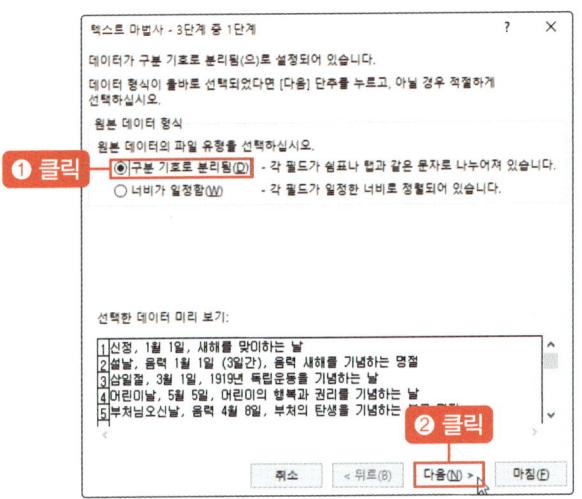

5 2단계 대화상자에서는 ❶ '쉼표'를 선택한 후 ❷ [다음] 버튼을 누릅니다.

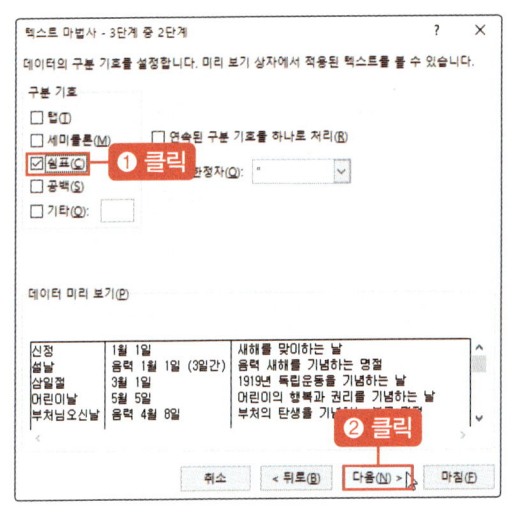

6 3단계 대화상자에서는 ❶ '일반'을 선택한 후 ❷ [마침] 버튼을 누릅니다.

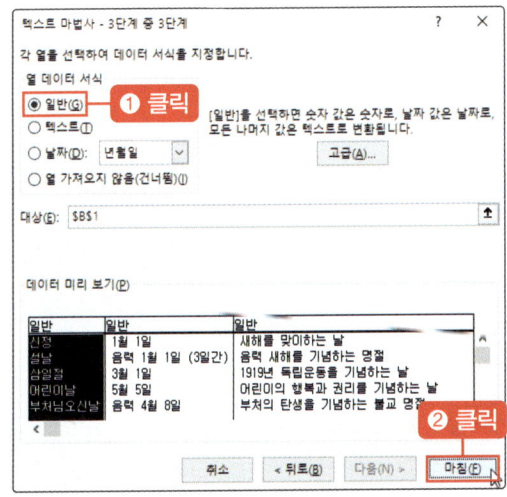

> **참고하세요**
> '일반'은 데이터를 숫자, 날짜, 텍스트로 구분하여 입력합니다.

7 공휴일 이름, 날짜, 의미의 세 가지 열로 나뉘어 표가 만들어집니다.

8 ❶ 1~3행의 머리글을 드래그하여 선택한 다음, 마우스 오른쪽 버튼을 누른 후 ❷ 삽입을 클릭합니다.

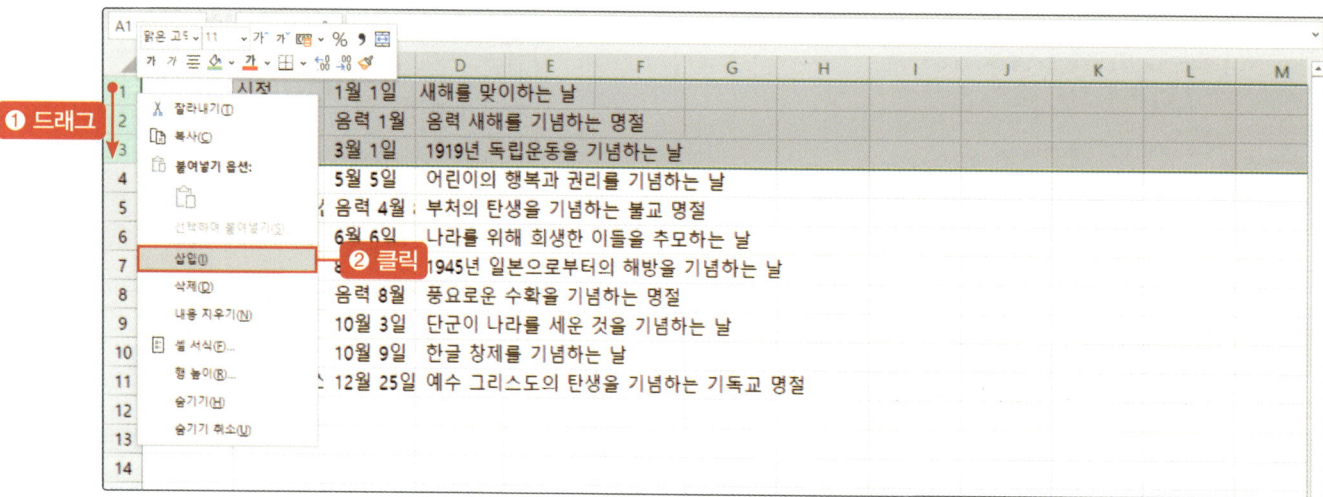

9 ❶ 제목과 필드명을 입력하고 ❷ B열~E열 사이를 더블클릭하여 셀 너비를 조절합니다.

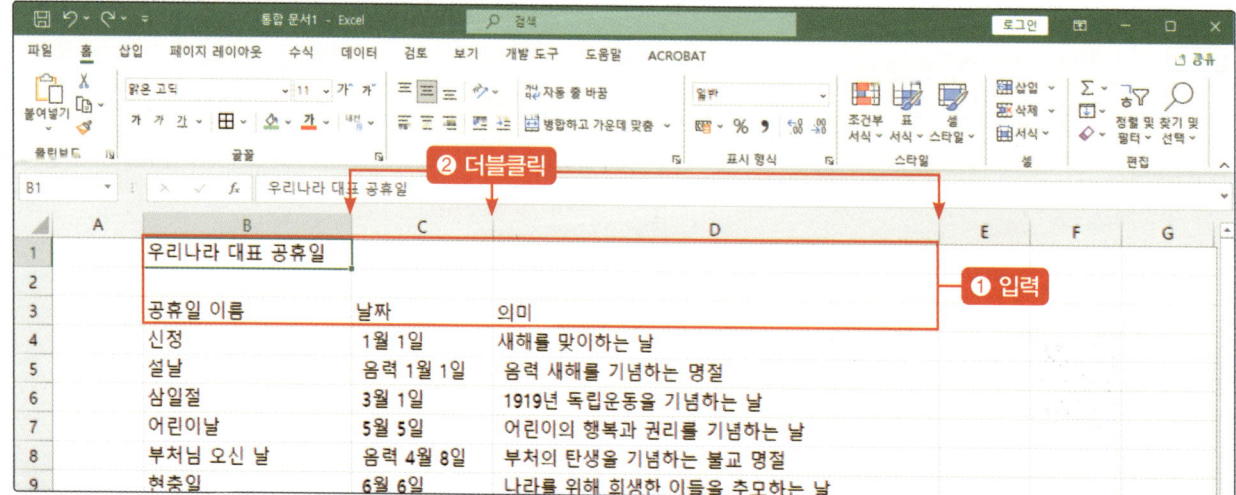

10 ❶ [B1:D1] 셀을 드래그하여 선택한 뒤 ❷ [홈] 탭의 [글꼴] 그룹에서 ❸ '글꼴 크기'는 '14pt', '굵게'로 설정하고 [맞춤] 그룹에서 ❹ '병합하고 가운데 맞춤'을 클릭합니다.

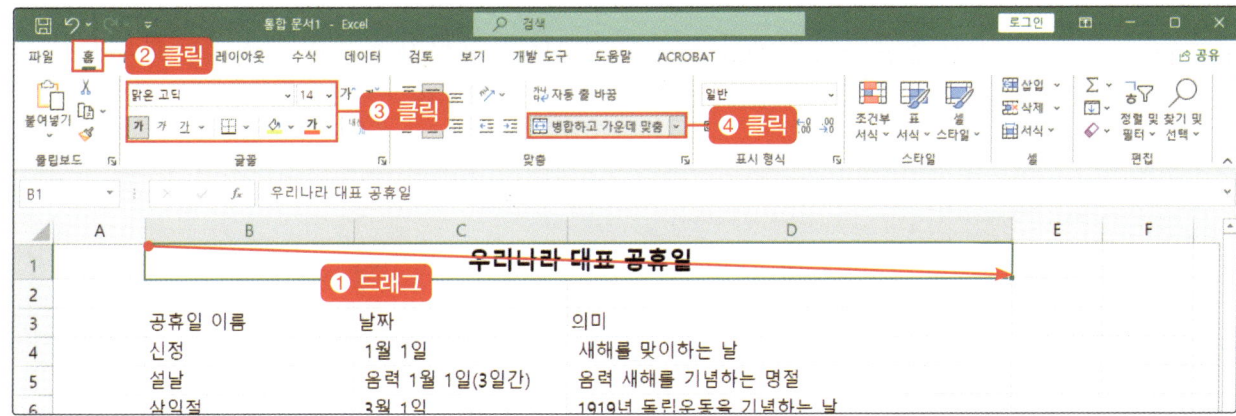

11 ❶ [B3:D3] 셀을 드래그하여 선택한 뒤 ❷ [홈] 탭의 [맞춤] 그룹에서 ❸ '가운데 맞춤'을 클릭합니다.

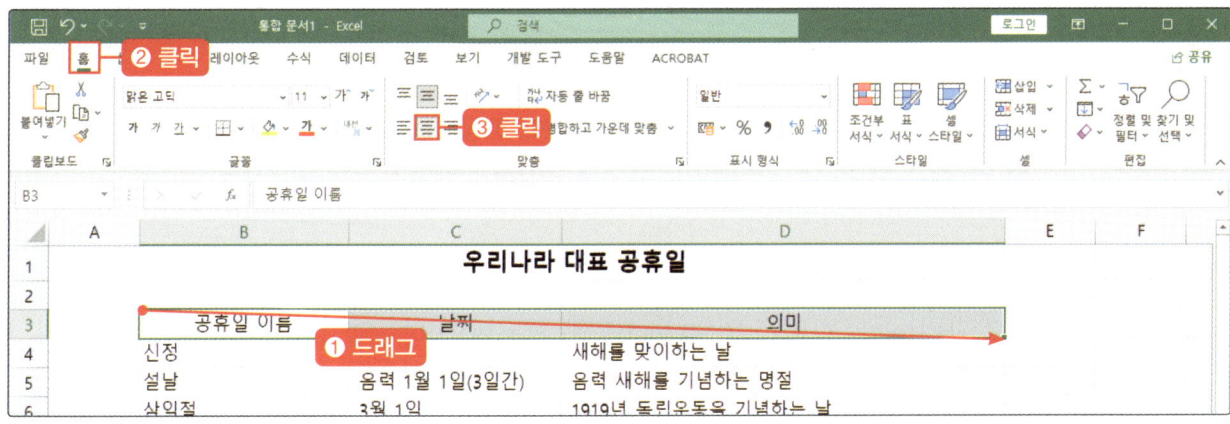

12 ❶ [B3:D14] 셀을 드래그하여 선택하고 마우스 오른쪽 버튼을 눌러 ❷ '테두리' 목록을 선택하고 ❸ '모든 테두리'를 클릭합니다.

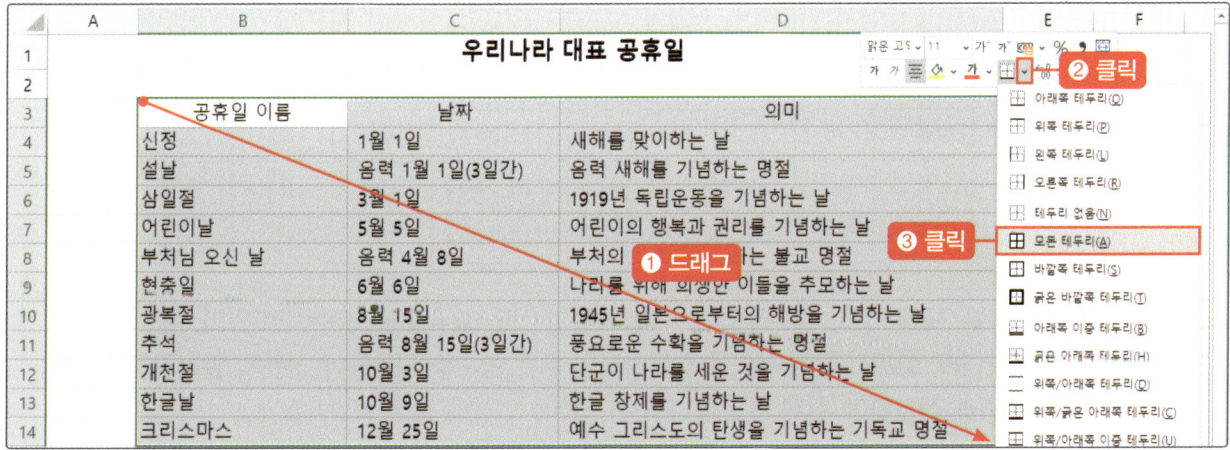

도전! 혼자 풀어 보세요!

1 챗GPT를 활용하여 다음과 같은 워크시트를 작성해 보세요.

	도시 이름	주소
	우리나라 광역시	
	서울특별시	서울특별시 중구 세종대로 110
	부산광역시	부산광역시 연제구 중앙대로 1000
	대구광역시	대구광역시 중구 국채보상로 510
	인천광역시	인천광역시 남동구 인하로 100
	광주광역시	광주광역시 서구 상무대로 100
	대전광역시	대전광역시 서구 둔산로 100
	울산광역시	울산광역시 남구 삼산로 300
	세종특별자치시	세종특별자치시 한누리대로 2130

"특별자치시를 포함해서 우리나라의 광역시에 해당하는 도시 이름과 주소를 표로 정리해 줘."라고 챗GPT에 질문하고 그 답변을 복사해서 엑셀에 붙여 넣으세요.

2 '재고 관리.xlsx' 파일을 열고 챗GPT를 활용하여 다음과 같은 워크시트를 작성해 보세요.

제품명	단위	단가	입고일	출고일	입고 수량	출고 수량	현재 재고
			재고 관리				
상품 A	개	8,000	2025-04-06	2025-04-10	200	40	160
상품 B	개	10,000	2025-04-07	2025-04-11	150	50	100
상품 C	개	15,000	2025-04-08	2025-04-12	300	80	220
상품 D	박스	5,000	2025-04-09	2025-04-13	250	60	190
상품 E	개	6,000	2025-04-10	2025-04-14	200	90	110

"엑셀 G열의 [G5] 셀부터 입고 수량, H열의 [H5] 셀부터 출고 수량이 있어. I열의 [I5] 셀부터 [I9] 셀까지 현재 재고를 입력하려면 무슨 함수를 사용해야 하는지 알려줘."라고 챗GPT에 질문하여 '현재 재고'를 구하는 함수를 엑셀에 붙여 넣으세요.